Lüneburger Heide
Wendland
und Nationalpark Mittleres Elbtal

KULTURLANDSCHAFTEN
Exkursionsführer

Herausgegeben von
Prof. Dr. Jörg Pfadenhauer, Weihenstephan,
und Prof. Dr. Richard Pott, Hannover

Als weiterer Band dieser Reihe erscheint:
Nordwestdeutsches Tiefland zwischen Ems und Weser.
Weitere Bände sind in Vorbereitung.

KULTURLANDSCHAFTEN

Richard Pott

Lüneburger Heide
Wendland und
Nationalpark Mittleres Elbtal

163 Farbfotos,
36 Zeichnungen,
31 Karten

Verlag Eugen Ulmer
Stuttgart

Professor Dr. Richard Pott ist der Geschäftsführende Leiter des Instituts für Geobotanik der Universität Hannover. Nach dem Studium der Biologie und Geographie an der Universität Münster wurde er dort im Jahre 1979 zum Dr. rer. nat. promoviert. Die Habilitation mit einer Venia legendi für Landschaftsökologie und Vegetationsgeographie erfolgte im Jahre 1985. 1996 Rufe an die Universitäten München und Hannover. Seit 1987 Universitätsprofessor für das Fach Geobotanik an der Universität Hannover. Seit 1987 auch 1. Vorsitzender der Reinhold-Tüxen-Gesellschaft (deutschsprachige Vereinigung für Vegetationskunde) und Vorsitzender des Kuratoriums der Tüxen-Stiftung. Seit 1987 Mitglied des wissenschaftlichen Beirates der Norddeutschen Naturschutzakademie. Seit 1992 Berufung in den interministeriellen Ausschuss zur Förderung der Forschung des Landes Niedersachsen für die Fächer Umwelt-schutz und Ökologie. Seit 1994 Vizepräsident der Fédération Internationale de Phytosociologie (FIP); ebenso seither Member of the Advisory Council of the International Association of Vegetation Science (JAVS) und seit 1996 1. Vorsitzender der Arbeitsgemeinschaft für Biologisch-Ökologische Landesforschung (ABÖL) für Westfalen. Mitglied mehrerer wissenschaftlicher Akademien und Gesellschaften.

Seine Forschungsgebiete sind alle Bereiche der historischen, soziologischen und angewandten Geobotanik, besonders Gewässerökologie, Vegetationsgeschichte, Pflanzensoziologie sowie Entstehung der Kulturlandschaften unter dem Einfluss des Menschen.

Professor Dr. Richard Pott
Institut für Geobotanik
der Universität Hannover
Nienburger Straße 17
30167 Hannover

© 1999 Verlag Eugen Ulmer GmbH & Co
Wollgrasweg 41
70599 Stuttgart (Hohenheim)
Printed in Germany
Umschlagabbildungen von Frank Hecker, Panthen-Hammer; Richard Pott, Hannover; Hinrich Sambraus, München.
Redaktion und Produktion:
Verlagsbüro Wais & Partner, Stuttgart
Gestaltung: Hans-Jürgen Trinkner, Stuttgart
Illustrationen: RB-Grafikdesignstudio, Fellbach
Repro: Digital Data Service Lenhard, Stuttgart
Druck und Bindung: Pustet, Regensburg

Die Deutsche Bibliothek – CIP-Einheitsaufnahme
Lüneburger Heide, Wendland und Nationalpark Mittleres Elbtal :
mit 16 Exkursionen / Richard Pott. - Ulmer 1999
(Kulturlandschaften : Exkursionsführer)
ISBN 3-8001-3515-9

Inhalt

Vorwort der Herausgeber

Unter dem Motto „Von den Naturlandschaften zu den Kulturlandschaften" wollen wir in den nächsten Jahren eine Reihe von Exkursions- und Landschaftsführern für Mitteleuropa herausgeben. Am Anfang sollen charakteristische Großlandschaften Deutschlands stehen.

Nur wenige Bereiche unseres Kontinents zeigen noch wirklich natürliche Verhältnisse. In den Küstenregionen sind es die Dünenlandschaften, die Wattengebiete und etliche nicht beweidete Salzwiesen, im Binnenland gehören einige Gewässer- und Moorlandschaften dazu. Ähnliches gilt für die Hochgebirge sowie einige unzugängliche Felsabstürze und Steilhangpartien in den Mittelgebirgen. Fast alle anderen Gebiete sind organisiert, dräniert, kultiviert und seit nahezu 10 000 Jahren Veränderungen durch den Menschen unterworfen. Selbst von den riesigen, ehemals siedlungsfeindlichen, weil extrem nährstoffarmen Hochmooren blieben nur wenige Reste in Naturschutzgebieten erhalten. Fast alle heutigen Wälder sind das Ergebnis jahrhundertelanger Nutzung und forstlicher Planung nach ökonomischen Gesichtspunkten. Erst in jüngster Zeit kommen allmählich auch die Aspekte des nachhaltigen Natur- und Landschaftsschutzes in der genutzten Kulturlandschaft zum Tragen. Wir leben also in einer hoch entwickelten, industrialisierten und vielfach urbanisierten Kulturlandschaft und können uns kaum vorstellen, wie es vordem in Mitteleuropa ausgesehen hat oder wie es wäre, wenn der Mensch nicht eingegriffen hätte.

Die Exkursionsführer in die Natur- und Kulturlandschaften Mitteleuropas wollen interessierte Laien ebenso wie die geobotanisch und landschaftökologisch ausgerichteten Studierenden und Fachkollegen ansprechen. Dabei lassen die Autoren sich von folgenden konzeptionellen Überlegungen leiten: Eine ausführliche Einführung soll Grundinformationen bereitstellen: zur naturräumlichen Beschaffenheit, zu den geologischen und bodenkundlichen Gegebenheiten, zu Pflanzenwelt und Vegetation sowie zur Tierwelt der jeweiligen Region.

In einem zweiten Teil werden Exkursionsgebiete vorgestellt oder Routen detailliert beschrieben, um es Leserinnen und Lesern zu ermöglichen, kultur- und naturräumliche Sachverhalte im Gelände konkret zu erkennen und nach Möglichkeit zu erleben.

Es sind in den letzten Jahren teils großartige Bildbände und Wanderführer über zahlreiche mitteleuropäische Landschaften erschienen. Es fehlen jedoch naturwissenschaftlich fundierte Bücher, die den Menschen anregen, mit offenen Augen die Natur in den typischen mitteleuropäischen Landschaften zu erleben und in ihren komplexen Zusammenhängen zu verstehen. Dies soll hiermit erreicht werden, und wir hoffen, dass unser Vorhaben viele Freunde gewinnt.

Weihenstephan und Hannover *Prof. Dr. Jörg Pfadenhauer*
im Januar 1998 *Prof. Dr. Richard Pott*

Einleitung

Weite, rot bis violett leuchtende Blütenteppiche, wirkungsvoll akzentuiert von dunklen Wacholdern, weiten Kiefern- und Birkenwäldern, den Resten ehemals verbreiteter Buchenwälder, stillen Mooren und alten Gehöften, reetgedeckten Schafställen, aus denen Herden von Heidschnucken hervorquellen: So stellt man sich die Heide vor. Zumindest im Naturschutzpark Lüneburger Heide rund um den Wilseder Berg, an manchen heidebedeckten Stellen im dünn besiedelten Wendland und an den Ufern der Elbe ist sie tatsächlich noch so. Hier gibt es kaum Industrie; die Naturlandschaft ist vielfach noch weit gehend ungestört.

Der Landstrich zwischen Lüneburger Heide und der einstigen innerdeutschen Grenze, Bestandteil des Naturparks Elbufer-Drawehn und im Bereich der mittleren Elbe sogar zum Nationalpark erweitert, ist immer noch durch eine ungewöhnlich artenreiche Flora und Fauna gekennzeichnet. Damit das so bleibe, forderten Naturschützer jahrelang einen „Nationalpark Elbtalaue" beiderseits des Stroms zwischen Lauenburg und Havelberg, und zwar unter Einbeziehung jenes rechtselbischen Streifens, der als Grenzgebiet vom Zweiten Weltkrieg bis zur Wiedervereinigung Deutschlands eine Tabuzone war. In dem jüngst verwirklichten Nationalpark haben sich viele Elemente einer nahezu intakten, ungestörten Landschaft erhalten. Da gibt es so gegensätzliche Formen wie dicht an den Strom heranrückende, bis 50 m hohe Steilhänge zwischen Hitzacker und Bleckede und die tischebenen Elbmarschen bei Dannenberg, Gartow und Lenzen. Mit Wiesen, Altarmen und so genannten Qualmgewässern, die nach Hochfluten durch aufsteigendes und die Deiche durchdringendes Dränagewasser entstehen, gibt es hier Lebensräume für zahlreiche seltene und meist bedrohte Tier- und Pflanzenarten. Dazu kommen eindrucksvolle offene Dünenlandschaften mit Wehsanden, wie man sie noch großflächig nahe der alten Festungsanlage Dömitz bei Klein-Schmölen und Stixe sowie im Umfeld der einzigartigen ehemaligen Enklave Rüterberg auf dem rechtsseitigen Elbufer findet. Nur ein paar Kilometer sind es westlich der Elbmarschen zu einem der schönsten deutschen Waldgebiete, der Göhrde, wo sich zu Kaisers Zeiten Europas Hochadel zu feudalen Jagdgesellschaften traf.

In diesem Exkursionsführer soll eine der bedeutendsten historischen Kulturlandschaften Norddeutschlands als lebendiger Ausdruck Jahrtausende währenden Umgangs mit der Natur vorgestellt werden. Wir wollen eine Kulturlandschaft um des Menschen willen kennen lernen, die heute wieder in der Diskussion steht, wenn die Urlauber in Scharen kommen und vielfach eben das zerstören, was sie suchen. Die Lüneburger Heide ist mit derzeit mehr als sieben Millionen Übernachtungen pro Jahr eines der beliebtesten deutschen Feriengebiete. Auch das Wendland und die Elbtalregionen werben unter dem Motto „sanfter Tourismus" zunehmend um Gäste, mit Erfolg, wie an immer mehr Feriendörfern rund um die Zentren Hitzacker und Gartow abzulesen ist.

Das Kapital der Region ist die Vielfalt an Landschaft und Lebensräumen in den ausgedehnten Überschwemmungsgebieten der Elbe und ihrer Nebenflüsse im linkselbischen Hannoverschen Wendland und in der rechtselbischen Brandenburgischen Elbtalaue. Beide Gebiete sind nicht nur durch den Strom getrennt, sondern unterscheiden sich auch durch ihre unterschiedliche Entwicklung beiderseits der innerdeutschen Grenze. Im Sommer gibt es hier mehr Störche als irgendwo sonst in Deutschland; im Winter ist das Elbtal ein wichtiger Rastplatz sibirischer Singschwäne und anderer nordischer Zugvögel.

Obwohl die Lüneburger Heide mitten im Dreieck der Ballungszentren Bremen, Hamburg und Hannover liegt, konnte gerade in diesem Raum durch frühzeitiges natur- und landschaftsschützerisches Engagement eine großräumig unzerschnittene und bis heute nur schwach besiedelte Landschaft mit weiten Heideflächen, kleinen Mooren und großen Waldgebieten erhalten werden. Hier sind zudem die Strukturen eines eiszeitlich geformten Reliefs vorzüglich als Grund- und Endmoränenlandschaften mit Trockentälern, Mulden und weiten Sanderflächen konserviert.

Mehrere für Nordwestdeutschland typische Flusssysteme, z. B. die charakteristischen Heidebäche von Seeve, Örtze, Böhme und Wümme, haben im Gebiet ihren Ursprung. Der 169 m hohe Wilseder Berg, die höchste Erhebung Norddeutschlands, bildet sogar die Wasserscheide der Stromsysteme von Elbe und Weser.

Diese vielgestaltigen Landschaften entstanden mit ihren heute noch erkennbaren und prägenden Strukturen in der vorletzten Saale-Eiszeit. Die jüngste Vereisung, die Weichsel-Eiszeit, reichte nur bis zur Elbe; sie ging dort mit ihrer letzten Kaltphase vor etwa 10 000 Jahren zu Ende und hinterließ die ostelbische norddeutsche Jungmoränenlandschaft in Schleswig-Holstein und Mecklenburg-Vorpommern. Die westelbischen Regionen bildeten während dieser Zeit im Umfeld der damaligen Gletscher liegende periglaziale Tundrenlandschaften. Ihre saalekaltzeitlichen prägenden Elemente wie Geestplatten und Moränenzüge wurden in jener Zeit überformt und umgestaltet. Die Lüneburger Heide und ihre Nachbarregionen sind also das, was man als Altmoränenlandschaft bezeichnet.

Die im vorliegenden Exkursionsführer beschriebenen Gebiete und Routen in der Lüneburger Heide, im Wendland und im angrenzenden Elbtal beiderseits des Stromes wollen mit den Eigenheiten und der jeweiligen Entwicklung des Landes bekannt machen. Es werden deshalb nur ausgewählte Gebiete vorgestellt; denn ein solcher Landschaftsführer kann keine abgerundeten praktischen Reisevorschläge bieten, auch soll er keine geologischen, vegetationskundlichen oder tiergeographischen Gebietsmonographien ersetzen. Ziel ist vielmehr die natürlichen Landschaften und ihre Entwicklung durch die Zeit zu erfassen und den interessierten Besuchern der Region Vorschläge zu unterbreiten, damit das Wesentliche des Raumes begreifbar wird. Dazu zählen auch kulturelle Zeugnisse und historische Ereignisse, auf die von Fall zu Fall hingewiesen wird; denn die Region ist eine Schatzkammer von Kunst und Kultur. Sie gehörte zu den Stammlanden des welfischen Königshauses von Hannover sowie der früheren Herzogtümer von Braunschweig und Lüneburg, deren Herzogwürde seit 1705 der Prinz von Hannover, Chef des Welfenhauses, trägt. Als nach der Schlacht von Langensalza (1866) das Königreich Hannover an Preußen fiel, verlor auch das Gebiet der alten hannoverschen Stammlande etwas vom einstigen Glanz – vieles geriet sogar in Vergessenheit und lebt nur noch im Verborgenen. Dieser Exkursionsführer soll die Geschichte vieler historischer Stätten wieder beleuchten und schildert deshalb neben den natürlichen Landschaften auch die Kostbarkeiten alter Backsteinmauern und Fachwerkensembles.

An dieser Stelle danke ich allen, die durch Bereitstellung von Bild- und Kartenmaterial an diesem Exkursionsführer beteiligt sind: ganz besonders Herrn Prof. Dr. Ernst Burrichter (Münster), der sein gesamtes Diaarchiv zur Verfügung gestellt hat. Für die Überlassung spezieller Abbildungen und für Textkommentare bin ich Herrn Prof. Dr. Fred J. A. Daniels (Münster), Herrn Prof. Dr. Reiner Feldmann (Menden), Frau Privatdozentin Dr. Brunhild Gries (Münster), Herrn Dr. Albert Melber (Hannover), Herrn Dr. Josef Merkt (Hannover), Herrn Prof. Dr. Klaus D. Meyer (Hannover), Herrn Heinz-Otto Rehage (Biologische Station Heiliges Meer), Herrn Prof. Dr. Rainer Rudolf (Münster), Herrn Dr. Martin Speier (Hannover), Herrn Prof. Dr. Klaus Wächtler (Hannover) sowie Herrn Hans Joachim Weigt (Schwerte) zu aufrichtigem Dank verpflichtet. Dem Westfälischen Museum für Naturkunde in Münster danke ich für die Druckgenehmigung historischer Fotodokumente. Ebenso der niedersächsischen Landesbildstelle in Hannover für die Druckgenehmigung einiger Luftbilder. Die Herren Dr. Martin Speier und Prof. Dr. Joachim Hüppe (Hannover) haben zahlreiche Exkursionen in die vorgestellten Gebiete mit mir unternommen; ihnen bin ich für viele wertvolle Anregungen sehr dankbar; ebenso meiner Mitarbeiterin Frau Anne-Katrin Tillmann, die mir bei der Text- und Grafikdarstellung sehr behilflich war. Ein großer Dank gilt Herrn Forstdirektor Dr. Jens Schmid-Mölholm, dem Leiter des Staatlichen Forstamtes Walsrode, für seine Textpassagen zur Göhrdeschlacht von 1813 sowie meinem Kollegen Prof. Dr. Joachim Hüppe für seine Textpassagen zu den Heiden als landschaftsbestimmende Ökosysteme.

Meinem Verleger, Herrn Roland Ulmer sowie allen Mitarbeitern seines Hauses gilt ein besonderer Dank für die bewährt hervorragende Ausgestaltung dieses Exkursionsführers.

Hannover, im Juli 1998   *Richard Pott*

Von der Tundra bis zum Wald
Naturräumliche Gegebenheiten

Die Lüneburger Heide und das Hannoversche Wendland gehören natur-
räumlich zum nordöstlichen Niedersachsen, das im Osten durch die Bran-
denburgische Elbtalaue begrenzt wird (Abb. 1). Diese Landschaften sind auf
Grund ihrer Genese, ihrer Gesteine, ihrer Böden, ihres Klimas, ihres Wasser- **Entstehung**
haushalts sowie ihrer jeweiligen Pflanzen- und Tierwelt weit gehend ein- **der Landschaft**
heitlich ausgestattet, wie das auch für die westlich benachbarten Geest-
landschaften zwischen Ems und Weser gilt (vgl. Band 1 dieser Reihe).
Jedoch gibt es hier, in den weiter östlich gelegenen Gebieten andere, klimatisch abweichende Grundbedingungen, die zwar noch eine vergleichbare
raum-zeitliche Entwicklung erkennen lassen, jedoch in einer deutlich eigen-
ständigen Entwicklung von Natur- und Kulturlandschaft ihren Ausdruck
finden. Unsere Exkursionsgebiete gehören zum geologisch jungen norddeutschen Tiefland, das durch Kräfte und Ablagerungen der Eiszeiten im
Pleistozän und der Nacheiszeit im Holozän, geprägt wurde. Nur an wenigen
Stellen der Lüneburger Heide erreichen ältere geologische Schichten die
Erdoberfläche, z.B. im Zechstein-Gips des „Kalkberges" von Lüneburg mit
den Keuper- und Kreideschichten in seiner Nachbarschaft, die einem em-
porsteigenden Salzstock ihre oberirdische Existenz verdanken. Die Sedimentation der Salze aus Ozeanbecken über Jahrtausende hinweg führte **Salzlager**
zur Ablagerung von mehrere Hundert Meter mächtigen Salzschichten. **im Untergrund**
Dort, wo wasserdichte Tonschichten die Salzlager vor Wiederauflösung
schützten, wurden die Salze allmählich bis in Tiefen von 3000 bis 4000 m
abgesenkt, wie es jüngst auch Hans Schneider und Klaus Rumphorst (1992)
beschreiben.

Diese Salzgesteine entstanden vor 270 bis 250 Millionen Jahren im
frühen Perm, einer klimatisch offenbar trockeneren und wärmeren Epoche,
die in Mitteleuropa das „Rotliegende" und die „Zechstein"-Periode umfasst.
Zu dieser Zeit waren Europa und Nordamerika noch im Superkontinent
Pangäa vereint. Die damalige Landschaft war durch zahlreiche flache Se- **Pangäa:**
dimentationsbecken bestimmt, in denen das Wasser wegen des warmen **Europa und Nord-**
und trockenen Klimas allmählich verdampfte. Die heutigen Salzvorkommen **amerika im Super-**
unter der norddeutschen Tiefebene (Abb. 2) und im vergleichbaren west- **kontinent vereint**
lichen Nordamerika entstanden dabei als direkte Folgen dieses Vorgangs. Es
handelt sich um Steinsalzschichten in mehreren hundert Metern Tiefe; die
Salze sind normalerweise schichtförmig in umgebene Sandsteinpakete ein-
gebettet (Abb. 3 und 4). Die Salzstöcke in Niedersachsen enthalten überwiegend Steinsalz; häufig begleiten aber auch Kaliflöze in steiler Lagerung
die Schichten. Dies gilt besonders für das Gebiet um Hannover, das dadurch
zu einem Zentrum des Kaliabbaus in Deutschland wurde.

Unter extrem hohen Druck- und Temperaturverhältnissen wird Salz plas-
tisch verformbar. In geologischen Zeiträumen, also äußerst langsam, sind

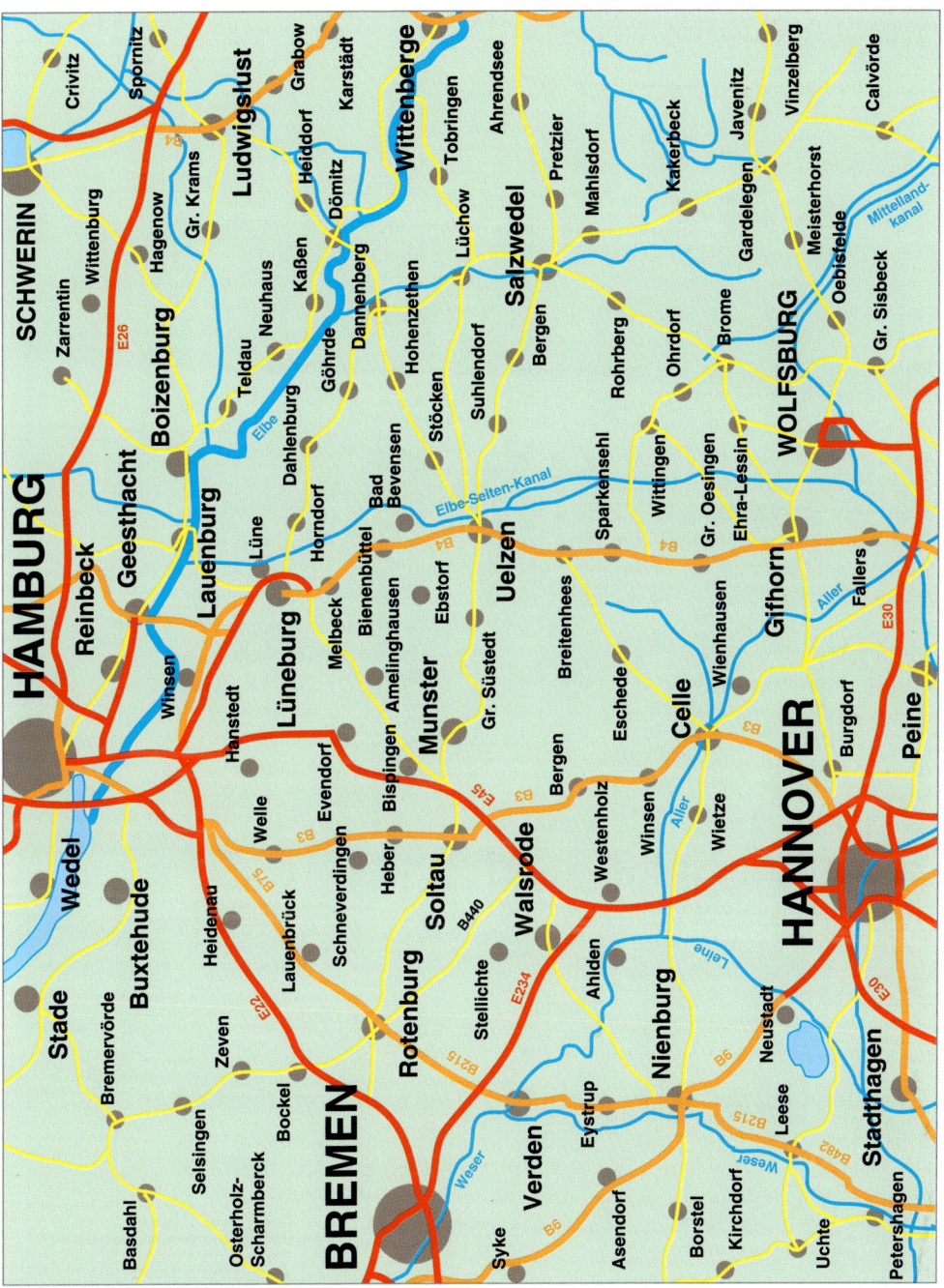

1 In diesem Exkursionsführer vorgestellte Naturräume.

Ausdehnung der Salzstöcke und die Tieflagen ihrer Oberflächen

bis 400 m Tiefe	800 m – 1200 m Tiefe	Salzkissen
400 m – 800 m Tiefe	unter 1200 m Tiefe	100 km

2 Salzstöcke in Nordostniedersachsen, ihre heutige Ausdehnung verrät noch die ehemalige Verbreitung des Zechsteinmeeres.

Heute

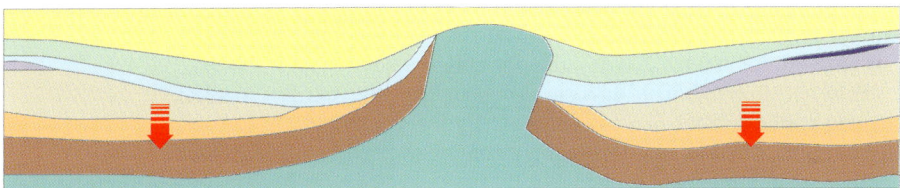

Ende Unterkreide (vor etwa 100 Millionen Jahren)

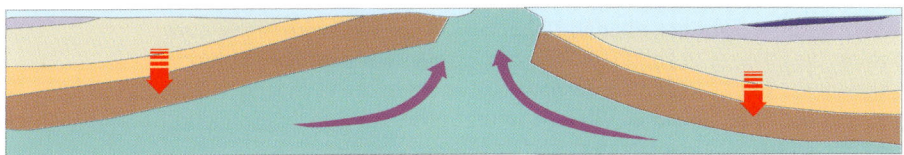

Ende Keuper (vor etwa 200 Millionen Jahren)

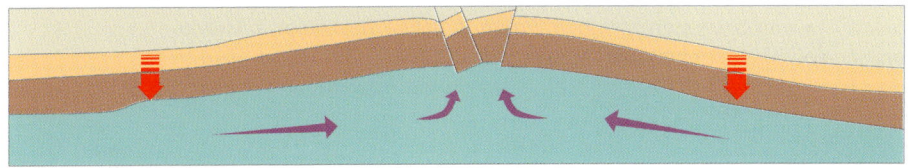

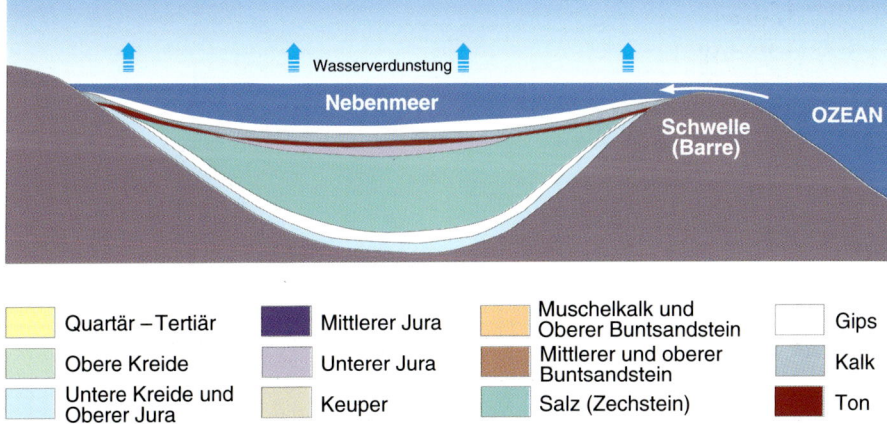

Quartär – Tertiär	Mittlerer Jura	Muschelkalk und Oberer Buntsandstein	Gips
Obere Kreide	Unterer Jura	Mittlerer und oberer Buntsandstein	Kalk
Untere Kreide und Oberer Jura	Keuper	Salz (Zechstein)	Ton

3 Entwicklungsschema eines Salzstocks: 1000 m Salz wurden in weiten Bereichen des Zechsteinmeeres abgelagert, das große Teile Europas bedeckte. Dazu musste eine mehr als 60 km mächtige Schicht Meerwasser verdampfen. Nach der „Barrentheorie" kristallisierten die Salzmassen im sackartigen Zechsteinmeer aus, als in dem langsam absinkenden Becken bei trockenem Klima viel Wasser verdunstete und aus dem großen Ozean im Norden immer neues Salzwasser nachfloss. Aus je 10 m Meerwasser blieben knapp 16 cm Salz zurück.

unter solchen Bedingungen die ursprünglich horizontal gelagerten Salzschichten bei tektonischen Bewegungen der Erdkruste in Form von Salz-
stöcken oder -diapiren aufgedrungen und stehen heute in Form pilzartiger
Salzhüte oft nur 100 bis 200 m unter der Erdoberfläche (Abb. 4 und 5).

**Salzstöcke und
-diapire**

Es ist leicht verständlich, dass die einzelnen Schichten bei der Salzstock-
bildung stark verfaltet und oft kulissenartig ineinander verschoben wurden. Sie sind dabei in eine für die bergmännische Gewinnung erreichbare
Tiefe aufgedrungen.

Bei der Sedimentation in dem riesigen Salinarbecken des norddeutschen
Zechsteinmeeres wurden die im Wasser gelösten Salze entsprechend ihrer
Löslichkeit ausgeschieden. So wurden zunächst nacheinander die sulfati-
schen Gesteine Kalziumkarbonat, Dolomit, Gips und Anhydrit sowie zum
Schluss die Chloride in Form von Steinsalz, Magnesium- und Kaliumchlorid
abgelagert. Dieser Vorgang wiederholte sich in unterschiedlich langen Zyklen, was die außerordentlich differenzierten Formen und Faziesausbildun-
gen der heutigen Salzlagerstätten erklärt.

**Das Norddeutsche
Zechsteinmeer**

Im Nordosten Niedersachsens prägen überall Salzgesteine der Zech-
steinperiode in meist tieferen Schichten zwischen 400 und 1200 m unter
der Oberfläche den präquartären Untergrund (Abb. 3). Sie beeinflussen, wo
Salzstöcke und Salzkissen mit ihren wasserlöslichen Gesteinen in Grund-
wasser-Kontakt gerieten und ausgelaugt wurden, indirekt die heutige
Oberfläche. Man spricht von Subrosion, wo dies flächenhaft, von Erdfällen,

Subrosion und Erdfall

4 Nach Einbruch eines Salzstocks füllt sich der Hohlraum an der Erdoberfläche mit Grundwasser –
so geschehen in der „Grundlosen" bei Fallingbostel.

14

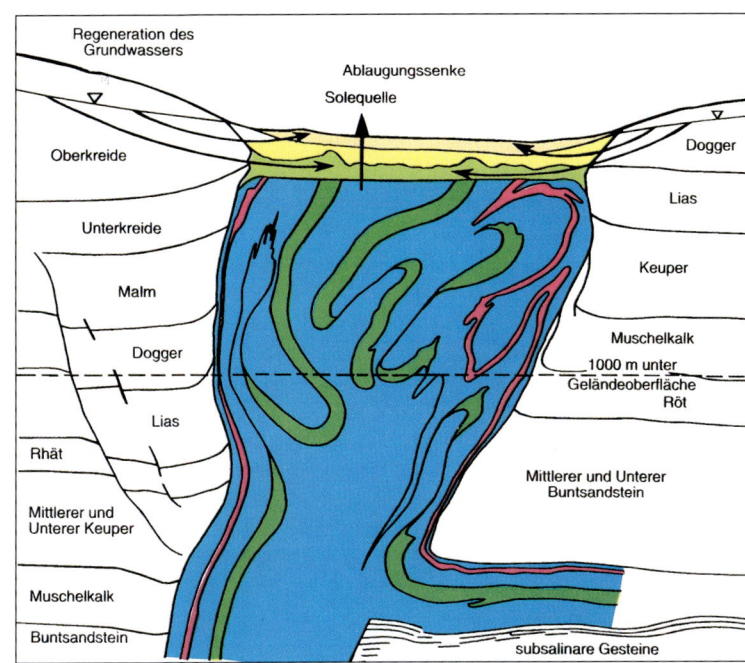

Quartär

Tertiär

Gipshut

Anhydrit

Steinsalz

Kalisalz

5 Aufbau eines Gips-hutes.

wo es punktuell geschieht. Neben den bekannten Beispielen von Lüneburg

„Grundlosen", gehören auch die besonders großen und tiefen Erdfälle „Grundlosen" bei
„Bullenkuhle", Walsrode (Abb. 4), „Bullenkuhle" über dem Salzstock von Bokel und der
„Maujahn" „Maujahn" über dem Salzstock von Gorleben in diesen Zusammenhang.
Werden tief liegende Salzgesteine durch den Druck benachbarter hangen-
der Schichtgesteine gepresst, drücken sich die hochgradig plastischen Salzgesteine hoch und wölben sich auf, sie können sogar bis zur Erdoberfläche
geraten oder durchbrechen. Solchen Diapiren, die beim Hochpressen darüber liegende Kalkschichten mit aufgewölbt haben, verdankt auch der
„Gipshut" von Lüneburg seine Existenz (Abb. 5).

Salzstock Zweifelhaften Ruhm haben in jüngster Zeit die Salzstöcke von Gorleben
in Gorleben als Endlager für radioaktive Abfälle erlangt; hier sind aktuelle, morphologisch
wirksame Ablaugungserscheinungen oder Formen des Diapirismus bis heute
allerdings nicht nachweisbar, wie schon Klaus D. Meyer (1983) betont hat.

Eiszeiten schufen das Land

Saale-Eiszeit Gletscher gaben der Landschaft das Gesicht, zuletzt in der Saale-Eiszeit.
Die Landschaften der Lüneburger Heide und ihrer Umgebung erhielten ih-
re Prägung, als das norddeutsche Flachland von mächtigen Eismassen bedeckt war. Die Eiszeitgletscher gestalteten nachhaltig die Oberflächenformen und das Bodenprofil, wie wir später noch sehen werden. Sie waren die

landschaftsprägenden Kräfte und sollen deshalb in ihrem Wirkungsgefüge und mit ihrem einzigartigen Relief nachfolgend genauer erläutert werden.

Saale-Eiszeit

In der Saale-Vereisung erhielt die Landschaft ihre heutige Struktur. In dieser Periode gab es mehrere Gletschervorstöße nach Norddeutschland. Der weiteste erfolgte im älteren Teil der Saalevereisung und reichte nach Süden bis an den Mittelgebirgsrand, nach Westen weit in die Westfälische Tieflandsbucht und in die Niederlande hinein (Abb. 6). Diese vorletzte Eiszeit dauerte von ungefähr 200 000 bis 100 000 vor heute. Damals wurden die Drenthe-Grundmoränen abgelagert, die vielerorts als mächtige kalkhaltige Geschiebemergel oder kalkfreie Geschiebelehme mit Materialien aus Süd- und Mittelschweden zu finden sind.

Vereisung bis an den Rand der Mittelgebirge

Steine aus Skandinavien

Eine ausgeprägte Endmoränenzone aus dem frühesten Vereisungsgeschehen dieser Kaltzeit, dem so genannten Drenthe I-Stadium, erstreckt sich vom „Lingen-Ankumer Höhenrücken" im Westen bogenförmig über die Dammer- und Fürstenauer Berge bis in die Rehburger Berge am Steinhuder Meer (Abb. 7). Die erste Gletscher-Vorstoßperiode, die auch als Rehburger

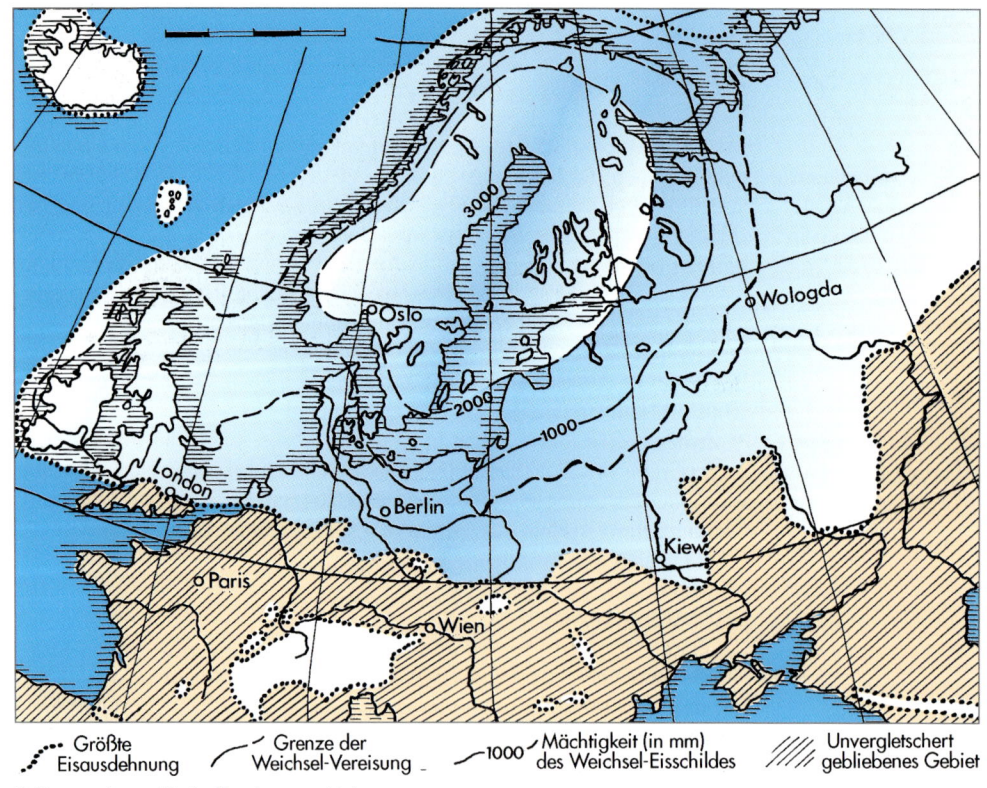

6 Das nordeuropäische Vereisungsgebiet.

Legend:
- Größte Eisausdehnung
- Grenze der Weichsel-Vereisung
- 1000 Mächtigkeit (in mm) des Weichsel-Eisschildes
- Unvergletschert gebliebenes Gebiet

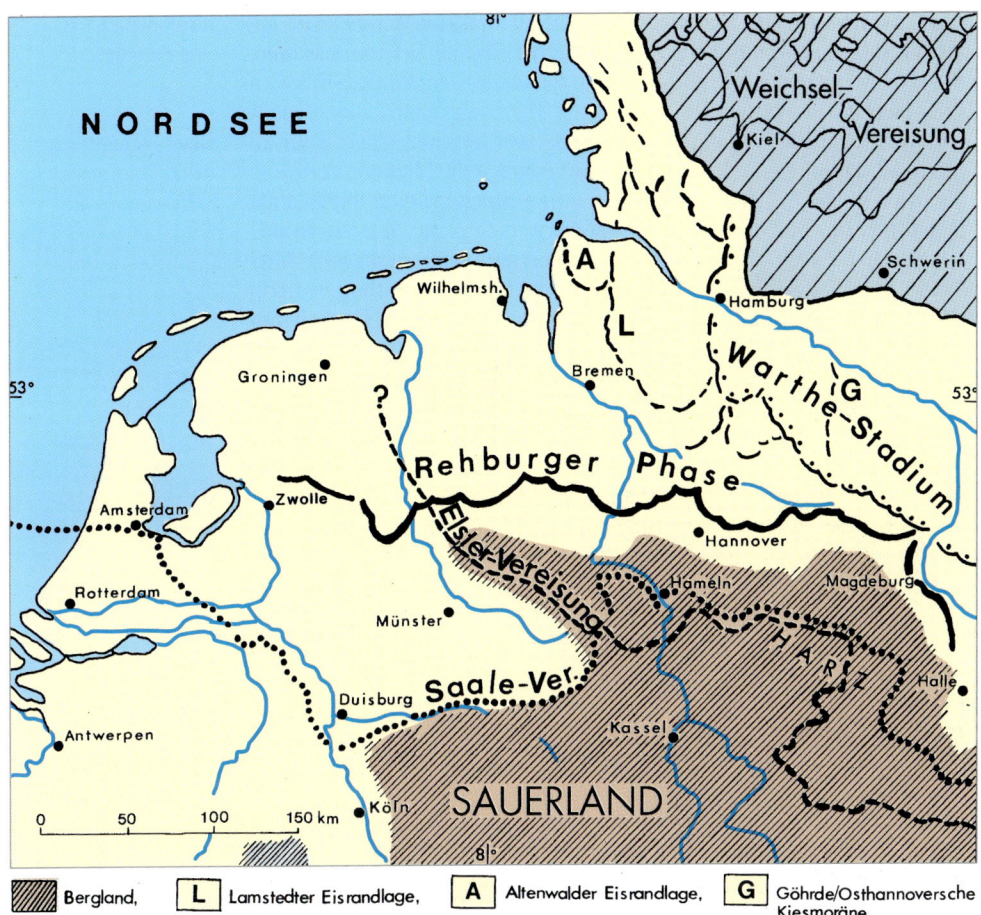

NORDSEE

Weichsel-Vereisung

Kiel

Schwerin

Wilhelmsh.

Hamburg

Groningen

Bremen

Warthe-Stadium

A

L

G

53°

53°

Rehburger Phase

Zwolle

Hannover

Amsterdam

Elster-Vereisung

Hameln

Magdeburg

H A R Z

Halle

Rotterdam

Münster

Saale-Ver.

Duisburg

Kassel

Antwerpen

SAUERLAND

Köln

0   50   100   150 km

8°

▨ Bergland, [L] Lamstedter Eisrandlage, [A] Altenwalder Eisrandlage, [G] Göhrde/Osthannoversche Kiesmoräne.

7 Haupteisrandlagen in Nordwestdeutschland.

Drenthe I und Drenthe II Phase des Drenthe I-Stadials bezeichnet wird, hinterließ einen der markantesten Endmoränenzüge, die es überhaupt in Norddeutschland gibt. Die Rehburger Eisrandlage zieht sich mit Höhen von teilweise mehr als 100 m vom mittleren Emsland im Westen ostwärts bis in das Gebiet von Hannover. Herausragende Teilglieder dieser Moränenstaffel sind die Dammer Berge mit 146 m ü. NN, der Kellenberg am Dümmer sowie die Schneerener Berge am Steinhuder Meer.

Zeugnisse späterer Eisvorstöße aus dem Drenthe II-Stadium sind weiterhin die prägnanten Endmoränenwälle zwischen Weser, Aller und Elbe: Die Lamstedter Höhen (66 m) im Elbe-Weser-Gebiet sowie die großen Endmoränenrücken der Lüneburger Heide, deren Hauptrandlage sich im weiten Bogen von den Schwarzen Bergen bei Harburg (156 m) über den Wilseder Berg (169 m) und die Wierener Berge bei Uelzen weiter nach Südosten

erstreckt. Diese großen Endmoränenzüge und das zugehörige Aller-Ur- **Eisrandlagen**
stromtal, das als Teil des Breslau-Magdeburger-Bremer Urstromtales einst **und Endmoränen**
Schmelzwässer zur Nordsee abführte, wurden früher dem Warthe-Stadium,
dem jüngsten bzw. letzten Gletschervorstoß der Saalekaltzeit zugerechnet.

Nach neueren Untersuchungen der Kies- und Geschiebezusammenset- **Neue Erkenntnisse**
zung (H.-C. Höfle & U. Lade, 1983) wird aber derzeit die Meinung vertreten, **der Glazialforschung**
dass schon die Gletscher des späten Drenthe I-Stadiums diese randständi-
gen Moränen aufgeschüttet haben und das nachfolgende Warthe-Eis diese nur noch schwach überformt und wenig bis gar nicht erhöht hat. Materialien warthekaltzeitlicher Grundmoränen westlich der Harburger Berge
verdeutlichen derartige Befunde und korrigieren die ältere Lehrmeinung,
dass die Harburger Berge im Ganzen erst während des Warthestadiums gebildet worden sind.

Die Hohe Heide oder Zentralheide – sie umschließt Gebiete wie den Wil- **Hohe Heide**
seder Berg, die Harburger Berge und den Falkenberg –, aber auch die wei- **oder Zentralheide**
ter östlich verlaufenden Höhenzüge und Hochflächen von Göhrde und Dra-
wehn, sind also Bildungen der vorletzten Eiszeit, des Saale-Glazials.

Nach neuerer Auffassung werden auch diese überwiegend aus Sanden
und Kiesen bestehenden Ablagerungen nicht mehr dem Warthe-Stadial zu-

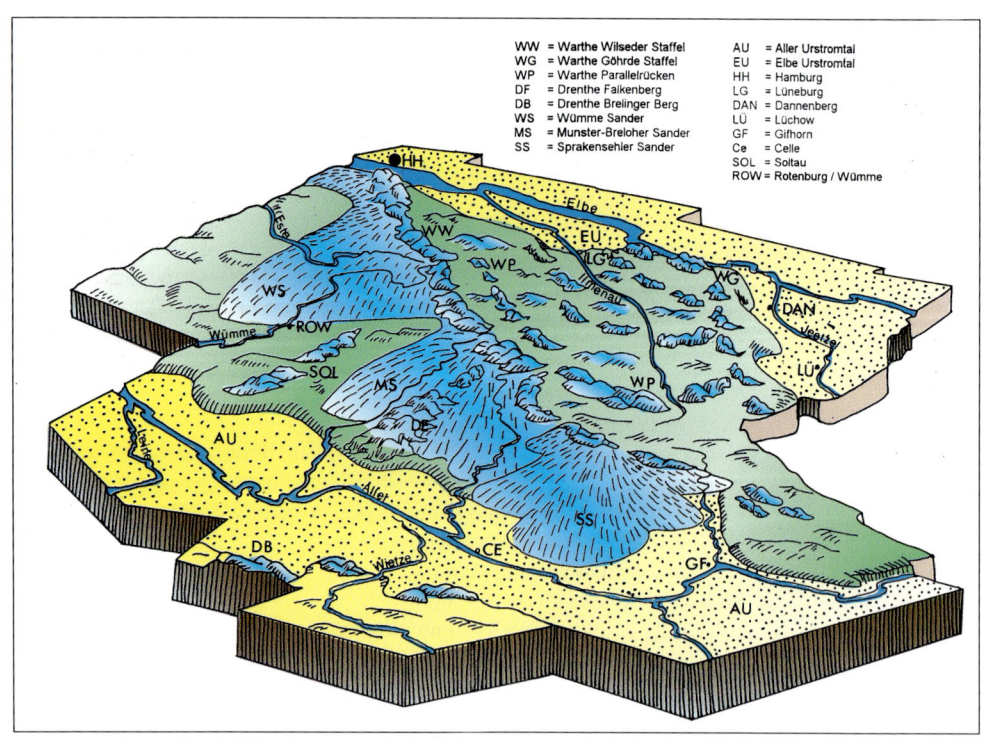

8 Blockschema der geomorphologischen Struktur von Lüneburger Heide, Wendland und Elbtal als Rasterbeispiel
einer glazialen Serie mit Urstromtal, Schwemmsandflächen (Sandern), Endmoränen und Grundmoränen.

9 Blick vom Wilseder Berg auf die Harburger Berge im Hintergrund mit ausgedehnten Heiden und Wäldern der nördlichen Lüneburger Heide.

gerechnet, sondern den vorangegangenen älteren Vergletscherungsphasen von Drenthe I und Drenthe II. Relikte von warthezeitlicher Grundmoräne im Umfeld des Wilseder Berges deuten nach neueren Befunden von Gerd Lüttig (1988, 1992) darauf hin, dass das Wartheeis den Wilseder Berg weit gehend umflossen und dabei den drenthezeitlichen Kern des Berges gestaucht hat. Die Spitze des damaligen Wilseder Berges ragte aus der warthezeitlichen Eisdecke heraus. Derartige vom Eis umflossene Bergspitzen werden in Grönland als Nunatakker bezeichnet; so kann man den Wilseder Berg heute als einen warthezeitlichen Halbnunatak mit drenthezeitlichem Kern bezeichnen.

Halbnunatak Wilseder Berg

Auch die Morphogenese dieses landschaftlich reizvollen Moränenzuges mit seinen Höhenrücken hat in jüngster Zeit eine Umdeutung erfahren: Da diese Ablagerungen weit gehend aus ungestörter Grundmoräne und vom abschmelzenden Gletscher verfrachteten, d. h. fluvioglazialen Schmelzwassersanden bestehen, können sie nicht mehr überall und ausschließlich als typische End- und Stauchmoränen angesehen werden, wie man es in älteren Arbeiten über diese Regionen noch lesen kann.

Eine glaziale Serie

Die kuppigen Höhenzüge und die Aufwölbungen der Lüneburger Heide markieren solche länger stationären Eisrandlagen der einzelnen Gletschervorstöße von saalekaltzeitlichen Drenthe I und Drenthe II-Stadien. Ihnen sind große, ebene bis leicht gewellte Sandflächen als Schwemmfächer vorgelagert, die mit dem isländischen Wort Sander bezeichnet werden, z.B. Wümme-Sander, Munster-Breloher Sander, Sprakenseher Sander (Abb. 8, 9).

Schwemmfächer und Sander

Im jüngeren Drenthe II-Stadium kam es danach zu einem weiteren Eisvorstoß, dem so genannten Lamstedter Inlandeismaximum, das mit zahlreichen Parallelrücken aus Endmoränen von der Unterelbe über Bremervörde und Rotenburg/Wümme bis nach Schneverdingen nachweisbar ist. Die Ablagerungen des vorhergehenden Drenthe I-Stadials sind daher im Gebiet der Lüneburger Heide vielfach von Lamstedter Schmelzwassersanden überlagert, die vor dem sich ausbreitenden Eis geschüttet wurden. Die Überfahrung der Sande durch die jüngeren Drenthe II-Gletscher des Lamstedter Eisvorstoßes hinterließ dazu eine Grundmoräne, deren normale Mächtigkeit bei 5 bis 10 m liegt; vielfach ist sie aber mittlerweile auch völlig erodiert worden. Petrographisch, also gesteinskundlich gesehen, ist diese Grundmoräne gegenüber der Drenthe I-Hauptmoräne durch einen höheren Gehalt an mitgeschleppten Graniten, Gneisen, Oberkreide-Kalksteinen und Feuersteinen dokumentiert, die mit dem Eis aus Skandinavien gekommen sind (Abb. 10 bis 15).

Lamstedter Inlandeismaximum

Steine aus dem Norden

Wegen ihrer großräumigen Verlagerung bezeichnet man solche großen mitgeschleppten Steine auch als glaziale Errata. Es sind vor allem Granite, Gneise, Kalke, Porphyre, Sandsteine und Quarzite, durchweg aus Skandinavien, deren genaue Herkunft oft bekannt ist. Meist sind es dicke Granitblöcke – alle zertifizierbar, bis zu 300 t schwer –, Spielzeug für Riesen, Bausteine für die Hünengräber der Jungsteinzeit, die Pyramiden der Heide! Später, nach der Christianisierung auch Sockel für die Kirchen, wie man es vielfach noch sehen kann.

Bausteine für Hünengräber

Ein hervorragendes Bestimmungsbuch für die norddeutschen Geschiebe haben Per Smed & Jürgen Ehlers (1994) vorgelegt; es ist für die Exkursionen dieses Führers nahezu essenziell!

In der Lüneburger Heide sind es mehr nordische Geschiebe schwedischer und finnischer Provenienzen. Auch der Feuerstein (Flint) kommt aus dem

Vorwiegend schwedische und finnische Provenienzen

10 Niedersachsens größter Findling, der etwa 330 t schwere Giebichenstein, wurde vom Eis der Saaleeiszeit bis nahe an die Weser transportiert. Der kolossale Granit hat seinen Namen vom Zwergenkönig Giebich, der hier der Sage nach gehaust haben soll. Man findet das Naturdenkmal bei der Ortschaft Stöckse, 9 km östlich von Nienburg.

11 Flint oder Feuerstein aus der Oberkreide bis Alttertiär (ca. 60 Mio. Jahre
vor heute) ist eines der häufigsten Geschiebe. Die oft unregelmäßig geformten
Steine enthalten manchmal Fossilien.
Flint zerbricht mit scharfen Kanten,
die schon Paläo- und Mesolithiker als
Werkzeuge nutzten.

12 Blauquarzgranite stammen meist
aus Schweden und den Ostseegebieten.
Diese oft unansehnlichen Granite fallen
weniger leicht ins Auge als die Porphyre.
Dieses Exemplar aus Småland in Südschweden ist ca. 1,7 Mrd. Jahre alt.
Die roten Småland-Granite sind charakteristisch rotbraun.

13 Unter den nordischen Geschieben
spielen Granite und Gneise unterschiedlicher Herkunft in vielerlei Formen und
Farben eine große Rolle. Granite bestehen aus Quarz, Feldspat und Glimmer,
Gneise zeigen Plagioklashüllen um
die Orthoklase; hier ein so genannter
Augengneis.

14 Rhombenporphyr, ein Leitgestein
der norwegischen Geschiebe. Rhomben-
förmige Einsprenglinge kennzeichnen
das am leichtesten zu bestimmende
skandinavische Geschiebe. Sie wurden
größtenteils in der allerersten Phase
der Saalevereisung hierher transportiert.

Norden, das Eis hat ihn aus den Kreidefelsen Südschwedens und Dänemarks mitgenommen. In gleicher Weise wurden die Sande und Tone, welche die Geest aufbauen, im Eiszeitalter aus dem Norden und Nordosten angeliefert oder sie stammen aus umgelagerten tertiären Ablagerungen.

Aus grundlegenden quartärgeologischen Studien von Hans-Christoph Höfle (1985, 1991) und Klaus D. Meyer (1987, 1994, 1997) weiß man, dass die nachfolgenden Warthe-Gletscher sich bis an die Harburger Berge, zum Wilseder Berg und bis an die schon früher angelegten Endmoränen am Rand des Uelzener Beckens ausgebreitet hatten (Abb. 6 bis 8). Im Exkursionsgebiet befinden wir uns maximal nur etwa 40 km vom ehemaligen **Nahe beim** Eisrand entfernt. Die Kartierungen von Hans-Christoph Höfle und Klaus **ehemaligen Eisrand** D. Meyer haben ergeben, dass die jüngere Drenthe II-Moräne des Lamsted-

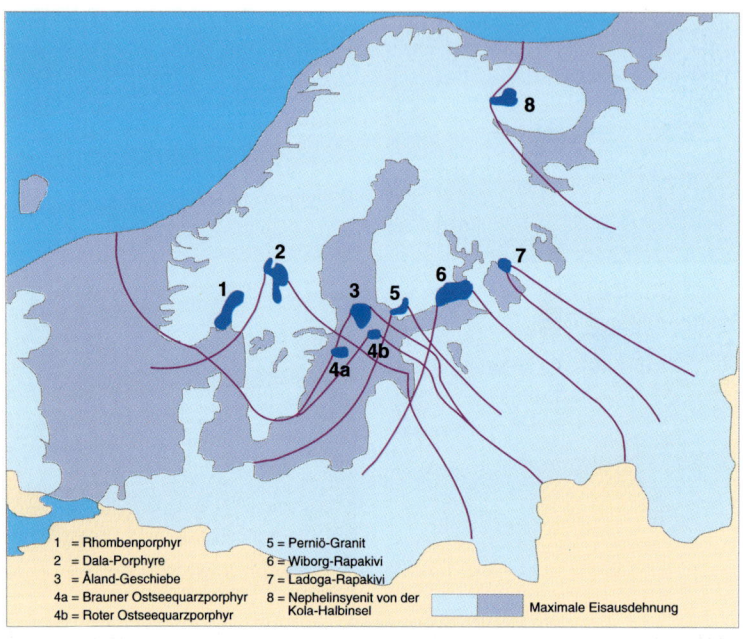

1 = Rhombenporphyr
2 = Dala-Porphyre
3 = Åland-Geschiebe
4a = Brauner Ostseequarzporphyr
4b = Roter Ostseequarzporphyr
5 = Perniö-Granit
6 = Wiborg-Rapakivi
7 = Ladoga-Rapakivi
8 = Nephelinsyenit von der Kola-Halbinsel

Maximale Eisausdehnung

15 Einige der klassischen Leitgeschiebe sind inzwischen so gut erforscht, dass man weiß, woher sie kommen. Die Karte zeigt die zugehörigen „Streufächer".

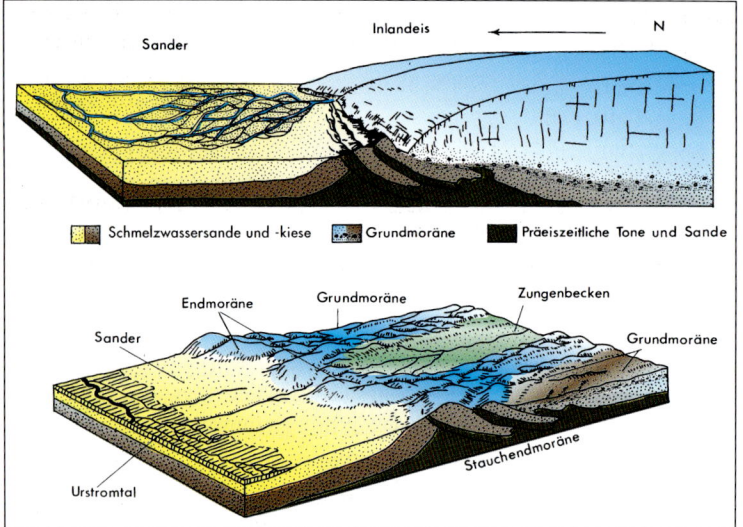

Schmelzwassersande und -kiese   Grundmoräne   Präeiszeitliche Tone und Sande

16 Das Inlandeis erzeugte beim Rückzug vielgestaltige Landschaftsformen. Die vorwiegend flach gewellte Grundmoränenlandschaft wird von Grundmoränenseen, Zungenbeckenseen und Rinnenseen unterbrochen. In Eisrandnähe entwickelten sich durch Aufstauchungen, Schmelzwasserbildungen und andere Vorgänge kuppige Geländeformen: Wallberge und Drumlins, die in den Endmoränenzügen kulminieren. An sie schließt sich dann der Sander an.

ter Eisvorstoßes an der Oberfläche die größere Ausbreitung hat. Dagegen sind die Vorkommen rein warthekaltzeitlicher Grundmoränen hinsichtlich Anzahl und Fläche weitaus geringer vertreten.

Nach bisheriger quartärgeologischer Auffassung weisen gerade das Wendland und die Lüneburger Heide die vollständigsten quartären Schich-

Lamstedter Eisvorstoß

17 Das breite Urstromtal der Elbe vom Moränenrücken bei Hitzacker nach Nordosten gesehen.

Klassische Quartäre Schichtfolge tenfolgen mit ihren jeweiligen unterschiedlichen Landschaftstypen auf. Abbildung 16 zeigt das Modellbeispiel einer klassischen Glazialen Serie in der norddeutschen Altmoränenlandschaft. Sie besteht aus vier Gliedern:

- Grundmoränen, die lehmige Böden und große erratische Blöcke (Findlinge) hinterließen,
- Endmoränen, in denen überwiegend Sand und Kies zu Höhenzügen aufgestaucht und aufgeschüttet wurden (z. B. Abb. 9),
- Sander, von den Eisschmelzwässern und den Endmoränen ausgebreitete weite Sandflächen und
- Urstromtäler, in denen sich die Schmelzwässer sammelten und zum Meer hin abflossen (Abb. 17).

Ungeachtet ihrer lange zurückliegenden Entstehung bestimmen die Glazialen Serien mit ihren Moränen, Sandern und Urstromtälern bis heute **Landschaftsbild der Geest** überall das abwechslungsreiche Landschaftsbild der Geest in Norddeutschland (Abb. 16, 18). Am auffälligsten sind in den ehemals vereisten Gebieten die meist gestaffelten Endmoränenzüge, die man als vergleichsweise geringmächtige Aufwallungen oft viele Kilometer weit verfolgen kann. In ihrer meist bogenförmigen phasenhaften Anordnung geben sie die ehemalige Ausdehnung und die Rückzugsstätten sowie die stationären Phasen des Inlandeises gut wieder.

Je nach Entstehung unterscheidet man dabei Satzend- oder Ablations- **Satzend-, Ablationsend- und Stauchendmoränen** endmoränen und Stauchendmoränen. Erstere sind aus dem Material der Gletschermoränen aufgebaut, während Stauchendmoränen auch das Material des an der Stirnseite aufgestauchten Untergrundes mit einschließen.

18 Blick vom Huntetal auf die Verdener Geest. Feuchte Flusstäler mit Dauergrünland, inselartig höher liegende Sandflächen, waldbestockte Moränenlandschaften kennzeichnen das typische Bild der norddeutschen Geest.

Im Vorfeld der Endmoränen wurden durch die Schmelzwasser ausgedehnte Schwemmfächer abgelagert.

Als Urstromtäler werden die breiten Abflussrinnen bezeichnet, die in Nordwestdeutschland durchweg ihren Weg in die Nordsee suchten; deshalb verlaufen heute mehrere hintereinander gestaffelte Urstromtäler von Osten nach Nordwesten, die alle den entsprechenden Rückzugsstadien der letzten Eiszeiten zuzurechnen sind. Das Elbe-Urstromtal sowie das Aller-Weser-Urstromtal begrenzen im Südwesten und im Nordosten das Exkursionsgebiet dieses Buches. **Elbe- und Aller-Weser-Urstromtäler**

Am Ende der Saale-Eiszeit war also das Geländerelief noch wesentlich stärker ausgeprägt als heute. Die Erosion der Endmoränenwälle und die Verfüllung der gerade entstandenen Täler hatte damals erst begonnen. In Einsenkungstrichtern über abgeschmolzenen Toteisblöcken, heute oftmals rundlichen, mit Wasser oder Torf angefüllten ehemaligen Hohlformen, den Söllen und in den Schmelzwasserkolken sowie in den übertieften, unter den Gletschern, also subglazial angelegten Rinnen bildeten sich nachfolgend Seen, die nicht selten bis ins Holozän bestanden. Sie sind heute durch Torfe, Mudden und manchmal sogar durch Kieselgur-Ablagerungen interglazialer Warmzeiten aus der Lüneburger Heide bekannt; ein Beispiel dafür liefert die so genannte Hanstedter Rinne im Bereich der Schmalen Aue im nördlichen Naturschutzgebiet Lüneburger Heide. **Sölle, Rinnen und Schmelzwasserkolke**

Weichsel-Eiszeit

Osthannoversche Kiesmoräne

Auf Grund jüngerer Kartierungsergebnisse sind also auch die Höhenzüge der östlichen und südlichen Lüneburger Heide als warthekaltzeitliche Grundmoränen und glazifluviatile, also durch Gletscher und Schmelzwasser entstandene Bildungen anzusprechen. Ein Beispiel ist die „Osthannoversche Kiesmoräne", zu der die Göhrde (S. 203 ff) und der Drawehn (S. 208 ff) mit dem 137 m hohen Mechtin gehören. Diese Bildungen sind von den genannten warthekaltzeitlichen Moränenstaffeln (Wilseder-Staffel, Göhrde-Staffel, Abb. 8) durchsetzt und bauen die so genannte Hohe Geest auf.

Hohe Geest

Ihr zum Teil bemerkenswertes Relief verdankt seine Entstehung also den Erosions- und Solifluktionsvorgängen der Saale- und Weichsel-Eiszeit mit ihren linearen und flächenhaften Ablagerungen von Erosion und Denudation sowie dem Bodenfließen über Dauerfrostböden, das als Solifluktion bezeichnet wird und in der norddeutschen Tiefebene vielerorts Frostmusterböden geschaffen hat, wie wir sie heutzutage nur noch in den arktischen Tundren antreffen (Abb. 19).

Die nordischen Inlandgletscher der letzten Vereisung, der Weichsel-Eiszeit, die von ca. 115 000 bis 12 000 Jahre vor heute gedauert hat, haben die Elbe nicht mehr überschritten. Die Lüneburger Heide und das Elbufer-Drawehn-Gebiet wurden aber durch die Nachbarschaft der damaligen Gletscher, also im so genannten Periglazial durch Erosions-, Denudations- und Solifluktionsvorgänge entscheidend geprägt. Ein großer Formenschatz zeugt davon:

Periglazialgebiet mit Denudation und Solifluktion

Die Talniederungen beispielsweise waren zu jener Kaltzeit bereits Sedimentationsgebiete der damaligen Flusssysteme. Auch die ausgedehnten

19 Ehemalige Frostmusterböden, hier bei Hodenhagen im Allergebiet, zeichnen sich manchmal unter Ackerland ab. Bei Frostwechselerscheinungen kommt es durch Bodengefrieren und Auftauen zur Bildung von Frostmusterböden. Solche Polygone unterschiedlichen Durchmessers sind im Umfeld der vergangenen Eiszeiten entstanden, im trocken-arktischen Kälteklima über den damaligen Dauerfrostböden.

20 Durch Schmelz-
wasser geschichtete
so genannte fluvio-
glaziale Sande bauen
einen Schwemmfächer
auf.

Flugsanddecken der Hohen Geest sowie ein Teil der ihnen aufgesetzten Dü-
nenfelder sind oft weichselkaltzeitlichen Alters (Abb. 20). Ebenso fällt die
Entstehungszeit von fruchtbarem Sandlöss oder Flottsand in das ausge-
hende Weichsel-Glazial. Es handelt sich hierbei um feinkörnige, vom Wind
verdriftbare, also äolische Sedimente in Form von feinfraktionierten Tonen,
Schluffen und Sanden, die vor allem südlich von Harburg, im Uelzener
Becken und in der südlichen Lüneburger Heide bei Wittingen zusammenhängende Decken bilden.

**Sandlöss
und Flottsand**

Nacheiszeitliche Formen und Strukturen in der Landschaft

Wesentlich anders als auf der Geest sind Formenschatz und geologische
Entwicklung des Aller- und Elbe-Urstromtales. Sie stellen sich dem Betrachter als flache, weite, stellenweise bis 14 km breite Flussniederungen
dar, die von jungen, meist grundwassernahen Flusssedimenten erfüllt sind.
Ihre Talauenniveaus liegen im Allgemeinen nur etwa 5 m ü. NN.
Die heutigen Flusstäler von Elbe und Aller sind Ergebnis einer großarti-
ᵑen Stromauendynamik, die in ihrer Urtümlichkeit noch bis in die ge-
schichtliche Neuzeit hinein wirkte. Das Elbtal zum Beispiel war vermutlich
schon frühzeiszeitlich im Elster-Glazial angelegt, hat seine Ausformung im
Wesentlichen aber in der Saale-Eiszeit durch die speziellen Mechanismen
der fluviatilen Erosion nach Abtauen von Permafrostböden im anschließenden Eem-Interglazial erhalten, etwa 125 000 bis 115 000 vor heute
(Abb. 21). Erst die Schmelzwässer der nachfolgenden Weichsel-Vergletsche-
rung, die auf zahlreichen Wegen in die damalige präformierte Elbeniederung flossen, haben diese Flussaue schließlich zum Elbe-Urstromtal in seiner heutigen Form umgestaltet.

**Norddeutsche
Stromauendynamik**

**Schon im Eem-Inter-
glazial angelegt**

Ähnliches war vorher im Holstein-Interglazial zwischen den Elster- und Saale-Vereisungen im heutigen Aller-Urstromtal geschehen. Die Formen erkennen wir noch sehr gut, wie es die vorgeschlagenen Exkursionen ins Allertal nördlich von Wietze und bei Ahlden veranschaulichen werden. Doch zunächst zurück zum Entwicklungsgeschehen im Elbtal:

Entwicklungsgeschehen im Elbtal

Der niedrige Meeresspiegel während der Weichsel-Kaltzeit führte dazu, dass die Talsohle des Elbeurstromes bis zu 30 m Tiefe unter dem heutigen Meeresspiegel ausgeräumt wurde. Mit dem Rückschmelzen der großen Inlandgletscher stieg der Meeresspiegel wieder an. Als Folge davon kam es im Unterlauf der Elbe bis weit über das Wendland hinaus zu verstärkter Sedimentation. Ergebnis dieser späteiszeitlichen Aufschotterung sind 10 bis 20 m mächtige sandig-kiesige Ablagerungen.

Kernfüllungen im Urstromtal

Sie bilden die Kernfüllung des stark eingetieften Urstrombettes (Abb. 8). Diese glazifluviatilen Sedimente stehen etwa 5 m unter der heutigen Flur an.

21 Aufschotterungen und Flussvertiefungen mit Terrassenbildung durch die fluviatile Dynamik. 1 braided-river-System; 2 Übergang zum mäandrierenden Fluss; 3 Flusseintiefung; 4 Gliederung in Niederterrasse, Mittelterrasse und Hochterrasse.

Zu Beginn des Holozäns war die Oberfläche der kaltzeitlichen Talsandflächen zusätzlich von zahlreichen Schmelzwasserrinnen zerschnitten. Ihnen folgten streckenweise die späteren Elbarme, von denen einige als Altwasser bis heute die Tallandschaft beleben und ökologisch bereichern (Abb. 22). Das werden wir eindrucksvoll im Elbtal sehen (S. 225ff).

Hochflutrinnen, Bracks und Altwasser

Flussbetterhöhungen durch nacheiszeitlichen Meeresspiegelanstieg, folgende Rückstauwirkungen durch Gezeiteneinfluss und jahreszeitlich bedingte Hochwässer haben also in den Stromtälern alljährlich zu Ausuferungen und großflächigen Überschwemmungen geführt. Hochflutrinnen und -mulden, abgeschnittene Altwasser, Bracks, Kolke und andere tiefgelegene Talbereiche verlandeten; es bildeten sich Mudden und Niedermoortorfe, vor allem in den niedrigen Geestrandzonen, im Bereich der Geestbäche sowie an den vernässten Rändern der Talsandplatten. Ständige Wechsel der Erosions-, Sedimentations- und Verlandungsbedingungen schufen damals sowohl in zeitlicher als auch in räumlicher Abfolge den heutigen mosaikartigen Aufbau des Taluntergrundes. Schluff, Ton, Sand, Auelehm sind dabei in wechselnder Zusammensetzung mit organischen Bildungen, vor allem Mudden und Torfen, verzahnt.

Die Auen der kleinen Heideflüsse Böhme, Örtze, Ilmenau und Jeetzel sind beispielsweise besonders stark vermoort, wobei es sich aber fast ausschließlich um Niedermoore mit gelegentlich auftretenden Quellmooren an Wasseraustritten handelt. In den abflusslosen Hohlformen der Sölle und der Erdfälle finden sich ebenfalls noch lebende Niedermoore, charakteristischerweise jedoch ohne hochmoorbildende Arten. Die relative Niederschlagsarmut der Ostheide, auf die wir noch zu sprechen kommen, ist dafür verantwortlich. Folglich findet sich das östlichste Hochmoor Niedersachsens in Form eines Schwingrasens über dem Erdfall von Maujahn westlich von Hitzacker (Abb. 23).

Auen der Heideflüsse vermoort

Niedermoore in den Erdfällen und Toteislöchern

22 Altarm der Elbe bei Lenzen.

23 Kiefernbestockte Schwingrasen mit lebender Hochmoorvegetation auf dem Maujahn (Sommer 1984).

24 Der Zusammenfluss von Aland und Elbe bei Schnackenburg.

Als besonderer Landschaftsraum im Bereich der Jeetzel- und Elbaue soll noch die Lüchower Niederung erwähnt werden, die als Teil des Elbe-Jeetzel-Urstromtales anzusehen ist. Es handelt sich hier um die breite, ebene Talung zwischen Hitzacker, Schnackenburg und Lüchow (Abb. 24), geformt vom Wasser der Jeetzel, einem Fluss aus der südlich angrenzenden Altmark. Die Lüchower Niederung zeichnet sich zum einen durch etwas höhere und damit trockenere, ausgedehnte Talsandplateaus (20 bis 32 m ü.NN) aus, die teils aber auch aus umgelagerten Sanden in der frühen Nacheiszeit entstanden sind.

Talsandplateaus

Ähnliche Talsandplateaus gibt es im Umfeld der Böhme in der westlichen Lüneburger Heide bei Walsrode und Fallingbostel sowie in der so genannten Südheide südlich von Uelzen im Einflussbereich von Örtze und Aller zwischen Hermannsburg und Hankensbüttel. Ihre Oberflächen sind weithin mit Flugsanden und Dünen bedeckt, was man besonders eindrucksvoll im Gartower Forst im Wendland beobachten kann.

Flugsande und Dünen

25 Der Höhbeck ist eine von Elbe und Seege umflossene Geestinsel zwischen Lenzen und Gartow mit der charakteristischen, weithin sichtbaren Funkstelle auf seinem höchsten Punkt in 53 m ü. NN.

In Ausblasungsdellen oder Deflationswannen, sie sind räumlich und genetisch eng mit den Dünen verbunden, haben sich dank Grundwassernähe kleine Niedermoore gebildet, zum Teil mit hochmoorartigem Charakter.

Vielfach bestehen also die Niederungen aus tiefer gelegenen, feuchten Talsandebenen, die sich durch hohen Grundwasserstand (unter 20 m ü. NN) auszeichnen. Hier sind früher schwer zugängliche Bruchwald-Niederungen entstanden, z. B. an Örtze und Böhme sowie auf der Gemarkung Lucie in den Überschwemmungsbereichen von Jeetzel, Dumme, Land- und Grenzgraben. **Bruchwald- niederungen**

In diesem Teil des alten Elbe-Jeetzel-Urstromtales befinden sich einige höhere Geestinseln als Relikte einer ausgeräumten Grundmoränenlandschaft (z. B. Öhring, Lemgow). Ähnliches gilt für andere Höhenformen im normalerweise tief liegenden Pleistozänland: In unmittelbarer Nachbarschaft zum heutigen Elbestrom ragen als landschaftlich markante Geestinseln und saaleeiszeitliche Pleistozänschollen die „Langendorfer Höhen" (49 m ü. NN) und der eindrucksvolle „Höhbeck" (53 m ü. NN) über das niedrige Niveau des Elbe-Urstromtales empor (Abb. 25). **Geestinseln im Elbe-Jeetzel-Urstromtal**

Klimatische Stellung

Im Lee der höheren Bereiche der Lüneburger Heide werden atlantische Einflüsse deutlich gemindert. Das östlich angrenzende Wendland liegt im Übergangsbereich von atlantischem zu kontinentalerem Klima und zeigt **Kontinentales Klima**

Mittelwerte	Ostfriesisch – Olden- burgischer Geestrücken im Westen	Lüneburger Heide in der Mitte	Lüchower Niederung im Osten
Klimatyp	atlantisch	subatlantisch	subkontinental
Jahrestemperatur in °C	8,5	8,0	8,5
Jahresschwankung in °C	15,5	16,7	17,7
Sommertage (Max. > 25°)	12	20	28
Frosttage (Min. > 0°)	75	80	100
Tage mit Schnee- decke	20	35	43
Jahresniederschlag (mm)	780	730	580

aus nordwestdeutscher Sicht schon deutlich kontinentale Züge, wie man aus der obigen Zusammenstellung von Daten des Reichsamtes für Wetter- dienst (1939) und des Deutschen Wetterdienstes (seit 1981) entnehmen kann (vgl. Hartmut Dierschke, 1986).

Vergleich von Wendland und Lüneburger Heide

Das Wendland zeichnet sich in der Vegetationsperiode durch ein rela- tiv trocken-warmes Klima aus. Die westlich angrenzende Lüneburger Heide liegt zwischen der ozeanischen und der kontinentalen Klimaregion in einem Übergangsbereich, der klimatisch eine besondere Rolle einnimmt. Vor allem im Bereich der zentralen Heide bewirken die Endmoränenzüge mit Höhen von mehr als 100 m ü. NN bereits einen merklichen Regen- stau, sodass hier wesentlich mehr Niederschläge fallen als westlich davon oder in der Ostheide. Die mittlere Jahresniederschlagsmenge beträgt 650 bis 750 mm und die jährliche Schwankung der Lufttemperatur 16,5 bis 17,5 °C. Diese Daten entsprechen dem subatlantisch-subkontinentalen Kli- mabereich.

Ein Kommen und Gehen – die Wälder seit der letzten Eiszeit

Wandel von Klima und Vegetation

Die Erwärmung des Klimas nach der letzten Eiszeit führte zu grundle- genden Veränderungen in der Landschaft hinsichtlich Böden, Pflanzenge- sellschaften und der ganzen Vegetation. In einem komplizierten Ursachen- Wirkungsgefüge stellten sich nach und nach zu verschiedenen Epochen ganz charakteristische Vegetationsformationen ein, die zum Teil bis heute an speziellen Reliktstandorten existieren oder die die Basis für das aktuelle Vegetations- und Landschaftsbild darstellen (Abb. 26).

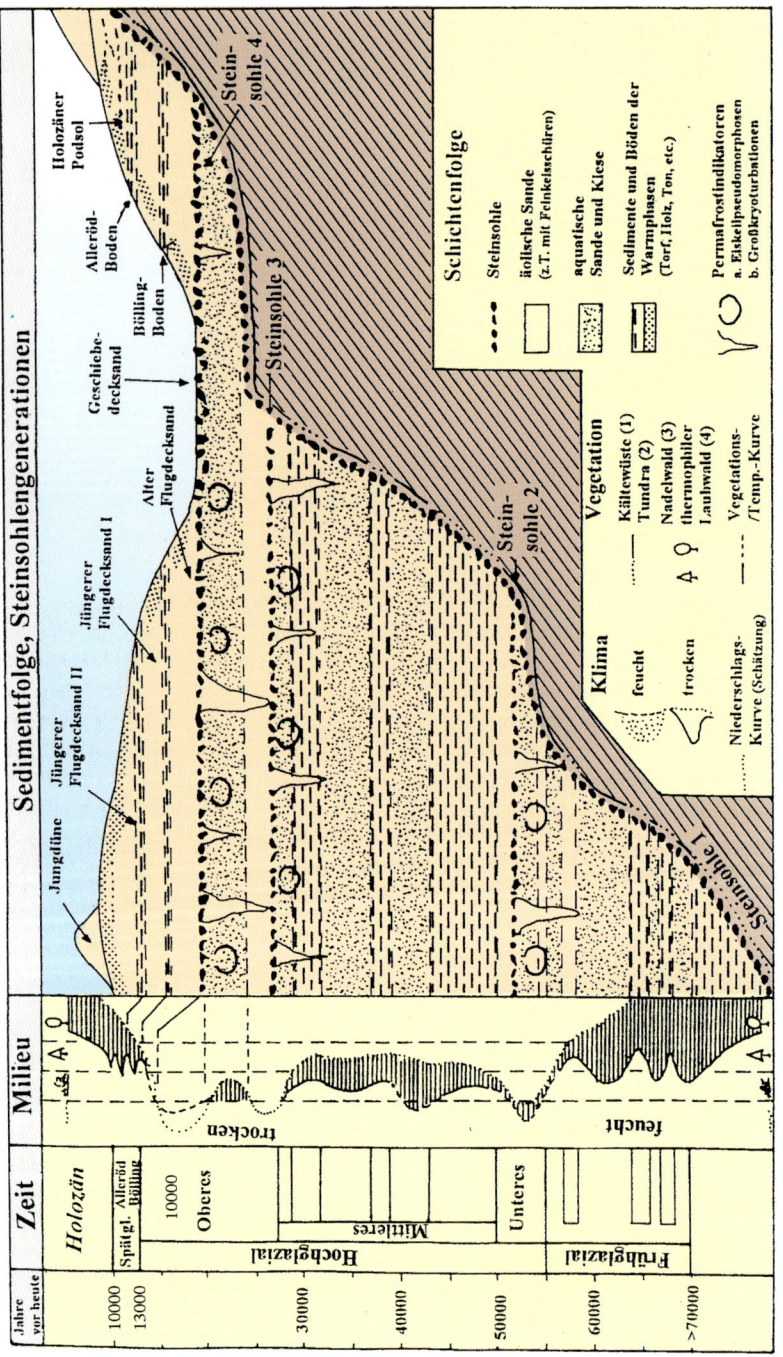

26 Gliederung der Weichselkaltzeit: Milieubedingungen, Sedimentfolgen und Steinsohlengenerationen.

Die spät- und nacheiszeitliche Waldentwicklung in Nordwestdeutschland

Zeit	Vegetationsgeschichtliche Einteilung		Zusammensetzung der Vegetation	Signifikante pollenanalytische Daten
+ 2000	Subatlantikum	jüngeres ab 900	Zeit der stark genutzten Wälder und Forsten: Buchen und Buchen-Eichen-Wälder, Eichen-Hainbuchen-Wälder; Rückgang der Erle	Starker Anstieg der Siedlungsanzeiger und Nichtbaumpollen, sekundärer Kiefernanstieg
+ 1000				
Christi Geburt				
- 1000		älteres 1300 (1100) bis 900	Buchenzeit: Umbildung der Eichenmischwälder zu Buchen-, Buchen-Eichen- und Eichen-Hainbuchen-Wäldern; Erlenwälder auf Nassböden	Anstieg der Buche über 2 Prozent, Hainbuche
- 2000	Subboreal	3200 bis 1300 (bzw. 1100 im Norden)	Eichenmischwaldzeit mit schwächerem Anstieg von Ulme und Linde; Erle auf Nassböden. Zum Ende: Einwanderung von Buche und Hainbuche, Rückgang der Hasel, Reduktion der Kiefer-Refugialstandorte	Abfall der Ulme, Auftreten von Siedlungsanzeigern
- 3000				
- 4000	Atlantikum	6000 bis 3200	Eichenmischwaldzeit mit stärkerem Anstieg von Ulme und Linde; Erle auf Nassböden. Großflächige Arealeinengung der Kiefer, Bildung von Kiefer-Refugialstandorten	Anstieg von Erle, Eiche, Ulme und Linde, Rückgang der Kiefer
- 6000	Boreal	7000 bis 6000	Haselzeit: haselreiche Birken-Kiefern-Wälder	erster Haselanstieg
- 7000	Präboreal	8300 bis 7000	Birken-Kiefern-Zeit: erneute Ausbildung von Birken-Kiefern-Wäldern	erneuter Birken- und Kiefernanstieg
- 8000				
- 9000	Subarktikum	jüngeres 8800 bis 8300	jüngere Parktundrenzeit (jüngere Dryaszeit)	Kiefern- und Birkenabfall
- 10000		mittleres (Alleröd) 10000 bis 8000	Kiefern-Birken-Zeit: erstmals Ausbildung von Kiefern-Birken-Wäldern	Kiefern- und Birkenanstieg
- 11000		älteres bis 10000	ältere Parktundrenzeit (ältere Dryaszeit)	
- 12000	Arktikum		Tundrenzeit: baumlose Tundra	

	Allgemeine Gliederung	Nordseevorstöße	Nordsee-spiegel	Vegetations-geschichte			Ablagerungen	Kulturstufen
+1000	Subatlantikum (Nachwärmezeit)	Dünkirchen / Pewsum-Schichten	± 0 m NN	Zeit der Forsten Zeit der stark genutzten Wälder und Heiden			Auelehm Dünensand	Neuzeit
							Jüngerer Sphagnumtorf (Weißtorf)	Mittelalter Völkerwander. Röm. Kaiserzeit
Chr. Geb.			-0,8 m	Buchenzeit			SW-Kontakt ("Grenzhorizont")	Vorrömische Eisenzeit
		Midlum-Schichten		Eichenzeit				
-800			-2 m					Bronzezeit
	Subboreal (Späte Wärmezeit)	Dornum-Schichten	-5 m	Eichen-Haselzeit				Jungsteinzeit (Neolithikum) Megalithkultur im Geestgebiet →
-3000							Älterer Sphagnumtorf (Schwarztorf)	
	Atlantikum (Mittlere Wärmezeit)	Baltrum-Schichten	Nordsee erreicht heutiges Küstengebiet -20 m	Eichenmischwald-Haselzeit (Eichen, Ulmen, Linden, Eschen, Hasel, Erlen)				Frühe Bauern-kulturen ← um 5000 v. Chr. erster Ackerbau =Bandkeramische Kultur der Löß-gebiete
-6000			engl. Kanal überflutet					
	Boreal (Frühe Wärmezeit)			Kiefern-Haselzeit				Mittlere Steinzeit (Mesolithikum)
-7000			-50 m	Kiefernzeit				
-8000	Präboreal (Vorwärmezeit)			Birken-Kiefernzeit			Mudde Flugsand	Jäger- und Sammlerkulturen
-9000	Weichsel-Eiszeit	Jüngere Dryas		Jüngere Parktundrenzeit			Flugsand und Altdünen	
-10 000		Alleröd-Interstadial		Birken-Kiefernzeit			Torf, Mudde	
-11 000		Älteres Spätglazial		Ältere Tundrenzeit			Flugsand Mudde	
ca. -115 000		Hochglazial	unter -100 m	Kältewüste u. Tundra			Flugsand, Löß, Sandlöß, Talsand und Flußkies der Niederterrasse, Torf	
		Frühglazial		Tundra und Nadelwald				
ca. -125 000	Eem-Warmzeit						Torf, Kalkmudde, Kieselgur	
	Saale-Eiszeit	Warthe-Stadium Drenthe-Stadium Lamstedter Altenwalder Hamelner Rehburger Eisrandlage					Schmelzwassersand u. -kies, Geschiebelehm, Flußkies der Mittelterrasse, Beckenton	
ca. -235 000								
ca. -250 000	Holstein-Warmzeit						Torf, Meereston, Kieselgur, Mudde	Altsteinzeit (Paläolithikum)
	Elster-Eiszeit						Lauenburger Ton Geschiebelehm Sand, Kies	
ca. -350 000								Jäger- und Sammlerkulturen
ca. -750 000	Cromer-Komplex						Torf, Ton, Sand	
	Bavel-Komplex						Torf, Ton, Sand	
	Menap-Kaltzeit						Sand, Kies	
	Waal-Warmzeit						Ton	
	Eburon-Kaltzeit							
ca. 1,7 Mio.	Tegelen-Warmzeit / Prätegelen-Kaltzeit							
ca. 2,4 Mio.	Pliozän (Reuver-Stufe)						Sand, Kies, Ton	

Hinweise auf Zeitachse links: Nacheiszeit (Holozän), Eiszeitalter (Pleistozän). Weitere Beschriftungen: Flandrische Transgression, Calais, Spätglazial, Marschenbildung, Niedermoortorf, Hochmoorbildung.

Gliederung des Quartärs in Niedersachsen.

Vom Offenland zum Waldland

Die Sedimentabfolgen der glazialen Geschiebe, der permafrostbedingten, durch Wechselfrost verursachten so genannten kryoturbaten Veränderungen, der Schmelzwasserablagerungen sowie der abgelagerten Sande sind eine notwendige Grundlage der nachfolgenden Vegetation, die nachweislich bereits in der letzten Würmzeit sowie im Eem-Interglazial zwischen Saale- und Weichselvereisung vorhanden war. Einen der wichtigsten Prozesse des Landschaftswandels – durch die Erwärmung des Klimas ausgelöst – gab es nach dem Ende der letzten Eiszeit: den Übergang von einem Offenland zum Waldland. Dafür mussten einige Voraussetzungen erfüllt sein:

Die damaligen Vegetationsperioden waren lang genug, um Gehölzen ein Überleben zu ermöglichen, was bedeutet, dass die Bildung eines Jahresringes in jeder Vegetationsperiode gewährleistet war. Die Böden stabilisierten sich, Samen und Früchte von Bäumen konnten an bestimmten Stellen fixiert werden und keimen. Die Wiedererwärmung nach der letzten Eiszeit war also absolute Voraussetzung dafür, dass sich Gehölze ausbreiten konnten. Dies alles nahm Zeit in Anspruch, Zeit, zu der die Sommertemperaturen für das Wachstum von Bäumen schon in ganz Mitteleuropa günstig waren, aber noch längst nicht überall wuchsen Bäume, wo sie hätten wachsen können. Das hatte spezielle Gründe:

Änderungen des Meeresspiegels

Die Meere hatten bei weitem noch nicht ihre heutige Ausdehnung erreicht. Am Ende der letzten Eiszeit bestanden Nord- und Ostsee noch nicht – die Küstenlinien der flachen Schelfmeere veränderten sich in den letzten Jahrtausenden erheblich. Dabei war Mitteleuropa um einige hundert Kilometer weiter als heute vom Einflussbereich des Atlantiks und damit vom Nordatlantikstrom entfernt als heute. Gerade als sich die ersten Gehölze nach Mitteleuropa ausbreiteten, war daher das Klima besonders trocken und vergleichsweise kontinentaler als heute.

Unter diesen kontinentalen Klimabedingungen fand die Ausbreitung der Wälder statt. ^{14}C-Datierungen der Kiefernausbreitung verraten in diesem Zusammenhang, dass sich der Übergang zum Waldland fast überall in Mitteleuropa bis zum Beginn des 10. Jt. vor heute vollzogen hat, also noch während des Spätglazials.

Allerdings hatte die großräumige Verbesserung des Klimas schon einige Jahrtausende früher eingesetzt. Die eisbedeckten Flächen waren kleiner geworden, ebenso der Permafrostbereich. Weite Bereiche der Landschaft waren nun nicht mehr durch Eis stabilisiert, sondern der Erosion ausgesetzt.

Äolische und fluviatile Erosion

Erosion durch Wind (äolisch) und Schmelzgewässer (fluviatil) sowie Sedimentation nahmen also am Beginn des Spätglazials zu. Dagegen wirkten biotische Kräfte: Noch vor den Gehölzen breiteten sich Kräuter in der Landschaft aus, die den Boden stabilisierten. Mit der Ausbreitung von Pflanzen, besonders aber der Gehölze und der sich daraus bildenden Wälder wurden die Wirkungen von Erosion und Sedimentation wieder abgemildert. Aus dem Befund, dass der von Eis und Permafrost beeinflusste Bereich kleiner wurde und später die von Vegetation bedeckten Flächen größer, ist zu folgern, dass Sedimentverlagerungen seit dem Ende des Hochglazials kontinuierlich abnahmen.

Differenzierung verschiedener Wälder

In den Wäldern, waren sie einmal entstanden, konnte eine eigene Dynamik einsetzen: Der Boden entwickelte sich in Ruhe; Erosion und Sedimentation spielten kaum eine Rolle. Andere Tiere als in den vorausgegangenen Offenlandschaften wurden heimisch. Manche von ihnen brachten Früchte und Samen weiterer Gehölzpflanzen mit, die so die Chance zur Wiedereinwanderung bekamen.

Die ersten Wälder

Die Ausbreitung vieler Gehölze aus dem Mittelmeergebiet – wo auch während der Eiszeiten in kleinen Refugialgebieten für Bäume geeignete ökologische Bedingungen herrschten – nach Mitteleuropa wurde durch die Gebirge behindert. Wie ein Riegel versperrten Pyrenäen, Zentralmassiv, Alpen und Karpaten die Ausbreitung von Pflanzen nach Norden. Lediglich schmale Durchlässe zwischen diesen Gebirgen konnten die Pflanzen als Wanderwege nutzen. Vor allem die Burgundische Pforte und der Ostalpenrand waren für Mitteleuropa wichtige Linien. Einige Gehölze breiteten sich von Westen her ins südliche Mitteleuropa aus, andere von Osten, wieder andere wanderten aus beiden Richtungen ein. Aber keine Pflanzenart – sieht man einmal von Kiefer und Birke ab – kam in breiter Front aus dem Süden. Die Urstromtäler von Elbe sowie von Weser und Aller waren die direkten Ausbreitungs- und Verbindungswege nach Norden in unser Gebiet.

Herkunft der Gehölze

Bereits ab dem 10. Jt. vor heute entstand zudem eine West-Ost-Differenzierung der Vegetation im südlichen Mitteleuropa als Folge davon, dass die Hasel zuerst im Westen, die Fichte zuerst im Osten häufig vorkam. Die Entstehung dieser Verbreitungsunterschiede ist in komplexer Weise noch immer von den Klimaverbesserungen nach der letzten Eiszeit abhängig. Das Klima war vor allem im Osten Mitteleuropas stark kontinental geprägt, denn die damalige Nordsee-Küstenlinie war weit von der heutigen entfernt, weil an Stelle des heutigen englischen Kanals bis zum 9. Jt. vor heute noch eine Landverbindung zwischen dem Kontinent und England bestand. Daher konnte sich auch der Einfluss des Nordatlantikstroms noch nicht in der Weise durchsetzen, die uns heute vertraut ist.

West-Ost-Differenzierungen

Das Klima Mitteleuropas muss sich damals trotz hoher Durchschnittstemperaturen durch relativ große Winterkälte ausgezeichnet haben, die nicht durch die Einwirkung des Nordatlantikstromes gemildert wurde. Daher konnte die an ozeanisches Klima besonders gut angepasste Hasel im Osten Mitteleuropas zunächst keine große Bedeutung erlangen. Im 10. und vor allem 9. Jt. vor heute setzte also eine massenhafte Ausbreitung der Hasel in den westlichen Mittelgebirgen des südlichen Mitteleuropa ein. Weiter im Norden kam es zur Massenausbreitung der Hasel im Weserbergland und im Harz, aber nicht weiter nördlich und östlich wie Hansjörg Küster (1993, 1995, 1996) mehrfach betont hat.

Pionier im Westen: Hasel

In den trockenen Gebieten Mitteldeutschlands konnte sich die Kiefer behaupten – so auch im Bereich der Elbregionen und in der Lüneburger Heide. Hier kam es zusätzlich auch schon recht frühzeitig zu einer gleichzeitigen Ausbreitung der von Osten her vordringenden Fichte. Als sich dann im

Pionier im Osten: Kiefer

Bedeutung des Golf-
stroms für das Klima

späten 9. Jt. vor heute der englische Kanal öffnete und der klimatische Einfluss des Nordatlantikstroms mehr Gewicht in Mitteleuropa gewann, war auch in Norddeutschland die Voraussetzung für eine Ost-Ausbreitung der Hasel gegeben (Küster, 1995). Dennoch erhielt dieser Strauch in der Lüneburger Heide, im Wendland und im angrenzenden Elbtal längst nicht die Bedeutung, die sie bereits weiter im Westen zur damaligen Zeit hatte, wie es uns die Pollenanalysen aus der Lüneburger Heide überaus deutlich zeigen (Abb. 27).

Die natürlichen Entwicklungsvorgänge lassen sich ebenso wie alle vom Menschen ausgelösten Veränderungen der Vegetation pollenanalytisch sehr gut erfassen, sofern dafür organogene Sedimente aus Niedermoor- und Hochmoorbildungen oder aus Gewässern vorhanden sind. Meist sind es Torfe, in die Pollen windblütiger Pflanzen, die von Jahr zu Jahr auf die jeweilige Mooroberfläche gelangten und überwachsen wurden, schichtweise eingelagert und in fossilem Zustand hervorragend konserviert sind.

Nachweise und
Rekonstruktionen
durch Pollenanalyse

Da unsere Waldbäume fast durchweg windblütig sind und außerdem gut bestimmbare Pollen haben, spiegelt jede Tiefenstufe eines Moorprofils an Hand ihres Spektrums fossiler Pollen in gewisser Weise das ihr zeitlich zuzuordnende Vegetationsbild wider. Die Abfolge der einzelnen Pollenspektren im Moorprofil ergibt, grafisch dargestellt, das Pollendiagramm (Abb. 27). Aus vielen solcher Pollendiagramme lassen sich für die jeweils untersuchten Regionen hervorragend genaue Zeitdarstellungen spät- und nacheiszeitlicher Entwicklungsphasen von Vegetation und Landschaft herstellen.

Pollen und Torfe

Auch die torfstratigraphische Zusammensetzung der Moore ist für die Rekonstruktion von Vegetation und Landschaft sehr bedeutsam: Bestimmte Torfe lassen oft auf typische Vegetationsverhältnisse der damaligen Moore zurückschließen. Solche Torfe findet man beispielsweise noch in den großen Mooren der zentralen Lüneburger Heide; sie lassen sich auf Grund ihrer stratigraphischen Eigenheiten meist leicht zuordnen.

Baumpollen und
Nichtbaumpollen
als Indikatoren

Durch den wirtschaftenden Menschen und seine Haustiere bedingte, also anthropozoogene Veränderungen der Vegetationsdecke und deren Ausmaß, zeichnen sich darüber hinaus im Pollendiagramm durch Anreicherung von Nichtbaumpollen, durch Zunahme von Pollen lichtliebender Pflanzen und durch siedlungsanzeigende Pollenarten ab. Als solche werden einerseits Pollen unserer Kulturpflanzen, z. B. der Getreidearten, zum anderen die Pollen vieler kulturbegleitender Unkräuter angesehen. Sie dürfen deshalb als besonders zuverlässige Indikatoren menschlicher Einwirkungen gelten. Damit können wir frühere Naturräume und Kulturlandschaften rekonstruieren, deren Entwicklung und regionale oder lokale Veränderungen exakt ableiten. Wir werden das bei der Entstehungsgeschichte der Heiden deutlich sehen.

Entstehung der
Kulturlandschaften

Betrachtet man heute die inzwischen zahllosen Pollendiagramme des ausgehenden letzten Spätglazials und der Nacheiszeit, so sind die Unterschiede beträchtlich und es gibt oft lokal erhebliche Abweichungen von den Grundzügen der generellen Vegetations- und Landschaftsentwicklung, wie sie auf Seite 33 dargestellt ist. Die Ursache dafür lieferte der Mensch,

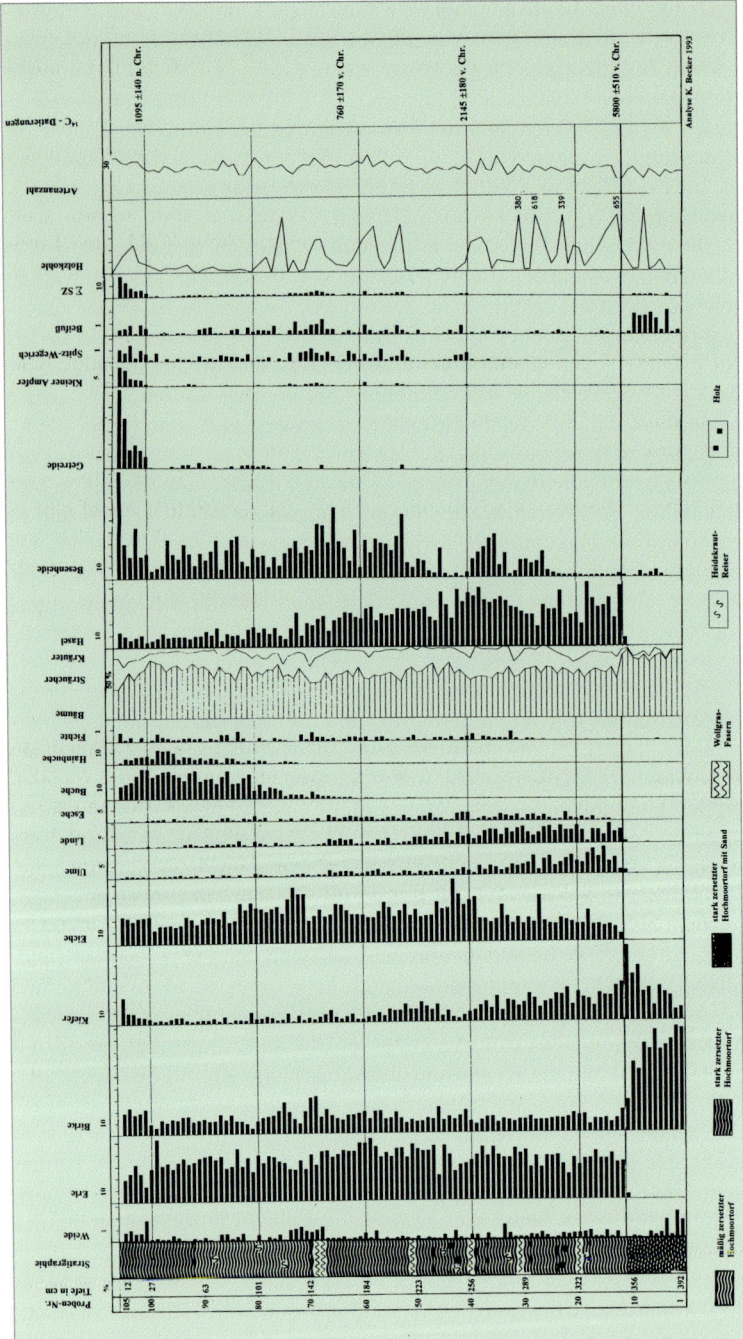

27 Pollendiagramm Lüneburger Heide (Ausschnitt).

Wirkungen des
Menschen und
seiner Haustiere dessen Einfluss die Nacheiszeit prägte, aber nicht überall in gleicher Weise. Die von ihm und seinen Haustieren ausgehenden Wirkungen auf das Vegetations- und Landschaftsgeschehen waren stärker, als bislang meist angenommen wurde.

Die Grundzüge der spät- und postglazialen Waldentwicklung sind für ein grundlegendes Verständnis von Landschaften und ihrer Vegetation wichtig. Für Nordwestdeutschland sind sie bestens bekannt und sollen deshalb hier nur kurz zusammengefasst werden. Wie schon erwähnt, wurde die regional unterschiedliche Basis für die nacheiszeitliche Wald- und Landschaftsentwicklung und das heutige Landschaftsbild am Ende der Weichseleiszeit gelegt.

In der spätglazialen Tundren- oder Dryaszeit hatte die Sommertemperatur zumindest in der bodennahen Schicht die für Pflanzen günstige Assimilationstemperatur von 20 °C sicherlich erreicht und überschritten, längst bevor die Kiefer Fuß fasste. Die vorherrschenden Vegetationstypen waren gras- und seggenreiche Matten, Strauchweiden-, Zwergbirken- und Sanddorngebüsche, wie wir sie noch heute in subarktischen Steppen beobachten können. Einzigartige Bestände mit Zwergbirken (*Betula nana*) gibt es noch in einem kleinen Moor zwischen den Ortschaften Bodenteich und Schafwedel südlich von Uelzen; man kann dieses Relikt des Spätglazials leicht im Naturschutzgebiet „Zwergbirkenmoor" besichtigen.

Relikte
der Kältesteppe

Birken- und Kiefern-Wälder

Die nachfolgende Birken-Kiefern-Zeit des Alleröd mit ihren Wacholder- und Sanddorn-Gebüschstadien sowie das spätere Präboreal von etwa 8000 bis 7000 v. Chr. brachten eine weit gehende Bedeckung des vormals eisfreien Mitteleuropa mit Birken im Nordwesten, Kiefern im Osten und Südosten. Auch die Vegetation Nordwestdeutschlands war damals offensichtlich von subarktischen Waldsteppen mit Birken und Kiefern gekennzeichnet.

Viele Steppenpflanzen südosteuropäischer Herkunft sind kälteresistent, gegen große Trockenheit und jähe Temperatursprünge bestens gewappnet. Sie dürften bereits zur Kiefern-Birken-Zeit zahlreich in weite Gebiete Mitteleuropas eingewandert und auch bis nach Nordwestdeutschland gelangt sein. Einige natürliche Kiefernwälder, wie sie beispielsweise in der zentralen Lüneburger Heide noch bestehen, gehören somit zu den ältesten Waldökosystemen Mitteleuropas (Abb. 28). Einige Kiefernbestände im Wendland und an der Bokelmühle bei Hankensbüttel in der Südheide sind weitere Beispiele dafür.

Natürliche
Kiefernwälder

Zusammenschluss
der Wälder Ein weiterer Zusammenschluss der Wälder ist in der Haselzeit (frühe Wärmezeit, Boreal 7000 bis 6000 v. Chr.) anzunehmen. Dabei ging mit der starken Ausbreitung der Hasel einerseits die Zunahme der Kiefer in den zuvor birkenreichen Landschaften einher, andererseits begann aber auch schon ihre Verdrängung auf reichen Böden durch Eichenmischwälder mit dominierender Ulme.

Vor allem in den westlichen Mittelgebirgen mit ihrem ozeanisch getönten feuchten Klima wurden Kiefer und Birke von Haselbüschen verdrängt, die sich nördlich der Alpen von Westen her ausbreiteten. Ganze Haselwälder müssen zeitweise vor allem in den Mittelgebirgen bis in den Harz und das Weserbergland bestanden haben. Dabei dürfte schon der noch nicht sesshafte Mensch der Mittelsteinzeit als Sammler der Nüsse eine zusätzliche wichtige Rolle bei der Haselverbreitung gespielt haben, denn zahlreiche mesolithische Fundstellen enthalten reiche Haselfunde aus damaligen Nahrungsvorräten.

Haselwälder im Boreal

Laubmischwälder aus Eiche, Linde und Ulme

Die Eichenmischwald-Zeit (mittlere Wärmezeit, Atlantikum, etwa 6000 bis 3200 v. Chr.) brachte als wesentliche klimatische Veränderung gegenüber der Vor- und frühen Wärmezeit eine Feuchtigkeitszunahme, die sich in der späten Wärmezeit des Subboreals fortsetzte. Tief greifende Folge war die Verdrängung der Kiefer aus dem westlichen Teil Mitteleuropas durch artenreiche Laubwälder mit Eichen, Ulmen, Linden, später auch zunehmend Buchen.

Klimaerwärmung im Atlantikum

28 Alte natürlich gewachsene Kiefernbestände auf Dünen der Hohen Geest im Drawehn.

29 Auenwald an der Elbe (Elbholz) mit Eichen, Eschen, Ulmen und Weiden in der Baumschicht; darunter hoch aufwachsende Weißdorn-, Schwarzdorn- und Rosenbüsche. So könnten unsere Wälder zur Zeit des Eichenmischwaldes ausgesehen haben.

Die Ausbreitung der subozeanischen Schattholzarten, allen voran der Buche und die fortschreitende Hochmoorbildung deuten auf feuchtwarme Klimaphasen mit abnehmendem Schneeanteil und verlängerter Vegetationsperiode hin. Das Atlantikum war also eine etwa 3000 Jahre andauernde Periode, in **Erste stabile Waldbilder aus Laubbäumen** der sich ein stabiles Waldbild einstellte, das vor allem durch Ulme, Eiche, Linde, Esche, Ahorn und Erle bestimmt wurde.

Die meisten dieser Arten traten schon gegen Ende des Boreals in Erscheinung, gelangten aber erst im Atlantikum zur vollen Ausbreitung (Abb. 29). Die Auen- und Restwälder an der Elbe und im Seege-Jeet-

30 Verlandete Flutmulden der unteren Jeetzel: Weiden-, Erlen- und Birkengebüsch im Komplex mit Röhrichten vom Typ des Glycerietum maximae (Wasserschwadenröhricht); auf den höher gelegenen Flächen im Hintergrund stocken Kiefern.

zel-Gebiet im Wendland dürften als Waldtypen teilweise aus dieser Zeit stammen.

Phasenhaft durchschnittlich um 4 bis 2 °C höhere Sommertemperaturen gegenüber heute und höhere Niederschläge lassen keinen Zweifel, dass die Zunahme der Laubholzarten mit generellen Anstiegen des Niederschlags-nettos zusammenhängen, was auch durch zahlreiche, oft flächenhaft einsetzende Nieder- und Hochmoorbildungen belegt ist. Wegen sehr unterschiedlicher Standortverhältnisse in den einzelnen Naturräumen Nordwestdeutschlands müssen wir obendrein mit verschiedenen Varianten des atlantischen Eichenmischwaldes rechnen, die mehr oder weniger auch alle pollenanalytisch belegt sind: **Beginn der Moorbildungen**

- erlenreiche Formen in versumpften Niederungen der großen Flusstäler und des Flachlandes (Abb. 30) **Varianten damaliger Waldbilder**
- Ulmenreichtum auf nährstoffreichen, frischen Böden (vor allem in den Flussauen von Leine, Aller und Elbe, Abb. 29)
- hohe Lindenanteile in Lössgebieten und auf Flottsandböden
- höhere Anteile an Esche und Ahorn im Vorland der Mittelgebirge
- birkenreiche Varianten auf den armen Sandböden der nordwestdeutschen Geest (z. B. mit Kiefer).

Restbestände dieser Vegetationstypen gibt es nach wie vor an speziellen Standorten, besonders auf Flussdünen und an Mooren; sie sind deshalb als vergleichsweise alte, reliktische Wälder von großer Bedeutung. Bei den einzelnen Exkursionen wird fallweise darauf hingewiesen. **Relikthafte Waldtypen**

Buchen- und Buchenmischwälder

Im Zuge spät- und nacheiszeitlicher Klimaverbesserungen drangen also die verschiedenen Laub- und Nadelgehölze aus ihren Refugialgebieten wieder zu uns. Sie kamen gestaffelt in ganz bestimmter Reihenfolge, durch säkuläre Klimawandlungen gesteuert, von der ersten bis zur letzten eingewanderten Art über einen Zeitraum von etwa 9000 Jahren.

Die Buche (*Fagus sylvatica*) hat sich aus verschiedenen eiszeitlichen Refugien des Mediterrangebietes nach Norden bis auf ihr heutiges Areal verbreitet. Nach Nord- und Mitteleuropa dürfte sie zunächst auf mindestens zwei Wegen gelangt sein. Spätglaziale Vorkommen in Griechenland, im Bereich der Adria, der Südalpen, des Kantabrischen Gebirges, der Pyrenäen und Cevennen bezeugen die Refugialstandorte. Vielleicht gab es weitere Refugien in der Nähe der Karpaten. **Ausbreitung der Buche**

Die Wanderwege der westlichen und östlichen Provenienzen trafen sich im nördlichen Voralpengebiet, von wo die Buche gegen 5000 v. Chr. in die Mittelgebirgsregionen der Vogesen, des Schwarzwaldes, der Schwäbischen Alb und des Bayerischen Waldes gelangte. Seit der Mitte des Atlantikums sind ihre Pollen in den Ablagerungen größerer Moore vertreten; nahezu zeitgleich erreicht die Buche also zwischen 5000 und 4500 v. Chr. von Süd-

Buche als dominie-render Waldbaum

osten die Kalk- und Lössstandorte der nördlichen Mittelgebirge. Von dort dürfte sie sich auf benachbarte Standorte ausgebreitet haben.

Anthropozoogene Ausbreitung der Buche ist nicht auszuschließen, sie ist im nördlichen Mitteleuropa sogar sehr wahrscheinlich. Die Pollenanalysen gerade aus unserem Raum zeigen fast immer Verbreitung der Buche auf ehemaligen Siedlungsflächen steinzeitlicher und bronzezeitlicher Bauern an. Während des Subboreals um 1800 v. Chr. gelangte die Buche schließlich bis an den Nordrand des Gesamtareals im Grenzbereich zur Küstenmarsch der Nordsee sowie auf die kalkhaltigen Endmoränen an der Ostsee.

Altersbestimmungen nach der so genannten Radiocarbonmethode von Ablagerungen aus den Mooren des Elbe-Weser-Gebietes oder Ostfrieslands und der nördlichen Mittelgebirge bestätigen die synchronen Ausbreitungsphasen der Buche in dieser Zeit. Um Christi Geburt gelangte der Baum schließlich bis nach Südengland und um 1000 n. Chr. bis an die äußerste Nordgrenze nach Südschweden.

Pollenanalysen mit Standarddiagrammen der größeren Moore zeigen außerdem, dass geschlossene Buchenpollenkurven mit Anteilen von einem und mehr Prozent – gemessen an der Summe aller Baumpollen – auch im nordwesteuropäischen Flachland bei großräumiger Betrachtung recht zeitgleich auftreten. Diskontinuierlich und verzögert verbreitete sich die Buche auf der Geest nur im kleinräumigen Wechsel von buchenfähigen Sandmischböden zu feuchten und nassen Moorstandorten oder in direkter Nachbarschaft zu den Fluss- und Küstenmarschen, wo sie ohnehin nicht wachsen kann.

Dementsprechend lassen sich gegen 850 v. Chr. bzw. 500 v. Chr. in der westfriesischen Küstenmarschregion, im Umfeld des holländischen Isselmeeres und im ostniedersächsischen Drömling erste Buchenvorkommen auf kleinen inselartigen Geestplatten nachweisen (Abb. 31).

Sekundärausbreitung der Buche durch den Menschen

Die nacheiszeitliche Ausbreitung der Buche geschah also fast überall unter gleichzeitiger Einwirkung des Menschen. Sein umgestaltender Einfluss und das natürliche Entwicklungsgeschehen überlagerten sich ständig. Dabei wurden für prähistorische Siedlungsplätze fast überall so genannte buchenfähige Standorte gewählt. Deshalb konnte der Baum im nordwestdeutschen Flachland niemals sein potenzielles Areal besiedeln.

Dies rechtfertigt die Annahme, dass auch heute die potenziellen Buchenanteile auf den Moränenböden noch höher sind und der natürlich verbreitete Buchen-Eichen-Wald in Nordwestdeutschland ohne die andauernden menschlichen Siedlungsaktivitäten mehr Fläche eingenommen hätte als der aktuelle Eichen-Birken-Wald, der zudem nachweislich vielfach als Sekundärwald aus geschlagenen, gelichteten oder forstlich genutzten Buchenmischwäldern hervorgegangen ist. Heute beobachten wir auf der Geest vielerorts eine erneute Ausbreitung der Buche in ehemaligen Waldbrachen.

Die ersten Eingriffe des Menschen in die damaligen Waldlandschaften trafen außerdem auf keinen statischen Vegetationszustand, sondern auf ein dynamisches Geschehen, denn die Hainbuche (*Carpinus betulus*) war stellenweise noch nicht einmal eingewandert.

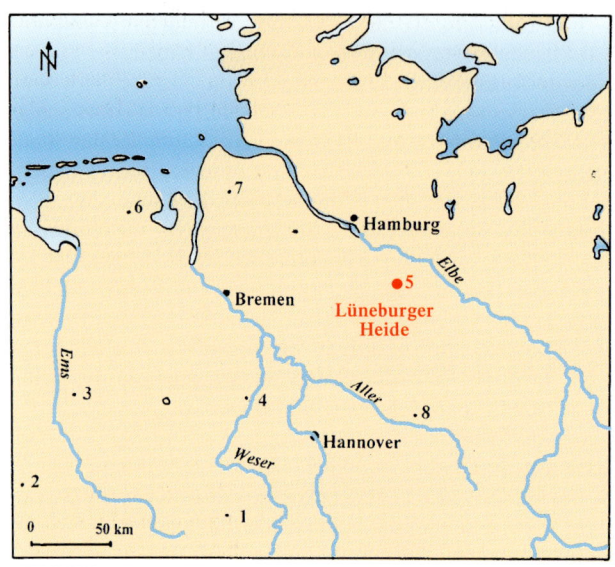

31 a Lokalitäten erster Buchenpollen – Nachweise in Nord- westdeutschland.

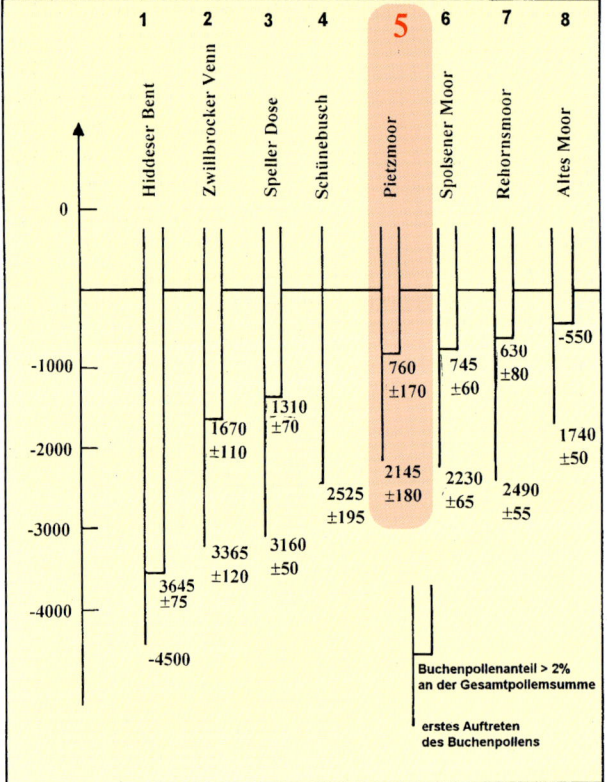

31 b Vergleich der ¹⁴C-Datierungen palynologisch erfasster Bucheneinwanderungen auf den Geest- flächen Nordwest- deutschlands von Süden nach Norden (Folge 1–8). Die Lüne- burger Heide ist rot hervorgehoben.
1. Pott (1982)
2. Burrichter 1969
3. Kramm 1978
4. Caspers 1993
5. Becker 1995
6. O' Connell 1986
7. Dörfler 1989
8. Golombek 1980

Reine, natürliche Eichen-Birken-Wälder gibt es deshalb heutzutage nur kleinstflächig auf humusarmen Dünenstandorten, wohin die Buche nicht folgen kann. Im subkontinentalen Weserraum gelingt es der Buche dennoch zusehends, direkt auf den dortigen Sandböden Fuß zu fassen. Man darf sagen, alle saaleeiszeitlichen Substrate Nordwestdeutschlands können durchaus buchenfähig sein.

Diversität von Buchenwäldern

Von den nährstoffarmen bzw. grund- oder stauwasserbeeinflussten Böden abgesehen, gelangte also die Buche fast überall auch auf der Geest auf verschiedenen Substraten zur absoluten Dominanz. Sie tritt hier aber nur als Mischholz mit Trauben- und Stieleiche vor allem im Buchen-Eichen-Wald auf, ebenso im Eichen-Hainbuchen-Wald; lokale Domänen für Tieflagen-Buchenwälder aus dem Komplex des Flattergras-Buchen-Waldes bilden weiterhin die lösshaltigen Substrate der nordwestdeutschen Lösslehm- und Sandlöss-Landschaften. Diese kleinräumige Differenzierung reicht zurück bis in die Zeit der Bucheneinwanderung. Buche und Hainbuche etablierten sich als letzte Baumarten in den Wäldern Nordwestdeutschlands. Ihre Einwanderung setzte ein, als der Mensch bereits begonnen hatte die Vegetation entscheidend zu beeinflussen, sodass die weitere Entstehung von Waldgesellschaften keinen natürlichen Verlauf mehr nahm.

Die späte Einwanderung der Buche kann verschiedene Ursachen haben. Richard Pott (1992) nennt die vergleichsweise weite Entfernung der Refugien während der letzten Kaltzeit, die Wärmeansprüche des Baumes, sukzessionsbiologische Prozesse der Bodenreifung, die relativ langsame Ausbreitung durch Samen sowie das hohe Fruchtbarkeitsalter der Buche; darüber hinaus behinderte der prähistorische Mensch die Buchenausbreitung, denn er hatte seine Siedlungsplätze gerade auf buchenfähigen Standorten angelegt und schon vor der Einwanderung des Baumes besetzt.

Geschichte der norddeutschen Buchenwälder

Die Ausbreitung erfolgte der südlichen Lage der Refugialgebiete entsprechend in nördlicher Richtung mit zeitlicher Verzögerung. Wie Ernst Burrichter et al. (1988) und Richard Pott (1992) für Nordwestdeutschland gezeigt haben, liegen zwischen dem Erreichen der Mittelgebirgsgrenze und dem Erscheinen der Buche in Küstennähe 1000 bis 1500 Jahre. Dies bestätigt sich eindrucksvoll, wenn man die ^{14}C-Datierungen zur Einwanderung in den Pollendiagrammen des nordwestdeutschen Flachlandes verfolgt (Abb. 31).

Zuerst setzt die Buchenkurve für Norddeutschland im Hiddeser Bent ein, es ist das südlichste Moor und liegt an der Mittelgebirgsschwelle. Damit hatte *Fagus* die Grenze zum nordwestdeutschen Flachland gegen ca. 4500 v. Chr. erreicht. Rund tausend Jahre später, um 3365 v. Chr., erreichte die Buche den Südwesten Nordwestdeutschlands; nachweislich im Zwillbrocker Venn nahe der holländischen Grenze auf der Geest mit seither geschlossener Buchenpollenkurve. Für die Zeit gegen 3160 v. Chr. trifft dies auch für das Diagramm Speller Dose zu. Dagegen schließt sich im Diagramm von Schünebusch an der Weser die Buchenkurve erst gegen 2525 v. Chr. Somit erreichte *Fagus* das Gebiet der Mittelweser erst 600 bis 800 Jahre später. Im Diagramm des Spolsener Moores im Elbe-Weser-Gebiet ist der Beginn der geschlossenen Pollenkurve auf 2230 v. Chr. datiert, für das

Erste Buchen in der
Lüneburger Heide

Alte Moor im Drömling sogar erst auf 1740 v. Chr. Es vergingen folglich weitere 300 bis 600 Jahre, bis die Buche in den Diagrammen der Moore Norddeutschlands mit gleichen Werten vertreten war. So liegt im Pietzmoor inmitten der Lüneburger Heide das ^{14}C-Datum für ein erstes Einsetzen der empirischen Buchenpollenkurve bei 2145±180 v. Chr. (4095±180 BP; cal. 2900–2445 v. Chr.); die 2%-Grenze überschreiten die Buchenwerte um 760 ± 170 v. Chr. (2710 ± 170 BP; cal. 1110–780 v. Chr.), wie es in der Abbildung 31 dargestellt ist.

Diese Ergebnisse fügen sich gut in die bisher ermittelten Daten ein. Dabei ist festzustellen, dass die zeitliche Verzögerung im Ausbreitungsgeschehen abnahm, nachdem die Buche erst einmal ihre Einwanderung ins pleistozäne Flachland begonnen hatte. Es dauerte dennoch fast 1500 Jahre, bis sie schließlich ganz Norddeutschland erobert hatte.

Am Ende des Atlantikums erscheint dieser Baum also mit ersten Pollennachweisen in den Diagrammen (Abb. 27). Einen ersten leichten Ausbreitungsschub erfährt er im Subboreal parallel zu einem deutlichen Abfall des Pollens der Linde (*Tilia*). Vermutlich hatte der Mensch durch selektive Nutzung dieses Baums die besseren Standorte für die Buche freigemacht, sofern sie nicht als Ackerböden genutzt wurden, wie es auch Karl-Ernst Behre (1976) annimmt.

Die Ausbreitung erfolgte im Weiteren schubweise, kennzeichnend sind immer wieder zurückfallende *Fagus*-Pollenwerte. Für Zeiten geringerer Siedlungsintensität, während der Völkerwanderung oder in der mittelalterlichen Wüstungsphase, ist vielfach eine Erholung der Buchenbestände festzustellen. Vermutlich besiedelte der Baum Standorte, die zunächst vom Menschen kultiviert wurden und in Zeiten einer Siedlungsdepression brachfielen. Die Einwanderung der Buche wurde somit indirekt anthropogen gefördert. Dies bedeutet, dass sie ihr gesamtes potenzielles Areal bis heute noch nicht einnehmen konnte. Die aktuelle Ausbreitung der Buche wurde bereits erwähnt; dieser Baum hat in unserem Klima sein zugleich physiologisches und ökologisches Optimum. Sagt der Forstmann „Buchen brauchen einen feuchten Kopf und trockene Füße", heißt das: subatlantisches Klima und trockene Böden.

„Feuchter Kopf und
trockene Füße"

Man sieht, dass *Fagus* sogar arme Sandböden besiedeln und auf weit mehr Standorten Fuß fassen kann, als bisher angenommen wurde. Zu Zeiten maximaler Ausbreitung der Buche sind sie und die Eiche zu fast gleichen Teilen an der Waldzusammensetzung beteiligt. Heute dominiert die Buche sogar teilweise leicht über die Eiche. Demnach ist ihr eine bedeutendere Rolle in der heutigen Waldzusammensetzung zuzuschreiben, wie schon Overbeck & Schmitz (1931), Selle (1936), Hesmer & Schroeder (1963) und Pott (1992) feststellen.

Konkurrenz von
Buche und Eiche

Seit Beginn der Neuzeit gehen wir davon aus, dass die Buche in vielen Regionen aktiv vom Menschen aus dem Waldbild verdrängt wurde. Da zur Schweinemast vorrangig Eichen benötigt wurden, empfand man den Schattbaum Buche für die Nachzucht von Eichenheister als hinderlich, wie dies auch H. J. Kelm & K. Sturm (1988) für die Lüneburger Heide betonen.

Vielfältige Waldlandschaften

Wälder verschiedener Standorte

Je nach klimatischer Situation und Bodenbedingungen der Grundmoränen-, der Endmoränen-, der Sander- und der Auenstandorte haben sich also unterschiedlich entwickelte und vielgestaltige Waldbilder in der Nacheiszeit herausgebildet.

Soweit das Grundwasser nicht modifizierend wirkte oder stärkere Decksandschichten die Standorte zum Trockenen hin abwandelten, lässt sich vereinfachend sagen, dass in den Moränengebieten Mischbestände von Buchen und Eichen entstanden, wobei jene umso besser mit diesen mithalten konnten, je subatlantischer das Klima und je frischer der Boden war. In den endmoränenfernen Sander- und in den Talsandgebieten hat sich hingegen meist die Kiefer mit der Eiche durchgesetzt, und zwar umso vollständiger, je subkontinentaler das Klima war (Abb. 32).

Die Böden nicht zu nass und nicht zu trocken

32 Alte und junge Kiefernbestände auf der Geest der Göhrde-Staffel. Hier im östlichen Teil der Lüneburger Heide verjüngt sich die Kiefer mittlerweile von selbst; Elemente des trockenen Eichen-Birken-Waldes stehen im Unterstand der Kiefern.

47

Unter dem Gesichtspunkt ihrer Bindung an den Standort betrachtet, lassen sich folgende Waldgesellschaften differenzieren: Im Talpleistozän – also auf Böden im Grundwasserbereich – finden sich auf Geschiebemergeln und Geschiebelehmen wüchsige, reine Hainbuchen-Stieleichen-Wälder (*Stellario-Carpinetum*) je nach Nährstoffangebot in unterschiedlichen Untereinheiten und entsprechenden Mischungen mit Edellaubbäumen oder auch mit Schwarzerle. Die Buche fehlt, ausgenommen an Standorten mit tief anstehendem Grundwasser.

Hainbuchen-Stiel-eichen-Wälder

Auf Sanden mit hoch anstehendem Grundwasser und reichlich Nährstoffen erreichen die Hainbuchen-Stieleichen-Wälder ihre Standortgrenze. Bestehen nährstoffärmere Bedingungen mit hochanstehendem Grundwasser, finden schlechtwüchsige Pfeifengras-Birken-Stieleichen-Wälder mit Fichten- und Kiefernbeimischungen einen geeigneten Wuchsraum.

Pfeifengras-Birken-Stieleichen-Wälder

An der Hohen Geest – außerhalb des Grundwasserbereichs – stocken auf Geschiebemergeln und Geschiebelehmen mit Wasserüberschuss ebenfalls wüchsige Hainbuchen-Stieleichen-Wälder, doch sind sie hier buchenreich. Mit abnehmendem Stauwassereinfluss gewinnt die Buche an Boden und bildet auf den seltenen Geschiebemergeln lokal sogar Waldmeister-Buchen-Wälder vom Typ des *Galio odorati-Fagetum*; auf Geschiebelehmen und auf Flottsanden gibt es je nach Wirksamkeit der Nährstoffverhältnisse in den darunter liegenden Schichten ebenfalls Waldmeister-Buchen-Wälder oder Flattergras-Buchen-Wälder vom Typ des *Maianthemo-Fagetum*.

Waldmeister-Buchen-Wälder

Flattergras-Buchen-Wälder

In Letzteren scheidet die Hainbuche aus und auch die Stieleiche ist der Konkurrenz der Buche kaum noch gewachsen (Abb. 33). Vom Substrat her gesehen gibt es in Nordwestdeutschland keine Begrenzung der Buche. Sie gedeiht sogar an nährstoffarmen Dünenstandorten, wie man in den Ehrhorner Dünen der Zentralheide beobachten kann. Allerdings wächst sie nicht auf Rohböden – für ihr Gedeihen ist eine Humusauflage essenziell, in die sie ihre Feinwurzeln treibt und die reichlich anfallenden Nährstoffe entnimmt. Nur extreme Nässe sowie Nährstoffarmut und Trockenheit der Böden begrenzen also die Buche.

33 Buchenwald mit ausschließlicher Dominanz der Buche bei Wilsede am Totengrund im Zentrum der Lüneburger Heide.

Auf reicheren und mittleren Sanden wird im Buchen-Traubeneichen-Wald (*Lonicero periclymeni-Fagetum*) die Traubeneiche zunehmend konkurrenzfähig. Als Pionierart tritt hier schon die Birke auf, die sich in verlichteten Bauernwäldern lange halten kann. Folglich hat man früher die Waldgesellschaften aller basenärmeren Standorte als Eichen-Birken-Wälder angesehen. Jedoch

Buchen-Trauben-eichen-Wälder

Bauernwälder und ihre Artenzusammen-setzung

34 oben und 35 Niederhaverbeck, Lüneburger Heide: oben reiner Eichen-Birken-Wald, der sich aus einer aufgelassenen Heide regeneriert, unten Buchen-Eichen-Wald mit Mischbeständen von Buchen und Traubeneichen.

Birken-Eichen-Wälder sind die Birken-Eichen-Wälder (*Betulo-Quercetum*) der extrem silikatarmen und trockenen endmoränenfernen Sander, der Talsande, Flugsande und Binnendünen – heute meist nur noch fragmentarisch erhalten – von Natur aus buchenfrei (Abb. 34, 35). Dagegen enthalten sie im subkontinentalen Bereich natürliche Kiefernbeimischungen.

Waldlandschaft – Die naturnahe Vegetation hat
Kulturflächen heute nur noch einen sehr geringen Anteil an der Waldfläche. Die ehemaligen Hainbuchen-Stieleichen-Waldstandorte werden weit gehend als Weiden und Wiesen, die Buchen- und Buchen-Traubeneichen-Wald-standorte nach Melioration meist als Ackerland genutzt. Größere Teile der letzteren und vor allem die Standorte der Birken-Eichen-Wälder sind – fast
Fichten und ausnahmslos über ein Heidestadium – heute vorwiegend mit Kiefernforsten
Kiefernforsten oder auf den staunassen Standorten auch in Fichten- oder Kiefern-Fichten-Forsten umgewandelt worden (Abb. 32).

Die Lüneburger Heide und das Wendland gehören damit zu den Landschaften Europas, die im Laufe ihrer Geschichte wohl den stärksten Wandlungen unterworfen waren. Das ursprünglich reine Laubwaldgebiet mit nur wenigen natürlichen Fichten- und Kiefern-Inseln hat sich durch Rodung und Übernutzung – vor allem durch die Saline Lüneburg, die Brennholz aus der Region um Uelzen und aus dem benachbarten Mecklenburg über Elbe und Ilmenau heranschaffen ließ, aber auch durch den Schiffbau der Hanse sowie durch übermäßige Beweidung und andere waldverwüstende Eingriffe – unter dem Einfluss des subatlantischen Klimas zu weitflächigen Heiden entwickelt, die aber nachweislich schon in der Bronzezeit vorhanden waren und Anfang des 19. Jh. ihre größte Ausdehnung erreichten. **Schiffbau der Hanse**

In der Lüneburger Heide war der Wald damals auf weniger als 1/6 der Gesamtfläche zurückgegangen. Wälder blieben nur dort erhalten, wo sie sehr abgelegen und unwegsam waren (Sumpf- und Moorgebiete wie das Bütlinger Holz), wo sie als königliche Forsten dem Jagdbann unterlagen (z. B. Königliche Wälder bei Wilsede, Meninger Holz und Göhrde) oder aus anderen Gründen Schutz genossen (Klosterforsten, Landwehre, Wälder des Gerichtes Uelzen). **Königliche Forsten und Bannwälder**

Die Aufforstung beschränkte sich zunächst auf kleinflächige Anpflanzung von Eichen, Buchen und gelegentlich Hainbuchen, bis im 19. Jh. die großflächige, meist durch intensive Bodenbearbeitung vorbereitete Aufforstung begann. Neben Reinbeständen wurden Mischkulturen aus Kiefer und Fichte angelegt, die sich je nach Klima und Bodenverhältnissen unterschiedlich entwickelten und zu vielgestaltigen Waldbildern führten.

„Hohe Geest – Niedrige Geest", das Bodenrelief

Mit durchschnittlich 50 bis 100 m ü. NN liegen die Geestplatten und Endmoränen über den Talsandniederungen. Die höheren Bereiche werden von den aufgestauchten Endmoränen eingenommen, die großflächige Areale mit stärkerer Hangneigung bilden. Das Relief der Geestplatten hingegen ist flachwellig. **Relief der Geestplatten**

Als Folge des Aufschiebens und auf Grund nachträglicher Erosionsprozesse wechseln die Gesteine im Bereich der Endmoränen kleinräumig. Die Geestplatten sind im Kern durch Schmelzwassersande aufgebaut, ihre bodenlandschaftliche Differenzierung ergibt sich durch Gesteinsunterschiede in den oberen Metern. So werden die reinen Sandverbreitungsgebiete von den lehmigen Geschiebelehmverbreitungsgebieten getrennt. Eine weitere Gliederung ergibt sich durch die Ablagerungen und Wirkungen der Kaltzeiten.

Verbreitet finden sich im oberen Meter kiesige, z.T. leicht schluffige Sande. Sie werden als Geschiebedecksande bezeichnet. Im Dauerfrostbodenmilieu entstanden, haben sie in der Regel Flugsandbeimengungen. Bei den Windablagerungen finden sich alle Übergänge von reinen Sanden (Flugsande) bis zu sandigen Schluffen (Sandlöss). Die Sandlösse beeinflussen Bodenentwicklung und –eigenschaften so deutlich, dass sie als eigene Typen ausgewiesen werden. Die Übergänge von den Sandlössen zu den schwach schluffigen Geschiebedecksanden sind fließend. **Bodentypen der Geest**

Die jüngeren Ablagerungen werden an der Basis durch eine Steinsohle von den älteren Bildungen getrennt, wie es Abbildung 26 zur Bodengenese im Holozän zeigt. Die in Geestplatten eingeschnittenen Täler entstanden **Steinsohlen**

Neue Klassifikation der Böden

teilweise schon als Entwässerungsrinnen in der vorletzten Eiszeit. Seit der letzten Eiszeit bis heute wurden sie durch jüngere Sedimente aus der Umgebung verfüllt oder sie sind bei stärkerer Vernässung vermoort.

Im Folgenden werden die Bodenlandschaften der Geestplatten nach der neuesten Klassifikation des Niedersächsischen Landesamtes für Bodenforschung (1997) wie folgt aufgeteilt: Sandverbreitungsgebiete, Geschiebelehm- und Sandlössverbreitungsgebiete. Darauf basieren auch die folgenden Angaben zu den Bodeneigenschaften:

Sandverbreitungsgebiete

Geschiebedecksande, Flugsande, Dünen

Es handelt sich um die Bereiche der Geestplatten, deren bodenprägendes Ausgangsgestein Schmelzwassersande sind. Das Gebiet mit der größten Ausdehnung liegt in der Lüneburger Heide. Lehmige Grundmoränen treten hier nur randlich auf, da die Sande nach der Ablagerung nicht mehr von den Gletschern überfahren wurden.

In anderen Geestplatten sind Sandverbreitungsgebiete durch Ausräumung der Geschiebelehme entstanden. Hier finden sich z.T. lehmige Reste oder die erwähnten Steinsohlen, die auf ehemalige Geschiebelehme hindeuten. Auf den Schmelzwassersanden liegen Ablagerungen, die in der letzten Kaltzeit unter den Bedingungen des Dauerfrostbodens mit sommerlicher Auftauzone (Geschiebedecksande) oder durch Sandverwehungen (Flugsande und Dünen) entstanden sind (Abb. 36).

Die Bodenbildung wird überregional durch die von Westen nach Osten abnehmenden Niederschläge beeinflusst. In den feuchteren Gebieten West- und Mittelniedersachsens dominieren Podsole. Im trockeneren östlichen Niedersachsen finden sich bevorzugt schwach podsolierte Braunerden oder Podsol-Braunerden. Darüber liegen die Humusgehalte der Pflughorizonte von Sandböden im Westen bei 4 Prozent, im Osten bei 2 Prozent. Stark ausgebildete Podsole mit mächtigem Auswaschungs- oder Ae-Horizont entstehen auch, wenn die oberen Dezimeter deutliche Anteile armer Flugsande enthalten. In den Tälern der sandigen Geest sind verspülte San-

Podsol-Braunerden

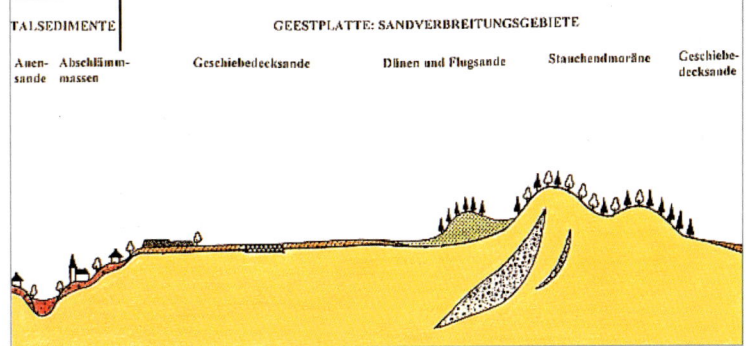

36 Idealisierter Schnitt durch eine Bodenlandschaft: die Sandverbreitungsgebiete der Geest mit Angaben zum Ausgangssubstrat.

de (Abschlämmassen) verbreitet, aus denen mit zunehmendem Grundwassereinfluss alle Übergänge von Podsolen zu Gleyen und Mooren entstanden sind.

In Ostniedersachsen ist deshalb wohl auch auf Grund des boden- und klimatisch bedingten Wassermangels der Waldanteil wesentlich größer. Zur Ertragssicherung und -steigerung werden die ackerbaulich genutzten Sandstandorte der Hohen Geest dort schon ab dem Frühsommer häufig beregnet.

Geschiebelehm- und Sandlössverbreitungsgebiete

Wir haben gesehen, dass mit dem Vordringen des Gletschereises an dessen Basis verschiedene Gesteine aufgenommen und vermengt wurden. Dabei entstand ein ungeschichtetes, relativ dicht lagerndes, karbonathaltiges Lockergestein, das als Grundmoräne oder Geschiebemergel bezeichnet wird (Abb. 37).

Je nach dem aufgenommenen Material haben die Grundmoränen unterschiedliche Ton- oder Sandgehalte und variieren im Karbonatgehalt. Auf den Geestplatten wurden während der vorletzten Eiszeit in weiten Teilen Niedersachsens solche Grundmoränen abgelagert. Durch erneute Eisvorstöße kam es im Bereich der Eisrandlagen zu Stauchungen. Dabei wurde die Grundmoräne schuppig in die Schmelzwassersande gepresst.

In der anschließenden Warmzeit wurden die Grundmoränen bzw. Geschiebemergel durch intensive Bodenbildung entkalkt. Sie verarmten an Nährstoffen, durch Tonverlagerung aus dem Ober- in den Unterboden nahm dabei die Lagerungsdichte zu und die Durchlässigkeit für Wasser ab. Diese durch Bodenbildung veränderten Grundmoränen werden als Geschiebelehme bezeichnet.

Daneben gibt es die ebenfalls dichtlagernden und in Bezug auf die Bodenbildung vergleichbaren Beckenablagerungen in Form von Ton und Schluff. In der letzten Eiszeit kam es gerade in der Auftau-

37 Geologisches Profil einer saale-kalteiszeitlichen Grundmoräne mit Geschiebemergeln und Schmelzwasserkiesen, die ihrerseits feinkörnige Sande überlagern. Die Grundmoräne ist im Vergleich zu anderen saalezeitlichen Moränen relativ bindig, d. h. sie besteht normalerweise aus hohen Ton- und Schluffanteilen (Wendland 1985). Aus diesen Materialien entwickeln sich die typischen Braunerden der Geest mit ihren Buchenwäldern.

Kryoturbation und Solifluktion zone zu Verwürgungen (Kryoturbation) und Bodenfließen (Solifluktion) mit erneuter Verdichtung. Durch Verspülungen und Verwehungen wurden damals in den oberen Dezimetern sandige und leicht kiesige Bodenarten angereichert, die wie in den Sandverbreitungsgebieten als Geschiebedecksande bezeichnet werden. Die ausgeblasenen feineren Partikel wurden in anderen Bereichen der Platten als Fein- bis Mittelsande (Flugsande) oder Schluffe (Sandlösse) abgelagert.

Sandlöss und Löss Auf den Geestplatten entstanden durch die Anwehung von feinem Schluff und Ton vereinzelte Sandlössinseln, die auf Grund des Feinmaterials ihrer Böden wesentlich bessere Standortbedingungen bieten. An Körnungen finden sich alle Übergänge von schluffigen Sanden bis zu fast reinen Schluffen mit Ton (Löss). Die Mächtigkeit der Sandlösse schwankt von 50 bis 200 cm. Die geringmächtigen Sandlösse sind in der Auftauzone mit Steinen und Sanden gemischt.

In den mächtigeren Sandlössen erkennt man in der Regel eine Zweischichtigkeit: Regional sind Bodenbildungen der Sandlössgebiete nach Unterlagerung mit Sand oder Unterlagerung mit Geschiebelehm zu trennen. Bei Sandunterlagerung haben sich aus den geringmächtigen Sandlössen Braunerden und Bänder-Parabraunerden entwickelt. Aus den mächtigen Sandlössen sind Parabraunerden entstanden. Über Geschiebelehm neigen die Böden besonders in der grundwassernahen tieferen Geest zur Pseudovergleyung.

Landwirtschaftliche Nutzung der Sandlössböden Die Sandlössgebiete sind die fruchtbarsten Böden der Geest und werden in der Regel landwirtschaftlich genutzt. Auf Grund ihrer zentralen Lage auf den Platten der Hohen Geest und ihrer Grundwasserferne wurden diese Standorte aber erst vergleichsweise spät besiedelt. Große Areale werden bis heute als Waldstandorte genutzt.

Böden und Vegetation

Ein Schnitt durch den Boden ist ein randvoll beschriebenes Blatt aus dem Buch der Natur. Es erteilt Auskunft sowohl über die Entstehung des Bodens aus dem Grundgestein als auch über seine Reifung unter dem Einfluss von Klima, Pflanzendecke, Tierwelt und menschlichem Einfluss.

„Schrift des Bodens" Diese „Schrift des Bodens", so der Pflanzensoziologe Reinhold Tüxen (1956), ist leichter zu enträtseln, wenn man den Boden und die ihm zugehörigen Pflanzen und Tiere als Glieder einer Gemeinschaft betrachtet, die aufeinander angewiesen sind. Darum lassen sich in Klimagebieten mit gleicher erdgeschichtlicher Vergangenheit bei genügender Erfahrung aus Bodenproben nahezu alle Vorgänge, die sich im Laufe ihrer Genese ereignet haben, erkennen und festhalten.

Bodenprofile Im Profil eines Bodens unterscheidet man aus bodenkundlicher Sicht mehrere so genannte Horizonte: Der Oberboden oder die Krume (der so genannte A-Horizont), auch als Auswaschungshorizont bezeichnet, enthält die Hauptwurzelmenge der auf ihm wachsenden Pflanzengesellschaft und enthält ein reiches Tierleben. Der Unterboden kann durch Anreicherung aus dem Oberboden als Einwaschungshorizont (B-Horizont) gebildet oder durch Stau- oder Grundwasser verändert worden sein (Gley-Horizont).

Wie entsteht ein Podsol?

Im A-Horizont vollzieht sich das Wechselspiel von Luftsauerstoff mit sauerstofffreiem Bodenwasser und führt zu Sauerstoffeinlagerung oder -entzug mit entsprechenden Oxidations- und Reduktionserscheinungen, die beim Eisen und Mangan auffallende Färbungen im Boden hervorrufen. Im Einwaschungshorizont dagegen lagern sich vor allem Humus- und Eisenverbindungen ab, die aus dem Oberboden ausgewaschen wurden und mit dem Sickerwasser allmählich in die Tiefe gelangten. Der Unterboden geht in das zuunterst liegende Ausgangsgestein über.

Einwaschung und Auswaschung

Die Horizont-Folgen der Bodenprofile und deren Ausbildung in Linien und Farben sind typisierbar und charakteristisch. Störungen zeigen immer menschliche Eingriffe an.

38 Heidepodsol über Feinsanden mit schwarzen verfestigten Ortsteinhorizonten, die sich durch von der Oberfläche nach unten verlagerte Huminstoffe und Sesquioxide bilden. Die Bodengenese der Podsole ist extrem durch die Vegetation geprägt, wie die zapfenförmigen alten Wurzelbahnen zeigen.

Bodenhorizonte

Braunerden sind die typischen Böden unseres gemäßigt-humiden Klimaraumes. Die Braunerde ist durch einen humosen Ah-Horizont über einem braunen Bv-Horizont gekennzeichnet, der durch die Verwitterung von Mineralien unter Bildung von Eisenoxiden (Verbraunung) entstanden ist. Braunerden sind auf der Geest normalerweise an Geschiebedecksande gebunden; dort sind sie gut durchlüftet und bilden einen günstigen Wurzelraum für Buchenwälder oder Buchenmischwälder mit Eiche und Birke (Abb. 37).

39 Mehrfach überwehter Podsol mit mächtigen Ortsteinhorizonten.

Raubbau und Bodenzerstörung

Podsole gibt es im sauren Bodenmilieu der Silikat-Buchenwälder, der Eichen-Birken-Wälder und der Buchen-Eichen-Wälder, die gegen anhaltende oder wiederholte zerstörende Wirkungen wie Beweidung, Holzschlag und Brand durchweg wenig widerstandsfähig sind. An die Stelle des meist durch menschlichen Eingriff vernichteten Waldes trat als Ersatzformation die Heide des *Genisto-Callunetum*, die ihrerseits nun den Oberboden des ehemaligen natürlichen Waldes stark verändert hat. Sie befreit die oberen Bodenhorizonte von allen löslichen Stoffen, auch von dem noch in Spuren färbenden Eisen und lässt nichts als Quarzsand zurück, der mit fein verteiltem sauren Humus vermengt ist.

Unter der mittleren Wurzeltiefe des Heidekrauts, reichlich handbreit tief beginnend, werden Humusstoffe, Mangan und Eisen, die von Niederschlägen hinabgewaschen worden sind, wieder abgesetzt. Dabei wird der von der Heide gebildete Humus zuerst in den Bereichen alter Wurzelröhren abgelagert, die als zunächst graue, dann langsam schwärzer werdende und verhärtende Zapfen im Bodenschnitt sichtbar werden.

Bleichsande und Ortsteine

Im Laufe der Zeit bleicht die Heide in ihrer Wurzelschicht den Boden durch die Entfernung des färbenden Eisens so vollständig aus, dass er schließlich hellgrau mit einem violetten Schimmer erscheint. Unter diesem Bleichsand reichert sich in einer leicht wellig verlaufenden Bank mehr und mehr Humus und etwas tiefer zusätzlich auch das hinuntergewaschene Eisen an. Die alten Baumwurzel-Röhren des ehemaligen Waldes entwickeln sich zu harten Ortsteinzapfen, dazwischen verhärten sich die schwarzen Humusbänder weiter zu Ortsteinbänken (Abb. 38).

Ortsteinbänke

Nicht selten liegen in Dünengebieten zwei oder mehr Ortsteinbänke dicht übereinander, weil die Heide, die den unteren Ortstein bildete, später von Flugsand überweht wurde, der erneut von Heide überwachsen wurde, die wiederum Ortstein erzeugte (Abb. 39). Wir haben es nun mit Podsol-Böden zu tun.

Eisen kann sich unter bestimmten Umständen auch als harte oxidierte Schicht von Raseneisenerz oder Raseneisenstein anreichern. Solche Vorkommen gab es in Norddeutschland im Bereich großer feuchter Niederungen, besonders im Emsland, in Ostfriesland und im Oldenburger Raum, entlang der Elbe und im Bereich des Allertals. Viele Lagerstätten sind bis zum Mittelalter weit gehend ausgebeutet worden, so auch in der Lüneburger Heide. Das Abbaugebiet „Lister" war das einzige im Landkreis Soltau-Fallingbostel und wurde noch bis ins 20. Jh. genutzt.

Raseneisenstein und Raseneisenerz

Raseneisenerzvorkommen wurden seit der Eisenzeit abgebaut und auf Eisenschmelzplätzen sowie in Waldschmieden weiterverarbeitet. Dabei wurden landwirtschaftliches Gerät und besonders Waffen hergestellt, die in weitem Umkreis wegen ihrer hervorragenden Qualität begehrt waren. Seit dem Mittelalter sind die braunen Gesteinsbrocken auch für den Kirchen- und Hausbau der Region verwendet worden, wovon entlang der Aller noch zahlreiche Gebäude zeugen. Später fand das Material sogar im Straßenbau Verwendung. Auch die Hamburger St.-Pauli-Landungsbrücken bestehen aus Eisen, das aus Raseneisenstein gewonnen wurde.

Wirtschaftliche Bedeutung

Das Betreiben der historischen Schmelzöfen erforderte bis ins Mittelalter unvorstellbare Mengen Brennholz. Die dadurch bedingte Vernichtung der Wälder leitete die Ausbreitung der Heideflächen ein, die den Bewohnern dann jahrhundertelang ärmlichste Wirtschaftsbedingungen bescherte. Im Wietzenbruch bei Fallingbostel kann eine rekonstruierte historische Waldschmiede besucht werden. Für weitere Informationen sei hierauf und auf das Buch von Armin Graubner (1982) hingewiesen.

Eisenschmelzen auf der Geest

In schmalen Tälern und grundwassernahen Niederungen der „Niedrigen Geest" trifft man Gleye und Podsol-Gleye an. Es handelt sich um nachhaltig vom Grundwasser beeinflusste Böden mit einem meist durch Rostflecken gekennzeichneten Grundwasserschwankungsbereich. Er wird von einem ständig grundwassererfüllten grauen bis blauschwarzen Horizont unterlagert, in dem Luftmangel herrscht, daher „Reduktionshorizont". In Abhängigkeit von den Grundwasserständen kann die Ausbildung der Gleye sehr unterschiedlich sein. Ihrer schlechten Durchlüftung steht ein sehr hohes Wassernachlieferungsvermögen aus dem Grundwasser gegenüber.

Gleyböden und ihre Modifikationen

An besonders nassen Standorten steigt der Humusgehalt infolge eines gehemmten Abbaus der organischen Substanz wegen des Wasserüberschusses; es bilden sich Anmoor-, später auch Moor-Gleye aus, die zu den Niedermooren überleiten.

Niedermoore entwickeln sich bei hoch anstehendem Grundwasser. Es handelt sich in der Regel um mesotrophe und oligotrophe Niedermoortorfe, wobei Schilf und Seggen, zum Teil auch Erlenbruchwald das organische Material liefern. Die Durchlässigkeit solcher Böden hängt weit gehend vom Zersetzungsgrad der Torfe ab. Die Niedermoore sind heute meist in Grünland umgewandelt, die vorausgegangene Entwässerung hat häufig einen Torfschwund und Setzungserscheinungen ausgelöst.

Mit fortdauerndem Torfaufwuchs schwindet normalerweise der Grundwassereinfluss und die Niedermoortorfe werden durch die Pflanzengesell-

Moorböden

Hochmoore

schaft der Hochmoortorfe – meist aus *Sphagnum*-Arten aufgebaute Vegetationstypen – abgelöst, die ihren Wasserbedarf überwiegend aus Niederschlägen decken. Die Hochmoore sind häufig über das normale Bodenniveau aufgewölbt. Meliorationsmaßnahmen und bäuerlicher Torfstich führten dazu, dass sie heute kaum noch in ihrem ursprünglichen Zustand existieren. Im Gebiet der Lüneburger Heide besteht jedoch mit dem Pietzmoorkomplex südlich von Schneverdingen ein größeres Vorkommen. Verbreitet sind auch kleinere Moorvorkommen in Fluss- und Bachniederungen.

Pietzmoor

40 Glockenheide (Erica tetralix).

Pflanzen- und tiergeographische Stellung

Pflanzen und Tiere an ihren Grenzen

Entsprechend dem klimatischen Übergangscharakter zeigen auch Flora und Fauna im östlichen Niedersachsen eigene Züge. Neben den Arten, die hier von Westen oder Osten her ihren Grenzbereich haben, gibt es in diesem Gebiet auch mehr südliche Arten, die entlang der Elbe weit nach Norden gewandert sind.

Von den atlantisch-subatlantischen Arten kommen z. B. stellenweise bis vereinzelt die Glockenheide (*Erica tetralix*, Abb. 40), der Englische Ginster (*Genista anglica*) und der Haarginster (*Genista pilosa*, Abb. 41), die Stechpalmen (*Ilex aquifolium*, Abb. 42) und der Beinbrech (*Narthecium ossifragum*) vor. Der Gagelstrauch (*Myrica gale*) erreicht seine Verbreitungsgrenze bereits weiter westlich. Er hat noch nennenswerte Vorkommen im unteren Böhmetal sowie in einigen klei-

Geoelemente der Region

41 Haarginster (Genista pilosa).

42 Stechpalme (Ilex aquifolium).

nen Mooren südlich und westlich von Walsrode (z. B. Ostenholzer Moor, Moor in der Schotenheide).

Auffälliger ist die relativ große Zahl mehr oder weniger kontinental verbreiteter Arten im Wendland und auf dem Brandenburgischen Elbufer, wie die folgende Liste zeigt (mit Kontinentalitätszahlen von Heinz Ellenberg, 1979, und Hartmut Dierschke, 1986: 5 = schwach subkontinental, 6 = subkontinental, 7 = subkontinental-kontinental):

5 Kronwicke (*Coronilla varia*)	6 Fingerkraut (*Potentilla arenaria*)
5 Gnadenkraut (*Gratiola officinalis*)	6 Wolfsmilch (*Euphorbia palustris*)
5 Wachtelweizen (*Melampyrum cristatum)*	6 Brenndolde (*Cnidium dubium*)
5 Pestwurz (*Petasites spurius*)	6 Helmkraut (*Scutellaria hastifolia*)
5 Weißwurz (*Polygonatum odoratum)*	
5 Küchenschelle (*Pulsatilla pratensis* und *Pulsatilla vulgaris*)	7 Schnittlauch (*Allium schoenoprasum*)
5 Scharte (*Serratula tinctoria*)	7 Ampfer (*Rumex thyrsiflorus*)
5 Wicke (*Vicia villosa*)	7 Leimkraut (*Silene otites*)
5 Wiesenraute (*Thalictrum flavum*)	7 Strohblume (*Helichrysum arenarium*)
5 Schwalbwurz (*Vincetoxicum hirundinaria*)	7 Kammschmiele (*Koeleria glauca*)
5 Veilchen (*Viola persicifolia*)	7 Porst (*Ledum palustre*)

Als weitere Besonderheiten für Nordwestdeutschland sind u.a. Genfer Günsel (*Ajuga genevensis*), Weinbergs-Lauch (*Allium vineale*), Ästige Graslilie (*Anthericum ramosum*), Süßer Tragant (*Astragalus glyciphyllos*), Karthäuser-Nelke (*Dianthus carthusianorum*), Echter Löwenschwanz (*Leonorus cardiaca*), Pechnelke (*Lychnis viscaria*), Berg-Haarstrang (*Peucedanum oreoselinum*) und Hügel-Klee (*Trifolium alpestre*) erwähnenswert. Einige häufige kontinentale Geoelemente sind in den Abbildungen 43 bis 48 dargestellt, die anderen werden bei den jeweiligen Exkursionspunkten angesprochen oder gezeigt.

Von Norden her dringen einige boreale Elemente vor allem bis in die nördliche Lüneburger Heide vor; sie finden sich besonders gehäuft in den Mooren, Heiden und Nadelholzforsten. Als häufige Beispiele seien der Siebenstern (*Trientalis europaea*, Abb. 49), das Borstgras (*Nardus stricta*, Abb. 51) sowie die Beersträucher Blaubeere (*Vaccinium myrtillus*, Abb. 52) und Preiselbeere (*Vaccinium vitis-idaea*, Abb. 53) genannt. Sogar das Moosglöckchen (*Linnaea borealis*) gibt es gelegentlich in wenigen Beständen der Nadelholzforsten. Vielleicht ist diese Art mit Baumschulmaterial aus Skandinavien hierher gelangt.

Am Elbstrom entstehen auf den periodisch trockenfallenden feinerdereichen Flusssedimenten obendrein immer wieder Ansiedlungsmöglichkeiten für Neubürger unserer Flora, die sich dann oft von solchen zunächst konkurrenzlosen Pionierstandorten ins benachbarte Umland ausbreiten können. Solche Neophyten sind gerade für die Abschnitte der unteren bis mittleren Elbe bis hinauf nach Magdeburg bezeichnend. Die Spitzklette

43 Lauch (Allium schoenoprasum).

44 Kronwicke (Coronilla varia).

45 Strohblume (Helichrysum arenarium).

46 Wachtelweizen (Melampyrum cristatum).

47 Herzgespann (Leonurus cardiaca).

48 Graslilie (Anthericum ramosum).

49 Siebenstern (Trientalis europaea).

50 Taubenkropf (Silene otitis).

51 Borstgras
(Nardus stricta).

52 Blaubeere
(Vaccinium myrtillus).

53 Preiselbeere
(Vaccinium vitisidaea).

54 Spitzklette
(Xanthium albinum).

(*Xanthium albinum*, Abb. 54) ist so ein Element. Aus dem östlichen Mitteleuropa kommend, breitet sie sich derzeit auch an anderen westeuropäischen Flüssen aus und ist sogar im Stande, neue so genannte vikariierende Arten zu bilden. So wächst die Spitzklette von Osten bis zur Weser, dagegen breitet sich an Rhein und Mosel eine andere Art (*Xanthium saccharatum*) aus. Hier zeigt sich die Bedeutung unserer Fließgewässer für die Ausbreitung von Pflanzen in aller Klarheit. **Ausbreitung längs Flüssen**

Für die Tierwelt gibt es keine so eindeutigen Möglichkeiten geographischer Zuordnung. Lediglich die nordischen Zugvögel, die auf dem Flug in ihre west- und südeuropäischen Winterquartiere und auf dem Rückflug in die Brutgebiete das Elbtal aufsuchen, verleihen dieser Flusslandschaft im Herbst und im Frühjahr einen speziellen, arktisch anmutenden Charakter. Wenn sich im Spätsommer allmählich das Laub der Bäume färbt und morgens Nebelschwaden über den Niederungen liegen, beginnt die große Zeit des Vogelzuges: Kraniche, aber auch Tausende nordischer Singschwäne und Gänse finden die Weite der Flusslandschaften attraktiv. Dazu kommen im Spätherbst oft große Ansammlungen von Grau-, Saat- und Blässgänsen oder auch Zwergschwänen, die sich zu den Sing- und Hockerschwänen ge- **Nordische Zugvögel**

55

56

57

58

55 und 56 Füße und
Schnabel der Saatgans
sind gelb, die der Grau-
gans dagegen rötlich.

57 Höckerschwan.

58 Weißstörche.

59 Kormorane.

59

60

61

62

63

64

60 Uferschnepfen.

61 Bekassine.

62 Wasserralle.

63 Wacholderdrossel.

64 Ziegenmelker.

62

Elbtalaue als Tierparadies

sellen (Abb. 55 bis 57). Die Elbtalaue ist darüber hinaus von zahlreichen Bibern besiedelt.

Im Sommer sieht man auf den Grünlandflächen den Weißstorch; Kormorane und Graureiher kommen ganzjährig vor. Auch zahlreiche Wiesenvogelarten wie Uferschnepfe, Bekassine, Brachvogel und Kiebitz sind stete Brutvögel der Feucht- und Nasslandschaften (Abb. 58 bis 61).

Die Wasserralle (*Rallus aquaticae*, Abb. 62) gehört in der nordwestdeutschen Geest zu den Sumpfvögeln, die man nur selten zu Gesicht bekommt. Viele weitere Tierarten wären hier aufzuzählen; eine klare tiergeographische Differenzierung wie bei den Pflanzen gibt es aber

65 Großer Brachvogel.

nicht, wie schon gesagt. Die ökologischen Bindungen an spezielle Lebensräume sind in diesem Zusammenhang sehr bedeutsam, da die meisten Arten in ihrem Areal nur ausgewählte Biotoptypen besiedeln, deren Eigenschaften ihnen zusagen und an deren Umweltbedingungen sie angepasst sind. Ein Buntspecht wird z. B. nicht in einer baumfreien Ackerlandschaft brüten, wo er weder Nahrung noch Nistplatz findet, sondern ein darin eingebettetes Wäldchen aufsuchen, wo er an den Bäumen artgerecht leben und nisten kann. Jede Tierart insgesamt bewohnt nur ihren arttypischen Lebensraum, ihren Biotop. Die ökologischen Grenzen sind jedoch unterschiedlich weit gesteckt: Manche Arten benötigen ganz bestimmte, eng umgrenzte Bedingungen, andere sind weniger spezialisiert, sind anpassungsfähiger und besiedeln daher unterschiedlich strukturierte Räume. Deshalb werden einzelne Tiergruppen und deren Habitatbindungen bei den jeweiligen Exkursionsrouten gebiets- oder geländespezifisch vorgestellt. Das gilt insbesondere für die Käfer- und Schmetterlingszönosen mit ihren entsprechenden Biotoptypen.

Ökologische Grenzen der Tiergruppen

Grenzen und Ausweitungen der Areale

Spontane und natürliche Arealausweitungen von Tierarten der Heiden und der Wälder gibt es vor allem bei den Vögeln zu beobachten. Zum Beispiel dringt die Wacholderdrossel (*Turdus pilaris*, Abb. 63) in Mitteleuropa von Südosten immer weiter nach Westen vor. Mit schnellen linearen Vorstößen – besonders entlang von Flussläufen – und perlschnurartiger Reihung der Brutplätze ist seit 1944 eine kontinuierliche Ausbreitung dieser Art auf breiter Front zu beobachten. Die Wacholderdrosseln brüten heute in den offenen, parkartigen Landschaften der Heide. Hier werden die nordwestlichen Arealgrenzen derzeit manifestiert. An seiner nördlichen Arealgrenze steht bei uns der Goldregenpfeifer (*Pluvialis apricaria*); letzte Brutpaare einer südlichen Unterart dieses Drosselvogels (*var. albifrons*) gibt es nur noch auf den wenigen Moorstandorten in der Heide. Genauso selten ist mittlerweile der Ziegenmelker, ein Moor- und Heidevogel, der sich eine wunderbare Tarnfarbe zugelegt hat (Abb. 64). Er ist wie der Große Brachvogel ein Leitorganismus für die gewässerreichen Feucht- und Nassland-schaften der nordwestdeutschen Geest. Der Große Brachvogel (*Numenius aquata*, Abb. 65) brütete ursprünglich in den Hochmooren und feuchten Heiden. Nach erfolgter Kultivierung und Aufforstung nahm der Bestand aber rasch ab. Lediglich die ökologische Umstellung auf Niederungsgrün-land ermöglichte der Art das Überleben, gestattete sogar regional eine Zunahme der Bestände. Die neuerdings leider vielfach zu beobachtende Umwandlung des Feuchtgrünlandes in Ackerland mit Tiefdränagen ver-schlechtert hingegen die Bruthabitate dieser Art irreversibel; Schutzpro-gramme für den weiträumigen Erhalt der Restbestände sind deshalb ange-zeigt!

Leitorganismen für Lebensräume

Eine historische Betrachtung

Von der Naturlandschaft zur Kulturlandschaft

Älteste Siedlungsspuren

Die ältesten Siedlungsspuren, die sich im nordöstlichen Niedersachsen feststellen ließen, stammen aus der älteren und mittleren Steinzeit. Alle Siedlungsfunde dieser Epoche weisen eine räumliche Nähe zu Wasserläufen oder früheren Seen auf. Dabei bevorzugten die noch nicht sesshaften Menschen bei der Auswahl ihrer Lagerstellen offenbar höher gelegene Orte.

Jungsteinzeit

Für die Jungsteinzeit, das Neolithikum, belegen zahlreiche Funde das Vorkommen dauerhafter Siedlungsplätze. Bei ihrer Auswahl wurden Standorte mit besseren Böden bevorzugt. Viele Großsteingräber, die uns in Resten oder weit gehend vollständig erhalten blieben, geben Zeugnis davon. So

Trichterbecher-kulturen

liegen auf den sandig-lehmigen Böden der Geest Nachweise der Trichter-becher oder Megalithkulturen vor, deren Angehörige ab 3200 v.Chr. in unserem Gebiet sesshaft wurden, Wälder rodeten, Äcker anlegten und Haustiere hielten (Abb. 66 bis 70). Für das Ende der Jungsteinzeit wird angenommen, dass bereits Heide-flächen existierten. Man folgert dies aus Hügelgräbern jener Zeit, die bereits aus Heideplaggen errichtet wurden.

66 Megalithgrab „Siebensteinhäuser" bei Ostenholz/Fallingbostel. Die Sieben-steinhäuser liegen im gemeindefreien Bezirk Ostheide als Teil des Truppen-übungsplatzes Bergen und gehören zu den bekanntesten Großsteingräbern Norddeutschlands (nur am Wochenende zu besichtigen). Errichtet wurden sie vor 4500 Jahren von den Menschen der Trichterbecherkultur – den ersten sess-haften Bauern unserer Region – als Beinhäuser für ihre Toten. Es muss da-mals begabte Baumeister gegeben ha-ben, denn die Kammerlangseiten der Gräber sind fast zentimetergenau nord-östlich ausgerichtet. Außerdem war es ungemein schwierig, die passenden Ständer- und Decksteine zu finden, sie mittels Hebel und Rollen zu transportie-ren und am Begräbnisplatz aufzubauen. Dazu bedurfte es reicher Erfahrung und eines perfekten handwerklichen Ge-schicks. So wurden die Kammerfußböden aus Sand- und Granitgrus erstellt, die als Dränage dienten.

Totenstadt in der Heide

Wenn wir aus der Bronzezeit we-niger Siedlungsfunde verzeichnen, lässt das nicht unbedingt auf Sied-lungslücken schließen, sondern ist wohl eher auf Änderungen der Be-stattungsriten zurückzuführen. Die Menschen gingen nämlich zur Ur-nenbestattung über, sodass ihre Spuren weniger leicht zu finden sind als die neolithischen Grabanlagen. Gegen Ende der Bronzezeit gleicht

Einzelgräber der Bronzezeit

sich die Einzelgrabkultur der Nordi-schen Megalithkultur an. Es ent-steht die so genannte Hügelgrab-kultur. Berühmtes Beispiel dieses Vorgangs ist die „Oldendorfer Toten-

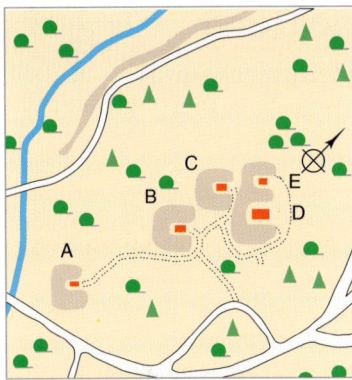

stadt" bei Amelinghausen südwestlich von Lüneburg, wo Megalith- und Hügelgräber als weithin sichtbare Monumente inmitten einer Heidelandschaft alles beherrschen. Das Heimatmuseum in Amelinghausen zeigt prähistorische Funde aus dieser Nekropole. Megalithgräber sind aus Findlingen errichtete Kammern, oft in lange Erddämme, gelegentlich aber auch in runde Erdhügel gebettet. Sie gehören in die Endzeit des Neolithikums zwischen 2000 und 1800 v.Chr. Die Mehrzahl der flachen Hügelgräber stammt dagegen aus der Zeit zwischen 1600 und 1300 v.Chr. und leitet in die Bronzezeit über.

Oldendorfer Totenstadt

Gräber unter Erdhügeln

67 Am Hügelgräberpfad Walsrode befinden sich 16 Hügelgräber, davon wurden 13 freigelegt und mit Nummern gekennzeichnet. Weitere Zeugen der Vergangenheit an diesem Weg sind der „Wolfsangelstein", ein Forstgrenzstein (A), und die kultischen Zwecken der Bronzezeit dienenden „Rillensteine" (B) und (C), die vormals in den Ortschaften Groß Eilstorf und Honerdingen standen.

68 (unten) Schematische Darstellung eines bronzezeitlichen Hügelgrabes mit Baumsarg und Steinkranz. Die Steine waren ursprünglich mit einer Erdschicht bedeckt und uhrglasförmig überwölbt.

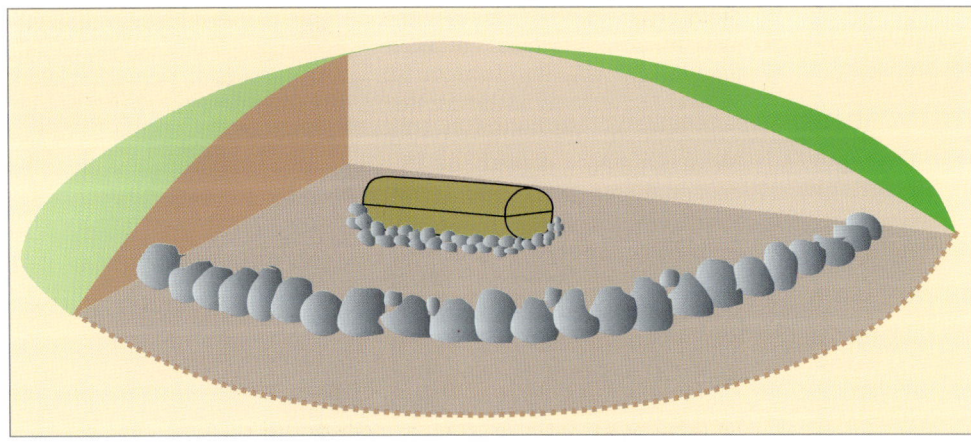

Siedlungsausweitung in der Eisenzeit

Während der Eisenzeit kam es zu einer Siedlungsintensivierung, wobei bronzezeitliche Zentren beibehalten und ausgeweitet wurden. Solche Zentren finden sich überall, gehäuft trifft man sie z.B. bei Behringen, Handeloh und Hörpel an. Abbildung 69 zeigt für die zentrale Lüneburger Heide die Siedlungskontinuität bis in die Eisenzeit nach der Zeitenwende.

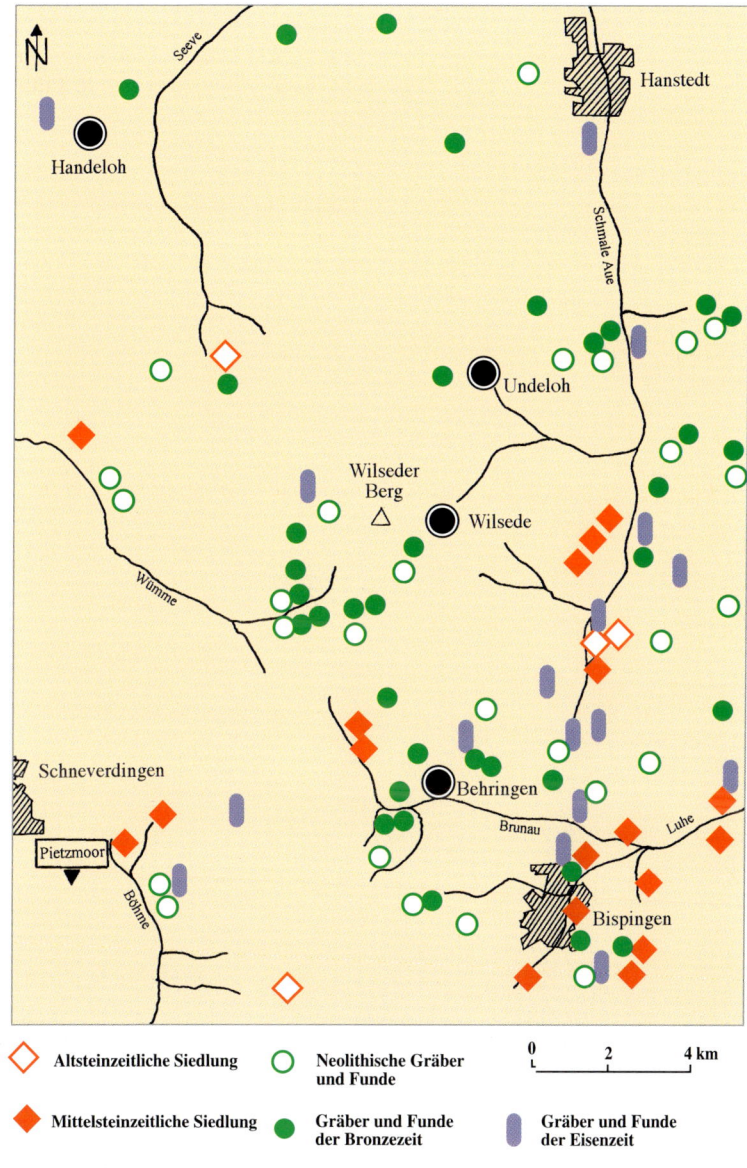

◇ Altsteinzeitliche Siedlung   ○ Neolithische Gräber und Funde

◆ Mittelsteinzeitliche Siedlung   ● Gräber und Funde der Bronzezeit   ▮ Gräber und Funde der Eisenzeit

0   2   4 km

69 Archäologische Funde im Gebiet der Lüneburger Heide.

Unruhige Zeiten

In den folgenden Jahrhunderten verringerte sich die Bevölkerungsdichte. Im Zuge der Völkerwanderungen drangen die Langobarden aus Südschweden ins Gebiet um Elbe und Ilmenau ein und wurden sesshaft (siehe Exkursion 2, S. 96 ff). Doch schon im 6. und 7. Jh. wurden sie durch nachrückende Sachsenstämme verdrängt, die aus Holstein kamen und sich über ganz Niedersachsen bis nach Westfalen ausbreiteten. Mit der Etablierung des Sächsischen Reiches kam es dann zu erneuter Siedlungsbelebung mit entsprechendem Einfluss auf das sich immer weiter öffnende Landschaftsbild.

Langobarden in Sachsen

Auch dieser Zustand war jedoch nicht von Dauer, denn bereits 772 bis 804 n. Chr. führte Karl der Große sein Heer in mehreren Kriegszügen bis zur Elbe gegen die Sachsen und gliederte sie dem Fränkischen Reich ein. Berühmt-berüchtigt ist in diesem Zusammenhang die Schlacht von Verden an der Aller, wo im Jahre 782 die Hauptleute des damaligen sächsischen Widerstandes an die Franken unter Karl dem Großen ausgeliefert und hingerichtet wurden. 4500 sollen es gewesen sein. Der überlebende Sachsenherzog Widukind ließ sich 785 taufen. Damals wurden die Bistümer Verden und Bremen gegründet, allesamt bedeutsame alte Städte – im rechtlichen Sinn sogar Bischofssitze, die an strategisch wichtigen Stellen wie Flussübergängen und an alten Handels- und Pilgerwegen ihren Anfang nahmen. So gab es auch hier an der Aller bereits um 800 v. Chr. eine Furt über den Fluss und *Ferdi in Saxonia* wurde zu Verden.

Karl der Große und die „Schlacht von Verden"

70 Bronzezeitliches Grabhügelfeld auf der Wildeshauser Geest.

Reichtum aus kaiserlichen Rechten

Bedeutung von Lüneburg, Verden und Bardowick

Um 950 baute Hermann Billung († 973) das benachbarte Lüneburg nicht nur als stärkste Festung des damaligen Herzogtums Sachsen aus, sondern gründete außerdem mit seinem Bruder Amelung, dem Bischof von Verden, das Benediktinerkloster St. Michael in Lüneburg, dem Kaiser Otto I. im Jahre 956 den Salzzoll schenkte. Verden an der Aller errang dann 985 die Markt-, Zoll-, Münz- und Bannrechte.

Der so begründete Reichtum lässt in den folgenden Jahrhunderten die prächtigen gotischen

71 Der Dom zu Verden/Aller (11. bis 15. Jh.).

Backsteinbauten Lüneburgs, Bardowicks und Verdens entstehen, auf die wir noch zurückkommen. Die bekannten Heideklöster werden unter den Billungern, anschließend unter den Welfen vom 11. bis zum 13. Jh. errichtet.

Von Welfen gegründete Klöster

Imposantes Zeugnis der damaligen Funktion Verdens als Bischofssitz ist der heute noch alles überragende Dom aus dem 11. Jh., der allerdings erst gegen 1490 vollendet war. Mit ihren Grabdenkmälern, dem romanischen Taufstein und dem Kreuzgang ist diese einzige gotische Bischofskirche Niedersachsens ein bedeutendes Kunstwerk; ihr Hallenumgangschor ist der älteste Deutschlands (Abb. 7 1).

Karolingische Rodungen

Bereits unter Karl dem Großen kam es im damaligen Reich zu weiteren großen Rodungsphasen, die mit sukzessiven Anstiegen der Siedlungsintensität einhergingen. Im Verlauf dieses Geschehens, das massive Eingriffe in die damalige Landschaft bedeutete, erfolgten die ersten Orts- und Stadtgründungen.

Spuren der Billunger

Sachsenherzog Heinrich

Zu dieser Zeit war der tüchtige Sachsenherzog Heinrich aus dem Hause der Liudolfinger deutscher König geworden (919), dem sein Sohn Otto auf dem Thron folgte, der zudem 962 die römische Kaiserkrone erlangte. Damals waren im Bardengau die Billunger begütert – ein Adelsgeschlecht, das mit dem Königshaus verschwägert war, dessen Stammbaum sich jedoch unerforschbar im Dunkel der Geschichte verloren hat, wie es eindrucksvoll Ernst Andreas Friedrich (1998) in seinem Buch über Niedersachsens Geschichte formuliert. Spuren finden sich jedoch noch allenthalben in der Lüneburger Heide, so in der Hermannsburg am Heideflüsschen Örtze, die

Stammtafel der Welfen auf Seite 97

nach Markgraf Hermann Billung benannt ist. Auch südlich von Uelzen, wo in sächsischer Zeit die Südgrenze des Bardengaus verlief, entstand in der ersten Hälfte des 10. Jh. eine Burg, die nach ihrer südlichen Lage im Gau Suderburg benannt ist. Hauptsitz der Billunger war jedoch Lüneburg mit der Burg auf dem Kalkberg, die später noch detailliert vorgestellt wird.

Hermann Billung

Der welfische Löwe unterliegt dem staufischen Rotbart

Im 12. Jh. übernahmen die Welfen in Norddeutschland die Macht. Heinrich der Löwe strebte vor allem danach, die wichtigsten Handels- und Wirtschaftsstädte seines Territoriums in die Hand zu bekommen, etwa Lüneburg, Braunschweig, Bremen und Goslar. Dieser mächtige Stammvater des Welfenhauses hatte von seinem Vater, Heinrich dem Stolzen, ein Herzogtum geerbt, das von Bayern bis an die Elbe reichte (vgl. Stammtafel S. 97).

Heinrich der Löwe

Heinrich der Löwe erkannte die wirtschaftliche Bedeutung sowohl der Metall- und Erzvorkommen im Harz als auch des Salzes und des Transports dieser Güter über die Flüsse, deshalb blühte bald der Handel an Aller, Weser und Elbe. Städte anderer Landesherren, die er nicht erreichen konnte, zerstörte Heinrich, z. B. Schleswig, Mühlhausen, Nordhausen und das berühmte Bardowick, auf das wir noch zu sprechen kommen. Gern wäre der mächtige Herzog von Sachsen und Bayern wie sein Großvater Lothar von Süpplingenburg deutscher König und römischer Kaiser geworden. Goslar mit seinen Silber- und Erzvorkommen hatte er von 1152 bis 1167 kurz besessen, doch sein Vetter und überlegener Gegenspieler in der Reichspolitik, der Staufer Friedrich I. Barbarossa versuchte ihm die strategisch und wirtschaftlich wichtige Stadt immer wieder zu entreißen.

Kaiser Friedrich I. Barbarossa

Im Machtkampf mit Barbarossa unterlag der Welfe; er musste nach England fliehen, alle seine Besitzungen und Ländereien wurden mit kaiserlichem Dekret eingezogen. Erst 1194, nachdem Heinrich der Löwe mit Kaiser Heinrich VI., der Barbarossas Sohn und Thronerbe war, in der Pfalz Tilleda am Kyffhäuser Frieden geschlossen hatte, erlangten die Welfen ihren Privat- oder Allodialbesitz zurück und wurden vom Kaiser erneut bestätigt. Erst dem Enkel des Löwen, „Otto dem Kind", gelang es, nach 1235, die welfischen Territorien wieder auszudehnen und erneut den Titel „Herzog von Braunschweig und Lüneburg" zu erlangen.

Erste Herzöge von Braunschweig und Lüneburg

Nach dem Streit Heinrichs mit Barbarossa um die Abtretung von Goslar mit seinen Silberminen war im Jahre 1180 außerdem das damalige sächsische Stammesherzogtum in viele Territorien aufgeteilt worden; Herzogtitel und Kurwürde der Sachsen fielen zunächst an die Askanier und damit von Braunschweig nach Wittenberg, nach dem Aussterben dieses Geschlechts im Jahre 1422 noch weiter elbaufwärts an die Wettiner in Meißen und Dresden. Die Verlegung des sächsischen Namens erforderte daraufhin eine Unterscheidung zwischen Ober- und Niedersachsen, die sich 400 Jahre später bei der Reichsteilung von 1512 erstmalig durchsetzte. Für das Verständnis der hier vorgestellten Region sind diese historischen Grundlagen essenziell.

Askanier, Wettiner, Sachsen

Erbfolgezwist, Salzfehde und Dreißigjähriger Krieg

Braunschweig-
Lüneburgischer
Erbfolgekrieg

Im 14. Jh., als die sächsischen und welfischen Fürsten um die Vorherrschaft im Lande kämpften, wurde die Region der heutigen Lüneburger Heide von mehreren Kriegen heimgesucht, z. B. 1369 bis 1388 im Braunschweig-Lüneburgischen Erbfolgekrieg und 1396 bis 1435 in der so genannten Salzfehde zwischen dem Erzbischof von Bremen und den Lüneburger Herzögen, sodass ab Mitte des 15. Jh. große Teile der Äcker nicht mehr bewirtschaftet und viele Höfe verwaist waren.

Dreißigjähriger Krieg

Bis ins 17. Jh. blieb das Gebiet dann von Kriegen verschont. Das Land konnte erneut in Kultur genommen werden und die Bevölkerungszahlen stiegen dementsprechend wieder an. Diese Epoche wurde dann mit dem Dreißigjährigen Krieg (1618 bis 1648) beendet. 1627 wurde zum Beispiel das Dorf Undeloh inmitten der Lüneburger Heide zerstört und die Ortschaft Hanstedt geplündert (Reins 1970). Am Ende des Krieges brach dann außerdem die Pest aus – mit nachfolgenden Wüstungen im ganzen Land.

Die zentrale Lüneburger Heide, die Göhrde und viele kleine Waldparzellen im Umfeld gehörten zu dieser Zeit schon zu den Bannwäldern für die Jagd der damaligen Landesherren. Die Göhrde war Hofjagdrevier der Herzöge von Braunschweig und Lüneburg, dem ehemaligen Bardengau und galt als Grenzwald zum östlich gelegenen Slawenland, dem heutigen Wendland; später diente das Gebiet dem hannoverschen Königshaus und den Preußen als Jagdrevier. Deshalb sind die Waldungen des jetzigen Forstamtes Sellhorn in der Heide und die weitflächige Göhrde immer noch alte Waldstandorte, wie wir bei den Exkursionen sehen werden.

Beim Rundling steht die Kirche vor dem Dorf

Bardengau

Der Bardengau beiderseits der Ilmenau in der nördlichen Lüneburger Heide war also ursprünglich Sitz der Langobarden, ehe die im 5. Jh. n. Chr. im Zuge der Völkerwanderungen in das heutige Burgenland und nach

72 Rundlingsdorf Lübeln im Wendland.

Oberitalien zogen, worauf im 8. Jh. von Osten her slawische Stämme in den damals freien Siedlungsraum vorstießen (siehe die Exkursionen ins Wendland). Dieses Volk der Wenden hatte eine eigene geschlossene Siedlungsform, die so genannten Rundlinge (Abb. 72), das sind rund umbaute Dorfplätze mit kreis- oder hufeisenförmig angeordneten Bauernhäusern. **Volk der Wenden**

Der so umschlossene Dorfplatz kann – einem afrikanischen Viehkral vergleichbar – das Vieh vor Raubwild und Dieben schützen. Es gibt aber aus siedlungshistorischer Sicht noch keine eindeutige Erklärung dieser speziellen Form. Sicher weiß man nur, dass die Rundlinge erst im 12. Jh. entstanden sind und zwar überall dort, wo die eingewanderten Wenden auf die ostwärts sich ausbreitenden Sachsen stießen – eine wagenburgähnliche Verteidigungsstrategie mag da von Vorteil gewesen sein. Es waren offenbar planmäßig angelegte Siedlungen mit segmentartig aufgeteilten Flurstücken. **Rundling als Dorfform**

Die Kirchen stehen in den Rundlingsdörfern interessanterweise nur selten auf dem zentralen Platz, sondern liegen im Allgemeinen außerhalb vor dem Dorf. Viele Rundlinge sind noch typisch erhalten, z. B. Satemin, Bussau, Thunpadel, Schreyahn, Mommoisel und Lübeln. Sicher ist, dass die Bewohner dieser Dörfer damals drawäno-polabisch sprachen, die wendische Sprache, die sie aber schon im 17. Jh. aufgaben. Lediglich einige alte Orts- und Flurnamen blieben im alten Wendengebiet von Mecklenburg über das Wendland bis nach Thüringen, also im Grenzraum des sächsischen Altsiedellandes, bis heute erhalten.

Straßendörfer und Hufen

Planmäßig sind auch die bekannten Reihendörfer im Wendland angelegt. Es sind Siedlungen mit deutschen Namen (erkennbar an Endungen auf -dorf oder -torf), deren Höfe sich beidseits einer geraden Straße aufreihen. An ihren Enden war immer Platz für neue Siedler. Ähnlich wie die Straßendörfer sind die Moor- und Marschhufendörfer angelegt, deren Feldfluren aber einen anderen Zuschnitt haben. Hufen – das sind schmale, aber kilometerlange Acker- und Wiesenstreifen, direkt hinter dem Haus. Man sieht sie überall an der Elbe zwischen Hitzacker und Bleckede sowie zwischen Dömitz und Neuenhaus. Die Sichtgiebel dieser Höfe sind dem Deich zugewandt, der Wirtschaftsteil den Feldern. **Reihendörfer im Wendland**

Relikte spezieller Landnutzungen

Viele Elemente der heutigen Kulturlandschaften lassen sich richtig nur einordnen und verstehen, wenn man um die historischen, meist traditionellen Wald- und Landnutzungsformen und deren Auswirkungen auf Vegetation und Landschaft weiß. Auf unseren Exkursionen werden wir zwangsläufig immer wieder damit konfrontiert; einige Vorschläge werden **Elemente von Kulturlandschaften**

Historische Landnutzungen

sogar gezielt unterbreitet um eben solche alten Wirtschaftsweisen kennen zu lernen.

Die Kenntnis historischer Geschehnisse an einzelnen Orten oder in den verschiedenen Regionen der hier vorgestellten Naturräume soll zum Schlüssel für das Verständnis der geschichtlichen Zusammenhänge mit all ihren landschaftsprägenden Ereignissen werden.

Mühlen, Wehre, Teiche

Fischzucht und Energiegewinnung

Viele Teiche erinnern an frühere Mühlenplätze, auch wenn die Gebäude oder sogar das gesamte Dorf nicht mehr bestehen. Sie sind historische Dokumente konsequenter Nutzung erneuerbarer, lokaler Energiepotenziale durch unsere Vorfahren (Abb. 73). Verglichen mit dem heute für die Energieversorgung betriebenen Aufwand war früher die Nutzung örtlich verfügbarer Wasserenergie sehr ökonomisch, wenn auch das Energiepotenzial meist beschränkt und daher sparsamster Umgang geboten war.

Spätestens seit 1768 spielte die Fischzucht in kleinen, künstlich angelegten Teichen in den Tälern der Heidebäche eine Rolle als landwirtschaftlicher Nebenerwerb. In den letzten hundert Jahren ist dieser Erwerbszweig systematisch ausgebaut worden. Die weit verbreitete Fischzucht in dem mit natürlichen Gewässern nicht gerade üppig ausgestatteten Naturraum Lüneburger Heide zeigt das Bemühen der Bewohner, noch die geringste Möglichkeit eines Nebenerwerbs zu nutzen, um das auf ärmsten Heideböden erwirtschaftete Einkommen aufzubessern.

Formen des Nebenerwerbs

73 Stauwehr und Mühlenanlage bei Grethem an der Leine.

Künstliche Fischteiche waren schon zur Zeit der Kurhannoverschen Landesaufnahme in vielen Bereichen an kleineren Heidebächen angelegt worden. Etwa ab 1870 wurden in der Heide dann sehr viele Fischteiche neu geschaffen. Oft gingen sie aus stillgelegten Mühlenanlagen hervor. Bis heute spielt die Fischzucht, insbesondere die Forellenzucht eine wichtige Rolle im Gebiet.

Mühlenteiche

Rieselwirtschaft und Wiesenbewässerung

Ab 1830 begann in den Flussgebieten Norddeutschlands die Anlage künstlicher Bewässerungsanlagen. Bis dahin erbrachten die wenigen Heu- und Futterwiesen geringe Erträge und erlaubten nur bescheidene Rinderhaltung. Über ein verschachteltes Netz von Gräben zur Be- und Entwässerung, dem die natürliche Geländebeschaffenheit seine Gestalt gab, und über zahlreiche kleine und größere Staueinrichtungen konnten die Wiesen je nach Bedarf kurzzeitig überflutet werden. Damit wurde nicht nur optimale Feuchte der Sandböden erzielt, sondern auch eine Düngung der Flächen erreicht.

Spezialität Wässerwiesen

Rieselwiesen zeugen von einer genossenschaftlichen und arbeitsintensiven landwirtschaftlichen Wirtschaftsform vor dem Aufkommen des Kunstdüngers. Sie sind ein anschauliches Beispiel für die Orientierung menschlicher Handlungsweise an den natürlichen Gegebenheiten. Auch wenn Rieselwiesen heute keinerlei wirtschaftliche Bedeutung mehr haben, blieb in den vormals so genutzten Flusstälern doch eine einmalige Landschaft erhalten (Abb. 74, 75).

Rieselwiesen waren um die Jahrhundertwende fast überall in Norddeutschland verbreitet. Im Einzugsgebiet von Aller und Weser gab es sie an fast allen Flussläufen. Mit der Einführung moderner Bewirtschaftsme-

Traditionelle Heuwirtschaft

74 Ehemalige Rieselwiese mit künstlichem Rückenbau an der Böhme.

75 Ehemalige Riesel-
wiese mit Stauberie-
selung an der Hunte.

**Rückenbau und
Stauberieselung**
thoden durch Kunstdünger und Maschinen sind die arbeitsaufwändigen Rieseleien jedoch weit gehend aufgegeben, die Grabensysteme und Staueinrichtungen beseitigt worden. Erstere sind in einigen Bereichen aber durchaus noch deutlich erkennbar, wie es besonders Abbildung 74 zeigt. Als Entwässerungsgräben werden sie zum Teil entgegen ihrem ursprünglichen Zweck immer noch genutzt.

Die Böden verbessert, den Ertrag wenigstens verdoppelt

**Alte
Wirtschaftskreisläufe**
Bewässerungswiesen stellen also ein Element der traditionellen bäuerlichen Kulturlandschaft dar. Ziel dieser Bewirtschaftungsweise war immer die Beschaffung von genügend Viehfutter (besonders für Rinder), damit die Sicherung ausreichender Produktion von Stalldünger zur Verbesserung des Ackerbaus sowie zur Steigerung der Hackfrucht- und Getreideernte. In der Regel wurde der Ertrag mindestens verdoppelt, für die armen Sandböden der Lüneburger Heide wird sogar von noch weiterer Steigerung berichtet.

Mit der Bewässerung der Wiesen wurden mehrere Ziele verfolgt:

- Erwärmung der Böden im Frühjahr, dadurch zeitliche Vorverlegung der Heuernte
- düngende Bewässerung außerhalb der Vegetationszeit
- erhöhte Wasserversorgung während der Wachstumsperiode
- Entsäuerung und Belüftung des Bodens

Die ersten Anlagen zur Ertragssteigerung durch Überstauung finden wir in den Bach- und Flusstälern der Lüneburger Heide. Das bezeugt eine Urkunde von 1476, die u. a. Wehr- und Wiesenstaurechte an der Meiße in

Meißendorf bei Celle regelte. Auch an der Örtze und ihren Nebenflüssen entstanden so genannte Überstauungswiesen, die mittels Schleusen in Rückstau gesetzt wurden. Nach ein bis zwei Wochen wurden die Schleusen wieder gezogen und die Wiesen wieder trockengelegt.

Schleusenbetrieb und Rückstau

Stauberieselung und Rückenbau

Neben dieser ursprünglichen Form gab es in Niedersachsen mit Stauberieselung und künstlichem Rückenbau zwei weitere Bewässerungstechniken von Bedeutung: Erstere war besonders im Gebiet um Bremen verbreitet, vor allem bei Leeste-Brinkum und zwischen Syke, Bruchhausen und Thedinghausen. Auf über 5000 ha Fläche wurde z.B. Weserwasser vom Weserwehr bei Dörvelden über lange Zuleitungskanäle in jeweils etwa 90 ha große eingedeichte Polder geleitet. Zur Sedimentation ließ man das Wasser langsam über die Polderfläche hinwegströmen. Dieses Prinzip kommt einer Sedimentation von Auelehm gleich (Abb. 75).

Überflutungstechnik mit Poldern

Der künstliche Rückenbau fand besonders seit Anfang des 18. Jh. weite Verbreitung, besonders in der Lüneburger Heide, im unteren Huntetal zwi-

Künstlicher Rückenbau

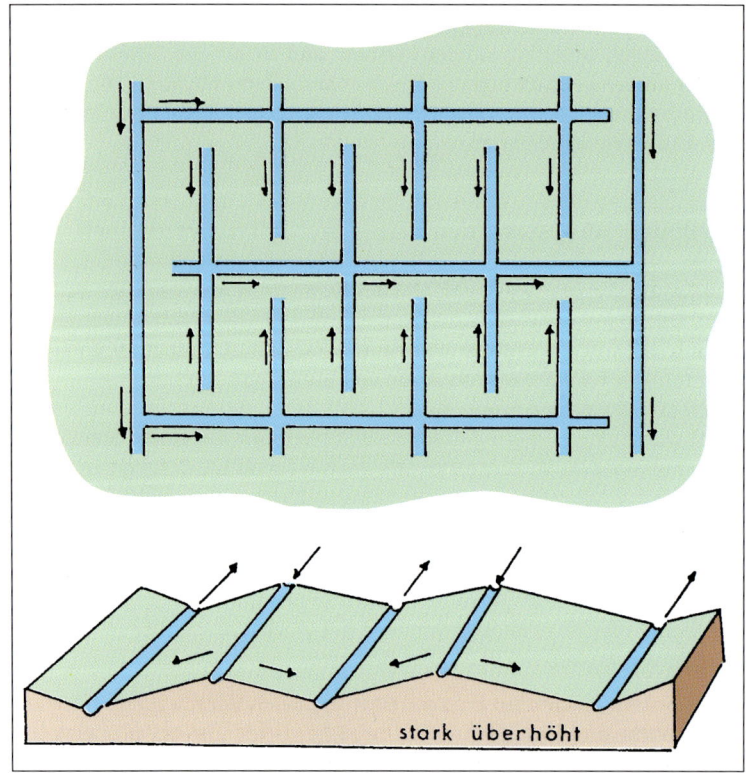

stark überhöht

76 Schema einer Wiesenbewässerung.

schen Oldenburg und Dötlingen sowie im Oker-Aller-Winkel. Auf geringeren Flächen wurde Rieselwirtschaft auch im mittleren Ostetal sowie an Fuhse und Erse praktiziert. Typisches Merkmal dieses Verfahrens ist die **Rieselrücken** Wasserverteilung zu beiden Seiten einer auf dem First des künstlich her-**Rieselrinnen** gestellten Rückens ausgebildeten Rieselrinne, die blind endet (Abb. 76). Das Restwasser, von Entwässerungsrinnen aufgenommen, wird entweder für unterhalb gelegene Wiesen wieder benutzt oder dem Gewässer wieder zugeleitet, aus dem es entnommen wurde. Die Dimensionen eines Rieselrückens waren etwa 30 cm Höhe sowie 8 bis 16 m Breite. Um gleichmäßige Berieselung zu gewährleisten, waren die Rücken in der Regel nicht mehr als 30 m lang. Weil die geregelte Verteilung des Wassers außerordentlich wichtig war, bildeten sich Wiesenbau- bzw. Staugenossenschaften, die oftmals **Rieselwirt** einen Wiesenwärter, den so genannten Rieselwirt beschäftigten.

Eine Schule macht Schule

Suderburger Im Jahre 1853 wurde zur Weiterentwicklung und Verbreitung des syste-**Wiesenbauschule,** matischen Kunstwiesenbaus sogar die Suderburger Wiesenbauschule ge-**Pionier in Europa** gründet, Vorläuferin der heutigen Fachhochschule Suderburg südlich von Uelzen. Ihre Wiesenbaumeister haben die Bewässerung in vielen Teilen Deutschlands und Europas beeinflusst.

Der Verzicht auf diese Form der Bewirtschaftung erfolgte in den jeweils zusammenhängenden Bewässerungsgebieten etwa gleichzeitig, da die Betreiber auf Grund des Nivellements aufeinander angewiesen waren. So endete die Bewässerung z. B. im Oker-Aller-Winkel Anfang bis Mitte der fünfziger Jahre, an der Örtze 1957/58, an der unteren Böhme erst 1968/70.

Letzte Reste der alten Strukturen

Sofern es der Grundwasserspiegel zuließ oder Entwässerung möglich war, erfolgte eine Umwandlung in Ackerland, nachdem die Gräben verfüllt und das Gelände nivelliert worden war. Das betrifft einen Großteil der Flächen an der Örtze, der Fuhse und im Oker-Aller-Winkel. Soweit die Bewässerungswiesen nicht umgebrochen wurden, unterliegen sie heute intensiver Grünlandnutzung. Vom alten Grabensystem blieben nur die Hauptzuleiter erhalten, die man vertieft hat und heute als Entwässerungsgräben nutzt (Abb. 74 und 76).

Letzte Rieselwiesen Direkte Spuren dieser Bewirtschaftungsform sind in einigen Bach- und Flusstälern der Lüneburger Heide erhalten. An der Hardau, der mittleren Lutter und besonders an der Böhme sind die ehemaligen Strukturen noch deutlich erkennbar. Man sieht auch noch die leichte Aufwölbung ehemaliger Rieselrücken. Zuleiter und die Rieselrinnen auf den Rücken sind hier zwar meist verlandet, aber die Entwässerungsrinnen zwischen den Rücken verraten sich zumindest noch durch die im Vergleich zum Rücken veränderte

Vegetation, wie es jüngst Gerd Rosenthal & Josef Müller (1988) belegen konnten.

Erhalten blieben auch einige kleinere Stauanlagen an den Heideflüssen sowie die Okerwehre bei Meinersen und Müden. Das Letztere leitet nährstoffreiches Okerwasser mittels eines Dükers unter der Aller hindurch, das man zur Berieselung verwenden wollte, nicht das dystrophe Allerwasser. Der Unterschied zwischen den beiden Flüssen wird auch an der Mündung deutlich. Helles Okerwasser fließt in die dunkle Aller: Die Milch kommt zum Kaffee, sagt man in Müden.

Eine 1993 wiederhergestellte Rieselwiese in Lüllau (Lkr. Harburg) wird vom Kiekeberg-Museum betreut. Auch in Suderburg hat ein solches Unterfangen begonnen, sodass die fast in Vergessenheit geratene Landnutzungsform in Zukunft zumindest noch museal besichtigt werden kann.

Bevölkerungswachstum erzwingt Landerschließung

Wald-, Moor-, Marsch- und Deichhufen sind planmäßige Flurformen, die besonders in der zweiten Hälfte des 19. Jh. angelegt worden sind. Zunehmendes Bevölkerungswachstum zwang zur Kultivierung weiter Ödlandflächen, vor allem der Moor-, Heide- und Bruchwaldgebiete und Niederungen, die bis dahin von den Siedlern gemieden worden waren. Parallel zur fortschreitenden Technisierung wurden solche Gebiete meist von Neusiedlergruppen im Kollektiv erschlossen und gingen später in Einzelbesitz über. Jeder Neusiedler bekam also eine Hufe zugesprochen, ein vorgegebenes, festes Maß. Flurformen mit Hufeeinteilung sind demnach kulturhistorisch wertvolle Relikte einer vergangenen Landwirtschafts- und Siedlungsepoche um 1870. In dem an Moor- und Niederungsflächen einst reichen Niedersachsen waren Hufensiedlungen also sehr verbreitet, jedoch sind viele inzwischen im Zuge des Agrarstrukturwandels erheblich verändert worden.

Ein Pionier des Königs erschließt das Moor

Jürgen Christian Findorff, königlich Hannoverscher Moorkommissar, hatte von den Holländern gelernt, wie man Moore entwässert, Kanäle für Lastkähne aushebt, Dämme aufschüttet, Siedlungen anlegt, Flurstücke einteilt und Torf abbaut, um schließlich Ackerbau zu betreiben. Dem königlichen Pionier und seinen Leuten folgten Tagelöhner und bei der Hofnachfolge leer ausgegangene Bauernsöhne aus den benachbarten Geestgebieten in die Hochmoore. Die Anlage der so genannten Moorkolonate erfolgte in Form von Reihensiedlungen, deren Hofstellen sich wie Perlen auf einer Schnur entlang der geraden Haupterschließungsachse aneinander reihten. Solche herrschaftlich geplanten Moorhufen gibt es noch in größerer Zahl zwischen Elbe, Aller und Weser, Beispiele sind z.B. Borchel, nordwestlich von Rotenburg; die Dörfer Allerhof, Stellenfelde, Hintzendorf und Posthausen, nördlich von Verden/Al-

Randnotizen:
„Die Milch kommt zum Kaffee"

Kiekeberg-Museum

Planmäßige Flurformen

Hufensiedlungen

Moorkolonate und Torfbauern

Moorhufensiedlungen

ler sowie die Siedlung Bleckeder Moor im Elbtal (Abb. 77). Am besten sind sie natürlich im Emsland und in Ostfriesland weiter im Westen zu sehen.

Acker, Bruchwald, Grünland

Etwa 2 km östlich von Eickeloh (Lkr. Soltau-Fallingbostel) liegt im Talbereich der Meiße das Westenholzer Bruch hinter einer Dünenkette. Ähnliches gibt es in kleiner Form im östlich benachbarten Ostenholzer Moor am Südrand des Truppenübungsplatzes Bergen-Hohne. Der ursprüngliche Bruchwald wurde nach Durchführung der Gemeinheitsteilungen und Verkoppelungen gerodet, das Gebiet „kultiviert". Durch Entwässerungsgräben parallel zur Meiße ist das Gebiet in etwa drei Streifen von etwa 800 m Breite aufgeteilt worden. Durch senkrecht dazu verlaufende Gräben, Wege und Baumreihen entstanden schmale, längliche Hufen, die in Nordostrichtung von der Dünenkette aus senkrecht auf die Meiße zulaufen. Jeder Bauer bewirtschaftete ursprünglich eine Hufe von ungefähr gleicher Güte und drei Nutzungszonen: Ackerfläche, Bruchwald als Weide und zur Brennholzgewinnung sowie Grünlandbereich. Noch heute ist die Flurform mit der symmetrischen Parzellierung deutlich erkennbar, obwohl moderne Bewirtschaftungsformen die Strukturen inzwischen erheblich verändert haben.

Landwirtschaftliche Nutzung

Die Elbmarschen zu Ackerland gemacht

Holländer als „Kultivatoren"

Ähnliches gilt für die Marschhufendörfer an der Elbe: Bereits 1258 schlossen die damaligen Landesherren der Region, die Herzöge von Lüneburg und Lauenburg einen Vertrag, um Holländer als Siedler in die brachliegende

77 Moorhufe Bleckeder Moor westlich von Bleckede/Elbe am Geestrand angelegt.

78 Marschhufendorf
Konau an der Elbe
im Amt Neuhaus.

feuchte Elbmarsch zu holen. Planmäßig legten sie die Marschhufendörfer **Planmäßige**
mit ihren handtuchförmigen, oft kilometerlangen Acker- und Wiesenstrei- **Hofanlagen**
fen an. Diese lagen in parallelen Streifen hinter den Höfen, die sich unmittelbar hinter dem neu gebauten Deich aufreihten (Abb. 77). Die Holländer
verfügten damals schon über das notwendige Know-how um feuchte
Flächen in fruchtbares Ackerland umzuwandeln. Auch hier machten sie sich
die natürlichen Bedingungen der Elbe zu Nutze und besiedelten die aus
grobkörnigen Kiesen aufgeschwemmten hoch liegenden Dämme beiderseits
des Stromes. Dort errichteten sie ihre Häuser (Abb. 78) und betrieben Acker- **Aufgereiht am Deich**
bau; die weiter entfernten langen Hufen dränierten sie systematisch mit
lang gezogenen Gräben und nutzten sie als Grünlandfläche für das Vieh. Die
Exkursion ins Elbtal führt zu manchen solcher Marschhufendörfer.

Holzernte im Niederwald

Auf Grund der Waldarmut in der Lüneburger Heide nutzte man alle
Möglichkeiten der Wald- und Holzbewirtschaftung. Eine spezielle Form war
die Niederwaldwirtschaft, die dem Prinzip des Kopfweidenschneidens
ähnelte. Man machte sich zu Nutze, dass zahlreiche Baumarten fähig sind **Niederwaldwirtschaft**
nach einem Radikalschnitt des Stammes am Stock neu auszutreiben. Neben
Weichhölzern wie Pappel, Weide und Erle gehören dazu auch Harthölzer
wie Eiche, Buche, Birke u. a., die jedoch weniger ausschlagfreudig sind. In
kurzen Umtriebszeiten von etwa 30 Jahren bei Eichen und Buchen wurden
die Stämme der Bäume etwa kniehoch über dem Boden abgeschnitten, aus
den Stümpfen schlugen im folgenden Jahr dann neue Triebe aus. Das so **Holz- und**
„geerntete" Holz wurde komplett genutzt, die Eichenrinde für die Lohger- **Rindenernte**

berei, die geschälten Äste als Bau- oder Brennholz, Zweige als Einstreu und Blätter als Viehfutter. Solche Wälder dienten auch als Weidefläche und zur Schweinemast. Die Bezeichnung für Niederwälder ist regional unterschiedlich und bezeichnet oft die Baumart: Eichen-Stüh- oder Stühbusch (Abb. 79).

Stühbüsche, eine Besonderheit der Geest

Da man mit Aufgabe ihrer ursprünglichen Nutzung die Stühbüsche durchwachsen ließ, haben sie sich zumeist zu Hochwäldern entwickelt, denen man ihre frühere Nutzung nicht mehr ansieht. Nur solche Eichen-Niederwälder blieben erhalten, die noch bis in die jüngste Vergangenheit im Stockausschlag bewirtschaftet wurden. Auch im Bereich der Lüneburger Heide, besonders im Naturschutzpark, gibt es noch Beispiele.

79 Stühbusch in der Lüneburger Heide.

Hecken mit vielerlei Funktion

Lebende Einfriedungen

Nachdem die Gemeinheitsteilungen durchgeführt waren, gab es die von allen gemeinsam benutzten Viehweiden der Allmenden nicht mehr. Die Bauern mussten ihre Weideflächen nun einfrieden, damit ihr Vieh nicht auf fremde Weiden gelangen konnte. Da Stacheldraht noch unbekannt war, mussten andere Lösungen gefunden werden, die regional unterschiedlich aussahen. In den Fluss- und Bachtälern war brauchbares Holz für Zäune kaum verfügbar, Erdwälle wären bei den regelmäßigen Hochwassern fortgeschwemmt worden. Um die Weiden einzufrieden pflanzte man deshalb

Weißdornhecken

Hecken aus Weißdorn, die zahlreiche Vorteile boten (Abb. 80). Das Vieh konnte sie nicht durchdringen und sie überstanden auch die periodischen Hochwasser gut. Diese dichten Hecken verlangsamten sogar den Hochwasserabfluss, wodurch sich die mitgeführten, nährstoffreichen Schwebstoffe auf den Parzellen absetzen konnten. Dadurch wurde eine regelmäßige Düngung der Überschwemmungsgebiete erreicht. In etwa dreijährigem Rhythmus mussten die dornigen Hecken auf etwa 60 cm Höhe zurückgeschnitten werden, damit sie keine Lücken bekamen, durch die das Vieh ausbrechen konnte. Dieser Heckenschnitt war als Brennholz begehrt.

Hecken in Flussauen

Solche Heckenlandschaften gab es in Norddeutschland nur am Unterlauf von Elbe, Aller, Leine und Weser, wo die Fließgeschwindigkeit des Wassers entsprechend verlangsamt ist und regelmäßig Hochwasser auftreten. Als Folge von systematischem Hochwasserschutz, veränderten Produktionsweisen in der Landwirtschaft, Umwandlung von Grünland in Acker-

80 Weidehecken im Allertal nordwestlich von Ahlden.

flächen und vermehrtem Einsatz von Kunstdünger und Maschinen ist der Heckenbestand inzwischen leider stark zurückgegangen. Die Exkursion zum Schloss Ahlden führt in eine verbliebene Weidehecken-Landschaft nordwestlich des Städtchens Ahlden an der Aller.

Weideheckenlandschaft an der Aller

Zugewinn, Erbteilung, Vereinigung

Im Gebiet des ehemaligen Stammherzogtums Sachsen entstand im 13. Jh. das Herzogtum Braunschweig-Lüneburg. Wie wir eingangs gesehen haben, konnte vor allem Welfenherzog Otto das Kind durch geschickte Territorialpolitik einen Großteil der welfischen Stammlande zurückgewinnen, die sein Großvater Heinrich der Löwe durch kaiserliches Dekret verloren hatte. Im Verlauf der folgenden Jahrhunderte verzweigte sich das Herzogtum Braunschweig-Lüneburg durch Erbteilungen in die Fürstentümer Lüneburg, Wolfenbüttel, Grubenhagen und Göttingen (später Calenberg). Sie wurden aber 1635 durch Erbverträge wieder in die Fürstentümer Calenberg mit Residenz in Hannover, Lüneburg mit Residenz in Celle und Wolfenbüttel überführt.

Die welfischen Landesherren

Erbteilungen im Herzogtum Braunschweig-Lüneburg

Königreich Hannover

Kurwürde und Primogenitur

Dem absolutistischen Herzog Ernst August (1629 bis 1698) gelang es, nachdem er 1692 die Kurwürde erlangt hatte, die verzweigten welfischen Stammlande wieder in seiner Hand zu vereinigen. Die mit der Kurwürde eingeführte Primogenitur verhinderte weitere Erbteilungen, da nunmehr das gesamte Erbe stets auf den Erstgeborenen überging. Die staatsrechtlich korrekte Bezeichnung der vereinigten Territorien lautete „Kurfürstentum Braunschweig-Lüneburg", auf Grund der Residenz in Hannover bürgerte

Kurhannover

sich jedoch der Name „Kurhannover" ein, wie Juliane Schmieglitz-Otten (1994) erläutert. Ihrer Zusammenstellung sind die beiden Stammtafeln über die Zeitenfolge und die Familienbeziehungen der Welfen entnommen.

Die Vereinigung mit dem Fürstentum Lüneburg und der Celler Residenz gelang erst nach dem Tod Ernst-Augusts, wie wir noch sehen werden. Ernst-August hatte dafür seinen Sohn Georg Ludwig, den späteren König Georg I. (1660 bis 1727), mit der einzigen Tochter des Herzogs Georg-Wilhelm von Braunschweig-Lüneburg, Sophie-Dorothea von Celle, der späteren Prinzessin von Ahlden, verheiratet. Diese Ehe wurde 1695 geschieden und hatte eine für damalige Zeiten einmalige Staatsaffäre zur Folge. Der Ahl-

Königreich Hannover seit 1814

dener Prinzessin ist deshalb in diesem Buch ein eigenes Kapitel gewidmet.

Nach der napoleonischen Besetzung und dem Ende der Freiheitskriege wurde Hannover 1814 zum Königreich. Ihm wurden durch 1815 gefaßte Beschlüsse des Wiener Kongresses im Westen die Grafschaft Bentheim und das Emsland (vgl. Band I dieser Buchreihe), im Nordwesten Ostfriesland sowie Hildesheim und Goslar im Süden angegliedert.

Schlacht von Langensalza 1866

Nach der Bundeskrise von 1866 kam es zum Krieg und zur Besetzung Hannovers durch preußische Truppen. Im Juni 1866 wurde das Königreich schließlich nach der verlorenen Schlacht von Langensalza in den preußischen Staat eingegliedert.

Personalunion mit England

Georg I., König von England

Durch Sophie von der Pfalz (1630 bis 1714), Ehefrau Herzog Ernst Augusts und Enkelin Jacobs I. von England, gelangte die Anwartschaft auf den englischen Thron an das Haus Hannover. Sophies Sohn, Kurfürst Georg Ludwig, fiel im Jahre 1714 die englische Krone zu, er wurde als Georg I. König von England. Diese Personalunion bestand bis 1837. Dabei blieb Hannover selbständiges Kurfürstentum im deutschen Reichsverband.

Während Georg I. (1660 bis 1727) und sein Nachfolger Georg II. (1683 bis 1760) sich noch als Hannoveraner fühlten, besuchte Georg III. (1738 bis

Die Stammlande vergessen

1820) seine norddeutschen Stammlande in 60 Jahren Regierungszeit überhaupt nicht mehr (J. Schmieglitz-Otten, 1994).

Während der französischen Besetzung (1803 bis 1813) kämpfte die aus Resten des hannoverschen Heeres gebildete „Königlich Deutsche Legion" (the King's German Legion) auch mit den Alliierten gegen Napoleon. Die

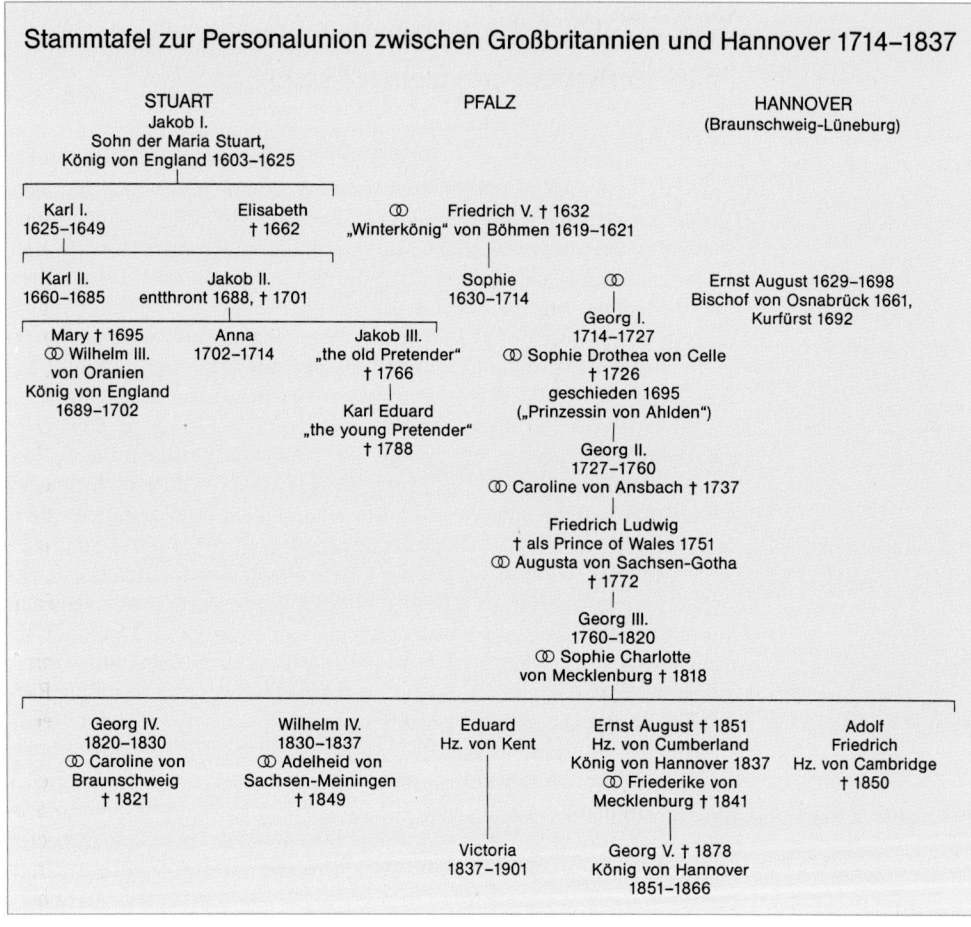

Stammtafel zur Personalunion zwischen Großbritannien und Hannover 1714–1837

STUART
Jakob I.
Sohn der Maria Stuart,
König von England 1603–1625

PFALZ

HANNOVER
(Braunschweig-Lüneburg)

Karl I.
1625–1649

Elisabeth
† 1662

∞ Friedrich V. † 1632
„Winterkönig" von Böhmen 1619–1621

Karl II.
1660–1685

Jakob II.
entthront 1688, † 1701

Sophie
1630–1714

∞ Ernst August 1629–1698
Bischof von Osnabrück 1661,
Kurfürst 1692

Mary † 1695
∞ Wilhelm III.
von Oranien
König von England
1689–1702

Anna
1702–1714

Jakob III.
„the old Pretender"
† 1766

Karl Eduard
„the young Pretender"
† 1788

Georg I.
1714–1727
∞ Sophie Drothea von Celle
† 1726
geschieden 1695
(„Prinzessin von Ahlden")

Georg II.
1727–1760
∞ Caroline von Ansbach † 1737

Friedrich Ludwig
† als Prince of Wales 1751
∞ Augusta von Sachsen-Gotha
† 1772

Georg III.
1760–1820
∞ Sophie Charlotte
von Mecklenburg † 1818

Georg IV.
1820–1830
∞ Caroline von
Braunschweig
† 1821

Wilhelm IV.
1830–1837
∞ Adelheid von
Sachsen-Meiningen
† 1849

Eduard
Hz. von Kent

Ernst August † 1851
Hz. von Cumberland
König von Hannover 1837
∞ Friederike von
Mecklenburg † 1841

Adolf
Friedrich
Hz. von Cambridge
† 1850

Victoria
1837–1901

Georg V. † 1878
König von Hannover
1851–1866

Schlacht in der Göhrde von 1813 gibt davon eindrucksvoll Zeugnis (Exkursion 10, S. 204 ff). Mit den Engländern kämpften die Hannoveraner auch anderswo in Europa, z. B. bei Waterloo und in Spanien bei Gibraltar. Im Bomann-Museum von Celle und im Celler Schloss ist das alles genauestens dargestellt und dokumentiert.

The King's German Legion

Die Personalunion blieb unter Georg IV. (1762 bis 1830) und seinem Bruder Wilhelm IV. (1765 bis 1837) bestehen, als dieser jedoch ohne Erben starb, kam es zu ihrer Auflösung. In Hannover wurde nun Wilhelms Bruder Ernst August, Herzog von Cumberland (1771 bis 1851), zum König ausgerufen. Ihm folgte 1851 Georg V. auf den Thron, der am 3. Oktober 1866 abgesetzt wurde und nach Wien, später nach Gmunden und schließlich nach Paris ins Exil ging. Dort ist er am 12. Juni 1878 gestorben. Der seit 1833 erblindete Monarch erkannte die preußische Annexion Hannovers nie an.

Georg IV. und Georg V.

Die Annexion von Hannover

Exkursionen in der Lüneburger Heide
Charakteristische norddeutsche Landschaften

Erkennen und erleben

Grundlegende Informationen über die Naturräume unseres Gebiets haben die vorangegangenen Kapitel vermittelt. Die nun folgenden Exkursionen wollen die Sachverhalte konkret erkennbar, nach Möglichkeit sogar erlebbar machen. Deshalb sollen auch lokale Details und Besonderheiten eingefügt werden, wie wir sie auf zahlreichen Exkursionen kennen lernen. Sie sind als Ergänzungen gedacht, so dass sich dem Leser grundlegende Informationen mit Gebietsaspekten zu einem sinnvollen Ganzen zusammenfügen und ein abgerundetes Bild der vorgestellten Natur- und Kulturräume entsteht.

Die Planung der Anfahrten zu den Exkursionen bleibt den Benutzern dieses Führers überlassen. Weder werden die Strecken des öffentlichen Personenverkehrs (Bahn- und Buslinien) hier zusammengestellt noch Einkehrmöglichkeiten genannt, die erfahrungsgemäß oft nur kurzzeitig bestehen.

Die Exkursionen können per Bus oder Pkw durchgeführt werden, Grundmotto sollte aber bleiben, dass die Natur mit allen Sinnen nur erlebt, wer zu Fuß unterwegs ist. Deshalb sind zusätzlich Wanderungen und auch Fahrradrouten vorgesehen. Die Fahrradstrecken sind in Übersichtskarten angegeben, Wanderrouten werden, wie in naturkundlichen Wanderführern üblich, nicht detailliert beschrieben. Auf floristische und faunistische Raritäten wird hingewiesen, wenn ihr Besuch ohne das Risiko einer Beeinträchtigung möglich ist.

Floristische und faunistische Raritäten

Viele der vorgestellten Exkursionen gehören zu unserem traditionellen Geländeprogramm, einige Gebiete werden immer wieder mit unseren Studierenden aufgesucht, alle sind leicht zu erreichen, die Wanderstrecken sind gut begehbar und ungefährlich. Für Exkursionen mit größeren Gruppen sind in den ausgewiesenen Naturschutzgebieten allerdings Genehmigungen der örtlichen Naturschutzbehörden bzw. der Naturparkverwaltungen von Lüneburger Heide und Nationalpark Elbtal einzuholen.

Formalitäten und Modalitäten

Das gesamte Gebiet ist touristisch voll erschlossen: Zahlreiche Hotels aller Kategorien, viele Gasthöfe und Pensionen werben in fast jedem Heideort um Gäste. Die überregional orientierten Fremdenverkehrsbüros von Celle, Munster, Walsrode, Uelzen, Soltau und Lüneburg geben alle erdenklichen Informationen. Wegen allzu oft wechselnder Telefon- und Telefaxnummern sei hier auf die jeweilige Telefonauskunft zur Nachfrage hingewiesen.

Schätze im Verborgenen

Historische Bauten der Lüneburger Heide

Ziel: Eine Kulturreise zu den bedeutendsten Klöstern, Kapellen und Kirchen der Lüneburger Heide.
Route: beliebig, am besten von Celle oder Lüneburg aus. Dort gibt es genügend Hotels und Übernachtungsmöglichkeiten.
Karte: Abb. 81
Info: Dumont-Reiseführer von Christoph Reichmann (1992)

Die ältesten Städte Norddeutschlands wurden meist als Bischofssitze an strategisch wichtigen Stellen wie Flussübergängen oder an alten Handelswegen gegründet. Ganz ähnlich verhält es sich mit den Klöstern, nachhaltig wirkenden Zentren der Kultivierung umliegender Landschaften. Ihre überregionale kulturelle, politische und wirtschaftliche Bedeutung für die jeweilige Region wollen wir an ausgesuchten Beispielen erläutern.

81 Lage der berühmten Heideklöster und einiger ausgewählter Heideschlösser.

**Highlights
in Norddeutschland**

Um es gleich vorweg zu sagen: Die gesamte Lüneburger Heide und ihre Umgebung bilden ein kulturelles Highlight in Norddeutschland. Das beruht auf der langen Tradition landesherrlicher Einflussnahmen durch die Welfen und ihre anverwandten Nachbarn. Die Klöster, die Schlösser und zahlreiche sakrale oder säkularisierte Einzelbauten sind einzigartig und kulturell überregional bedeutsam – wie wir es auf einer „Klosterreise" an vielen Stellen erleben werden.

**Welfische
Gründungen**

Leider ist die gesamte hannoversche Region nach der langen preußischen Zeit – auch aus politischen Gründen – nachhaltig zu Unrecht in Vergessenheit geraten. Dieser Exkursionsführer will das ändern, denn auch die Lüneburger Heide samt der hier vorgestellten Region ist von großer kulturhistorischer Bedeutung. Deshalb wollen wir mit einigen Klöstern, Kirchen und Schlössern beginnen.

Klöster in der Heide

**Anfänge
der Kulturlandschaft**

Wie überall hatten die Klöster auch in der Heide große Bedeutung für die Urbarmachung der Landschaft. An Flussläufen angelegt, verfügten sie über die Wasserkraft zur Energiegewinnung aus Mühlen. Stauwehre verstärkten diesen Effekt; außerdem gab es reichlich Fische und Muscheln.

Viele Rodungsprozesse und später die Anfänge der Moorkultivierung zur Brenntorfnutzung und Kulturlandgewinnung gingen von den Klöstern aus. Außerdem waren und sind sie seit dem Mittelalter Zentren und Bindeglieder der geistigen Überlieferung.

**Geistige und
religiöse Zentren**

So haben auch in Norddeutschland einige Klöster die Stürme der Zeit bis in unsere Tage überstanden, aber nicht jede Region verfügt über eine so dichte und lückenlose Überlieferung wie die Klöster der Heide, die es ermöglicht, Landschaftsgeschichte, anthropogene Einflussnahme und Landschaftsgestaltung, Reliquien, Kultur und Kunst miteinander zu vergleichen. In zeitlich absteigender Reihenfolge sind es: Isenhagen (1243), Medingen (1228), Wienhausen (1221), Lüne (1172), Ebstorf (um 1150) und Walsrode (vor 984) (Abb. 81).

**Versorgung
adliger Töchter**

Diese Klöster der Benediktiner- und Zisterzienser-Orden nahmen, dem Vorbild der kaiserlichen Stifte in Gernrode oder Gandersheim folgend, den Charakter geistlicher Versorgungsinstitute für unverheiratete Töchter des Adels und des städtischen Patriziats an, nachdem 1531 Herzog Ernst der Bekenner die Reformation durchgesetzt hatte. Aus den Nonnen wurden evangelische Klosterdamen und heute sind sie Kustodinnen großer Kunstschätze.

Isenhagen – von Herzogin Agnes gestiftet

**Herzogin Agnes
von Meißen**

Kloster Isenhagen wurde wie Wienhausen von Herzogin Agnes von Meißen gestiftet. Sie war die Frau des Sachsenherzogs Heinrich und damit Schwiegertochter Heinrichs des Löwen. Nach mehrmaligem Ortswechsel

82 Kloster Isenhagen.

fand diese Gründung ihren endgültigen Standort 1345 in der Nähe von Hankensbüttel. Aus dieser Zeit stammen auch die gotische Backsteinkirche sowie der Ostflügel des Kreuzgangs (Abb. 82). Hervorragende Altarbehänge und gestickte Decken zeigt das Klosterhofmuseum, zu dem auch ein Kräutergarten gehört, der über Verwendungsmöglichkeiten zahlreicher Arznei- und Küchenpflanzen informiert.

Kirche und Kreuzgang

In unmittelbarer Nachbarschaft befindet sich das Ottern-Zentrum, eine in Mitteleuropa einzigartige Freiluftanlage am Isenhagener See, die sich der Nachzucht von Fischottern widmet.

Aufzucht von Fischottern

Kloster Medingen – Schatzkästlein in der Heide

Das Gebäude des ehemaligen Zisterzienserklosters Medingen bei Beversen fiel einem Brand zum Opfer und wurde 1782 bis 1787 als spätbarocker Bau neu ausgeführt. Von der alten eleganten Anlage ist noch das von Herzog Ernst dem Bekenner 1541 erbaute fürstliche Wohnhaus erhalten, ein barockes Gebäude mit gelben Mauern, hohem Turm und kupferner Laterne. Es wurde nach einem Brand von Landbaumeister Ziegler errichtet, dem Erbauer übrigens auch des Zuchthauses in Celle. Das Kloster bewohnt inzwischen kein Schlossherr mehr; hier residieren die Damen des Klosters Medingen (Abb. 83).

Elegante Barockanlage

Tausende von Touristen wandeln im Sommer durch die Kirchen und Kreuzgänge ohne jedoch die Intimität der traditionsreichen Stätten mindern oder gar zerstören zu können. Sie bewundern die oft grandiose Architektur, die kostbaren Bildwerke und Wandteppiche und betrachten ebenso respektvoll wie neugierig ihre Führerin, die im Damenstift als Konventualin lebt. In diesen Klöstern leben fast ausnahmslos Damen, Adelige und Bürgerliche unter einem Dach, aber jede in einer eigenen Wohnung. Innerhalb des Klosters wird Tracht getragen; dieses Gebot wird streng befolgt. Die Äb-

Klösterliche Kleiderordnung

tissin hält bei feierlichen Anlässen noch den aus katholischer Zeit stammenden Krummstab in Händen, eine herrliche Goldschmiedearbeit des Lüneburger Meisters Hermen Worm. Zu den weiteren zahlreichen Schätzen des Klosters gehören auch die Flussperlmuscheln aus der Ilmenau – Perlmuscheln gibt es heute nur noch in wenigen Heideflüssen (Exkursion 7, S. 174 ff).

Am Eingang zum Klostergelände steht ein repräsentatives zweigeschossiges Fachwerkhaus, das Amtshaus von 1800, dessen südliche Schauseite mit eindrucksvollem Portal und Wappenmedaillons geschmückt ist.

83 Kloster Medingen.

Schälchensteine und „Königsgräber"

In der Umgebung von Bad Bevensen lohnt ein Besuch der so genannten Schälchensteine aus einem bronzezeitlichen Hügelgräberfeld um 1300 v. Chr. Dieser Granitfindling im Medinger Forst hat fünf flache eingebohrten Vertiefungen (Schälchen), die offenbar kultischen Zwecken dienten. Benachbart sind die „Königsgräber" von Haaßel, die man etwa 1,5 km südöstlich von Altenmedingen erreicht. Es handelt sich hier um Reste einer neolithischen Nekropole mit großen Megalithgräbern. Das Hügelgräberfeld in der Klein-Bünstorfer Heide 2 km südlich von Bad Bevensen beim Hamburgischen Krankenhaus ist mit seinen 59 erhaltenen Gräbern aus der älteren Bronzezeit (1700 bis 800 v. Chr.) eine der größten Grabanlagen in der Lüneburger Heide. Die Bünstorfer Heide, eine flechtenreiche Ginsterheide, liegt landschaftlich sehr schön auf den Uferterrassen der Ilmenau.

Kloster Wienhausen – einzigartige Wandmalereien und Teppiche

Das imposante frühgotische Zisterzienserkloster ist vollständig erhalten und seit 1562 evangelisches Damenstift (Abb. 84). Eine Fülle kirchlichen und weltlichen Ausstellungsgutes macht die Bedeutung klar, die auch der Klosterführer von Konrad Maier (1997) unterstreicht:

Kloster Wienhausen, 1221 von Pfalzgraf Heinrich, dem ältesten Sohn Heinrichs des Löwen und seiner zweiten Frau, Agnes von Meißen, gegründet, war das bevorzugte Kloster für die Frauen aus der Familie der Herzöge

84 Kloster Wienhausen.

Geschichtsträchtig
wie sonst nirgendwo

zu Braunschweig-Lüneburg. Agnes von Meißen lässt es sich nicht nehmen, die Besucher immer wieder zu begrüßen – als Kalksteinfigur in der mit Balken gestützten Halle im Westteil des Erdgeschosses, eine lebensgroße farbige Skulptur, die wohl im 13. Jh. entstanden ist; ebenso im Kreuzrippengewölbe über der Nonnenempore, wo sie mit ihrem Gemahl Heinrich, dem Pfalzgrafen bei Rhein und einem Kreis von Äbtissinnen und Pröpsten des Klosters dargestellt ist.

Fürstin Mechthild, die im Kloster wohnte, ist es zu verdanken, dass um 1300 die Klosteranlage bedeutend erweitert und um den prächtig ausgemalten Chor bereichert werden konnte. Dieser Nonnenchor ist ein einfacher rechteckiger Saalbau von geringer Höhe. Die Architektur ist zisterziensisch streng und mit Ausnahme der über 100 Bildszenen ohne Schmuck. Hier gewann der gottesdienstliche Raum des Konvents Größe und farbige Zier wie kein anderes Kloster der Heide.

Trotz der Größe des Baus beschränken sich die Gemälde auf kleine Szenen in Rechteckrahmen oder Medaillons. In den Wandmalereien ist die Heilsgeschichte ausgebreitet: Zwischen dem Leben Christi (in den Gewölben) und den Lebenden (im Gestühl) vermitteln zwei Friese. Heilige, Märtyrer und die Stifterin ganz dicht beim Gottessohn bezeugen das einzige deutsche Beispiel lückenloser farbiger Gesamtfassung eines großen Innenraumes mit figürlicher Malerei aus der Zeit nach der Gotik. Diese Wandmalereien gelten wegen ihrer Vollständigkeit als einmalig!

Einzigartige
Wandmalereien

Zu den ganz besonderen Schätzen Wienhausens gehören seine Teppiche. Es sind nach Pia Wilhelm (1980) Wollstickereien auf Leinen, die von den Ordensfrauen mit viel Schönheitssinn im 14. und 15. Jh. gefertigt worden sind. Sie werden nur einmal im Jahr, in der Woche nach Pfingsten, ausgestellt. Als bedeutendste Stücke gelten die drei Tristanteppiche sowie der Thomas- und der Heilsspiegelteppich. Der Thomasteppich, um 1370 gewebt, predigt die Gebefreudigkeit und verspricht für Almosen einen Platz im Himmel.

Teppiche als Schätze

Kloster Lüne – Backsteinjuwel der Salzstadt

Das spätgotische Gebäude eines ehemaligen Benediktinerinnenklosters mit Kreuzgang und einschiffiger Backsteinkirche zählt zu den schönsten und ältesten Sehenswürdigkeiten der historischen Salzstadt Lüneburg (Abb. 85). Berühmt sind die gestickten spätgotischen Tücher und Wandteppiche.

Ein Zeugnis der
historischen Salzstadt
Lüneburg

Wertvolle Kunstschätze

Nur wenige Minuten vom Stadtzentrum entfernt, findet der Besucher in einem idyllischen Ensemble die sehenswerten mittelalterlichen Gebäude inmitten gepflegter Anlagen. 1172 wurde das Kloster für Frauen gegründet und etwa 100 Jahre später in einen Benediktinerkonvent umgewandelt. Um 1400, nach zwei Bränden in den ursprünglich hölzernen Gebäuden, wurde es in Backstein neu errichtet und im folgenden Jahrhundert um zahlreiche Gebäude erweitert.

Der immer noch gut erhaltene Komplex beherbergt seit der Reformationszeit ein evangelisches Damenstift und bewahrt eine enorme Sammlung wertvoller Kunstschätze. Besonders erwähnenswert sind die

85 Kloster Lüne.

Brunnenhalle, Refektorium, Nonnenchor

Brunnenhalle mit dem Handsteinbrunnen, das Refektorium mit freigelegten Wandmalereien, der Kreuzgang mit farbigen Glasfenstern und Steingewölbe sowie der Kapitelsaal mit Gemälden der Äbtissinnen. In der Klosterkirche sind ein kostbarer Altar von 1524, eine Orgel aus dem Jahr 1645 und der Nonnenchor zu bewundern.

Der Sommer-Remter wurde restauriert und steht nun für kulturelle und sonstige Veranstaltungen zur Verfügung. Zum Besichtigungsprogramm gehören auch eine Nonnenzelle aus der Zeit um 1500 sowie nach der Reformation von evangelischen Damen bewohnte und um 1700 ausgemalte Räume. Sie gehören zu dem aus Sarggang und Uhlenflucht bestehenden Komplex der ehemaligen Dormitorien, ebenfalls interessante Sehenswürdigkeiten.

Teppichmuseum

Ferner kann man das im August 1995 eröffnete Teppichmuseum besuchen, einen Neubau, der sich dem historischen Gebäudekomplex des Klosters optimal anpasst und durch einen überdachten Gang mit ihm verbunden ist. Hier werden textile Kostbarkeiten, nach neuesten Erkenntnissen restauriert, unter dem Motto „Bewahrt für die Zukunft" präsentiert.

Kloster Ebstorf – ein mittelalterliches Weltbild

Ebstorf liegt südlich von Lüneburg. Hier stiftete Volrad von Bodwede, Lehnsmann Heinrichs des Löwen, um 1150 ein Augustiner-Chorherrenstift (Abb. 86), doch sein Sohn Heinrich nahm nach einem Brand des Klosters Walsrode die dortigen Benediktinerinnen in die neu errichteten Gebäude

Aus der Zeit des „Löwen"

auf.

Nach der Reformation wurde das Kloster von 1528 bis 1555 in ein Damenstift umgewandelt, wie man in Kröners „Handbuch der historischen Stätten Deutschlands" von Kurt Brüning und Heinrich Schmidt (1976) liest. Der gut erhaltene mittelalterliche Backsteinbau mit Kirche, hohem Nonnenchor und Kreuzgang birgt wertvolle Glasmalereien. Literarische Schätze von Ebstorf sind vor allem niederdeutsche Liederhandschriften, Gebetbücher und Fragmente aus Chroniken.

Backsteingotik

Seit 1712 trägt die leitende Chanoinesse – eine Konventualin des Klosters – den Titel Äbtissin. 1842 verlieh König Ernst August dem Kloster einen Orden, der aus einem an der Hannoverschen Königskrone hängenden, schmal goldbordierten, rotemaillierten Kreuz mit geraden Armen besteht. Es ist in der Mitte mit einem silbernen Stern belegt, dessen acht Spitzen sich aus je sieben Strahlen zusammensetzen. In der Mitte liegt ein kreisrundes, dunkelblau emailliertes Medaillon, dessen Revers die goldene Devise „Pietati et verecundiae" schmückt, während der Avers die von der Königskrone überhöhten goldenen Namenszüge der Majestäten trägt: F(riederikus) E(rnst) A(ugust) R(ex resp. Regina) trägt. Das Ordenszeichen tragen die Äbtissinnen in etwas größerer Form mit zwei über dem Kreuz unterhalb der Krone verschränkten, goldenen Bischofsstäben am breiten Bande von der rechten Schulter zur linken Seite, die Klosterdamen mittels einer Bandschleife an der linken Schulter. „Das Band ist hellblau, weiß, hellblau moiriert (der weiße Streifen ein wenig breiter), senkrecht gestreift, mit zwei schmalen weißen Borden", so fantastisch bildreich beschreibt es der Kunstführer im Merian-Heft über die Lüneburger Heide. Diese Orden werden auch heute noch zur vollen Klostertracht getragen und von jeder Konventualin an ihre Nachfolgerin vererbt. Rechte sind allerdings keine mehr damit verbunden.

Insignien und Ordenszeichen

Die Denkmäler, die heute in Kloster Ebstorf gezeigt werden, wurden nach und nach wieder entdeckt. Vor mehr als 100 Jahren fand man eine auf 30 Pergamentbögen gemalte Weltkarte, mit insgesamt 12,75 m² die größte mittelalterliche Weltansicht. Die kreisförmige Darstellung geht auf die Beschreibung des Gelehrten Gervasius von Tilbury zurück, eines weit gereisten Hofmannes, zuletzt in Diensten Kaiser Ottos IV., der ihn wohl als Propst des Klosters Ebstorf einsetzte. Gervasius' wichtigstes Werk sind die „Kaiserlichen Mußestunden", die das Leben am mittelalterlichen Hof beschreiben. Sein riesiges Bild entstand wesentlich später, wahrscheinlich um 1280/90 im Kloster Ebstorf oder im Lüneburger St.-Michaelis-Kloster. Jahrhundertelang galt dieses einzigartige Kunstwerk als verschollen und erst 1830 wurde es in einer Abstellkammer zufällig wieder entdeckt und nach Hannover ins Staatsarchiv gebracht.

Ebstorfer Weltkarte

Gervasius von Tilbury

86 Kloster Ebstorf.

Eine Ironie der Geschichte

Eine Ironie der Geschichte, denn im Bombenhagel von 1943 verbrannte das Original. Heute präsentiert man in Ebstorf und Lüneburg Nachbildungen dieser Karte, die natürlich nicht den Anforderungen entspricht, die an ein modernes kartographisches Werk gestellt werden.

Es handelt sich um eine aneinander reihende Zusammenfassung aller damaligen Kenntnisse. Mittelalterlich ist besonders die Gleichsetzung der Welt mit dem Leib Christi. So sind am oberen Rande der Ebstorfer Weltkarte das Haupt des Erlösers, am unteren seine Füße und an beiden Seiten die Hände eingezeichnet. Mittelpunkt der Welt ist nach Gervasius' Auffassung die Stadt Jerusalem. Natürlich sind auch die Landschaften und die Orte des Alten Testaments berücksichtigt: das Paradies mit den ersten Menschen, die Arche Noah auf dem Berge Ararat, Babel mit dem Turmbau und der Sinai mit dem Gesetzesberg. Natürlich fehlt auch Rom nicht, aber auch norddeutsche Lande werden dargestellt: die Salzquellen von Lüneburg und kleinere Flüsse wie die Ilmenau und die Innerste. Eine Besichtigung lohnt sich allemal!

Spätromanische Madonna

Vor 50 Jahren öffnete man in Ebstorf eine Reihe kleiner Nischen in der Westwand des Nonnenchors und fand unter anderem eine aus Eichenholz geschnitzte Figur der thronenden Muttergottes. Kunstgeschichtlich gehört diese edle Bildhauerarbeit zu einer Gruppe sehr ähnlicher spätromanischer Madonnen der Zeit um 1210 bis 1240 in Halberstadt, Salzwedel, Hildesheim und Minden. Sie gehen offensichtlich auf ein hochverehrtes Gnadenbild zurück. Indem man es nachschuf, suchte man seinen Segen zu erlangen. In der Reformationszeit musste eine solche Figur selbstverständlich verschwinden. Man hat sie eingemauert um sie dem Kloster zu erhalten.

Ein Kavaliershaus neben dem Kloster diente den hannoverschen Königen als Quartier zur Zeit ihrer Hirschjag-

Hirschjagd in der Raubkammer

den in den endlosen Wäldern der Raubkammer oder im Süsing.

Kloster Walsrode – Oase in der Stadt

Diese Klosteranlage mit wunderbaren Gärten, ausgedehnten Rasenflächen und kleinen Wohnensembles bildet eine stille Oase inmitten der Stadt Walsrode. In der Kirche des 984 gegründeten Benediktinerklosters blieben Chor und Hauptflügel aus dem 15. Jh. erhalten; bedeu-

Glasfenster des 15. Jh.

tend sind die Glasfenster von 1430 in der Kirche (Abb. 87). Die derzeit zehn Konventualinnen tragen im Alltagsleben Zivilkleidung, zum Got-

87 Kloster Walsrode.

tesdienst ein schwarzes Kleid mit dem Klosterschleier. Zu großen Festen und zur Einführung einer neuen Äbtissin oder Konventualin wird die volle Klostertracht angelegt, die aus einem schwarzen Kleid mit Schleppe, weißer Schürze, weißem Schultertuch und einer Haube aus Spitzen und schwarzen Atlasbändern, dem so genannten Schleier, besteht. Diese Tracht ist in den einzelnen Klöstern ein wenig abgewandelt, sie entwickelte sich aber überall aus dem ehemaligen Nonnengewand und der Renaissancekleidung der Reformationszeit.

Ordenstracht

Bedeutend ist auch die bekleidete Statuette eines Christusknaben aus dem 15. Jh. mit einem Gewand, das über und über mit Flussperlen aus der Heide besetzt ist.

Christusknabe mit Flussperlen aus der Heide

Nahe bei Walsrode liegt die sehenswerte evangelische Heidekirche von Meinerdingen, ein wertvolles kleines Gotteshaus, an dem man allzu leicht vorbeifährt. Wie alle Heidekirchen ist sie auf Fundamenten aus Findlingen errichtet. Die romanische Grundstruktur des einschiffigen gotischen Gewölbebaus ist noch gut erhalten. Die Anfänge des hölzernen Glockenturms stammen aus dem 15. Jh.

Außen schlicht, innen stilreine Renaissance

Noch bedeutsamer ist die Gutskirche von Stellichte, ein paar Kilometer nördlich von Walsrode (Abb. 88 a und b). Wer sie zufällig entdeckt, kann kaum ahnen, welchen prächtigen Raum die schmucklosen Mauern umgeben. Das kleine Gotteshaus ist das seltene, gut erhaltene und qualitätvolle Beispiel einer in Architektur und Ausstattung einheitlichen Gutskirche aus dem frühen 17. Jh.; so bei Georg Dehio (1977) im Handbuch der Deutschen

Gutshaus und –kirche, einzigartiges Ensemble

88 a Gutshaus Stellichte.

Kulturdenkmäler nachzulesen. Die Familie von Behr, bereits 1189 im Gefolge Heinrichs des Löwen erwähnt, hat die Kirche neben ihrem Herrenhaus – einem grabenumgebenen, zweigeschossigen Gutshof mit Speichern und Wassermühle – in den Jahren 1608 bis 1610 erbauen lassen. Der Backsteinbau mit Sandsteinverzierungen, Säulen und Portalen ist im Innern prachtvoll ausgestattet. Im Innenraum sind als kunstgeschichtliches

Kunstgeschichtliches Kleinod erster Güte

Kleinod erster Güte in reinem Renaissance-Stil vor allem die Chorschranken und das Chorgestühl aus der Bauzeit vollständig erhalten. Herausragend ist auch die hölzerne Kassettendecke. Sie ist mit geometrischen Mustern bemalt, in die geflügelte Engelsköpfe und Rosetten eingestreut sind.

88 b Die schlichte Bauweise der Gutskirche Stellichte verrät nichts von ihrem inneren Reichtum.

Auf der Westempore der Kirche steht eine Orgel mit reich geschmücktem Prospekt, datiert 1610. An der Brüstung der Empore hat kein Geringerer als M. Maarten de Mare, Orgelmacher, seinen Namen hinterlassen. Aus

Orgelbauer M. Maarten de Mare aus Gent

Gent in den Niederlanden stammend, wanderten die protestantischen Orgelbauer der Familie de Mare über Ostfriesland nach Verden und Bremen. Orgeln in den Niederlanden, in Ostfriesland im Verdener Dom, in der Loccumer Klosterkirche, der Marktkirche in Hannover, in Bremen und schließlich in Stellichte verbinden sich mit diesem Namen.

Auf den Spuren des „Löwen"

Der Backsteindom von Bardowick

Ziel: Eine Kulturreise zu hochmittelalterlichen Stätten
Route: Nur wenige Kilometer nördlich von Lüneburg, leicht erreichbar
Karte: Abb. 81

Bardowick liegt im Bardengau, dem einstigen Stammsitz der Langobarden, die von hier aus in der Völkerwanderungszeit über das heutige Burgenland nach Norditalien vordrangen. In karolingischer Zeit wurden **Stadt im Bardengau**

bekanntermaßen vielerorts Kaufmannssiedlungen angelegt, die vom lateinischen vicus die Silbe „wik" behalten haben, so bei Hans Planitz (1997) in seinem Buch über „Die Deutsche Stadt im Mittelalter" nachzulesen.

Handelsplatz, Missionsstützpunkt und politisches Zentrum

Nichts in Norddeutschland ist mit dieser Stadt zu vergleichen, die zwar alle Herrlichkeit verlor, aber mit ihrer großen Vergangenheit die Fantasie immer noch mächtig bewegt (Abb. 89). Auf ihrem Boden, wo jetzt bäuerliche Häuser weit gestreut an ländlichen Straßen liegen, wo Gemüsebau und Samenzucht ihren Mann ernähren, gerade hier um den Dom, der in seiner dörflichen Umgebung jetzt viel zu groß und mächtig wirkt, stand eine der größten und ältesten Städte Norddeutschlands mit sieben großen Kirchen – St. Nikolaus, St. Willehard, St. Marien, St. Fabian, St. Johann-Baptist, St. Marian, St. Stephan – eine Stadt mit Stiften und Klöstern, mit engen Stra-

Die mittelalterliche Stadt besaß sieben große Kirchen

89 a Der Dom von Bardowick. Die Anfänge der dreischiffigen Backstein-Hallenkirche reichen ins 13. Jh. zurück.

89 b Einst Mittelpunkt einer blühenden Stadt, ist der Bardowicker Dom heute von Gemüsefeldern umgeben.

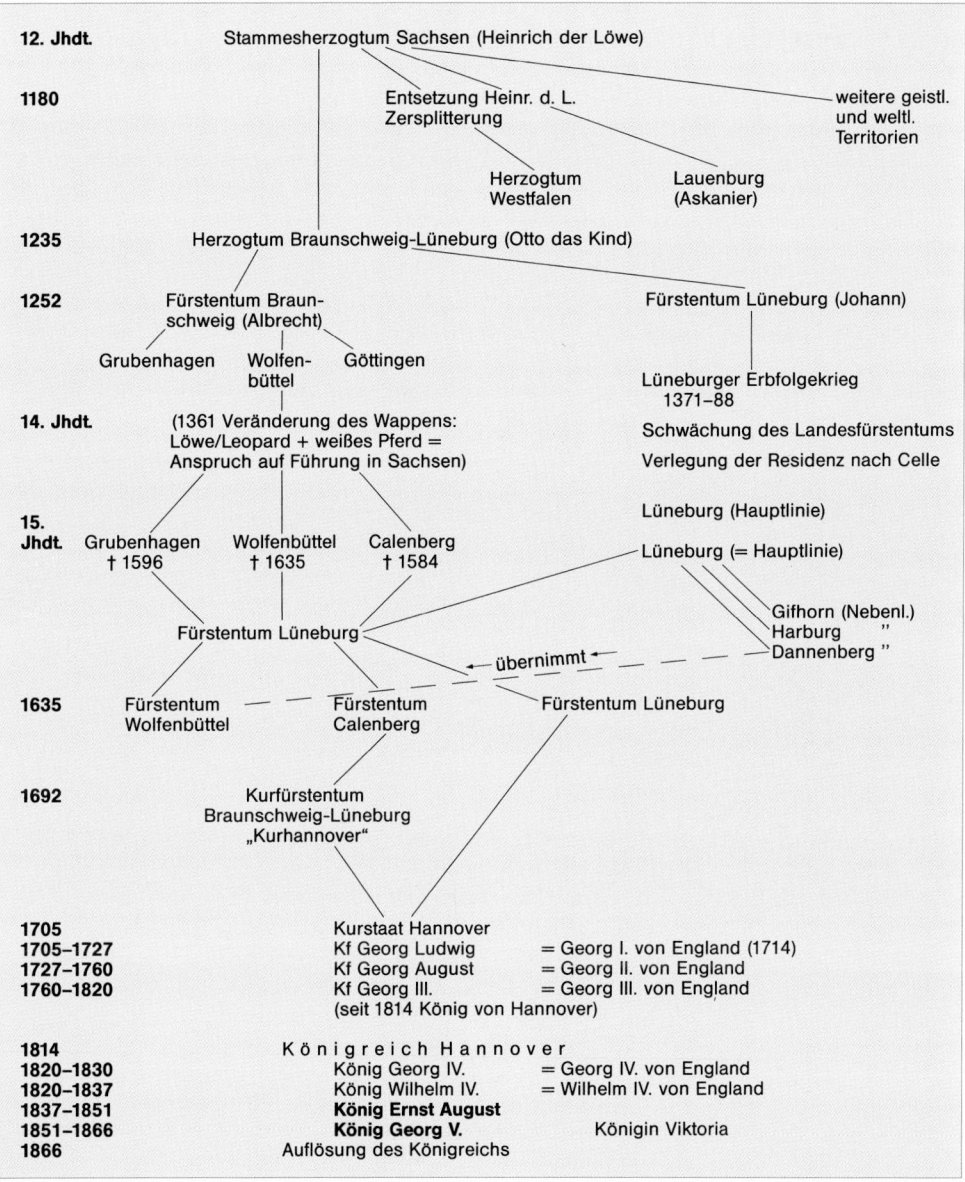

12. Jhdt.	Stammesherzogtum Sachsen (Heinrich der Löwe)		
1180	Entsetzung Heinr. d. L. Zersplitterung		weitere geistl. und weltl. Territorien
		Herzogtum Westfalen	Lauenburg (Askanier)
1235	Herzogtum Braunschweig-Lüneburg (Otto das Kind)		
1252	Fürstentum Braunschweig (Albrecht)		Fürstentum Lüneburg (Johann)
	Grubenhagen	Wolfenbüttel Göttingen	Lüneburger Erbfolgekrieg 1371–88
14. Jhdt.	(1361 Veränderung des Wappens: Löwe/Leopard + weißes Pferd = Anspruch auf Führung in Sachsen)		Schwächung des Landesfürstentums Verlegung der Residenz nach Celle
15. Jhdt.	Grubenhagen † 1596	Wolfenbüttel Calenberg † 1635 † 1584	Lüneburg (Hauptlinie) Lüneburg (= Hauptlinie)
	Fürstentum Lüneburg		Gifhorn (Nebenl.) Harburg ″ Dannenberg ″
		übernimmt	
1635	Fürstentum Wolfenbüttel	Fürstentum Calenberg	Fürstentum Lüneburg
1692	Kurfürstentum Braunschweig-Lüneburg „Kurhannover"		

1705	Kurstaat Hannover	
1705–1727	Kf Georg Ludwig	= Georg I. von England (1714)
1727–1760	Kf Georg August	= Georg II. von England
1760–1820	Kf Georg III. (seit 1814 König von Hannover)	= Georg III. von England
1814	Königreich Hannover	
1820–1830	König Georg IV.	= Georg IV. von England
1820–1837	König Wilhelm IV.	= Wilhelm IV. von England
1837–1851	**König Ernst August**	
1851–1866	**König Georg V.**	Königin Viktoria
1866	Auflösung des Königreichs	

Größer als Haithabu ßen und hohen Kaufmannshäusern, mit Reichtum, Geschäftigkeit und Kultur. Diese sehr alte Siedlung, wahrscheinlich keltischen, aber sicher karolingischen Ursprungs, war gewiss im Handel mit den slawischen Ländern bedeutend. Sie war größer an Grundfläche als das gleichzeitig berühmte und durch Ausgrabungen bekannt gewordene Haithabu an der Schlei in Schleswig-Holstein. Bardowick besaß eine königliche, durch eine Schenkung Ottos I. im Jahre 965 urkundlich belegte Münzstätte.

In der Politik gewann Bardowick zunehmend an Bedeutung durch wiederkehrende kaiserliche Aufenthalte, die unter Karl dem Großen begannen und sich bis zu seinem Enkel Lothar II. fortsetzten. Bardowick wurde zu einem wichtigen Handelsplatz des Nordens und zum Missionsstützpunkt für die Christianisierung der Skandinavier, Balten und Slawen. Aus dieser Zeit um die erste Jahrtausendwende stammt noch der romanische Quaderbau in der heutigen Vorhalle und im Paradies des Domes.

Die blutige Spur des Löwen

Doch im 12. Jh., nachdem Heinrich der Löwe 1159 Lübeck gegründet hatte, ändert sich die Einflusssphäre und es kündigt sich bald die Katastrophe an. Im Jahre 1189 verweigert das selbstbewusste Bardowick dem Welfenherzog während seiner Auseinandersetzung mit Kaiser Friedrich Barbarossa den Einlass. Es folgt eine Belagerung bis zu jenem 28. Oktober 1189, an

dem der Welfe die Stadt mit Plünderung und Brand überzieht und endgültig auslöscht. Außer einer Blutspur ließ er nichts zurück als den mächtigen Dom mit seinen zwei gedrungenen Türmen, einem der reichsten und besterhaltenen Chorgestühle Norddeutschlands und dem kleinen Siegel: Leonis vestigium – Spur des Löwen. Eine Spur, die daran erinnert, dass er etwas zertrat, das nie wieder zum Leben erwachte und nur noch in der Erinnerung lebt (Abb. 90).

Zwischen 1380 und 1485 entstand in Bardowick die heutige gotische Hallenkirche, der 1792 eine spätgotische Sakristei angefügt wurde.

90 Der goldene Löwe, Symbol des Welfenherzogs Heinrich, trägt die Inschrift vestigium leonis, Spur des Löwen.

Hie Backstein, dort Fachwerk

Lüneburg und Celle als Antipoden

Ziel: Eine Kulturreise zum Thema „Residenzen der Welfen"
Karte: Abb. 81

Hansestadt Lüneburg

Schon 1139 welfisch geworden, erhielt Lüneburg sein Privileg von Heinrich dem Löwen im Jahre 1189, also nach der unerhörten Zerstörung Bardowicks. Sogleich begann der Salzhandel und schon 1247 folgten die Stadtrechte. Im Jahre 1372 wurde Lüneburg dann Mitglied der Hanse.

Schon damals besaß die Stadt fünf prachtvolle Kirchen: St. Cyrian, die karolingische Johanniskirche, St. Lamberti, St. Marien und St. Michaelis. Die Salzstadt hatte über die Ilmenau Verbindung zur Elbe und damit nach Hamburg; ihre Macht als Salz- und Hansestadt war immens. Von ihrem **Backsteingotik und Bürgerhäuser** Reichtum zeugen wundervolle Backsteingotik, reiche Bürgerhäuser, das zur Zeit wohl kostbarste und großartigste Rathaus Deutschlands, einer der eindrucksvollsten Plätze (Abb. 91), herrliche Innenräume, berühmtes Silber und andere Kostbarkeiten – alles zu Kultur gewordener Besitz.

Diese Stadt der Backsteingotik blieb in Ehrfurcht gebietender Weise erhalten. Die Bürgerhäuser, mächtige Kirchen und das Rathaus aus Backstein geben ihr das Gepräge. Aufwändige Giebelhäuser stehen am Sande und in der Bäckerstraße; von eigentümlichem Reiz sind die zahlreichen Höfe und großräumigen Dielen, so im gotischen Sülfmeisterhaus, Am Berge 35. Die gewaltige Johanniskirche (Abb. 91) wurde 1300 bis 1370 als fünfschiffige (!) Hallenkirche errichtet, der 106 m hohe Turm, der Hochaltar mit Tafelmalereien des Hinrik Funhof von 1482 und ein **Barocker Orgelprospekt** wertvoller barocker Orgelprospekt sind die herausragenden Kulturgüter. An der großen Orgel spielte bereits Johann Sebastian Bach!

91 Lüneburgs alten Marktplatz, den „Sand", säumen Backsteinhäuser mit Treppengiebeln; im Hintergrund die Johanniskirche, deren 106 m hoher Turm an der Spitze etwas aus dem Lot geraten ist.

Der Grundstein für die Michaeliskirche wurde 1376 gelegt, 1418 wurde das Gotteshaus geweiht. Die dreischiffige Hallenkirche wurde aus den Fundamenten und Resten des 1421 größtenteils abgebrochenen Michaelisklosters erbaut. Erwähnenswert ist auch die Nikolaikirche, eine fünfschiffige spätgotische Basilika mit 10 m breitem und 29 m hohem Mittelschiff. Ihre reichen Sterngewölbe verraten das Vorbild der Lübecker Marienkirche.

St. Michael und St. Nikolai

Das Rathaus, ein Jahrhundertwerk

Am Lüneburger Rathaus wurde Jahrhunderte gebaut. Seine Ausdehnung übertrifft jedes andere in Deutschland. Die barocke Marktfassade, wertvolle Innenräume wie die gotische Gerichtslaube mit prächtigen Wandvertäfelungen und einer Fußbodenheizung aus dem 15. Jh., der Fürstensaal mit Wandgemälden, die Große Ratsstube mit den Schnitzwerken des Albert von Soest sowie dem kostbaren Ratssilber, das in Nachbildungen im Oberen Gewandhaus ausgestellt ist – dies alles macht seine Einmaligkeit aus. Im Glockenturm läuten jeden Tag um 18 Uhr 41 echte Meißner Porzellanglocken.

Barocke Fassade, gotische Gerichtslaube

In Lüneburg wird offensichtlich, dass die Entwicklung der Städte im Mittelalter und die Ansammlung ihres Reichtums auf Kosten der Natur vonstatten gingen. Dabei führten die Ausräumung aller umgebenden Landschaften und der Ausbau der Handelsflotte der Hanse zu gewaltigem Raubbau an den Waldbeständen. Die Saline in Lüneburg verbrauchte jährlich bis zu 200 000 m³ Buchenholz, das über Elbe und Ilmenau herangebracht wurde, ein Indiz für ehemals großflächige Buchenwälder in Norddeutschland.

Berg, Brücke und Quelle

Lüneburg ist aus drei Gründen zur bedeutenden mittelalterlichen Stadt geworden: „mons, pons, fons" nennt sie ein lateinischer Reim, also Berg, Brücke und Quelle, die eng miteinander verknüpft sind; denn die Stadt liegt auf einem der vielen Salzstöcke, die – wie wir gesehen haben – in Norddeutschland aus großer Tiefe aufgestiegen sind und vielleicht noch weiter aufsteigen. Das Salz hat Deckschichten und Nebengesteine mit nach oben gedrückt, wie Abbildung 5 zeigt.

Mons, pons, fons

Natürlicher Reichtum

Kalke der Oberkreide, die als ringförmige Stufe die westliche Stadthälfte umgeben, wurden in großen Kalkbrüchen abgebaut, die heute mit Wasser gefüllt oder zugeschüttet sind. Der Kranz aus Kalksteinen bewirkte auch eine Verengung des Ilmenautales.

Damit war ein günstiger Tal- und Flussübergang gegeben, die „pons" des lateinischen Reimes, an der sich eine Keimzelle der Stadt, der Ort Modestorp, entwickelte. Im Scheitelbereich des Salzstocks, der das heutige Senkungsgebiet umfasst, wurden die aufsteigenden Zechsteinsalze über Jahrtausende vom Grundwasser abgelaugt. Zurück blieben die schwer löslichen Bestandteile der Salzserie, insbesondere Gips. Sie bildeten den einst etwa 70 m hohen Kalkberg (mons), der jedoch durch Bruchsteingewinnung weit gehend abgetragen wurde. Ein solcher Berg aus festem Gestein in der Nähe

Keimzelle Modestorp

Burgengründer
Hermann Billung eines Flussübergangs war geradezu prädestiniert eine Burg zu tragen. Der spätere Sachsenherzog Hermann Billung ließ sie bereits um 950 errichten.

Das aus der Tiefe bis auf 50 m unter der Erdoberfläche aufgestiegene Salz lieferte über die Quellen (fons) die konzentrierteste Sole im norddeutschen Raum. Bereits 956 wird eine Saline erwähnt. Sie entwickelte sich im Mittelalter zu einem der größten Industriebetriebe, der 1262 schon 54 Siedehäuser **Salzgewinnung,** mit je 4 Siedpfannen umfasste, die jährlich rund 20000 bis 30000 t Salz **Holzverbrauch** produzierten und dafür den Waldbestand der Umgebung verheizten, sodass später Holz aus Mecklenburg herangeschafft werden musste.

Nachdem 1189 der benachbarte Handelsplatz Bardowick zerstört und ausgeschaltet worden war, erfolgte der Absatz des Salzes über den Schifffahrtsweg der Ilmenau und direkt über die Salzstraße. Hauptabnehmer war Lübeck, wo Salz in großen Mengen zur Konservierung der Ostseeheringe benötigt wurde. Salzheringe und Salz wurden bis Nowgorod, Bergen, Brügge und Nürnberg geliefert. Dafür hat man bereits 1390 den Stecknitzkanal, einen Vorläufer des Elbe-Lübeck-Kanals, gebaut.

Salzmonopol Lüneburg besaß neben dem Salzmonopol in Form des Straßenzwangs **und Stapelrecht** und im Stapelrecht weitere wichtige Einnahmequellen, die es der Stadt ermöglichten, sich 1371 vom Landesherrn zu befreien. Die Bürger stürmten und zerstörten die Burg auf dem Kalkberg und verteidigten die Stadt mit ihren mächtigen Mauern so gut, dass der Herzog 1378 gezwungen war seinen Regierungssitz nach Celle zu verlegen. Lüneburgs Blütezeit als Salz- und Fernhandelsstadt lag zwischen 1460 und 1530. Die Stadtumwallung, die Bürgerhäuser, die Ausstattung des Rathauses und der Kirchen legen davon Zeugnis ab. Aber schon vor dem Dreißigjährigen Krieg machte sich die Konkurrenz anderer Salinen bemerkbar.

Zur Ackerbürgerstadt herabgesunken

Der Niedergang wird deutlich an den Einwohnerzahlen, die von etwa 14000 im Jahre 1500 auf rund 8500 im Jahre 1763 sanken. Lüneburg war zur Ackerbürgerstadt geworden. Aus dieser Zeit stammt eine Karte der Kurhannoverschen Landesaufnahme, auf der noch die gewaltige Stadtbefestigung von einstiger Größe zeugt. Auf den besseren Böden im Westen der Stadt dehnten sich Felder aus, während die trockenen Sandböden im Osten **Namengebend** größtenteils von der Heide eingenommen wurden, sodass die Bezeichnung **für die Heide** Lüneburger Heide zu Recht bestand.

Weißes Gold und roter Backstein

„Backsteinreich" „Backsteinreich" war die ehemalige Hansestadt Lüneburg im Mittelalter also durch Salzgewinnung und Handel mit diesem „weißen Gold" geworden. Es stimmt, dass sich einige Außenwände ihrer stolzen Bürgerbauten wie Bäuche nach außen wölben. Das ist natürlich kein beabsichtigtes Stilelement zur Demonstration von Wohlstand, sondern Resultat der Verwendung von Gips aus der mittelalterlichen Gipsmühle als Mörtel. Man hat die ausgetrockneten Gipsreste, die nicht mehr zur Salzproduktion genutzt wurden, als Mörtel verwendet ohne zu bedenken, dass sie die Boden- und Luftfeuchtigkeit wie Schwämme aufsaugen und dadurch aufquellen würden. Wieder andere Hauswände lehnen sich schief zurück – auch hier hat noch heute das Salz seine Hände im Spiel.

Gips als Mörtel

Grundwasserströme haben Hohlräume in den Salzstock unterhalb Lüneburgs gegraben, sodass es vor allem in der Altstadt immer wieder (zuletzt 1992) zu unterirdischen Einstürzen und Erdsenkungen kommt. Davon sind häufig die über dem Salzstock liegenden Teile der Altstadt betroffen. Beispielsweise mussten von 1953 bis 1972 im Gebiet zwischen Saline und Kalkberg 179 Gebäude wegen akuter Einsturzgefahr abgerissen werden. Das Salz brachte einst den Reichtum nach Lüneburg – heute ist das unterirdische Lager als Bedrohung anzusehen.

Gefährdete Altstadt

Einen Ochsen für ein Kilo Salz

Niemand kann ganau sagen, wann die Lüneburger entdeckten, dass sich aus den Solequellen Salz gewinnen ließ. Beliebt ist die Geschichte von der Wildsau, die sich in einer Pfütze wälzte und anschließend weiße Kristalle an den Borsten hatte. Historisch aktenkundig wurde die Salzgewinnung 956, als König Otto I. dem Michaeliskloster den Zoll aus dem Salzverkauf erließ. Ein großzügiger Akt, denn Salz war so kostbar wie Gold, da man es benötigte, um Fleisch und Fisch haltbar und damit transportfähig zu machen. Für ein Kilo Salz zahlte man eine Goldkrone oder einen Ochsen. Das Salzmuseum dokumentiert anschaulich, unter welchen Mühen die Salinenarbeiter mittels Bleipfannen, die mit Holz auf hohe Temperatu-ren beheizt wurden, bereits im Mittelalter jährlich 20 000 bis 30 000 t Salz gewannen. Der Bedarf an Pökel- und Speisesalz war unersättlich groß. Die 54 Sudhütten arbeiteten rund um die Uhr in Tag- und Nachtschicht. Dafür kam Geld in die Stadt – die Giebelhäuser, gotisch bis barock, alle aus teurem Ziegel, bele-gen den Reichtum der weißgoldigen Jahre.

Gefördert seit Otto I.

Salzmuseum

92 Treppengiebel aus glasierten Backsteinen.

Die Maxime „Ich mache etwas sülfen" (Ich mache etwas selbst)

„Sülfmeister" und ihr Handwerk

Selbstbewusste
Sülfmeister

zeugt von Stolz und Unabhängigkeit der so genannten Sülfmeister. Sie betrieben die überaus einträglichen Salzhütten und hatten infolge ihres Reichtums meist auch an der Macht im Stadtrat teil. Vom Landesherrn, dem Herzog von Braunschweig-Lüneburg, erlangten sie fast vollständige Unabhängigkeit. Sie waren die Bauherren nicht nur stolzer Bürgerhäuser mit herrschaftlichen Treppengiebeln (Abb. 92), sondern auch der triumphalen Backsteinkirchen.

Das moderne Lüneburg mit seinen 66 000 Einwohnern lebt immer noch vom Salz. Zwar wurde 1980 der Salinenbetrieb eingestellt, die Konkurrenz durch das Meersalz war zu groß geworden, aber täglich werden 20 000 l Starksohle ins Kurbad gepumpt und im Salzmuseum steht die Saline immer noch im Mittelpunkt. So stiftet das Salz weiterhin Segen. Im Übrigen sind Industrie, Handwerk, Handel und Dienstleistungsgewerbe an seine Stelle

Universitätsstadt

getreten, außerdem ist Lüneburg Universitätsstadt geworden.

Lüneburgs Kalkberg, eine Rippe über dem Salzspiegel

Lüneburgs schroff emporragender Gipsfelsen ist für Norddeutschland einzigartig. Von hier hat man eine wunderbare Sicht über die Stadt (Abb. 93), aber erst 1922 wurde er vor vollständigem Abbau durch einen Stein-

Unter Naturschutz
gestellt

bruchbetrieb bewahrt und zum Erhalt seiner einzigartigen Gesteine, seiner Mineralien und seiner Pflanzenwelt unter Naturschutz gestellt.

Dringt ein Salzstock bei seinem Aufstieg an die Oberfläche empor, muss er zwangsläufig irgendwann mit dem Grundwasser in Berührung kommen.

Steinsalz, Kalisalz

Die leicht löslichen Salzgesteinpartien, also das Steinsalz und die Kalisalze, werden aufgelöst und erhalten dadurch eine nahezu horizontale Oberfläche, den Salzspiegel. Darüber reichern sich schwer lösliche Anteile wie

93 Blick vom Kalkberg auf Lüneburg mit seinen Kirchen: links St. Nikolai (1447), im Vordergrund St. Michael (1376 bis 1434) mit seiner Turmhaube aus dem 18. Jh., rechts die Turmspitze von St. Johannis.

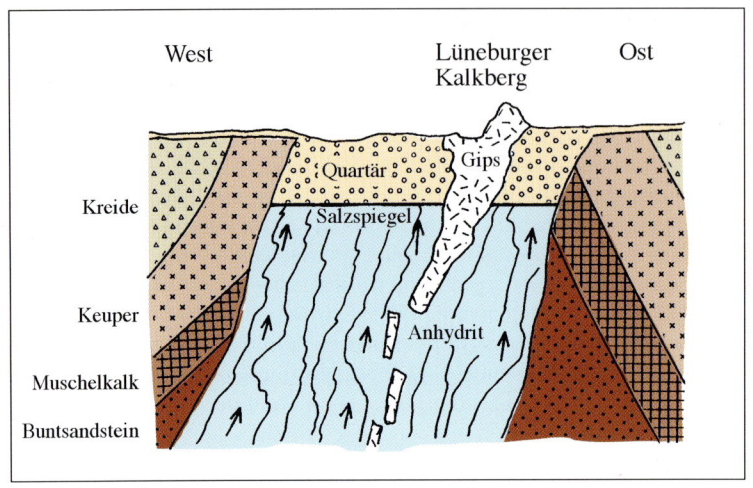

94 Querschnitt durch den Lüneburger Salzstock mit seinen Gipseinlagerungen.

Anhydrit und der durch Wasseraufnahme daraus entstehende Gips als „Gipshut" an (Abb. 94). Anhydrit-Gips-Schichten können aber auch als Rippen über den Salzspiegel emporragen. Eine solche besonders hohe Rippe ist der Kalkberg. Er besteht nicht aus Kalk (Calciumkarbonat), sondern größtenteils aus Gips (Kalziumsulfat), der hier zur Baustoffgewinnung abgebaut wurde. Der Name Kalkberg rührt daher, dass man nahezu alle als Mörtel verwendbaren Stoffe als Kalk bezeichnete. Das Gipsgestein hat eine komplizierte Entstehungsgeschichte. Es wurde ursprünglich als Gips aus dem eintrocknenden Meer ausgeschieden, wandelte sich dann aber unter Wasserverlust in Anhydrit um. Als dieser nach dem Aufstieg des Salzstocks mit Grund- und Regenwasser in Kontakt kam, wandelte er sich, wiederum unter Aufnahme von Wasser in Gips um. Den Übergang von Anhydrit zu Gips kann man in all seinen Stadien am Kalkberg nachvollziehen. Frischer Anhydrit steht zum Beispiel unter der Grasnarbe vor dem nordöstlichen Treppenaufgang im Kalkberggrund an. Die Übergänge von fast reinem Anhydrit zu Gips kann man an der Kanzel im Westen des Kalkberggrunds beobachten.

Kalke, Gipse und Anhydrite

Übergang von Anhydrit zu Gips

95 Felsvorsprünge aus Gipsgestein bilden natürliche waldfreie Inseln am Lüneburger Kalkberg.

„Lüneburger Diamanten" und andere Mineralien

Mekka der Mineralogie

Der Kalkberg von Lüneburg zählt auch zu den „klassischen" Mineral-fundstellen Deutschlands, wenngleich sich die Zahl von 16 bisher nachge-wiesenen Mineralarten im Vergleich zu den bekannten Fundorten im Harz oder in Süddeutschland recht bescheiden ausnimmt (Driesner 1988). Die mineralogische Erforschung des Kalkberges begann 1787 mit der Ent-

Boracit und Lüneburgit

deckung des damals neuen Minerals Boracit, einem chlorhaltigen Magnesi-umborat. Der Fund erregte wegen einiger ungewöhnlicher Eigenschaften dieses Minerals unter den Fachleuten großes Aufsehen und bis heute sind der Boracit und andere Mineralien des Kalkberges immer wieder Gegen-stand wissenschaftlicher Untersuchungen. Ein phosphorhaltiges Magnesi-umborat wurde sogar nach seinem Fundort „Lüneburgit" benannt. Die rei-chen Funde bis zentimentergroßer Boracite haben den Kalkberg zur wohl berühmtesten Fundstelle für dieses Mineral gemacht. Die Kristalle, sehr klein und mit bloßem Auge kaum zu erkennen, sind meist trüb bis grau, sel-ten grünlich. Wasserklare Exemplare erhielten den Beinamen „Lüneburger Diamanten".

Standorte für speziell angepasste Pflanzen

Gipsrendzina und Gips-Syrosem

Eine weitere Besonderheit des Kalkberges bilden die für das norddeutsche Tiefland einzigartigen Karbonatböden der Gipsrendzina-Reihe (Abb. 95). Ih-re Kennzeichen sind geringe Entwicklungstiefe (Gründigkeit), schwache Profildifferenzierung und ein hoher Gehalt an Kalziumcarbonat (Horst & Klötzer, 1988). Gips-Syrosem als initialer Rohboden findet sich fleckenweise auf Felsvorsprüngen, wo er vor Abtragung bewahrt bleibt. Es handelt sich hier um bröckelig zerfallenen Gipsgesteins-Grus mit staubig-tonigen Bei-mengungen. Solche extremen Standorte des Kalbergs werden von speziell angepassten, wärme-, licht- und kalkliebenden Pflanzen besiedelt, die hier

Pionierpflanzen

typische Steingrus- und Fels-Pionierfluren bilden. Mauerpfeffer (*Sedum ac-re*), Nickendes Leinkraut (*Silene nutans*), Sandkraut-Arten (*Arenaria serpyl-lifolia, A. leptoclados*) und der Natternkopf (*Echium vulgare*) gehören zu den dekorativsten Pflanzengestalten dieser lückigen Pionierfluren.

Mull-Gipsrendzina ist auf flachen Hängen vor allem an Unterhängen und auf Hangstufen der Südseite des Kalbergs anzutreffen. Diesen Boden zeichnen fortgeschrittene Tonbildung, starke Humifizierung und auch schon eine Ton-Humus-Komplexbildung aus. Auf den Gipsrendzina-Stand-

Wärmeliebende Pflanzen in Norddeutschland

orten am Kalkberg wachsen anspruchsvolle, wärme- und lichtliebende Wildkräuter und Gräser, wie sie sonst in den submediterranen Halbtrocken-rasen südmitteleuropäischer Kalkgebirge vorkommen. Die Tauben-Scabiose (*Scabiosa columbaria*), Hauhechel-Arten (*Ononis repens, Ononis spinosa*), der Kleine Wiesenknopf (*Sanguisorba minor*), Feld-Beifuß (*Artemisia cam-pestris*) und die Skabiosen-Flockenblume (*Centaurea scabiosa*) haben hier ihre nördlichsten Vorposten in der norddeutschen Tiefebene.

Im Laufe der Zeit haben aber auch konkurrenzkräftigere Holzgewächse zunehmend vom Kalkberg Besitz ergriffen. Denn wie ganz allgemein in Mitteleuropa wäre auch für das Kalkberggebiet dichter Laubwald die beständige Endphase in der natürlichen Vegetationsentwicklung. Je nach Standort würde er aus Rotbuche und Hainbuche, Stiel- und Traubeneiche, Spitz- und Bergahorn, Feld- und Bergulme, Weißbirke und Winterlinde bestehen, die sich allesamt schon am Kalkberg eingestellt haben, wie es jüngst auch Kurt Horst (1988) bemerkt. Eine Vor- oder Zwischenstufe auf dem Weg zur Bewaldung ist ein sich ausbreitendes dichtes Gebüschstadium, in dem der Gemeine Flieder (*Syringa vulgaris*) heute dominiert, der sich als „Süd- und Südosteuropäer" am warmen Südhang des Kalkberges offensichtlich wohl fühlt. Als ausläufertreibender Intensivwurzler hat er inzwischen großflächig 2 bis 3 m hohe, dichte Gebüsche gebildet.

Eine exklusive Sukzession mit Flieder

Gebüschstadium mit dominierendem Flieder

Heide- und Residenzstadt Celle

Wie Lüneburg den Norden der Heide, so beherrscht Celle den Süden. Dort herrscht der Backstein vor, hier das Fachwerk. Auch Celle besitzt eine Burg und eine Brücke und die Stadt war sogar von 1378 bis 1705 Residenz der Lüneburger Herzöge. Die hatten an einem Übergang der Aller eine „Cella" geschaffen, einen Teich für die Fischzucht und beides zusammen war günstig für Handel, Zoll und Fischproduktion. So entstand das gleichnamige Celle.

Herzogliche Residenz

An Kilometern liegen die beiden alten Städte nicht weit auseinander – doch welch ein Unterschied: Dort die dunkel glasierten Backsteingiebel, hier straßauf, straßab schwarzweiße und bunte Fachwerkhäuser, „Neubauten" des 16. und 17. Jh. Mit dem lebhaften und höchst eigenwilligen Farb- und Formenspiel ihrer Fassaden und dem lebendigen Zickzack von etwa 400 vorkragenden Spitzgiebeln, mit geschnitzten Friesen, Bändern und Inschriften bestimmen sie immer noch das Bild des Stadtkerns (Abb. 96).

Lebhaftes Stadtbild

96 In der Altstadt von Celle.

Ein Haus wie aus dem Märchenbuch

Am schönsten ist das sechsgeschossige „Hoppener Haus" (Abb. 97), das Herzog Ernst der Bekenner 1532 seinem Amtsschreiber Simon Hoppener baute und überreich mit Tieren, Blumen, Girlanden und Orna-

„Hoppener Haus"

97 Celle, Hoppener Haus.

menten verzieren ließ, die alles Holzwerk derb und fröhlich überwuchern. Es ist ein brillantes Beispiel früher bürgerlicher Baukunst, ein Haus wie aus dem Märchenbuch und etwas Märchenhaftes haftet dem alten Stadtkern, trotz aller Geschäftigkeit, immer noch an.

Ornamentiertes Fachwerk

Das geschlossene Bild der Celler Altstadt wird, wie schon gesagt, durch die zahlreichen, nach Größe und Farbe vielfältig abgestuften Fachwerkgiebel bestimmt. Stilistisch reichen sie von der Spätgotik bis zum Barock und Klassizismus. Besonders sehenswert sind die Löwenapotheke, die Lateinschule (1604) und das Stechinellihaus mit seiner klassizistischen Fassade. Der Italiener Francesco Capellini Stechinelli (1640–1694), der seit 1665 in Celle lebte und es als Günstling und Hofagent des damaligen Herzogs zu großem Wohlstand brachte, ließ es sich bauen. In der Schuhstraße steht auch das Geburtshaus von Albrecht Thaer (1752–1828), dem Begründer der rationellen Landwirtschaft. Sein Standbild begrüßt den Besucher bereits beim Eintritt ins Zentrum am Südrand des Schlossparks auf einer Verkehrsinsel. Sehenswert ist ferner die in der nördlich von Celle gelegenen Bauerschaft Wieckenberg erbaute Stechinelli-Kapelle, ein 1692 fast scheunenartig errichteter Fachwerkbau mit Holz-Loggia, der mit handgemalter Innenausstattung überrascht. Der balkengedeckte Innenraum ist durch eine reiche, in derben Formen ländlichen Barocks gehaltene Ausstattung geprägt. Alles wuchert in üppigem Schnitzwerk, so formuliert es Georg Dehio (1977), der im Handbuch der Kunstdenkmäler dieser Gutskapelle ein Kapitel widmet.

Von Gotik bis Klassizismus

Stechinelli-Kapelle

Stadtkirche und Rathaus, Barock und Renaissance

Die Stadtkirche, 1308 geweiht, ist eine frühgotische Halle (Abb. 98), die unter Herzog Georg Wilhelm barock umgebaut wurde. Im Inneren gibt es reiche Stuckarbeiten des Italieners Tornielli; erwähnenswert sind weiter der Fürstenstuhl (1566), bedeutende Grabplatten und Epitaphe der Herzöge im spätgotischen Chor, darunter die Fürstengruft der Welfen, bis heute im Besitz der königlichen Familie.

Stadtkirche mit Fürstengruft der Welfen

98 Die Celler Stadtkirche, im Vordergrund das Bomann-Museum.

Am Rathaus sind der Ziererker und illusionistische Dekorationsmalerei sowie der Nordgiebel in der Formensprache der Weserrenaissance (1579) bemerkenswert. Der Heideherzog Georg Wilhelm war mit der Französin Eleonore d'Olbreuse verheiratet, der Französische Garten im Süden der Altstadt erinnert daran.

Hugenotten in Celle

Sophie-Dorothea, die Tochter des Herzogpaares, sollte später eine erste Royality-Affäre auslösen (Exkursion 4, S. 111 ff).

Das Celler Stadtschloss

Das Schloss Herzog Ernst des Bekenners, eine Vierflügelanlage mit älteren Bauteilen, wurde bis auf den prächtigen Renaissance-Ostflügel unter Herzog Georg Wilhelm Ende des 17. Jh. umgebaut; es ist die Verwirklichung herzoglicher Träume von italienischer, besonders venezianischer Architektur (Abb. 99). Seinen letzten Schliff erhielt es durch den italienischen Baumeister Arighini.

Venezianische Architektur

Eindrucksvoll ist die Schlosskapelle in Formen der Frührenaissance, ebenso sehenswert sind die Prunkräume der Herzogin mit Stuckaturen Torniellis. Das reizvolle Schlosstheater (1674/75) ist das älteste, ständig bespielte deutsche Theater, wie noch ausgeführt wird.

Seit 1705, dem Todesjahr seines Erbauers Georg Wilhelm, verwaiste das Celler Schloss, obwohl es nun zum Königshaus Hannover und damit vorübergehend zu England gehörte. Ein Schimmer einstigen Glanzes leuchtete wieder auf, als die ehemalige Welfen-Prinzessin Karoline Mathilde hier einzog, doch war dies kein lustiger Einzug.

Prinzessin Karoline Mathilde

Karoline Mathilde war 1766, gerade 15 Jahre alt, aus Staatsraison mit dem dänischen König Christian VII. verheiratet worden, der damals schon krank war und später schizophren wurde. Die Porträts im Schloss zeigen das überdeutlich! Christian ließ seine Günstlinge regieren, wobei sein Hamburger Leibarzt Johann Friedrich Struensee den größten Einfluss gewann, leider auch auf das junge Herz der Königin Mathilde. Ein Porträt im Celler Schloss zeigt den Medikus sogar mit dem Amulett der Königin – ein so deutliches Zeichen der Liaison musste Aufsehen erregen. Als Struensee deswegen geköpft wurde, stürzte auch seine geliebte Königin. Auf einem Kriegsschiff ihres Bruders, des englischen Königs Georg III., musste sie Dänemark verlassen und fortan im Schloss zu Celle wohnen, das jetzt in zierlichem Rokoko erstrahlte. Aber unzierlich endete das traurige Idyll der gefallenen Königin schon nach drei Jahren: Karoline Mathilde starb 1775 24-jährig. Ihre Räume im Celler Schloss sind heute eine Besucherattraktion.

Staatskrise im 18. Jh.

Tod einer jungen Königin

99 Celler Schloss.

Nachdem König Ernst August von Hannover 1831 die Regierung übernommen hatte, wurde das Celler Schloss immerhin noch einmal zweite Residenz. Auf Vorschlag des berühmten Hofbaumeisters Laves wurde es wohnlicher eingerichtet, die damals eingebaute, mittlerweile restaurierte Laves-Treppe ist ein Kleinod der Innenarchitektur! Im oberen Aufgang stehen in Sandstein gehauen einige welfische Herrscher von Heinrich dem Löwen bis zu Georg I. von Hannover und England.

Hofbaumeister Laves

Aber die Preußen, an die das Celler Schloss 1866 mit der Annexion Hannovers fiel, verlockte diese Wohnlichkeit nicht. Auch Kaiser Wilhelm II. stieg auf seinen Fahrten zur Jagd in Göhrde nur auf Stunden dort ab. Im Ersten Weltkrieg trösteten sich in den schönen Räumen russische Offiziere über ihre Gefangenschaft. Nach dem Zweiten Weltkrieg diente es als Collecting point für Berliner Kunstwerke. Heute beherbergt das Celler Schloss ein lohnenswertes Museum über die Geschichte des welfischen Königshauses. Seiner ursprünglichen Bestimmung dient hingegen immer noch das Schlosstheater, der rotweißgold gehaltene Komödiantensaal. Es ist das älteste noch bespielte Theater Deutschlands. Schon zur unglücklichen Hochzeit zwischen Erbprinz Georg Ludwig und der Prinzessin von Ahlden am 2. Dezember 1682 gab es dort eine Festaufführung und auch in den drei Jahren, die Königin Mathilde nach all ihrem Schrecken in Celle verbrachte, wurde Theater gespielt. Dann erst wieder im 19. Jh. Jedoch 1890 erschien es einer gestrengen preußischen Behörde nicht mehr feuersicher. Erst 1935 wurde das kleine „Theatrum", wie es anfangs hieß, mit der Händeloper „Tamerlan" festlich als Schlosstheater wieder eröffnet.

Ältestes bespieltes Theater in Deutschland

Auch die Schlosskapelle mit Kreuzrippengewölbe, fünfseitigem Chorschluss und bedeutender Innenausstattung ist sehenswert. Einst Hofkapelle, gilt sie als einziges vollkommen unversehrt erhaltenes Zeugnis norddeutscher Renaissancekunst. Besonders bemerkenswert ist ein komplett erhaltener 70-teiliger Bilderzyklus aus dem 16. Jh. von keinem Geringeren als dem flämischen Maler Maarten de Vos, einem Schüler des Venezianers Tintoretto und einem der Lehrer von Peter Paul Rubens. So steht das weiße, bei Dunkelheit freundlich angestrahlte Schloss heute nicht als zeitenfremder Barockbau, sondern als attraktives Besuchsziel auf der kleinen Höhe im Zentrum der Stadt.

Tintoretto und Maarten de Vos

Das sehenswerte Bomann-Museum am Schlossplatz (Abb. 98) hat der Celler Fabrikant und Mäzen Wilhelm Bomann zur Darstellung der bäuerlichen und industriellen Kulturgeschichte gestiftet. Das Museum besitzt u. a. eine überaus reiche Sammlung von Gerätschaften der traditionellen Heidewirtschaft. Dazu gibt es eine landesgeschichtliche Abteilung mit den Bildnissen welfischer Herrscher und einer sehenswerten Darstellung der militärischen Aktivitäten der damaligen welfischen Armee. Berühmt ist das Kolossalgemälde zur Schlacht in der Göhrde vom 16. September 1813, als die Truppen Napoleons eine empfindliche Niederlage erlitten.

Bomann–Museum

Royality im 17. Jahrhundert

Ahlden, Allertal und Scheunenviertel

Ziel: Kennenlernen der alten Aller-
furt und heutigen Stadt Ahlden mit
ihren Bauwerken und ihrer Umgebung. Schloss Ahlden als Stätte des
historischen Dramas um die „Prinzessin von Ahlden".

Route: Autobahn Hannover-Ham-
burg, Ausfahrt Schwarmstedt-Wes-
tenholz

Karte: Abb. 1

Der Name des gemütlichen Dor-
fes Ahlden im Allertal wurde 1140
erstmals erwähnt. Ältestes Bauwerk
dort ist die Kirche, deren unterer Teil
von einem um 800 errichteten Wehr-
turm stammt (Abb. 100). Das Ahldener Schloss war vor rund 300 Jahren
Schauplatz einer rechten Tragödie,
einer Liebes- und Ehegeschichte mit
traurigem Ausgang.

100 Ahldener Kirche mit romanischem
Turm.

Ehevertrag aus Staatsraison

**Absolutistische
Regionalpolitik**

Die dramatische Beziehung zwischen der 16-jährigen Sophie-Dorothea,
Tochter des Celler Herzogs Georg Wilhelm, und dem welfischen Erbprinzen
Georg Ludwig von Hannover begann im Schloss von Celle am 2. Dezem-
ber 1682 mit der Hochzeit der beiden. Im Ehevertrag ging es nicht nur um
Zahlungen, sondern um eine Vereinbarung von viel weiter reichender Be-
deutung: Nach des Herzogs Tod sollte das Herzogtum Braunschweig-Lüne-
burg an Hannover fallen. Ein Abkommen, das letztendlich das Ende von
Celle als Residenzstadt heraufbeschwor.

Eine Frau lebt ihrer Überzeugung

**Die Hugenottin
Eleonore Desmiers
d'Ólbreuse**

Erbprinz Georg Ludwig erwies sich als mundfauler, mürrischer Mann, der
Sophie-Dorothea ihrer Abstammung wegen missachtete. Ihre Mutter, die
ehemalige Mademoiselle und Hugenottin Eleonore Desmiers d'Ólbreuse, er-

schien dem durchlauchten Prinzen nicht standesgemäß. So hielt er sich lieber an Mätressen und an die Jagd. Nur um der Dynastie willen machte er Sophie zur Mutter zweier Kinder. Der Sohn Georg wurde später als Georg III. König von England, die Tochter als Ehefrau des preußischen Soldatenkönigs zur Mutter Friedrichs des Großen (Abb. 101). Deshalb wird sie in allen Geschichtsbüchern als „Stammmutter" der preußischen und der englischen Könige geführt. Die Porträts aller Beteiligten hängen heute einträchtig nebeneinander im Celler Schloss.

Das Unglück ihrer Ehe mit dem Erbprinzen steigerte sich noch, als Sophie-Dorothea sich in den lebenslustigen Grafen Philipp von Königsmarck aus Stade verliebte. 1694 fasste sie den Plan mit ihm zu fliehen, jedoch wurde die Liaison entdeckt. Sie soll in dunkler Nacht reisefertig auf ihn gewartet haben, aber Philipp kam nicht; denn er wurde im Leineschloss zu Hannover von drei gedungenen Hofbediensteten hinterrücks ermordet. Seine Leiche wurde nie gefunden. Die Prinzessin büßte ihren Fehltritt bis an ihr Lebensende. Sie wurde schuldig geschieden und in das hannoversche Amt Ahlden gebracht. Dort lebte sie, wie man liest, insgesamt 34 Jahre lang in „mäßig strenger" Haft, ohne ihre Kinder oder ihren Vater jemals wieder zu sehen. Eine angebotene „demütige Rückkehr zu ihrem Mann" hat sie als ganz unvereinbar mit „ihrer Frauen- und Menschenwürde" zurückgewiesen – eine für diese Zeit absolut ungewöhnliche Haltung, wie auch Anne Leier

101 Ein Gemälde im Celler Schloss zeigt Sophie-Dorothea, die unglückliche Prinzessin von Ahlden, mit ihren Kindern. Der Sohn Georg wurde als Georg III. - König von England, die Tochter Sophie ging als Mutter Friedrichs des Großen in die Geschichte ein.

(1992) betont. Sophie-Dorothea verbrachte in Ahlden offenbar eine einsame kontemplative Lebensepoche mit Handarbeiten. Ein Altarteppich, den sie gewirkt hat, ist bis heute in der Klosterkirche von Loccum zu bewundern. Nur ihre unstandesgemäße Mutter Eleonore besuchte sie von Zeit zu Zeit.

Die „Prinzessin von Ahlden" starb 1726 als Sechzigjährige, vier Jahre nach ihrer Mutter, die 83 Jahre alt geworden war. Erst sechs Monate nach ihrem Tode wurde sie bei Nacht und Nebel in der fürstlichen Gruft der Celler Stadtkirche in einem einfachen Bleisarg beigesetzt. Ihre Affäre beeindruckte sogar Friedrich Schiller, der das Dramenfragment „Die Prinzessin von Celle" hinterließ.

Schloss Ahlden, ein Dreiflügelbau, liegt am östlichen Ortsrand von Ahlden. Zunächst als graben- und wallbewehrte Anlage mit vier Flügeln zwi-

102 a, b Geschnitzte Halbrosettenornamentik im Stil der Weserrenaissance: der Innenhof von Schloss Ahlden und ein Detail.

schen 1285 und 1295 errichtet, wurden die Baulichkeiten seit 1579 mehrfach verändert. Der Südflügel aus Fachwerk stammt noch aus dem 13. Jh. Der Nordflügel entstand um 1613 und wurde nach der Verbannung der hannoverschen Kronprinzessin bis zu ihrem Tod mehrfach umgebaut (Abb. 102). Heute beherbergt das Schloss ein Antiquitätengeschäft.

Ahlden und das Allertal

Die Flusstäler von Leine und Aller stellten bis ins 19. Jh. ernsthafte Verkehrshindernissse dar. Eine der wenigen Überquerungsmöglichkeiten befand sich bei Ahlden (Abb. 103). Hier war die günstige Möglichkeit **Strategische Position** sowohl zur Verteidigung als auch zur Erhebung von Wegezöllen gegeben. Darüber hinaus konnte auch der Schiffsverkehr auf der Aller von und nach Celle kontrolliert werden. Die Lage der Anlage mit ihren schwer überwindlichen, von der Leine gefüllten Wassergräben war also ideal. Hier ist eindrucksvoll zu beobachten, wie frühere Generationen natürliche Gegebenheiten zu ihrem Vorteil nutzten.

Das Tal in dem von der Aller und der „Alten Leine" gebildeten „Zwei-
Zweistromgebiet stromgebiet" zwischen Hademstorf und Hodenhagen entlang der Orte Gil-

103 Ahlden und das Allertal.

ten, Grethen, Büchten und Ahlden im Landkreis Soltau-Fallingbostel ist besonders reich an Altarmen und Altgewässern. In diesem Zusammenhang gehört, dass die Aller über ihre südlichen Nebenflüsse große Teile des niedersächsischen Hügellandes und des Harzes entwässert, über ihre wichtigsten nördlichen Nebenflüsse – Böhme, Meiße, Örtze, Lachte und Lutter – auch wichtige Teile der Lüneburger Heide und angrenzender Gebiete.

Entwässerung von Harz und niedersächsischem Hügelland

Heckenlandschaft Ahldener Wiesen

Entsprechend ihrer Entstehungszeit nach den Gemeinheitsteilungen um 1870 haben sich die Ahldener Wiesen nur wenig verändert. Man findet diese Grünlandlandschaften nordwestlich des Fleckens Ahlden zwischen den Waldstücken „Ahe" und „Schlenke" an der Aller. Die Weideflächen und die Wege sind vielfach noch von Weißdornhecken begrenzt (Abb. 104, 105).

Flusstalwiesen

Nach den Verkoppelungen waren die gemeinsam von allen Bauern benutzten Viehweiden abgeschafft. Dadurch waren die Landwirte gezwungen, bis dahin beweidete Flächen einzufrieden, damit ihr Vieh nicht auf fremde Weiden gelangte. Da es noch keinen Stacheldraht gab, mussten andere Lösungen gesucht werden, die von Region zu Region unterschiedlich aussahen. Im Allertal war kaum brauchbares Holz für Staketenzäune verfügbar und Erdwälle wären bei den regelmäßigen Hochwassern fortgeschwemmt worden.

Flusstalhecken

Um die Weiden einzufrieden, pflanzte man deshalb Hecken aus Weißdorn und Schlehe, welche heute das Grundgerüst bilden. Diese Hecken sind sehr artenreich; sie gehören aus pflanzensoziologischer Sicht zum Hartriegel-Schlehen-Gebüsch, wie man an zahlreichen eingestreuten Kennarten von Hainbuche, Holunder, Hasel, Pfaffenhütchen, Hartriegel, Kreuzdorn, Schneeball und Hundsrose erkennen kann. Im Sommer sind diese Wälle von mächtigen Schleiern aus Hopfen überwuchert.

Anpassung an den Naturraum

Das Vieh kann diese dichten, dornigen Hindernisse normalerweise nicht durchdringen. Sie überstanden auch die periodischen Hochwasser gut, verlangsamten sogar den Abfluss, wodurch sich auf den Weideparzellen die vom Wasser mitgeführten, nährstoffreichen Schwebstoffe absetzen konnten. Dadurch wurde eine regelmäßige Düngung erreicht. In etwa dreijährigem Rhythmus mussten die Hecken auf etwa 60 cm Höhe zurückgeschnitten werden, damit sie keine Lücken bekamen. Dieser Heckenschnitt war als Brennholz begehrt.

Heckenlandschaften in Norddeutschland

Derartige Heckenlandschaften gab es in Norddeutschland nur am Unterlauf von Elbe, Aller, Leine und Weser, immer dort nämlich, wo die Fließgeschwindigkeit verlangsamt ist. Diese Flüsse durchquerten Lössgebiete und führen von dort reichlich nährstoffreiche Schwebstoffe mit, die vor Ort dann abgelagert werden konnten. Ein großer Teil dieser Heckenlandschaften blieb nicht zuletzt deswegen erhalten, weil das Grünland immer noch im Mähweidebetrieb bewirtschaftet wird, wobei die ehemaligen Wiesen nach

104 Wiesenhecken zäunen die Hannoveraner Pferde auf der Koppel ein.

105 Heckenaustrieb in den Ahldener Wiesen.

Tiefdränage in feuchte Weidelgras-Weißklee-Weiden (*Lolio-Cynosuretum lotetosum uliginosi*) umgewandelt werden. Nach Aufdüngung gibt es innerhalb der Heckenkarrees gelegentlich Honiggras-Wiesen und Getreidefelder.

Auf Grund des Einsatzes großer Maschinen in der Landwirtschaft werden die Hecken aber leider nach und nach beseitigt. Durch Stacheldraht, Rückgang der Viehhaltung, zunehmende Ackernutzung, Hochwasserschutz und Einsatz von Kunstdüngern ist das früher so wichtige Ahldener Heckensystem also überflüssig geworden und in seinem Bestand deshalb akut gefährdet.

Gefährdete Heckenlandschaft

Brandschutz, als die Häuser noch keine Schornsteine hatten

Am westlichen Ortsrand von Ahlden liegt das so genannte Scheunenviertel (Abb. 106). Auf engem Raum stehen dort dicht gedrängt die Scheunen der Ahldener Landwirte. Aus Angst vor Bränden und mangels Platz haben sie seinerzeit ihre Ernteerträge und Vorräte außerhalb des Ortes gelagert. Ihre ähnlich aussehenden Fachwerkbauten stehen mit den Traufseiten zu parallel verlaufenden Zufahrtswegen und werden von einem breiten, befahrbaren Tor in der Mitte erschlossen.

Scheunenviertel waren eine besondere Form vorbeugenden Brandschutzes zu einer Zeit, als die Feuerstellen der eng beieinander stehenden, strohgedeckten Fachwerkhäuser noch keine Schornsteine hatten und Brandschutzversicherungen unbekannt waren. Verheerende Brände, denen zuweilen das halbe Dorf Ahlden zum Opfer fiel, kamen immer wieder vor,

Scheunenviertel

106 Ahldener Scheunenviertel.

107 Riedmannshof
Walsrode.

z. B. 1715 und 1874. Scheunenviertel waren also Reaktion auf die von Generationen gesammelte und überlieferte Erfahrung, dass Brände existenzvernichtend sein können. Sie dokumentieren das vorsichtige, vorausschauende Handeln und Wirtschaften früherer Generationen.

Wiesenbauern an der Aller

Im Umfeld der Lüneburger Heide besteht heute nur noch das Ahldener Scheunenviertel. Weitere gab es zur Zeit der Kurhannoverschen Landesaufnahme noch westlich von Hademsdorf, damals schon durch einen veränderten Lauf der Aller vom Dorf getrennt und außerhalb des Allertales bei Warmeloh im angrenzenden Neustädter Land. Eine dem Ahldener Viertel sehr ähnliche Anlage besteht noch an der Weser bei Schlüsselburg in Nordrhein-Westfalen.

Bäuerliche Gerätschaften im Heimatmuseum

Im nahe gelegenen Riedmannshof von Walsrode ist in einem alten Heidebauernhof (Abb. 107) ein Heimatmuseum untergebracht, das altes bäuerliches Gerät besitzt. Der Abstecher hierher lohnt sich.

117

Bauern, Zeidler, Plaggenstecher

Die Heiden als landschaftsbestimmende Ökosysteme

Ziel: Kennenlernen verschiedener Heidelandschaften als Relikte des traditionellen Heidebauerntums mit Plaggenstich, Heidenutzung und Schafbeweidung. Das Pietzmoor als „locus classicus" der Vegetationsgeschichte und des lokalen Nachweises der Heideentstehung im Pollendiagramm.
Route: Ausgeschilderte Wanderwege im Naturschutzgebiet der zentralen Lüneburger Heide zwischen Celle, Walsrode, Münster und Lüneburg.
Karte: Abb. 1, 81

Was man sich heute als Heideidylle vorstellt – rosarot-violetter Blütenteppich, dunkler Wacholder, bleiche Sandwege, weiße Birken und dazwischen natürlich der Schäfer mit seiner Herde – das ist Resultat eines gigantischen Raubbaus. Die Entwaldung weiter Flächen der nordwesteuropäi- **Idylle und Wirklichkeit**

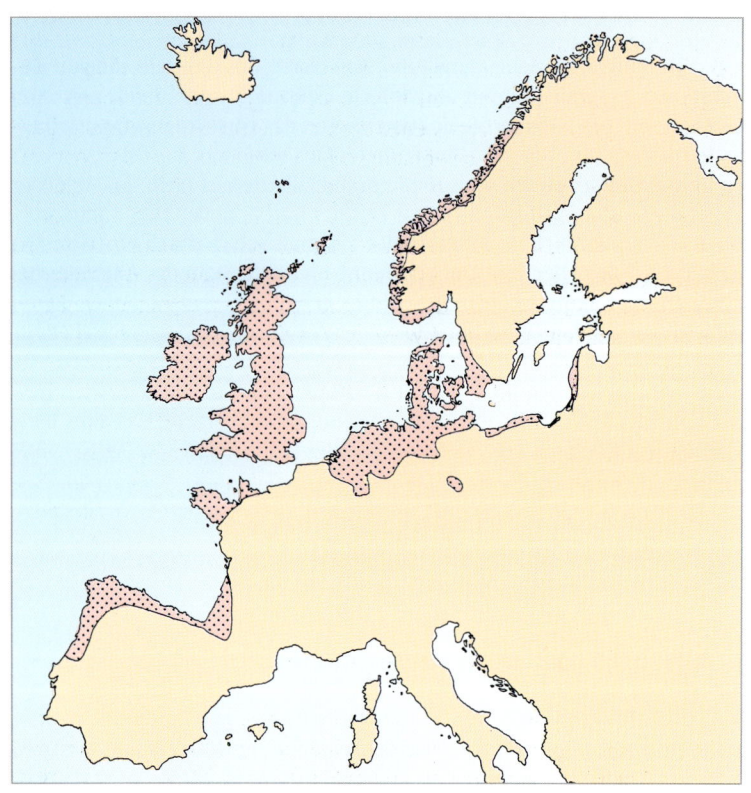

108 Die Tieflands-Heidelandschaften in Europa.

schen Sandlandschaften führte zur Heide mit Böden, auf denen nur noch Viehwirtschaft möglich war.

Folgt man den Definitionen von G.-H. Gimingham und J. de Smidt, den Nestoren der Heideforschung in Großbritannien und den Niederlanden, so **Definition einer Heide** lässt sich, großräumig betrachtet, die Heide wie folgt beschreiben: eine Landschaft, weit gehend von ericoiden Kleinsträuchern bedeckt, die ein geschlossenes Dach von gewöhnlich weniger als 2 m Höhe ausbilden. Bäume und größere Sträucher fehlen ganz oder stehen nur sehr vereinzelt.

Diese ziemlich eingeschränkte Definition schließt Kategorien wie Grasheiden, Moosheiden, Flechtenheiden oder auch Steppenheiden aus, jedoch werden diese Vegetationstypen in der heutigen ökologischen Terminologie kaum noch mit dem Begriff der Heide in Verbindung gebracht. Sie sollen deshalb im Folgenden außer Betracht bleiben. Gleiches trifft auf die bekannten Wacholderhaine der norddeutschen Tallandschaften zu, etwa den Haselünner Wacholderhain im Emsland (vgl. Band 1 dieser Reihe). Ihnen fehlen auf Grund ihrer abweichenden Genese weit gehend die Zwergsträucher. Die weiteren Ausführungen folgen den Darstellungen über Heide-**Heide-Ökosysteme** Ökosysteme bei Richard Pott & Joachim Hüppe (1991) sowie Joachim Hüppe (1993 und 1996):

Heidetypen Als Heide wird hier also im Wesentlichen die Zwergstrauchheide im engeren Sinne und hier neben Besenginster-, Krähenbeeren- und *Erica*-Heiden vor allem die *Calluna*-Heide verstanden. Sie kommt im Allgemeinen unter temperaten, ozeanischen Klimabedingungen und auf sauren Substraten vor (Abb. 108). Daraus entstehen die eigentümlich offenen Landschaften, die oft als außergewöhnlich schön empfunden werden, ganz besonders zur Zeit der Heideblüte im August.

Unserer strukturellen Definition entsprechende Vegetationstypen sind in vielen Teilen der Welt zu finden, ohne dass sie jedoch einen eigenen regionalen oder zonalen Typus bilden. Natürliche Zwergstrauchheiden treten vor allem unter relativ kühlen und feuchten Klimabedingungen auf, wo Bäume von Hause aus fehlen, beispielsweise in den Küstenregionen, oberhalb des Waldgrenzbereiches im Hochgebirge oder in Teilen der subarktischen Re-**Verbreitung** gion. Hauptverbreitungsgebiet der *Calluna*-Heide ist jedoch das westliche **in Europa** Europa, wo es ausgedehnte Heideflächen sowohl im Tiefland als auch im Bergland gibt oder zumindest gab. Diese Region umgreift die Britischen Inseln und die Faröer, erstreckt sich von der Südspitze Norwegens und Südwestschwedens über Dänemark, das norddeutsche Tiefland, die Niederlande und Belgien bis nach Nord- und Westfrankreich, ihre Südgrenze erreicht sie im nördlichen Spanien.

„Natürlich" oder „halbnatürlich"?

Wir müssen uns in diesem Zusammenhang mit der Frage nach Ursprung und Lebensbedingungen der Heide auseinandersetzen und dabei besonders **Grundsatzfragen** ihre weit gehend Baumfreiheit erklären. Insofern werden wir unmittelbar mit der Frage konfrontiert, ob die verschiedenen Typen von Heiden als „natürlich" oder „halbnatürlich" definiert werden müssen. Letzteres würde bedeuten, dass sie unter menschlichem Einfluss entstehen, sich aber aus natürlich vorkommenden, nicht gezüchteten oder kultivierten Arten zusammensetzen; hingegen würde „natürlich" so viel wie ohne menschlichen Einfluss bedeuten. So definiert es Joachim Hüppe (1993) in seinem Aufsatz über die Entstehung der Heiden in Nordwestdeutschland. Folgen wir seiner Darstellung, so schließt sich, sofern es halbnatürliche Heiden gibt, zunächst die Frage an, wie groß der Anteil natürlicher Entwicklungen auf der einen, menschlicher Einflussnahme auf der anderen Seite ist.

Natürlich oder anthropogen?

Ende des 19. und Anfang des 20. Jh. wurde die Diskussion geführt, ob es sich bei der *Calluna*-Heide um eine natürliche oder anthropogene Vegetationseinheit handele. Ohne auf Einzelheiten eingehen zu wollen sei hierzu nur bemerkt, dass es annähernd 60 Jahre gedauert hat, bis sich die heute allgemein bekannte und akzeptierte Ansicht durchsetzte, dass der allergrößte Teil der Heiden sowohl hinsichtlich Ausformung als auch Ausdehnung anthropozoogen ist. Heiden als stabile natürliche Klimax- bzw. Dauergesellschaften können nur an den wenigen folgenden Standorten angenommen werden:

Standorte natürlicher Heiden

- auf sandhaltigen Böden im Übergangsbereich von Mooren zum Wald als schmaler Gürtel,
- auf Bulten und an Randgehängen der Hochmoore,
- auf extrem sauren Anmoor- und Torfböden, auf denen zeitweilig hoch anstehendes sauerstofffreies Grundwasser keine Bäume hochkommen lässt (hier wachsen Glockenheiden = *Erica*-Heiden),
- in lichten bzw. lückigen Krüppelwäldern auf armen Sandböden,
- an Felsstandorten, an denen Baumwuchs verhindert wird,
- in ozeanischen Regionen als subarktische Heiden,
- in humiden Bergregionen als subalpine Heiden oberhalb der Baumgrenze (in Niedersachsen vereinzelt auf der Brockenkuppe im Harz).

Heiden als nicht stabile natürliche und in der Sukzession immer von Baumwuchs gefolgte Gesellschaften finden sich dagegen

Standorte nicht natürlicher Heiden

- in windexponierten Küstenbereichen von Südwestnorwegen bis nach Nordwestspanien, z. B. in den Dünentälern der friesischen Inseln,
- auf sauren Küstendünen der Nord- und Ostsee,
- im Verlaufe der Sukzession auf Sandböden im ozeanischen Bereich (Binnendünen, Uferabbrüche etc.), solange der Wind deren Bewaldung verhindert,
- im Verlauf der Sukzession als Ersatz von torfmoosdominierter Hochmoorvegetation.

Natürliche Heiden gibt es also im Gebirge, im Küstenland und auf Mooren, in der Lüneburger Heide beispielsweise auf den Glockenheidemooren, wenn auch kleinflächig und selten. Die großen Callunaheiden im Naturpark sind dagegen anthropozoogen. Sie entwickeln sich zum Eichen-Birken-Wald.

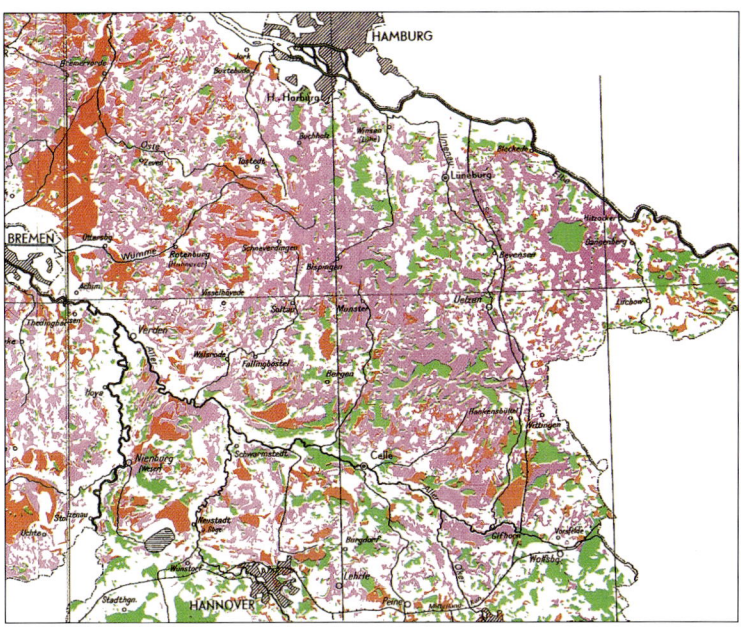

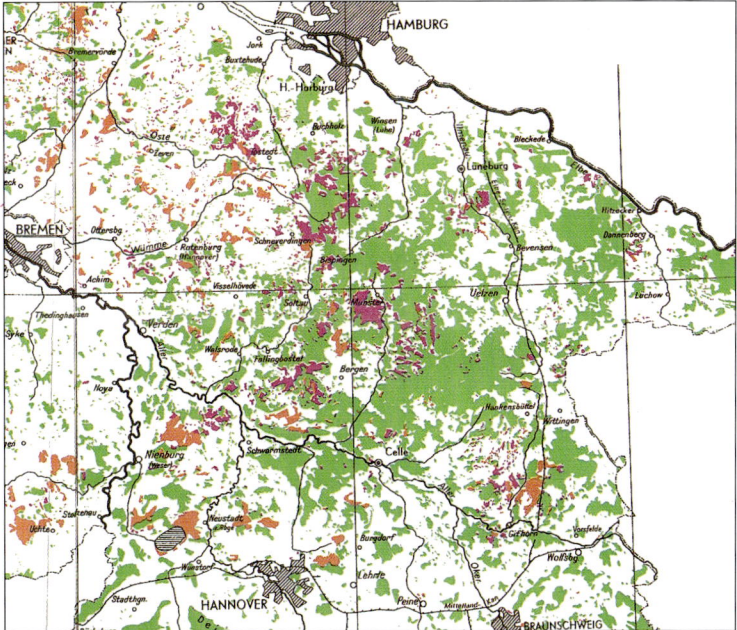

109, 110 Ende des 19. Jh. waren Heide (hellrot), Wald (grün) und Moor (braun) noch die dominierenden Elemente der Kulturlandschaft. Die Karte unten zeigt die gegenwärtige Situation.

Vom Niemandsland zum Naturschutzgebiet

Zum Interessengebiet vegetationskundlicher Forschung gehören schon immer jene Ökosysteme, die potenziell eine Waldvegetation tragen, aber aus Gründen vielseitiger Nutz-, Schutz- oder Erholungsfunktionen im weiteren Sinne waldfrei gehalten werden sollen.

Wald – und Waldfreiheit

Dazu zählen besonders die verbliebenen atlantischen Zwergstrauchheiden. Sie nahmen im 19. Jh. auch in Niedersachsen bedeutende Flächen ein und bilden immer noch ein wichtiges Landschaftselement (Abb. 109, 110). Heute sind sie durch Ausweitung der landwirtschaftlichen Nutzflächen, aber auch durch Aufforstung stark zurückgedrängt. Die Erhaltung der verbliebenen Heideflächen gegen die natürliche Konkurrenz der Waldbäume wirft mancherlei ökologische und wirtschaftliche Probleme auf und setzt genügend Kenntnisse über den Lebensablauf von Heide-Ökosystemen voraus.

Es gibt eine Vielzahl an Beobachtungen und Erfahrungen auf dem Gebiet der Heidepflege und -erhaltung. Unabdingbar notwendig ist aber zweifellos auch die Auseinandersetzung mit den Ursprüngen und der Entwicklung der Heide-Ökosysteme. Nur auf der Basis eines gesicherten Woher lässt sich auch ein fundiertes Wohin prognostizieren.

Heidepflege und -erhaltung

111 Heide bei Fallingbostel im Jahr 1955.

Die vegetationsgeschichtliche Forschung hat viel zur Aufklärung beigetragen, wenn es etwa – wie im vorliegenden Fall – um die Entwicklung von Tieflands-Heidegesellschaften in Mitteleuropa geht. Einige wesentliche Aspekte dieser Entwicklungsvorgänge werden im Folgen-

Entwicklung von Tieflandsheiden

112 Abgeplaggte Glockenheide vom Typ des Ericetum tetralicis 1957.

113 Bienenstand
am Wilseder Berg 1956.

den dargestellt und sollen einen einführenden Überblick geben. Historische Abbildungen zur Heidewirtschaft aus den sechziger Jahren, die ich Professor Dr. Ernst Burrichter (Münster) verdanke, geben Zeugnis vom Landschaftszustand noch vor 40 Jahren (Abb. 111–113).

Pollen geben Einblick in die Vorgeschichte

Indikatoren für Waldzerstörung und Waldfreiheit

Die Erforschung der Lebensweise vieler prähistorischer Kulturgruppen, ihrer Siedlungsintensität und -kontinuität setzte erst vor etwa 40 Jahren ein, ebenso der Nachweis von Einwanderungen, Anbau bestimmter Nutzpflanzen und Wirtschaftsweisen. Entscheidende methodische Grundlage dieser Forschung bilden Kenntnis, Registriermöglichkeiten und statistische Absicherung der Pollen solcher Pflanzen, die vor allem oder ausschließlich mit menschlicher Siedlungsweise verbunden sind. Typische Siedlungsanzeiger für Nordwestdeutschland sind z. B. Pollen von Getreidearten (*Cerealia*), Wegerich (*Plantago*), Gänsefuß (*Chenopodium*), Beifuß (*Artemisia*), Kleiner Sauerampfer (*Rumex acetosella*), Brennnessel (*Urtica*), Kornblume (*Centaurea cyanus*), Buchweizen (*Fagopyrum*), Lein (*Linum usitatissimum*) und Walnuss (*Juglans*) sowie von Gräsern und Kompositen. Zur Beurteilung der Wirtschaftsweise prähistorischer Epochen werden daneben auch sekundäre Indikatoren herangezogen, z. B. der Rückgang bestimmter Baumarten oder die Zunahme von Gräser- und Kräuterpollen, die vor allem eine Auflichtung der Landschaft anzeigen. Aus solchen Hinweisen lässt sich u. a. das wechselnde Verhältnisse von Wald zu Offenland rekonstruieren. Auch die Geschichte der Lüneburger Heide ist somit detailliert rekonstruierbar, wie wir später sehen werden.

123

Von immergrünen Kleinsträuchern dominiert

Das Wort Heide ist ein volkstümlicher Ausdruck mit vielerlei Bedeutung und als solcher nicht streng definiert; der Begriff hat im Lauf der Zeit vielfachen Bedeutungswandel erfahren. Deshalb versteht man in Mitteleuropa darunter nicht überall die gleichen Inhalte.

Das Wort leitet sich von indogermanisch *Kei* ab, das sich im Verlauf der Sprachentwicklung zum germanischen *caitjo* und dem gotischen *haithi* entwickelte. Das indogermanische Wort bedeutete Kreis oder Gemeinschaft im Sinne des Allmendbegriffes. Ursprünglich war damit also das ganze Land gemeint, mit Ausnahme des menschlichen Wohnplatzes, des Hauses, des Hofes und vielleicht auch des Gartens. Auch die gemeinschaftlichen Äcker und Wälder gehörten zunächst noch dazu. Mit der Zeit schränkte sich in fast allen deutschen Dialekten die Bedeutung des Wortes immer mehr ein, indem alles unter Kultur genommene Land ausgeschlossen und als Heide nur noch das unbebaute Land verstanden wurde. Damit lässt sich, großräumig betrachtet, die Heide als weit gehend von ericoiden (verholzten, immergrünen, hartnadeligen) Kleinsträuchern bedeckte Landschaft mit vereinzelten Wacholderbüschen und Bäumen beschreiben.

Vegetationstypen, die der strukturellen Definition entsprechen, sind in vielen Teilen der Welt zu finden, ohne dass sie jedoch einen eigenen regionalen oder zonalen Typus bilden. Unter günstigen Klima- und Bodenbedingungen kann das Entstehen von Heiden immer dann erwartet werden, wenn der Aufwuchs von Bäumen verhindert wird.

Vieldeutiger Begriff

Verengte Bedeutung

Heideentstehung und ihr vegetationsgeschichtlicher Nachweis

Die Frage nach dem Ursprung der Heiden wird letztlich zu einer Erklärung, wie es zum Ausschluss von Bäumen gekommen ist. Noch in den zwanziger Jahren des 20. Jh. waren einflussreiche Ökologen, etwa die bekannten schwedischen Forscher Axel Blytt und Rutger Sernander, der Meinung, bestimmte Heidebezirke wären schon seit dem frühesten Spätglazial frei von Baumwuchs gewesen. Das wurde beispielsweise auf die tundraartigen Bedingungen zurückgeführt, die im dänischen Jütland herrschen. Sie könnten, nahm man an, einen derart nachhaltigen Effekt auf die Entwicklung der Böden gehabt haben, dass Baumwuchs erst gar nicht möglich wurde.

In den folgenden Jahrzehnten wurde diese Frage aber durch verstärkte palynologische und archäologische Forschungen eindeutig geklärt. Wo auch immer Pollenanalysen in den für Heidewuchs relevanten Landschaften durchgeführt wurden, ergaben sie eindeutig, dass die Heideentwicklung immer aus einer Waldlandschaft heraus erfolgte. Der Zeitpunkt, zu dem der Anteil der Baumpollen zurückgeht und der von Heidepflanzen ansteigt, variiert zwar beträchtlich, aber für Tieflandbereiche gilt generell, dass immer Wald der Heide vorausging.

Die „Heidefrage"

Früher Raubbau am Wald

Waldzerstörung durch den Menschen

An dieser Stelle muss nun allerdings geklärt werden, wie es zum Rückgang der Bäume gekommen ist. Einige Wissenschaftler, vor allem wenn sie im Grenzbereich der Heideregion arbeiten (z. B. in Norwegen), haben diesen Rückgang natürlichen Ursachen zugeschrieben, besonders der Veränderung des Klimas. Sie hatten beobachtet, dass die Verdrängung des Waldes durch Heide sehr häufig um 500 v. Chr. erfolgte, also in einer Zeit zunehmender Ozeanität und vermeintlich ungünstigeren Bedingungen für Baumwuchs. Es mag durchaus zutreffen, dass in manchen Gegenden – den Färöer Inseln, dem westlichen Norwegen oder dem nördlichen Schottland – klimatische Gründe den Ausschlag gaben, aber im weitaus größten Teil der Heideregion verdichteten sich im Laufe der Zeit die Hinweise auf einen ganz anderen Einfluss, nämlich die Tätigkeit des Menschen.

Diese Hinweise stammen vor allem aus den Spuren menschlicher Siedlungen, deren Anfänge mit dem Wechsel Wald-Heide zeitlich koinzidieren. Archäologische Funde, die man unter Torfen begraben fand, dünne Schichten verkohlter organischer Materialien, die auf den Einsatz von Feuer hinweisen, Pollenfunde von Getreide und Siedlungszeigern, alle weisen auf die gleiche Quelle. Ob man nach Norwegen und Schweden, Großbritannien oder Dänemark, Norddeutschland, die Niederlande, Belgien oder Nordfrankreich blickt: Es scheint, dass der Mensch die wichtigste Rolle bei der Zerstörung der Wälder gespielt hat, so deutlich formuliert es Joachim Hüppe (1993) in seiner Zusammenstellung über die Tieflandsheiden in Mitteleuropa.

Voraussetzungen sachgerechter Interpretation

Die Auflösung in den Pollendiagrammen reicht offensichtlich aus, um nachweisen zu können, dass die Eingriffe des Menschen in den natürlich geschlossenen Wald zunächst nur temporärer Natur waren, also etwa dem entsprachen, was wir heute noch aus manchen tropischen Gegenden als *shifting cultivation* oder Wanderfeldbau kennen. Im europäischen Raum ist dafür die von dänischen Wissenschaftlern geprägte Bezeichnung *„landnam"* (Landnahme) verwendet worden und hat sich in der vegetationsgeschichtlichen und archäologischen Literatur etabliert.

„Shifting cultivation" versus Landnahme

Für die Interpretation pollenanalytischer Daten müssen zunächst einige Bedingungen erfüllt sein. Das betrifft besonders das Auftreten von *Calluna*-Pollen (Heidekraut). Da die allermeisten Untersuchungen in Mooren vorgenommen wurden, ist nicht ohne weiteres zu entscheiden, ob die gefundenen *Calluna*-Pollenanteile tatsächlich auf Heidebildung in der Umgebung des Moores zurückzuführen sind oder ob sie nicht vielmehr das Produkt mooreigener *Calluna*-Pflanzen darstellen. Bekanntlich wächst *Calluna vulgaris* mit nicht zu unterschätzenden Anteilen auch in der mooreigenen Vegetation, vor allem, wenn trockenere Phasen mit torfmoosreichen (*Sphagnum*), feuchteren Phasen der Moorentwicklung alternieren. Deswegen kann

Indikator Heidekrautpollen

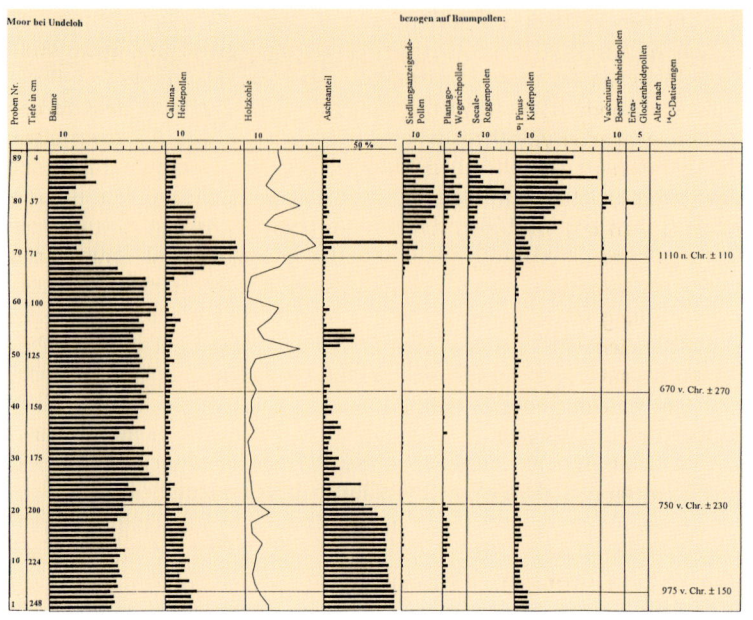

114 Ausschnitt aus dem Pollendiagramm des Moores bei Undeloh in der Lüneburger Heide mit diagnostisch wichtigen Pollenspektren. Bei den Radiokarbondaten handelt es sich um kalibrierte Altersangaben.

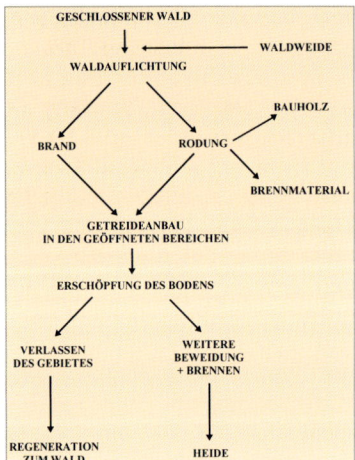

115 Schematische Darstellung unterschiedlicher „landnam"-Entwicklungen während des Neolithikums, entweder mit anschließender Regeneration des Waldes oder der Etablierung von Heiden.

Wie entstand eine Kulturlandschaft?

aus dem Verlauf der *Calluna*-Pollenkurve allein noch kein Rückschluss auf die Entstehung von Heideflächen erfolgen. Dazu bedarf es eines Zusammentreffens mehrerer Indikatorfaktoren, die mit einem Anstieg der *Calluna*-Pollenkurve tatsächlich auf die Entstehung einer Heide hindeuten.

Schon Franz Firbas (1949) hat darauf hingewiesen, dass für die Beurteilung der Waldfreiheit eines Gebietes das Verhältnis von Baumpollensumme zur Nichtbaumpollensumme ein wesentlicher Parameter ist. In unserem Zusammenhang bedeutet das die Möglichkeit der Interpretation einer Heideentstehung mit sinkender Baumpollensummenkurve und ansteigender Kurve der Nichtbaumpollen.

Waldlandschaften – Offenlandschaften

Offene Landschaften bieten im Allgemeinen mehr Lebensräume als Waldlandschaften. Deshalb ist davon auszugehen, dass mit einer Vervielfältigung der Biotope eine Steigerung der Artenzahl einhergeht, die im Pollendiagramm pro Probe nachweisbar ist und bei gleichzeitig erhöhtem Anteil von Heidekraut (*Calluna vulgaris*) als Indiz für eine Öffnung des Waldes gelten kann.

Einen besonders gewichtigen Hinweis auf Heideentstehung stellt ein gemeinsamer starker Anstieg der Pollenfrequenzen von *Calluna* und siedlungszeigenden Arten dar, was Kathrin Becker (1995) für die zentrale Lüneburger Heide nachweisen konnte (Abb. 114, 115). Im Zusammenspiel mit den vorgenannten Faktoren darf dann ohne Überinterpretation von einer anthropozoogenen Heideentstehung ausgegangen werden. Deshalb werden in diesem Exkursionsführer auch einige Ausschnitts-Pollendiagramme zur Heideentwicklung seit der prähistorischen Landnahme des Menschen vorgestellt. Sie sollen dem Leser und Exkursionsreisenden die unvergleichliche Vegetations- und Landschaftsdynamik im Raum und in der Zeit für die zentrale Lüneburger Heide verdeutlichen. Rund um den Wilseder Berg im Dreieck zwischen den Ortschaften Schneverdingen im Westen, Bispingen im Süden und Hanstedt im Norden sieht man nahezu überall sämtliche Phänomene noch sehr klar und deutlich.

Heideentstehung durch Feuer

Eine weitere wichtige Rolle spielt nach den Befunden Kathrin Beckers (1995) die Berücksichtigung der Menge von Holzkohlepartikeln in den pollenführenden Proben in Korrelation zu Siedlungsanzeiger- und *Calluna*-Spektren in Pollendiagrammen. Bei solchen zeitlichen Koinzidenzen spricht viel für eine Heideentstehung durch Feuereinwirkung in der Umgebung des untersuchten Moores. Allerdings muss ausgeschlossen werden, dass der hohe Eintrag von Holzkohlepartikeln in die Moore ausschließlich auf Köhlerei zurückzuführen ist, denn der Ascheeintrag aus Kohlenmeilern weist hohe Korrelationen zu siedlungsintensiven Phasen im Pollendiagramm auf. Hier kommt es vor allem auf gleichzeitigen Anstieg der *Calluna*-Pollen-Kurve an, wie das Pollendiagramm der Abbildung 114 zeigt, das die zeitliche Entwicklung der Lüneburger Heide bestens verdeutlicht und deshalb hier angeführt wird.

Sind bei der Bearbeitung von Pollendiagrammen Glühverlustbestimmungen durchgeführt worden, so können auch sie zur Absicherung der Interpretation herangezogen werden. Sie dienen zunächst der Ermittlung des

mineralischen Anteils in den Proben und lassen Rückschlüsse auf Staubeinträge zu. Das erlangt dadurch besonderes Gewicht, dass der Staubgehalt der Luft mit Auflichtungsmaßnahmen wie Aufreißen der Vegetation, Beweidung, Brennen oder Plaggenhauen zusammenhängt. Allerdings darf die Aussagekraft der untersuchten Moore nicht überschätzt werden, da sich die Staubpartikel (Ascheanteile) aus der Luft auf Grund ihrer Schwerkraft relativ rasch niederschlagen und daher in großen Mooren wegen der Entfernung zwischen dem Ort der Emission und der Probestelle häufig kaum noch wahrgenommen werden können.

Es bedarf also zur Deutung der durch Menschen und Haustiere bedingten (anthropozoogenen) Heideentstehung mit Hilfe pollenanalytischer Methoden immer einer Kombination der aufgezählten Kriterien. Ein Ansteigen der *Calluna*-Pollenkurve allein reicht keinesfalls aus (J. Hüppe, 1993, K. Becker, 1995).

Anthropozoogene Heideentstehung

Entwicklung des typischen Heidepodsols

Aus zahlreichen pollenanalytischen Untersuchungen geht außerdem hervor, dass die Heideentwicklung zunächst analog zu den Phasen der „landnam" verlief. Im geschlossenen ursprünglichen Wald kam es durch die Tätigkeit des Menschen, besonders durch Brand und Rodung, zur Auflichtung, der bereits die Vorstufe der Waldweide vorausgegangen sein konnte. Während der Brand wohl in erster Linie einer raschen Auflichtung für den gewünschten Geländegewinn und einer Spontandüngung gedient hat, kamen bei der Rodung zumindest die Gewinnung von Bauholz und Brennmaterial als weitere Aspekte hinzu. Der nun folgende Getreideanbau in den geöffneten Bereichen wurde zumeist von einer Weidenutzung der übrigen Flächen begleitet. Er war problemlos möglich, bis es zu ersten Erschöpfungserscheinungen des Bodens kam.

Erste Rodungen und Getreideanbau

Das bedeutete nicht nur einen Verlust der natürlichen Bodenfruchtbarkeit, sondern in Anbetracht standörtlicher Gegebenheiten – z. B. hohe Niederschläge mit Auswaschung von Nährstoffen und weiträumig arme und zur Versauerung neigende Sandböden – eine zunehmende Podsolierung, die letztendlich zur Bildung des typischen Heidepodsols führte.

Viehweide, Brennen, Plaggenabtrag

Auf Grund der geringen Regenerationsfähigkeit der Waldvegetation unter den genannten Bedingungen konnte sich die Zwergstrauchheide zunächst etablieren. Dennoch wäre unter den vorherrschenden Bodenbedingungen eine zwar langsame, aber dennoch kontinuierliche Rückentwicklung zum Wald eingetreten, hätte nicht das Hausvieh durch permanente Beweidung eine Wiederbewaldung verhindert. Hinzu kamen häufig der geregelte Einsatz von Feuer zur Heideverjüngung und der Abtrag von Humus zur Düngung, etwa in Form von Plaggen (Abb. 118).

Verjüngung und Wiederbewaldung

Die meisten Pollendiagramme zeigen nicht nur die erste Heideentstehung nach dem Eingriff in den ursprünglichen Wald an, sondern lassen auch deutliche Schwankungen der menschlichen Einflüsse erkennen. Dies kann sogar so weit führen, dass sich das Bild der Landschaft nach einer mehr oder weniger langen Kultivierungs- bzw. Verheidungsphase dem Ausgangszustand wieder annähert. Die Phasen können sogar im Verlaufe der Entwicklung zyklusartig mehrmals auftreten, wie man den Abbildungen 119 und 121 entnehmen kann.

Phasen und Zyklen

Abfolge der Heideentwicklung

Früheste Wechsel von Wald nach Heide

Offensichtlich verlief der Prozess der Heideentstehung und -ausbreitung nicht in ganz Mitteleuropa zeitgleich, sondern erstreckte sich über einen langen Zeitraum. Die erste Ausbreitungswelle und mit ihr die frühesten Datierungen entstammen dem Neolithikum gegen Ende des Atlantikums um 3000 bis 2500 v. Chr. Sie betreffen vor allem den nordwestlichen europäischen Festlandsbereich von Dänemark über Nordwestdeutschland bis in die Niederlande und nach Belgien hinein. Seither hat der Wechsel von Wald nach Heide überall stattgefunden.

In den mitteleuropäischen Tieflandbereichen dürfte die erste Entstehung von Heiden mit der so genannten Trichterbecher- oder Megalithkultur im Zusammenhang stehen, die ab ca. 3200 v. Chr. deutliche Spuren im Landschaftsbild hinterlassen hat. Unmittelbar unter solchen neolithischen Gräbern konnte bereits eine Heidepodsolbildung nachgewiesen werden.

Nachgewiesen seit der Steinzeit

Auch gelingen pollenanalytische Nachweise von neolithischen *Calluna*-Pollengipfeln im Zusammenhang mit anthropogenen Einwirkungen in zunehmendem Maße, z. B. durch Karl-Ernst Behre und Dusanka Kučan (1986) im Geestgebiet zwischen Weser und Elbe. So ähnlich war es auch in der Lüneburger Heide, wie die Pollenanalysen verdeutlichen (Abb. 116).

Brachen leisten der Verheidung Vorschub

Bronzezeitliche Grabhügel aus Heidesoden

Für die Bronzezeit (ab ca. 1800 v. Chr.) lässt sich nachweisen, dass die Heideentstehung sich fortsetzte, was besonders Ausdehnung und Flächengröße betraf. Die charakteristischen Grabhügel jener Epoche waren oftmals zu einem erheblichen Teil aus Heidesoden aufgebaut.

Trotz dieser bereits umfangreichen Heideentstehung war bis dahin alles zunächst noch mehr oder weniger lokal oder regional begrenzt. Man muss sich vor Augen führen, dass die langfristige Ausbeutung der agrarisch nutzbaren Flächen in der Heideregion, die in manchen Fällen schon 4000 Jahre gedauert hatte, zur Verarmung und Versauerung und damit auch zur Podsolierung der Böden führen musste. Eine andauernde Bewirtschaftung dieser Flächen war gar nicht möglich, vielmehr mussten immer wieder lange Brachephasen eingeschaltet werden, die einer Verheidung Vorschub leisteten.

Verarmung der Böden

Transportprobleme durch Siedlungsverlagerung gelöst

Um abnehmender Produktion begegnen und den Nahrungsmittelbedarf der Bevölkerung decken zu können, war deshalb die Anlage von immer mehr Feldern erforderlich, was eine entsprechende Ausweitung der Brachflächen nach sich zog. So kam es zur Schaffung von immer größeren Freiflächen zu agrarischer Nutzung, die zwangsläufig immer weiter von den Siedlungsplätzen entfernt lagen. Die Folge waren längere Wege und ein zunehmendes Transportproblem, das häufig nur durch eine Verlagerung der Siedlungen gelöst werden konnte.

Solche Siedlungsverlagerungen kommen deutlich in den Pollendiagrammen zum Ausdruck und sind an Hand der Kurvenverläufe der Siedlungsanzeiger ohne weiteres nachvollziehbar. Die Verlagerungen waren jedoch nicht unbegrenzt möglich, da es einerseits an ausreichender Fläche fehlte, andererseits die Bevölkerungszahl ein verträgliches Maß schnell übersteigen konnte. Diese Tatsachen dürften ein gewichtiger Faktor auch für die Auslösung der Migrationsbewegungen in der Völkerwanderungszeit gewesen sein. Auf Grund der Verlagerung der Siedlungen konnte der Wald an vielen Stellen immer wieder regenerieren, so dass die damals praktizierten Wirtschaftsweisen noch keine großräumige Heideentstehung wie im Mittelalter und vor allem in der Neuzeit auslösten. **Waldregeneration zur Völkerwanderungszeit**

Schafzucht, um das Heidekraut zu nutzen

Da es im 17. und 18. Jh. kaum noch Hochwälder gab, verlor die mittelalterliche Agrarnutzung an Bedeutung. Stattdessen verlegte man sich vielerorts auf die Schafzucht um das Heidekraut zu nutzen, das sich auf den Plaggenstichflächen und in den ausgelichteten Restwäldern ausgebreitet hatte.

Hier liegen wohl auch die Anfänge des typischen nordwestdeutschen Heidebauerntums. Im Zusammenhang mit Heidschnuckenbetrieb und Plaggenstich bildeten sich auf den armen Quarzsandböden Nordwestdeutschlands umfangreichste Flugsandflächen und Wanderdünen. Die weiträumigen Heideflächen und offenen Dünenrasen bestimmten damals nicht nur das Landschaftsbild der Geestböden, sondern griffen auch, soweit es die Heide angeht, auf die Flottsandgebiete und die Lösslehmregionen der Hohen Geest über, sogar die ehemaligen Bruchwald-, Auenwald- und Niederungsgebiete waren vielfach verkrautet. **Anfänge des Heidebauerntums**

Die Wirtschaftsweise der Heidebauern, die im Folgenden beschrieben wird, haben R. Tüxen (1967), Buchwald (1984), Völksen (1984) und Pott & Hüppe (1991) sowie Hüppe (1993, 1996) umfassend dargestellt. **Wirtschaftsweisen der Heidebauern**

Waldweide und „ewiger" Roggenbau

Im Zuge einer extensiven Weidewirtschaft wurde das Vieh in die Wälder getrieben. Dort verbissen die Rinder, Pferde und Schafe jegliches Gehölz und ließen keinen Jungwuchs mehr aufkommen. Dadurch überalterten die Baumbestände und lichteten sich mehr und mehr zum Hudewald. Zudem wurden dem Wald durch fortwährende Streunutzung ständig Nährstoffe entzogen, was den Degradationsvorgang noch verstärkte. Am Ende dieser Entwicklung ersetzten Heideflächen den mit zunehmendem Weidedruck immer weiter gelichteten Wald. Es entwickelte sich auch eine spezielle Form des Ackerbaus auf den Plaggenböden der Eschflächen. **Weidedruck und Heideentstehung**

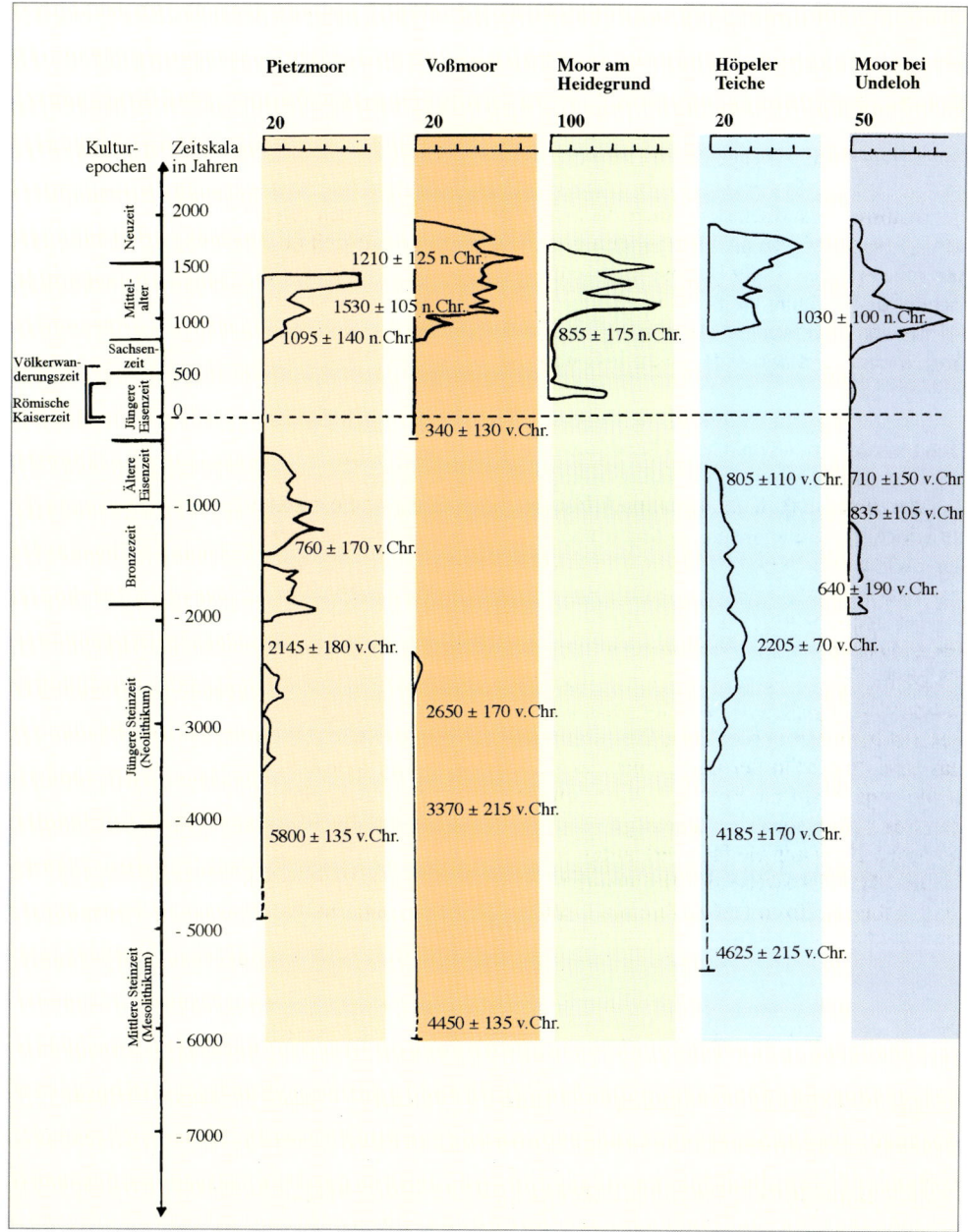

116 Die zeitliche Entwicklung der Heiden in der Lüneburger Heide nach Pollenanalysen aus verschiedenen Mooren. Die erfassten Phasen der Heidentstehung sind in eine lineare Zeitskala transformiert; man sieht deutlich den Beginn in der Steinzeit; die räumliche Heideausdehnung in der Bronzezeit und die flächenhafte Ausbreitung seit dem Hochmittelalter. Die Grafik basiert auf Pollenwerten der Besenheide (Calluna vulgaris).

Einer vom damaligen Zentralausschuss der königlich Hannoverschen Landwirtschaftsgesellschaft zu Celle auserwählten Preisschrift von Wilhelm Peters aus dem Jahre 1862 ist zu entnehmen, dass sich auf den dunklen, torf- oder moorbraun gefärbten Plaggenböden der Lüneburger Heide eine spezielle Form des so genannten „Ewigen Roggenanbaus" mit erweiterter Fruchtfolge etabliert hatte. Dabei gab es im Wesentlichen zwei Möglichkeiten, die hier aus dem Originaltext wiedergegeben sind:

Plaggenwirtschaft und „Ewiger Roggenanbau"

„Als Grundzug zieht sich durch die Fruchtfolgen der alten Lüneburgschen Heidewirthschaften die Regel, dass man mehrere Jahre hintereinander auf derselben Stelle Roggen baut und zuletzt, im ausgetragenen Zustande, die Fläche als Weide, Dreesch oder Legde liegen lässt, welche Weide bei der stets einfurchigen Bestellung, wo die Wurzelunkräuter nicht zerstört werden und der Boden nicht bemergelt, sich gar nicht langsam und schlecht bildet.

Buchweizen wird eingeschaltet, stellenweise Rauhafer und einige Stücke zu Kartoffeln werden an passenden Stellen ausgelegt.

In manchen Feldmarken soll man früher wohl siebenmal hintereinander Roggen gebaut haben um dann den Acker fünf Jahre liegen zu lassen. Man ist jedoch davon abgekommen und oft zu der nachfolgenden Saatenfolge übergegangen:

Saatenfolge in der Heide

1. Jahr: Buchweizen nach Dreesch*, gedüngt
2. Jahr: Roggen wieder gedüngt
3. Jahr: Roggen
4. Jahr: Roggen
5. Jahr: Buchweizen
6. Jahr: Roggen
7. Jahr: Dreeschweide (= Brachweide) s. Burrichter et al. 1993
8. Jahr: desgleichen
9. Jahr: desgleichen
Zwischen 6 und 7 auch noch Hafer eingeschaltet,
Rüben und Kartoffeln von 9 genommen.

Fruchtfolgen

Spezifikum Dreeschweide

Häufiger noch ist die Fruchtfolge auch so:

1. Jahr: Buchweizen nach Dreesch, gedüngt
2. Jahr: Roggen gedüngt
3. Jahr: Roggen
4. Jahr: Hafer und Buchweizen, wozu gedüngt
5. Jahr: Roggen
6. Jahr: Weide
7. Jahr: Weide.

Augenscheinlich eine Verbesserung, da diese Fruchtfolge der Wechselwirtschaft sich mehr nähert und weil öfter gedüngt wird.

---

* Unter Dreesch versteht man eine mehrjährige Ackerbrache mit entsprechender Naturbegrünung nach Feldbestellung (Burrichter et al. 1993).

Historische
Beschreibung

Die Düngung ist nach der Fuderzahl stark, namentlich zu dem ersten Roggen, den man deshalb auch „Gaare-Roggen" nennt. Ich selbst habe schon 24 Fuder Mist, deren jedes gewiss gegen 18 Centner wog, auf einem einzigen Morgen gezählt und das war in der Feldmark zu Gaare-Roggen die allgemeine Regel! Nach dem Streuen lag der sperrige Heidmist handhoch auf dem Lande. Andere Düngungen sind natürlich minder reichlich.

Die Bestellung: Gepflügt wird das Land nicht oft. Gepflügt wird zu jeder Frucht meistens nur ein Mal und das Voreggen verbleibt oft ganz, aber man pflügt ziemlich tief und sehr accurat. Als Pflug benutzt man einen s.g. Streichbrettpflug mit Vordergestell und Vorschneider, auf dessen genaue Stellung man sehr sorgfältig Acht gibt. Auf manchem Hofe versteht man den Pflug selbst zu bauen allenthalben aber ihn zu reparieren. Schwingpflüge ohne Vordergestell fangen eben an sich Bahn zu brechen da aber die eingeführten, im Flugkörper etwas zu kurz, den Dreesch nicht so vollständig wenden, so wird ihre Anwendung vorläufig beschränkt bleiben.

Die Eggen sind meistens von Holz und wird in alter übler Weise das Hinterpferd mit einem Zügel an die vordere Egge gebunden. Vor den Ochsenpflug spannte man früher wohl acht Ochsen, paarweise hintereinander und begann das Pflügen im heißen Sommer miten in der Nacht. Man säet einen Theil des Roggens gern sehr früh um in der starken Saat eine sichere Winterweide für die Schafe zu haben."

Wohnung, Stall und Speicher

Das Getreide wurde natürlich gespeichert. Die Bauernhäuser der Heide-

Wohnstallhäuser

region sind ja so genannte Wohnstallhäuser, dienten also sowohl dem Wohnen als auch der Aufstallung des Rindviehs, der Pferde und der Schweine.

Separate
Speicherbauten

Zusätzlich wurden sie zur Speicherung genutzt. Später wurden Speicher immer separat errichtet, wie wir es in den Speicherbauten von Ahlden gesehen haben. Seit dem 9. Jh. ist das unverdroschene Getreide als sehr raumgreifendes Speichergut bekannt, wie Christoph Reichmann (1992) ausführt. Im Zuge der Plaggenwirtschaft auf der Geest wurde so viel mehr Getreide angebaut, dass es nicht mehr unmittelbar nach der Ernte vollständig ausgedroschen werden konnte. Damit wurden Zwischenlagerung des noch ungedroschenen Getreides sowie die Errichtung winterfester, d.h. überdachter Dreschtennen und Speicherbauten notwendig. Diese kann man im Umfeld der Heidebauernhöfe überall noch sehen.

Als Streu in den Stall, als Dung auf den Acker

Haustiere
der Heidebauern

Die anspruchslosen Heidschnucken, eine spezielle Nachzucht des Mufflons, wurden zu den wichtigsten Haustieren des Heidebauern, da ihnen das Heidekraut als Nahrung genügte. Es entstanden immer mehr *Calluna*-Heide-Flächen, die von den Tieren baumfrei gehalten wurden.

Neben der Schafhaltung baute der Bauer auf kleinen Flächen Buchweizen und andere Feldfrüchte an, was auf den mageren Sandböden regelmäßige Düngung erforderte. Zu diesem Zweck stachen die Bauern Heidesoden zusammen mit dem durchwurzelten Erdreich als Plaggen aus der Heide heraus, die sie als Strohersatz in die Ställe brachten um anschließend damit zu düngen. Um einen Acker ertragsfähig zu halten benötigte man ungefähr dessen zehnfache Fläche an Heide zur Plaggen- und Streuegewinnung. Hierzu musste die Heide einer Pflege unterworfen werden, die verhinderte, dass die Bestände überalterten und abstarben. Deshalb verjüngte man die älteren Heidebestände durch Brennen in regelmäßigen Abständen.

Dominierende Feldfrucht Buchweizen

Durch Übernutzung die Wirtschaftsgrundlage entzogen

Eine weitere Erwerbsquelle des Heidebauerntums war die Imkerei. Es wurde Honig und Wachs gewonnen. Da noch kein Rübenzucker zur Verfügung stand, war der Honig von großer wirtschaftlicher Bedeutung. Als Bienenweide spielten die ausgedehnten *Calluna*-Heidebestände eine weitere wichtige Rolle. Das regelmäßige Abbrennen der Heide diente auch dazu, den Imkern einen reichen Blütenansatz zu gewährleisten.

Imkerei

Das Brennen war also aus verschiedenen Gründen ein wichtiger Faktor bei der Bewirtschaftung der Heiden. Folglich erlaubt die Erfassung der Holzkohlepartikel in den Moorablagerungen wichtige Rückschlüsse auf das Einsetzen und die Intensivierung der Heidebewirtschaftung.

Heidebrand

Das System funktionierte über Jahrhunderte, bis die Heide durch Übernutzung so weit degradiert war, dass vielerorts der sandige Untergrund frei

Übernutzung der Flächen

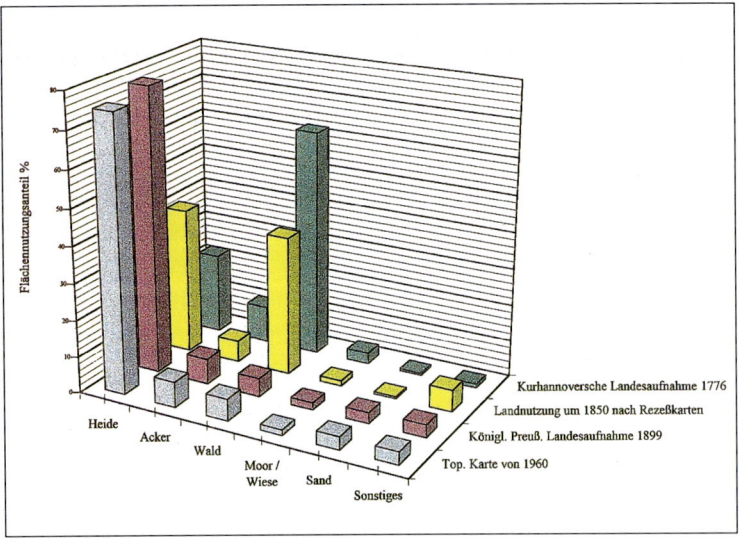

117 Nutzungsänderungen in der Lüneburger Heide seit 1776. Man sieht deutlich die Zunahme der Waldflächen durch Heideaufforstungen.

lag und es zu großen Sandverwehungen kam. Im beginnenden 19. Jh. konnte das Land die Bevölkerung trotz intensiver Bewirtschaftung nicht mehr ausreichend ernähren, da dem Heidebauerntum durch Übernutzung der Flächen die Wirtschaftsgrundlage entzogen worden war.

Monokulturen, Kahlschläge, Umbau zum Mischwald

Die Situation änderte sich erst mit der Gemeinheitsteilung im Jahre 1842, als man die Heide systematisch aufzuforsten begann. Durch planmäßige und staatlich geförderte Maßnahmen wurden zunächst die offenen Sandböden wieder festgelegt und Heideflächen in Wald umgewan-

Allmendteilung seit 1842

delt, wobei überwiegend Kiefernmonokulturen entstanden. Dieser Wechsel in den Flächenanteilen ist in Abbildung 117 dargestellt. Die zuletzt beschriebenen Veränderungen sind im Pollendiagramm in den Glührestkurven manifestiert, die einen Hinweis auf den jeweiligen Staubgehalt der Luft geben.

Ein grundsätzlicher Wandel vollzog sich mit der Einführung des Mineraldüngers im 19. Jh., wodurch eine Intensivierung der Landwirtschaft möglich wurde. Flächen, die bisher nur als Heide nutzbar waren, konnten

Aufforstungen mit Kiefer

nun in Ackerland umgewandelt oder aufgeforstet werden. Zuletzt kam es im Zweiten Weltkrieg zu großflächigen Kahlschlägen, die nochmals Aufforstungen mit Kiefernmonokulturen nach sich zogen.

Erst in jüngster Zeit hat eine Waldumbauphase eingesetzt, bei der nach standörtlichen Maßgaben und ökologischen Ansprüchen der Baumarten eine Umwandlung in Mischbestände erfolgt. Sie werden bei den Exkursionen in den Naturpark Lüneburger Heide vorgestellt. Nebenher lief aber immer noch die Heidewirtschaft, die allerdings allmählich ihren Niedergang erlebte.

Die Spuren der speziellen Heidewirtschaft als Ausdruck des einzigartigen Heidebauerntums sind aber noch überall in der Lüneburger Heide zu finden, ja sie sind sogar oft noch landschaftsprägend und werden deshalb nachfolgend ausführlich beschrieben.

Drei Arten der Plaggengewinnung

Einführung des Roggenanbaus

Die Einführung intensiven Roggenanbaus vor allem in Flandern, den Niederlanden und Nordwestdeutschland machte eine Düngung der nährstoffarmen Sandböden unbedingt erforderlich. Dazu bediente man sich vorzugsweise der Plaggenwirtschaft. Die Heidebauern schnitten, „plaggten", die obersten Heideschichten ab und hatten so Streu für die Ställe. Sobald die Streu mit Mist vollgesogen war, kam sie als Dünger auf die wenigen Äcker. Die mit Dung angereicherten Plaggen trugen also nicht nur zur Nährstoffversorgung der Böden bei, um die Defizite durch die Entnahme von Agrarprodukten oder die Nährstoffverluste durch Verflüchtigung,

Winderosion und Auswaschung auszugleichen, sie bewirkten auch eine zunehmende Erhöhung der Ackerflächen bis hin zu typischen Eschen.

Esche aus Plaggenerde

Verschiedene Formen der Plaggengewinnung müssen unterschieden werden. Vergleichsweise am schonendsten war der so genannte Heidehieb. Dabei wurden nur die oberirdischen Teile des Heidekrauts mit einer starken Sichel abgehauen, während der Humus an Ort und Stelle weit gehend erhalten blieb. Deshalb war eine Wiederholung dieser Nutzung auf derselben Fläche bereits nach fünf bis acht Jahren möglich.

Heidehieb

Hingegen wurde beim Plaggenhieb die oberste Bodenschicht samt Wurzeln und Kriechsprossen sowie dem Rohhumus mit abgeschält. Eine Modifikation dieser Form stellt das Plaggenstechen dar, ebenfalls eine Methode oberflächlichen Abschälens von Vegetation und organischer Auflage, die vorzugsweise in feuchteren Heiden angewandt wurde und deswegen andere Gerätschaften als der Plaggenhieb erforderte.

Plaggenhieb und Plaggenstich

Beide zuletzt genannten Methoden erlaubten wegen des nachhaltigeren Eingriffs in Vegetation und Bodenstruktur Wiederholungen erst nach zehn bis zwölf Jahren. Plaggenhieb und Plaggenstich wurden nicht über die ganze Fläche gleichmäßig, sondern nur schollenweise ausgeführt um die Freilegung weiter Sandflächen zu verhindern. Dadurch erfolgte auch der erneute Bewuchs des entblößten Bodens vom Rande her rascher. Nach mehrmaliger Wiederholung musste jedoch ein zunehmend langer Zeitraum von bis zu vierzig Jahren verstreichen, bis wieder ein Hieb ausgeführt werden konnte.

Regenerationszeiten von 40 Jahren

Enormer Flächenverbrauch

Die Regeneration der Heide hing von der Tiefe des Plaggenabtrages ab. Betrug sie weniger als 20 cm, konnte die Besenheide noch zur Keimung gelangen, aber optimal waren ca. 12 cm; denn dann kam es zu einer dichten *Calluna*-Keimung, weil die Samenbank zum großen Teil erhalten blieb. Bei mehr als 20 cm Stichtiefe erfolgte dagegen eine Entwicklung zu moos- und flechtenreichen Heiden.

Zentimeterdifferenzierung

Das Verhältnis von Ackerland zur Plaggenfläche betrug damals 1:2 bis 1:10. Um einen Plaggenesch von 50 cm Höhe aufzubauen musste die Heide also 10-(bis 50-)mal gestochen worden sein. Bei angenommenen Intervallen von 10 bis 20 Jahren errechnet sich daraus eine Dauer der Plaggennutzung von 100 bis 1000 Jahren, ein Wert, der mit den Ergebnissen historischer, bodenkundlicher, archäologischer und pollenanalytischer Untersuchungen übereinstimmt.

Der ungeheure Flächenbedarf der Plaggenwirtschaft wird aus folgender Modellrechnung deutlich: Zwei Personen sind von ca. 1 ha Ackerland ernährbar. Dafür werden bei einer Regenerationszeit von rund 20 Jahren 2 ha Plaggenfläche benötigt; 1 ha Ackerfläche entspricht normalerweise insgesamt etwa 40 ha Plaggenfläche. Dabei handelt es sich noch um ein vergleichsweise günstiges Verhältnis. Bei 10 ha Plaggenfläche pro Hektar Acker würde sich der Bedarf an Heidefläche schon auf 200 ha erhöhen.

Enormer Flächenbedarf

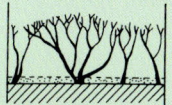

2. Aufbauphase
Bis zum 7. oder 13. Lebensjahr klare Trennung zwischen Kurz- und Langtrieben. Pflanze wird halbkugelig und bildet lichte Bestände. Es werden die höchsten Deckungsgrade (bis 90 %) erreicht.

Lebenszyklus der *Calluna-* Heide

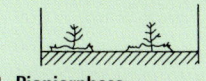

1. Pionierphase
0 bis 3 (bis 6) Jahre (selten bis 10 Jahre) Entwicklung zu pyramidenförmigen Büschen, erste Blühentwicklung. Selten wird mehr als 10 % der maximalen Flächenausdehnung erreicht. Der nackte Mineralboden wird von poikilohydren Strauchflechten besiedelt.

3. Reifephase
Die maximale Höhe wird erreicht. Wachstum der Langtriebe lässt nach, Zweige weichen seitlich auseinander. Es entstehen erste Lücken. Rückgang der Deckung auf 75 %. Am Ende dieser Phase ist die Heide 20 bis 25 Jahre alt.

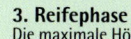

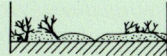

4. Degenerationsphase
Im Zentrum stirbt die einzelne Pflanze ab. Die seitlich dem Boden aufliegenden Zweige können sich adventiv bewurzeln und bilden einen Ring um eine zentrale Lücke. Der Deckungsgrad der lebenden Pflanzen kann noch 40 % erreichen, ist aber rückläufig. Im Alter von 25 bis 30 Jahren stirbt *Calluna* ab.

	Pionierphase	Aufbauphase	Reifephase	Degenerationsphase
Alter (Jahre)	6–10	13–15	20–25	~30
Phytomasse (dt • ha⁻¹)	~10	~100–110	~150–160	~80–90
Primärproduktion (dt • ha⁻¹)	~10–20	~40–50	~30–40	~10–20
Deckung (%)	<10	80–90	70–80	30–40

118 Lebenszyklus und Stoffbilanz einer von Calluna beherrschten Zwergstrauchheide.

Plaggen zur Stallstreu   In erster Linie wurden die Plaggen als Stallstreu mit dem Ziel genutzt sie nach erfolgter Düngung durch das Vieh auf die Äcker zu bringen. Darüber hinaus fanden die Plaggen auch als Material zum Dachdecken, als Wärmedämmung an Häusern und Stallgebäuden sowie als Brennmaterial Verwendung. Plaggenhauen oder Plaggenstich entblößten den Boden immer wieder, sodass der Wind danach große Teile der leichten Sandböden verwehen konnte. Die Bildung ausgedehnter Dünen- und Flugsandfelder war die Folge.

Feuer verjüngt die Heide

Die Effekte der Plaggenwirtschaft wurden durch das häufig praktizierte Heidebrennen noch verstärkt. Dadurch sollte holzig gewordenes Heidekraut durch jungen Ausschlag ersetzt werden. Doch führte dies auf Dauer zu keiner nachhaltigen Verbesserung der Nährstoffsituation, wenngleich es zu einem positiven Einfluss auf die Vegetation kam.

Nach dem Brennen erfolgt im Allgemeinen eine Sukzession über ein Grasstadium zur *Calluna*-Heide zurück. Ohne anthropozoogenen Einfluss tritt dann über längere Stadien mit Krähenbeere (*Empetrum nigrum)* und Gräsern eine Rückentwicklung zum Wald ein. **Sukzession nach Brand**

Eine günstige Regeneration hängt von der Maximaltemperatur des Feuers sowie vom Alter und der Artenzusammensetzung der Heide ab. Bei Temperaturen unter 400^0 C in Bodennähe wird die Stammbasis von *Calluna* nicht geschädigt, während andere Biomasse verbrennt. Die Keimung von *Calluna*-Samen wird außerdem begünstigt, wenn sie eine Minute lang Temperaturen von 40 bis 80^0 C ausgesetzt werden. Zu optimaler Verjüngung kommt es bei sechs- bis zehnjährigen Beständen, wenn sie im Herbst abgebrannt werden. Überschreitet die Heide ein Alter von 15 Jahren, lässt ihre Regenerationsfähigkeit deutlich nach (Abb. 118).

Landschaftspflege durch Heidehieb

Die im Zusammenhang mit der Plaggenwirtschaft als Heidehieb bereits erwähnte Wirtschaftsform der Mahd von Heideflächen ist in jüngerer Zeit verstärkt wieder ins Blickfeld gerückt und wird unter landespflegerischen Gesichtspunkten verstärkt praktiziert. Es wurde auch schon darauf hingewiesen, dass es sich hierbei um eine vergleichsweise schonende Behandlung der Heide handelt. *Calluna* regeneriert dabei durch Stockausschlag, und zwar am besten nach einer Frühjahrsmahd von sechs- bis achtjährigen Beständen. Eine dauerhafte Verjüngung ist allerdings auch schon bei 11- bis 15-jährigem Rhythmus zu erreichen. Dabei ist allerdings zu beachten, dass bereits vergraste Heiden nach Mahd noch mehr vergrasen, da sich Gräser schneller entwickeln als die Zwergsträucher. **Heidemahd** **Vergrasung**

Dünger vor Fleisch und Wolle

Die Nutzung der *Calluna*-Heiden als Düngerquelle für das Ackerland, die seit Beginn der Plaggenwirtschaft etwa ab dem 10. Jh. erfolgte, wurde meist durch die Haltung von Schafen ergänzt. Dabei handelte es sich in der **Plaggenwirtschaft seit fast 1000 Jahren**

Regel um die äußerst genügsamen Heidschnucken, die mit dem harten Heidekraut vorlieb nehmen. Ziel der Schafhaltung war aber nicht in erster Linie die Gewinnung von Wolle oder Fleisch – dies waren lediglich Beiprodukte, sondern hauptsächlich von Dünger. Dazu passt auch die Tatsache, dass die Tiere meist nur am Tag zwischen etwa 11 und 17 Uhr auf der Weide gehütet wurden, die übrige Zeit hingegen im Stall verbrachten (Abb. 119), um die Heideplaggen mit ihren Exkrementen aufzudüngen.

Weide nur von 11 bis 17 Uhr

Die Heide konnte während des ganzen Jahres beweidet werden, aber der Nährwert des Heidekrautes war meist so gering, dass Zusatzfütterung notwendig war, zumal in knappen Jahren. Die Vegetation ist zwangsläufig von Intensität, Dauer und Art der Beweidung abhängig. Da Schafe selektiv fressen, werden bei geringem Weidedruck zunächst nur *Calluna*, die Laubgehölze und eine Reihe von Grasarten verbissen. Wird die Beweidung intensiver, kommen Pfeifengras und Weißbirke hinzu, die sonst verschmäht werden. Außerdem ist das Fraßverhalten der Tiere neben dem Nahrungsangebot auch von den Witterungsbedingungen abhängig.

Fraßverhalten der Heidschnucken

Beweidung führt immer zur Selektion bestimmter Pflanzenarten, sei es, dass sie bewehrt sind oder nur schwach verbissen werden wie Englischer Ginster (*Genista anglica*) und Wacholder (*Juniperus communis*). Andere werden auf Grund ihrer Struktur oder ihrer Inhaltsstoffe generell gemieden, z.B. Borstgras (*Nardus stricta*), Drahtschmiele (*Avenella flexuosa*), Glockenheide (*Erica tetralix*) und Krähenbeere (*Empetrum nigrum*). Bei zu starker Beweidung treten deshalb Borstgras und Sparrige Binse (*Juncus squarrosus*) an die Stelle des Heidekrauts (Abb. 120).

Wirkung des Viehtritts auf die Vegetation

Ein Problem, das wir schon bei der Plaggengewinnung kennen gelernt haben, trat auch infolge überintensiver Beweidung auf: Die Pflanzendecke wurde losgetreten und der meist sandige Boden offen gelegt, was unmittelbar in die Entstehung von Flugsanddünen mündete. In allen Pleistozän-

119 Alter Schafstall mit Streuhaufen aus Heidemahd in der baumfreien Lüneburger Heide des Jahres 1956.

120 Typische Heidelandschaft mit reichlich blühender, von Borstgras, Pfeifengras und Wacholder durchsetzter Zwergstrauchdecke. Im Hintergrund ein Kie fernhain.

Landschaften finden sich mehrere Quadratkilometer große Flugsandgebiete, die heute meist vollständig aufgeforstet sind.

Erwerbsfaktoren Wachs und Honig

Außer Plaggen- und Weidenutzung stand lange Zeit die Bienenzucht **Zeidlerei** als weitere wichtige Nutzungsart der Heide im Blickpunkt des Interesses (Abb. 117). Die Imkerei, auch Zeidlerei genannt, übt keinen wesentlichen direkten Einfluss auf die Vegetation aus. Vielmehr hat sich die Gewinnung von Honig und mehr noch von Bienenwachs in einer Art Anpassung an das Ökosystem Heide entwickelt und wurde zeitweise zu einem wichtigen Erwerbsfaktor der bäuerlichen Bevölkerung. Imkerei und Schafhaltung ergänzten sich in günstiger Weise. So durchtreten die Heidschnucken bei ihrer Nahrungssuche nicht nur den Rohhumus und ermöglichen dadurch eine bessere Keimung von *Calluna*, sondern zerstören auch zahlreiche den Bienen gefährliche Spinnennetze.

Bienenwirtschaft seit 330 v. Chr.

In Niedersachsen ist die Bienenwirtschaft ab 330 v. Chr. nachgewiesen. Bis zur industriellen Herstellung von Zucker, etwa ab dem 19. Jh., war Honig der wichtigste Süßstoff und deshalb teuer. Auch Bienenwachs war sehr begehrt, z. B. für den Metallguss und zur Kerzenherstellung. Auf den ehemals weitläufigen, kargen Heideflächen hat sich eine traditionelle Imkerei, die Korbbienenhaltung in so genannten „Lüneburger Stülpern" – mit Lehm verschmierten, selbst gefertigten Strohkörben – entwickelt. Da sich die Bienenstände meist auf den Heideflächen der Allmende befanden, wurden sie durch Erdwälle, Dornengebüsch oder hohe Holzzäune vor dem weidenden Vieh und vor Dieben geschützt.

„Lüneburger Stülper"

Letztendlich zu Lasten der Heide gewirtschaftet

Insgesamt lässt sich sagen, dass die Heidebauernwirtschaft mit ihrer typischen genossenschaftlichen Nutzung der feuchten und trockenen Zwergstrauchheiden zu Imkerei und Heidschnuckenweide, zum Plaggen und Heidemähen nur auf Kosten zunächst der Waldflächen und später auf Kosten der Heide selbst funktionierte.

Wald als Flächenreserve

Der Wald war Flächenreserve, er lieferte Futter, Streu, Bau- und Brennholz. Das Heidebauerntum war also stets auch auf funktionsfähige Waldungen oder Waldreste angewiesen. Erhebliche Mengen gestochener Plaggen und gemähter Streuheide führten schließlich zu riesiger Ausweitung der Heiden, wobei die Regenerationzeiten bis zum erneuten Schluss der Heidedecken auf geplaggten Flächen immer länger und die Rotation immer ungünstiger wurde. Das Ausmaß der so entstandenen riesigen Heiden, wie sie noch zu Anfang des 20. Jh. bestanden und in den Abbildungen 109 und 110 dokumentiert sind, kann man sich heute kaum noch vorstellen. Neben den großen baumlosen Hochmooren war die mehr oder weniger kahle Heide zum landschaftsbestimmenden Element Norddeutschlands geworden.

Schafställe, Bienenhäuser und Katen als bauliche Zeugnisse und Relikte dieser Wirtschaft sind fast überall vergangen, aber in der Lüneburger Heide blieb das Gesellschaftsinventar dieser ausdrucksvollen und vielfältigen Kulturlandschaft an wenigen Stellen erhalten (Abb. 119).

Eine Anzahl typischer Pflanzengesellschaften, die ihre Existenz meist der ehemaligen Heidewirtschaft verdanken, sind spezifisch oder haben in der Eichen-Birken-Wald-Landschaft zumindest ihren Verbreitungsschwer-

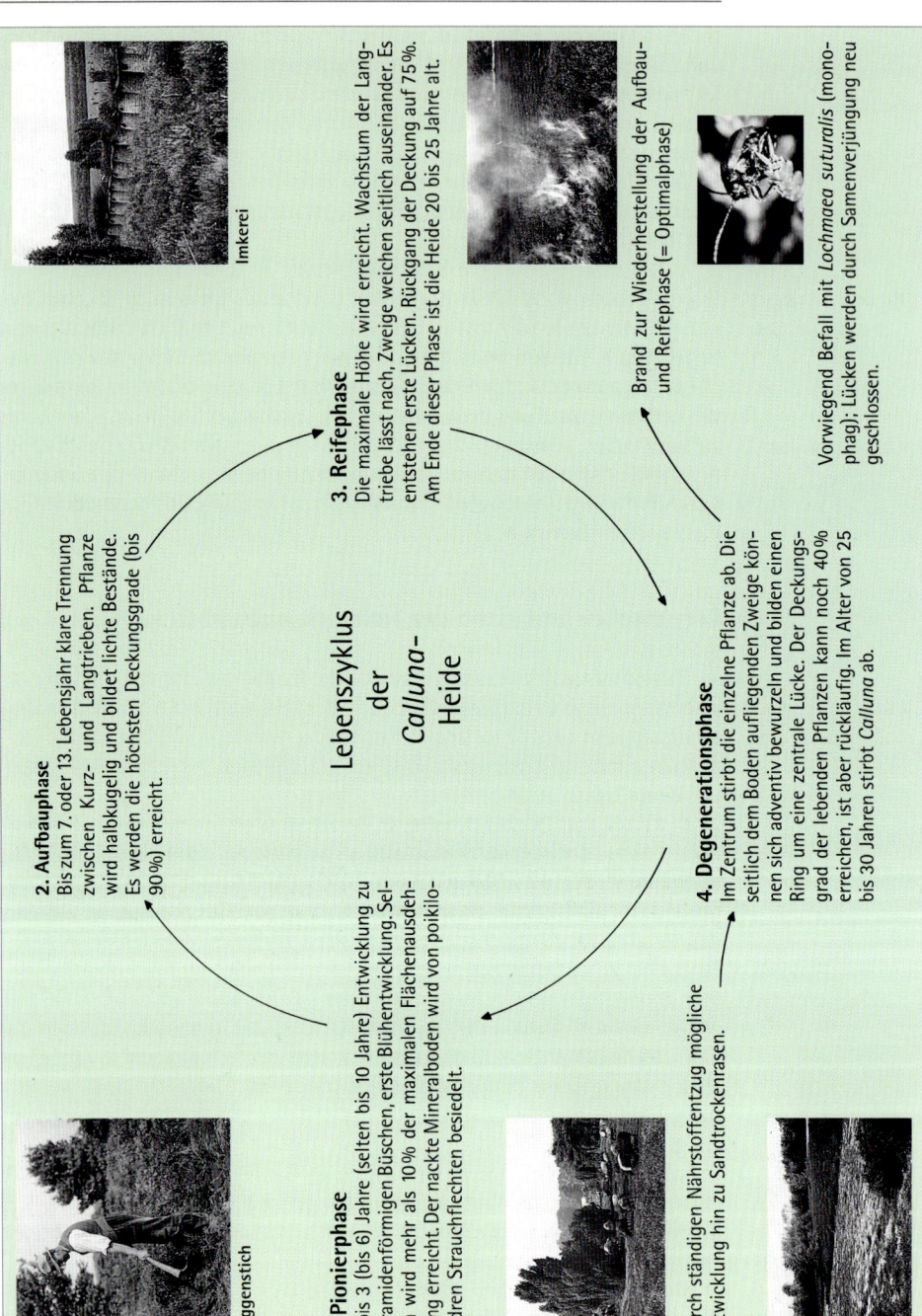

Imkerei

Plaggenstich

Lebenszyklus der *Calluna*-Heide

1. Pionierphase
0 bis 3 (bis 6) Jahre (selten bis 10 Jahre) Entwicklung zu pyramidenförmigen Büschen, erste Blühentwicklung. Selten mehr als 10% der maximalen Flächenausdehnung erreicht. Der nackte Mineralboden wird von poikilohydren Strauchflechten besiedelt.

Durch ständigen Nährstoffentzug mögliche Entwicklung hin zu Sandtrockenrasen.

2. Aufbauphase
Bis zum 7. oder 13. Lebensjahr klare Trennung zwischen Kurz- und Langtrieben. Pflanze wird halbkugelig und bildet lichte Bestände. Es werden die höchsten Deckungsgrade (bis 90%) erreicht.

3. Reifephase
Die maximale Höhe wird erreicht. Wachstum der Langtriebe lässt nach, Zweige weichen seitlich auseinander. Es entstehen erste Lücken. Rückgang der Deckung auf 75%. Am Ende dieser Phase ist die Heide 20 bis 25 Jahre alt.

Brand zur Wiederherstellung der Aufbau- und Reifephase (= Optimalphase).

4. Degenerationsphase
Im Zentrum stirbt die einzelne Pflanze ab. Die seitlich dem Boden aufliegenden Zweige können sich adventiv bewurzeln und bilden einen Ring um eine zentrale Lücke. Der Deckungsgrad der lebenden Pflanzen kann noch 40% erreichen, ist aber rückläufig. Im Alter von 25 bis 30 Jahren stirbt *Calluna* ab.

Vorwiegend Befall mit *Lochmaea suturalis* (monophag); Lücken werden durch Samenverjüngung neu geschlossen.

121 Lebenszyklus der Besenheide und die darauf abgestimmten Wirtschaftsweisen des Heidebauerntums.

punkt. Birken-Buschstadien des regenerierenden Waldes, Wacholderbüsche und Zwergstrauchheiden auf den podsolierten Sanden sind mit den Glockenheide-Gesellschaften der nasseren Standorte die verbindenden Elemente dieser Heidesandgebiete.

Der Lebenszyklus von Heidekraut und die Bewirtschaftung der Sandheiden

Optimal angepasste Nutzungen

Die frühere Bewirtschaftungsweise hatte sich genau auf den Lebenszyklus der Besenheide und der von ihr aufgebauten Sandheide-Gesellschaft (*Genisto-Callunetum*) auf trockenen Böden eingespielt (Abb. 121).

Etabliert sich die Besenheide an einer abgeplaggten bzw. abgebrannten Stelle wieder, dauert es zunächst zwei bis drei, selten sechs Jahre, bis die Jungpflanzen blühen. In der Pionierphase der Sandheide-Gesellschaft deckt das Heidekraut nur etwa zehn Prozent der Fläche. Der nackte Sandboden wird in dieser Phase von verschiedenen Strauchflechten besiedelt (u.a. *Cladonia sylvatica, Cladonia portentosa, Cladonia mitis, Cladonia uncialis, Cladonia impexa* und *Cornicularia aculeata*). Nach sechs bis zehn Jahren deckt *Calluna* dann bis über 90 Prozent des Bodens und blüht sehr üppig.

Aufbau-, Reife- und Zerfallsphasen

Diese Aufbau- und Reifephase der Pflanze ist zugleich die Optimalphase der Gesellschaft selbst und dauert etwa bis zum *Calluna*-Individualalter von 15 bis 20 Jahren. Dann beginnt die Degenerationsphase, während der die Pflanzen vom Zentrum her absterben, sich aber mit seitlich abgebogenen und dem Boden aufliegenden Zweigen adventiv bewurzeln können und dann oft ringförmige Strukturen um eine zentrale Lücke bilden (Abb. 122). Stellenweise kann sogar das Weißmoos *Leucobryum glaucum* solche degenerierten *Calluna*-Büsche besiedeln und sie mit über 20 cm hohen Polstern überwuchern, aus denen die Besenheide an wenigen Stellen noch durchtreiben kann (Abb. 123). Solche Überwucherungen können jahrelang über den zerfallenen *Calluna*-Strünken weiterwachsen.

Moose und Flechten helfen beim Abbau

122 Degenerierendes, vom Zentrum her absterbendes Exemplar der Besenheide. Die seitlich abgebogenen, dem Boden anliegenden Zweige können adventiv, d. h. mit ablegerähnlicher Sekundärwurzelbildung weiterleben. So entsteht eine ringförmige Struktur mit zentraler Lücke.

123 Weißmoos (Leucobryum glaucum).

143

Der Deckungsgrad der lebenden Pflanzen kann in diesem Stadium noch 40 Prozent erreichen, ist aber rückläufig. Im Degenerationsalter ist *Calluna* vielfach von epiphytischen Flechten, vor allem *Hypogymnia physodes,* bewachsen. Die Blatt- und Blühentwicklung der Besenheide ist meistens reduziert und im Alter von 25 bis 30 Jahren stirbt die Pflanze ab.

Wann stirbt das Heidekraut?

Krähenbeeren in Calluna–Heiden

Im Bereich intakter *Calluna*-Heiden des Binnenlandes wächst die in Küstenheiden flächenhaft verbreitete Krähenbeere *(Empetrum nigrum)* allenfalls an Schatthängen oder im Halbschatten von Wald- und Gebüschrändern, d. h. auf mikroklimatisch relativ günstigen Flächen (S. 145).

Mikroklimatische Unterschiede

Als Ursache der in jüngster Zeit vermehrt beobachteten, oft sprunghaften Ausbreitung der Krähenbeere in den Sandheiden des Binnenlandes kann man momentan nur einen Komplex annehmen, der sich offenbar aus folgenden Einzelfaktoren zusammensetzt:

- Die ökologischen Ansprüche von Krähenbeere und Besenheide sind ungleich.
- Besenheide meidet den Baumschatten, die Krähenbeere dagegen erträgt ihn.
- Die Krähenbeere erträgt im Gegensatz zur Besenheide Übersandung.
- Die Besenheide blüht nur anhaltend und gut, wenn sie beweidet wird, die Krähenbeere wird dagegen nicht gefressen. Die Besenheide kann so-

Calluna versus Empetrum

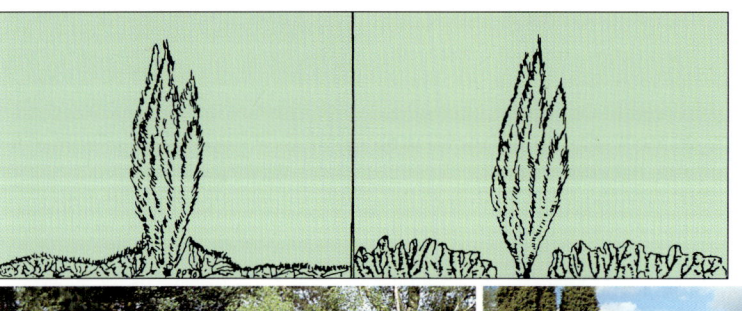

124 Struktur und unterschiedliche mikroklimatische Situation in Beständen von Krähenbeere (Empetrum) und Besenheide (Calluna). Zwergstrauchtyp (links) und irregulärer Zwergstrauchtyp (rechts).

	Calluna vulgaris	Empetrum nigrum agg.
Wuchsweise und Altersstruktur	horizontal und vertikal etwa gleich, Bestandsoberfläche im Alter „unruhig"	überwiegend horizontal, dank oberirdischer Kriechtriebe zum Spreizklimmen befähigt, gleichmäßige dichte Oberfläche
Fortpflanzungstyp und Polykormonbildung	überwiegend generativ, Polykormonbildung unbedeutend	überwiegend vegetativ; Polykormonbildung ausgeprägt
Höchstalter einzelner Stämmchen	bis etwa 40 Jahre	bis 140 Jahresringe gezählt
Bewurzelung	dauerhaftes Herzwurzelsystem; bei feuchtem Substrat leicht astbürtige Adventivwurzeln bildend, die in Kultur zur Ernährung ausreichen	zum dauerhaften Herzwurzelsystem regelmäßige sekundäre Bewurzelung an niederliegenden, oberirdischen Teilen
Sprossachsen	nicht assimilierend	nicht assimilierend
Blattmorphologie und Alter	einmal jährlich	einmal jährlich
Bestäubung	Insekten	wahrscheinlich überwiegend Wind, aber Nektarbildung und Insektenbesuch zu beobachten
Früchte	Kapsel mit 20 bis 32 Samen	Steinfrucht mit 6 bis 9 Samen
Ausbreitungsagentien	Wind, Anemorchie	Tiere, besonders Vögel, Endozoochorie
Samenkeimung	Dormanz wenig ausgeprägt	wahrscheinlich überwiegend Wind, aber Nektarbildung und Insektenbesuch zu beobachten
Pioniercharakter	ausgeprägt, dabei für Felsspalten geeignet	ausgeprägt
Überschüttungsfestigkeit	mäßig	gut (bei Sand)

gar aus Sprossstücken sekundär austreiben und durch Stecklinge vermehrt werden.

- Die Besenheide ist trittempfindlich und wird durch Beweiden mechanisch geschädigt; sie kann sich wieder ausdehnen, wenn sie weniger oder gar keine Tiere mehr befressen.

Monophage Heidekäfer
- Bei starker Überweidung oder nach Heidekäfer-Befall kann die Krähenbeere ehemalige Flächen der Besenheide einnehmen; denn der kleine Heidekäfer, *Lochmaea suturalis*, befällt ausschließlich die Besenheide, da seine Larven sich nur in feuchten, dichten Rohhumusdecken unter alten Besenheide-Beständen entwickeln können, wo sie vor Austrocknung geschützt sind.

Spreizklimmer
- Die Krähenbeere hat demgegenüber keine direkten Schädlinge, sie ist sehr konkurrenzkräftig und kann sich mit aufsteigenden Ästen als Spreizklimmer ausbreiten. Kegelförmige Zwergstrauchröcke können sich ringartig im Stammbereich von Eichen und Kiefern bis zu einer Höhe von 60 cm herausbilden, in Wacholderbüschen sogar bis zu mehr als einem Meter (Abb. 124).

125 Kolbenbärlapp (Lycopodium clavatum).

126 Borstgras (Nardus stricta) rechts und Trittbinse (Juncus squarrosus) links sind durch ihre kompakten Rosetten und die nahezu horizontal abgebogenen Blätter optimal an den Tritt der Schafe angepasst. Vor allzu starkem Verbiss sind ihre nachliefernden Meristeme geschützt, da sie im Innern der Blattbasen verborgen sind.

127 Blühende Kriechseide (Cuscuta epithymum) auf Calluna vulgaris.

Unter Kälte hat Empetrum weniger zu leiden

Krähenbeere und Besenheide haben als ericoide Arten eine unterschiedliche Struktur. Erstere ist ein Flach-Zwergstrauchtyp mit glatter Oberfläche, Letztere ein irregulärer Zwergstrauchtyp mit unregelmäßiger Oberfläche (Abb. 124). Deshalb genießt die Krähenbeere im Winter besseren und länger anhaltenden Schneeschutz als *Calluna*, folglich hat *Empetrum* in strengen Wintern auch weniger zu leiden. In *Empetrum*-Heiden ist etwa 4 Monate im Jahr mit Nachtfrösten zu rechnen, in *Calluna*-Heiden bis zu 8 Monate im Jahr.

Oberflächen-strukturen

Schneeschutz und Nachtfrost

Das zeigt sich auch sehr deutlich in der floristischen Struktur von *Calluna*-Heiden: Hier treten vermehrt nordische, also vorwiegend boreale Geoelemente als Begleiter auf, als Beispiele seien der Kolbenbärlapp (*Lycopodium clavatum*) und das zusätzlich an Tritt und Verbiss angepasste Borstgras genannt (Abb. 125, 126). Als Schmarotzer kommt zusätzlich die parasitische Kriechseide (*Cuscuta epithymum*, Abb. 127) häufig vor, die mit bleichen Suchsprossen aktiv an die frischen Zweige der Besenheide heranwächst, sie umschlingt und schließlich die Leitbahnsysteme – das Phloem – mit ihren Senkwurzeln, den Haustorien, anzapft um an die Nährstoffe zu gelangen.

Boreale Geoelemente

In den *Calluna*-Heiden treten höhere Temperatur-Maxima und tiefere Minima als in *Empetrum*-Heiden auf (Abb. 124). Der Boden von *Empetrum*-Heiden ist infolge ausgeglichenerer Bedingungen insgesamt meist kühler als unter *Calluna*, im Durchschnitt macht das 1 bis 3 °C aus. Das ausgeglichenere Standortsklima erklärt, warum die Krähenbeere besonders an nordexponierten Binnendünen, in Mulden und in halbschattigen Situationen vorkommt.

Krähenbeere, Indikator für kühleres Mikroklima

Plant area index, green area index

Die Gesamtoberfläche aller Pflanzenteile (plant area index) beträgt nach Jan Barkman (1990) bei der Krähenbeere 625 Prozent, bei der Besenheide nur 422 Prozent, der Anteil an photosynthetischer Biomasse (green area index) von 240 Prozent bei der Krähenbeere ist bei der Besenheide mit 192 Prozent nur unwesentlich weniger. Beides zusammen bedeutet, dass das heterotrophe Pflanzenmaterial bei der Krähenbeere größer ist als bei der Besenheide. Erstere benötigt demzufolge für dessen Produktion und Erhaltung sowohl bessere Nährstoffbedingungen als auch eine höhere Mineralisation.

Biomasse der Heide

Unterschiedliche Artenkombinationen

Vergleichende Stickstoffbestimmungen von Richard Pott und Joachim Hüppe in den Rohhumusauflageschichten von Krähenbeere- und Besenheiden vom September 1990 ergaben in den emsländischen Wachendorfer Heiden annähernd gleiche Werte von 1,22 Gewichtsprozenten organisch gebundenen Stickstoffs in Besenheide-Beständen und 1,23 Gewichtsprozenten in Krähenbeerbeständen. Somit zeigen diese beiden Heidetypen keine signifikanten Unterschiede im Stickstoffgehalt und im Kohlenstoff-Stickstoff-Verhältnis. Dieses so genannte C/N-Verhältnis von Bodenauflagen in Besenheide-Beständen betrug 30,3 und in der Streu von Krähenbeere 28,4 Prozent. Offenbar sind alle Stickstoffverbindungen in der Biomasse der Besenheide gebunden.

Kohlenstoff-, Stickstoffverhältnisse

Empetrum-Heiden enthalten meist dickere Rohhumusauflagen (5 bis 10 cm) und die Oberböden sind nicht so stark ausgewaschen oder podsoliert wie die Böden der *Calluna*-Heide. Messungen des Boden-pH ergaben unter *Empetrum* beispielsweise Werte zwischen pH 4 und 6, unter *Calluna*-Heiden von pH 3,6 bis 4,2. In den Rohhumuspaketen der *Empetrum*-Heiden tritt vermehrt die Gelbe Waldameise (*Lasius flavus*) auf, in den *Calluna*-Heiden gleichen Alters fehlt sie in den beobachteten Beständen (S. 145).

Unterschiede der Böden

Die skizzierten strukturellen und kleinstandörtlichen Unterschiede zwischen *Calluna*- und *Empetrum*-Heiden bedingen natürlich auch unterschiedliche Artenkombinationen. Eigenartigerweise vergrasen die *Empetrum*-Flächen nicht, während zahlreiche *Calluna*-Heiden heute starker Vergrasung mit Drahtschmiele, Borstgras oder auch Pfeifengras unterliegen.

Vergrasung mit Drahtschmiele

Die vermehrte Ausbreitung von Deschampsia (= *Avenella) flexuosa*, die seit den fünfziger Jahren beobachtet wird, ist mit hoher Wahrscheinlichkeit einer Zunahme aerosolierter Stickstoff-(N-) und Stickoxid-(NO_x)-Verbindungen sowie Schwefeldioxid-(SO_2)- bzw. Ammonium-(NH_3)-Depositionen zuzuschreiben, die gleich in die Biomasse inkorporiert werden. Von den Stickstoffverbindungen wird ein Großteil im oberen Boden akkumuliert,

Wirkungen von Luftstickstoff

wie es unsere Messungen in den Heiden des Naturschutzgebietes Heiliges Meer (Band 1 dieser Reihe) zeigen. Die *Calluna*-Heide kann etwa 40 bis 45 kg N pro Jahr und Hektar akkumulieren; ein Teil davon wird mineralisiert und ausgewaschen. Insgesamt löst die Akkumulation von Biomasse in der Heide aber eine Langzeitentwicklung über grasreiche Übergangsstadien hin zum Birken-Eichenwald aus, wie es das verallgemeinerte Schema der Abbildung 128 zeigt.

Aerosolierte N-Depositionen

Bei Zufuhr von Ammonium und Schwefeldioxid erfolgt beispielsweise eine leicht zu beobachtende Schädigung der Cuticula von *Calluna vulgaris* und damit verbunden eine gleichzeitige Erhöhung des parenchymatischen Blattgewebeanteils. Der Heide-Käfer kann als Schadinsekt somit erfolg-

Langzeitentwicklung

128 a Heidelandschaft bei Wilsede mit starkem Drahtschmielen-Aufwuchs. Oftmals finden wir solche Vergrasungen auf ehemals kurzfristig genutzten Äckern, die wieder aufgelassen wurden. Dieser Effekt tritt auch infolge starker Stickstoffmineralisation in überalterten, nicht geplaggten Heiden auf.

128 b Schema einer raum-zeitlichen Veränderung in Calluna-Heiden vom grasreichen Pionierstadium über Heidestadien zum Drahtschmielen-Aufwuchs mit Deschampsia cespitosa. Nach starker Mineralisation und Akkumulation von Biomasse kommt es zum Birkenaufwuchs. Die Jahresangaben sind nach langjährigen eigenen Beobachtungen geschätzt, die Mengenangaben resultieren aus langjährigen Daten in norddeutschen Heiden.

Modell für eine raum-zeitliche Veränderung einer Heide nach Auflassen des Managements

129 Abgrenzung der Lüneburger Heide nach der naturräumlichen Gliederung.

Fraßverhalten des Heidekäfers

reich und vermehrt angreifen, die Besenheide vernichten und sekundäre Aufwuchsflächen für *Empetrum* schaffen.

Nach Aufgabe der traditionellen Heidewirtschaft und der damit verbundenen Alterung der *Calluna*-Bestände bis zur Degenerationsphase lässt sich

Drahtschmiele verzehrt Rohhumus

auch eine vermehrte Rohhumusbildung beobachten, wodurch die Drahtschmiele in die strauchige Heide eindringen und den Rohhumus aufzehren kann (Abb. 128). Es gibt Flächen, in denen sich anschließend an eine *Avenella*-Phase die *Calluna*-Heide wieder verjüngt und stellenweise die Krähenbeere beigemischt ist (S. 145).

Absterben der Besenheide

Schließlich gibt es auch Prozesse, in deren Verlauf die Besenheide nach extrem trockenen Sommern abstirbt – so zuletzt 1989, 1990, 1996 und 1997 – und die betroffenen Flächen anschließend sofort von Drahtschmiele oder anderen Gräsern eingenommen werden. In solchen Stadien zeigt die Drahtschmiele ein besonderes Beharrungsvermögen. In Krähenbeerheiden tritt dieser Vergrasungseffekt nicht ein, da die Krähenbeeren offensichtlich unter solchen Trockenschäden nicht direkt leiden und eventuell auch die Luftstickstoffverbindungen zu erhöhter Biomasseproduktion benutzen können.

149

Werden und Vergehen einer Kulturlandschaft

Wälder, Moore und Flüsse in der Heide

Ziel: Klassische Abfolgen der glazialen Serie, Kennenlernen von Oberflächenformen und Höhenräumen nach Art und Menge der eiszeitlichen Akkumulationen, Moore und Fließgewässer in der Heide, Heidelandschaften und ihre Vegetation.

Route 1: Von Behringen nach Ober- und Niederhaverbeck zu den Parkplätzen, von dort zu Fuß auf ausgeschilderten Rundwegen zum Wilseder Berg, zum Totengrund und Steingrund. Das Pietzmoor erreicht man am besten von Schneverdingen aus in Richtung Hof Möhr (Alfred-Toepfer-Naturschutzakademie).

Karte: Abb. 130

Route 2: Von den Parkplätzen bei Niederhaverbeck bzw. Oberhaverbeck Fußwanderungen ins Oberhaverbecker Holz 1) oder ins Niederhaverbecker Holz 2) und die Ehrhorner Dünen 3).

Karte: Abb. 139

Glaziale Serie, Oberflächenformen, Höhenräume, Moore, Fließgewässer

130 Das Naturschutzgebiet Lüneburger Heide.

Wanderungen

Route 3: Fußwanderungen von den Parkplätzen Niederhaverbeck und Oberhaverbeck auf ausgeschilderten Wanderwegen nach Wilsede, in den Totengrund, nach Undeloh (weitere Möglichkeiten: Haus der Natur in Döhle, Wildpark Nierdorf).

Wenn sich im August der Blütenteppich von Besenheide über die Lüneburger Heide erstreckt, zieht es alljährlich wieder Millionen von Besuchern aus aller Welt in diese ganz eigene Landschaft zwischen Niederelbe und Aller – in eines der beliebtesten deutschen Erholungsgebiete.

Dichter entdecken eine verpönte Landschaft

Heidjer und Dichter

Kein Mensch begreift heute, dass diese Landschaft noch vor hundert Jahren als „Arme-Leute-Stube der Natur" verpönt werden konnte. „Königstochter im Hirtenkleid", nannte der Heidjer (ein Mensch aus der Heide) und Journalist August Freudenthal in seinen „Heidefahrten 1890–1897" seine ansonsten eher verschmähte Heimat. Für die herbe Schönheit der

Hermann Löns

Heide haben uns Dichter wie der „Wahlheidjer" Hermann Löns zu Anfang dieses Jahrhunderts die Augen geöffnet. Obwohl kaum noch gelesen, ist der Name des „Heidedichters" immer noch eng mit der Landschaft verbunden.

Er löste einst einen derartigen „Run" auf die Lüneburger Heide aus, dass sich beispielsweise schon an einem Septembertag im Jahre 1906 mehr als 4000 Leute am Wilseder Berg aufhielten und in Hamburg an einem einzigen Tag 14 000 Fahrkarten für die Heidestationen ausgegeben wurden. Als diese Landschaft sich noch unendlich ausdehnte, fanden alle sie grässlich, selbst die Romantiker Eichendorff und August von Platen in „Der roman-

Reisebeschreibung von 1797

tische Ödipus". In „Küttners Reisebeschreibung" von 1797 hieß es „... ich dachte nicht, dass das Land gar so elend wäre." Als „flach und öde wie die Lüneburger Heide" beschrieb Heinrich Heine ungalant den Busen einer Dame. „Hier in dieser Wüste", schlug Jeremias Gotthelf 1823 vor, „wäre Platz für die streitsüchtigen Könige, die dort ihre Kämpfe austragen sollten ohne fruchtbare Felder zu verwüsten." Immerhin griff das Militär den Vorschlag auf, indem es in der „norddeutschen Sahara" 1893 einen Truppenübungsplatz einrichtete, den bis vor wenigen Jahren noch NATO-Panzer zerpflügten. Erst jüngst wurden die Übungsflächen geräumt – die Heide kann sich erneut ausbreiten.

Heidemaler Christian Morgenstern

Der Hamburger Maler Christian Morgenstern, Großvater des gleichnamigen Dichters, hat 1827 als Erster einen Heideweg auf die Leinwand gebannt. Ein Augsburger Kunstkritiker wunderte sich damals über die Landschaft, von der man bis dahin glaubte, es sei sogar „unmenschlich, dort eine Verbrecherkolonie anzulegen".

Noch heute ist die Lüneburger Heide mit nur 40 bis 100 Einwohnern je km^2 in den ländlichen Bereichen relativ dünn besiedelt; Städte liegen mit Ausnahme von Uelzen und einigen Kleinstädten nur am Rande.

Erster Naturschutzpark Deutschlands

Es wirkt paradox, dass sich dem heutigen Besucher so ein intensives Naturerlebnis ausgerechnet in einer von Menschenhand geschaffenen Landschaft eröffnet. Da im Mittelalter, wie wir gesehen haben, der Holzbedarf enorm anstieg, weil Metallschmelzen, Glashütten, Ziegeleien, Schiffswerften und die Siedepfannen der Lüneburger Saline beheizt werden mussten, rodete man die Wälder kurzerhand. Auf den kahlen Flächen siedelte sich das anspruchslose Heidekraut an und dominierte ab dem 18. Jh. das heutige Heidegebiet. Der Zwergstrauch bedeutete – wie wir gesehen haben – die Existenzgrundlage für die Heidebauern, die hier mit Bienen- und Schafzucht ihr Dasein fristeten. Die meisten Schafrassen gaben sich mit dem trockenen Kraut aber nicht zufrieden, nur die Heidschnucke war genügsam genug. Heute ist sie das Wahrzeichen der Heide und die schönen Felle werden überall gehandelt.

Raubbau an der Natur

1921 wurde das mehr als 20 000 ha große Heidegebiet zum ersten Naturschutzpark Deutschlands erklärt und bietet seitdem Hannoveranern, Lüneburgern, Hamburgern und Besuchern aus der ganzen Welt Erholung. Gerettet wurde die Landschaft um Wilsede vom Heidepastor Wilhelm Bode aus Egestorf, nachdem die Heideseligkeit nicht nur Turnvereine, Kegelbrüder und picknickende Großfamilien, sondern auch Häuslebauer und Spekulanten angelockt hatte. Bode kaufte 1905, als im Totengrund eine Ferien-

Erster Naturschutzpark Deutschlands

131 Warthestadialer Endmoränenzug mit plateauartigen Hochflächen und parallel streichenden Senken bei Wilsede – sie bilden eine natürliche Wasserscheide zwischen den Einzugsgebieten von Weser und Elbe.

siedlung entstehen sollte, die erste Fläche auf und erwarb 1910 mit Hilfe des 1909 gegründeten Vereins Naturschutzpark für 100 000 Goldmark den ganzen Wilseder Berg. Auch der Münsteraner Professor Dr. Andreas Thomsen (1863 bis 1948) ist hier zu nennen. Zusammen mit Pastor Bode erkannte er die Bedeutung des Gebiets für den Naturschutz; beide setzten ihre Vorstellungen gezielt und erfolgreich durch.

Heute sind mit Ausnahme der Straßen von Bispingen nach Wintermoor und von Sahrendorf über Undeloh nach Wesel alle Wege für Kraftfahrzeuge tabu. Man erobert die Heide zu Fuß, zu Pferd, mit dem Fahrrad oder der allseits beliebten Pferdekutsche. Startpunkte sind die großen Parkplätze in Niederhaverbeck, Döhle und Undeloh. Von dort aus strebt man am besten durchs Heidekraut und den Wald und nähert sich langsam aber sicher durch den „Totengrund" Wilsede, dem „Herz der Heide". Die reetgedeckten alten **Viehzucht und** Höfe wirken wie Museumsstücke, doch werden da modernste Viehzucht **Tourismus** und Gastronomie für die Touristenmassen betrieben. Lediglich „Dat ole Huus" mit erhaltener Einrichtung aus der Zeit um 1800 dient als Museum. Danach geht's auf den Wilseder Berg (wenn 169 m Berg genannt werden können), wo man bei klarem Wetter eine Aussicht über die Heide bis hin zu den Türmen von Hamburg und Lüneburg genießt. Der etwa 20 000 ha große **Verein** Park ist zum Naherholungsgebiet geworden, für dessen Erhalt der Verein **Naturschutzpark** Naturschutzpark und sein langjähriger Vorsitzender, der Hamburger Kaufmann und Mäzen Alfred C. Toepfer (1896 bis 1995), große Summen bereitstellten. Trotz aller Bemühungen sind die verbliebenen Heideflächen heute auf rund 5000 ha im Naturschutzpark geschrumpft.

Zwergstrauchheiden Zu den großen binnenländischen Zwergstrauch-Heidegebieten Europas, **in Europa** die unter menschlichem Einfluss entstanden, gehören außer dem Naturschutzgebiet Lüneburger Heide nur noch die Campina'sche Heide in Flandern, die Veluwe in Drenthe und die Randøler Heide in Jütland.

Es sind die bezeichnenden zwergstrauchreichen, mit Wacholdern und Kiefern durchsetzten Vegetationsformationen vor allem in Nordwesteuro- **Ozeanische Heiden,** pa, meist auf feucht-kühlen und sandigen Böden. Man unterscheidet zu- **Kalkheiden,** nächst ozeanische Heiden, deren bekanntester Vertreter die atlantische **Gebirgsheiden** Heide Nordwestdeutschlands und Nordwesteuropas ist (Abb. 108). Als Kalkheiden werden sodann die im Binnenland auf trockenen und warmen, meist kalkhaltigen Böden anzutreffenden gehölzarmen Trockenrasen mit Wacholder bezeichnet, die bei oberflächlich versauertem Bodensubstrat ebenfalls Zwergsträucher beherbergen können. Gebirgsheiden schließlich treten in Mattenregionen der Hochgebirge und Hochlagen einiger Mittelgebirge auf; sie enthalten polsterartig wachsende Zwergsträucher und Flechten.

Naturräumliche Grundkonstellation

Die Lüneburger Heide erstreckt sich südlich von Hamburg und Lüneburg bis zu einer Linie zwischen Verden, Celle und Gifhorn. Da sich über ihre genauen geographischen Abgrenzungen unterschiedliche Angaben finden, wird die naturräumliche Gliederung zu Grunde gelegt. Danach liegt sie zwischen den Urstromtälern von Elbe und Aller, die sie im Norden und Süden natürlich begrenzen. Im Westen schließt sich die Stader Geest, im Osten die Altmark an diesen Naturraum an, der sich nach Gerd Völksen (1984) in Nordheide, Hohe Heide, Südheide sowie in Ostheide und das Uelzener Becken im Osten untergliedern lässt (Abb. 129).

Begrenzt von Urstromtälern, Stader Geest und Altmark

Den Kernbereich des gesamten Naturraumes bildet die Hohe Heide, die sich aus den massigen im Warthestadium der Saalevereisung entstandenen Endmoränenzügen aufbaut. Von den Schwarzen Bergen bei Harburg ausgehend erstrecken sie sich über die Lohberge, den Wilseder Berg, Raubkammer und Lüss bis zu den Sprakensehler und Wierener Bergen nach Südosten und markieren grob den Verlauf der Wasserscheide zwischen Elbe und Aller (Abb. 131). Dieser „Höhenhauptzug" mit seinen ausgedehnten plateauartigen Hochflächen, sanft gerundeten massiven Erhebungen, Dünen, periglazialen Trockentälern und Senken erreicht durchweg Höhen von mehr als 100 m über dem Meeresspiegel. Herausragend – wie gesagt – der Wilseder Berg mit 169 m, der zugleich den höchsten Punkt des gesamten nordwestdeutschen Tieflands markiert (Abb. 9). Diese verschiedenartigen Reliefformen sind entscheidend für das unterschiedliche Regionalklima der Lüneburger Heide:

Wasserscheide zwischen Elbe- und Aller-Weser-System

Höchster Punkt Wilseder Berg

	westliche Hohe Heide	Hohe Heide	Ost Heide
Mittlere Jahresniederschlagssumme (mm)	670	730	630
Mittlere Jahrestemperatur in °C	8,6	8	8
Mittlere Temperatur von Mai-September in °C	14,7	14,3	14,8
Mittlere Jahresschwankung der Temperatur in °C	16,3	16,7	17,3
Mittlere Zahl der Frosttage	83	100	90
Mittlere Zahl der Tage mit Schnee	30	43	40

Diese Klimadaten der Lüneburger Heide mit ihren Teilgebieten, der westlichen Hohen Heide, der Hohen Heide und der Ostheide zeigen im Vergleich mit den benachbarten Gebieten vor allem die relativ hohen Niederschlagsmengen und die durchschnittlich geringeren Lufttemperaturen im Sommer. Dazu kommen relativ viele Frosttage sowie Tage mit Schneelagen. Insgesamt ist das Klima damit auf Grund der hohen Niederschlagsmengen und der kühlen Sommer als humid einzustufen.

Relief und Kleinklima

Das Landschaftsbild der zentralen Lüneburger Heide zeigt sich in vielfältiger Weise durch glaziale Formungsprozesse geprägt. Im Drenthe-Sta-

Eisrandlagen prägen die Landschaft

Toteisreste und deren Hohlformen

dium der Saale-Kaltzeit zog sich die Vereisungsgrenze von Nordwesten nach Südosten genau zwischen den Urstromtälern von Elbe und Aller entlang. So wurden im Gebiet der Lüneburger Heide ausgeprägte Eisrandlagen ausgebildet und es kam zur Entstehung eines reichen glazialen Formenschatzes, dessen Relikte uns in den schon beschriebenen heutigen Oberflächenformen entgegenstehen (Abb. 9, 131, 132).

Während sich das Eis allmählich zurückzog, ließ es einzelne Toteisblöcke zurück, die von Geröllmassen verschüttet und so über Jahrhunderte konserviert wurden. Als sie abschmolzen, entstanden tiefe, abflusslose Hohlformen, die jedoch häufig während der Weichselkaltzeit zugeschüttet wurden und daher nur selten erhalten blieben.

132 Die flach geneigten Sanderflächen der westlichen Lüneburger Heide sind eine traditionell reich gekammerte Kulturlandschaft aus Äckern, Hecken und Waldresten. Hier ein Roggenfeld mit Hundskamille-Unkrautgesellschaft.

133 Wacholderheide im Totengrund – einem periglazialen Trockental mit großem Eisbrodeltopf, der das Tal nahezu kreisrund ausgeformt hat.

155

134 Ausblasungs-
wanne oder Deflations-
mulde mit randlich
aufgehäuften Dünen
aus Wehsanden.

**Trockentäler
aus dem Permafrost**

Eine Besonderheit der Lüneburger Heide stellen außerdem zahlreiche Trockentäler dar, periglaziale Elemente aus der Zeit, als der Boden dauerhaft gefroren war. Sie prägen die Landschaft in einzigartiger Weise. Sie wurden von Schmelz- und Niederschlagswässern geschaffen, die im Hochglazial wegen des Permafrostes oberirdisch abflossen. Heute liegen diese Bachtäler trocken, weil das Wasser im durchlässigen Sanduntergrund versickert. Ein Beispiel für ein solches Trockental ist der Totengrund bei Wilsede (Abb. 133).

**Dünen und Flugsand-
decken**

Durch Windeinwirkung entstanden ferner während der Kaltzeiten die mehrfach erwähnten Dünen und Flugsanddecken, die an breite, kaltzeitliche Talzüge gebunden sind, wo sie sich auf Grund der vorherrschenden Westwinde akkumuliert auf den Ostseiten finden. Die Dünen stehen zumeist in engem Zusammenhang mit Ausblasungswannen, aus denen der Wind das Material bis in die Nähe des Grundwasserspiegels abtransportiert und an ihrem Ostrand wieder abgelagert hat. Im Postglazial entstanden in diesen Hohlformen mit dem Anstieg des Grundwasserspiegels flache Seen und Senken, die später vielfach vermoorten (Abb. 134). Neben diesen drei großen Gruppen kommt es in den Niederungen mit wachsender Grundwassernähe zur Entstehung vergleyter Podsole. Auf den feuchten bis nassen Sanden mit Lehmanteil entstanden Pseudogleye, Gleye und Anmoorgleye. In räumlicher Nähe zu den Fließgewässern können dazu Niedermoore über fluviatilen Sanden ausgebildet sein.

**Vermoorte Seen
und Senken**

Die letzten Moore

Heidemoore

Für zahlreiche Gebiete im Umfeld der Lüneburger Heide weisen die Landkarten Moore aus; aber von den einst ausgedehnten Moorgebieten ist heute kaum noch etwas übrig. Sie sind abgetorft, entwässert, kultiviert und zu Grünland, Äckern und Forsten geworden. Naturnahe Moore gibt es nur noch an wenigen Stellen (Abb. 135, 136); sie sind allesamt von Jes Tüxen (1984) erfasst und katalogisiert worden.

    Beispielhaft soll hier das bedeutende Pietzmoor bei Schneverdingen vorgestellt werden, wo früher Torf gestochen wurde. Jetzt sind die Flächen wieder vernässt. Dort wächst der „Baumeister der Moore", das Torfmoos. Dessen Wurzeln sterben unten in gleicher Menge ab, wie das Moos nach oben weiterwächst. Die abgestorbenen Teile werden zu Torf. So wächst das Moor jedes Jahr um wenige Millimeter. Moore sind Refugien seltener Pflanzen wie Wollgras oder Sonnentau und bedrohter Tierarten wie Birkhuhn, Sumpfohreule und Moorfrosch. Außerdem sind sie „natürliche Geschichtsbücher", weil Torf Pflanzen- und Tierreste über Jahrtausende konserviert und so die

Torfmoos, „Baumeister" der Moore

135 Wassergefüllte Moorschlenken zeugen von der Naturnähe der Heidemoore.

136 Ein Charakteristikum der Heide sind die Niedermoore mit reichlich Moorlilien (Narthecium ossifragum), die teilweise standörtliche Übergänge zu Hochmooren zeigen wie das Schierhorner Moor in der Nordheide.

Rekonstruktion der Umwelt vergangener Zeiten ermöglicht. Als ausgepräg-tes Hochmoor liegt das Pietzmoor mit mehr als 4 m mächtiger Torfschicht einem Untergrund aus Geschiebedecksand über Geschiebelehm auf. Das Pietzmoor ist ein ausgedehntes Hochmoor, es nimmt ca. 2,5 km² Fläche ein und stellt nach Fritz Overbeck (1975) als Sattelmoor eine Wasserscheide

Wasserscheide, Pietzmoor

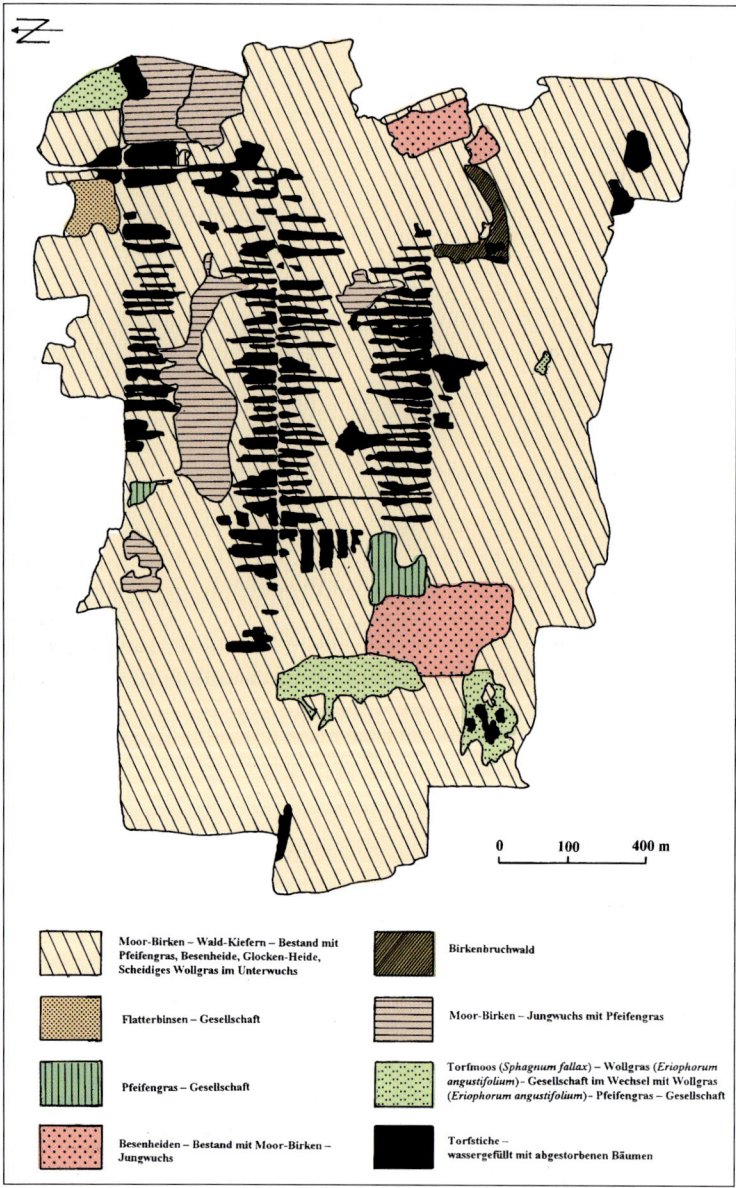

0   100   400 m

Moor-Birken – Wald-Kiefern – Bestand mit Pfeifengras, Besenheide, Glocken-Heide, Scheidiges Wollgras im Unterwuchs

Flatterbinsen – Gesellschaft

Pfeifengras – Gesellschaft

Besenheiden – Bestand mit Moor-Birken – Jungwuchs

Birkenbruchwald

Moor-Birken – Jungwuchs mit Pfeifengras

Torfmoos (*Sphagnum fallax*) – Wollgras (*Eriophorum angustifolium*) – Gesellschaft im Wechsel mit Wollgras (*Eriophorum angustifolium*) – Pfeifengras – Gesellschaft

Torfstiche – wassergefüllt mit abgestorbenen Bäumen

137 Vegetationskarte des Pietzmoores.

zwischen der Aller im Osten und der Wümme im Westen dar. Nach Osten entwässert das Moor über die Böhme zur Aller und schließlich in die Weser, nach Westen über die Veerse zur Wümme und ebenfalls in die Weser.

Torfgewinnung im Handstich

Zu Beginn des 20. Jh. wurden im Pietzmoor Entwässerungsgräben angelegt, die bis in den mineralischen Untergrund reichten, sodass das bis dahin intakte ombrotrophe Moor weit gehend trockenfiel. Danach begann eine systematische Torfgewinnung im Handstich. Inzwischen sind vom ehemaligen Torfkörper fast nur noch die Bänke zwischen den Torfstichen übrig geblieben. In der zweiten Hälfte der siebziger Jahre wurden die Entwässerungsgräben verschlossen. Die Torfstiche sind seitdem bis zur Mooroberfläche mit Wasser gefüllt. Daraufhin starben die Bäume in den Torfstichen ab und die von Jes Tüxen (1984) zuvor beobachteten Vermoorungsinitialen wurden überschwemmt. Nach der abrupten Wiedervernässung haben sich erneut Torfmoosschwingrasen an den Rändern der Torfstiche gebildet.

Wiedervernässung und ihre Folgen

Die aktuelle Vegetation des Pietzmoores wird im Wesentlichen von zwei Einheiten gebildet: aus der Vegetation der überschwemmten Torfstiche und aus der Vegetation der stehen gelassenen Torfbänke (Abb. 137). Auf den letzteren haben sich die Gehölze, die dort zur Zeit der Entwässerung günstige Keimungsbedingungen fanden, weiter etabliert und einen dichten Bestand aus Moorbirke (*Betula pubescens*) und Waldkiefer (*Pinus sylvestris*) aufgebaut. Die Dominanz dieser beiden Arten wechselt, auf einigen Flächen kommt ausschließlich die Moorbirke vor. Im Unterwuchs solcher Bestände finden sich Heidesträucher (*Calluna vulgaris*, *Erica tetralix*), Wollgras (*Eriophorum vaginatum*) und Pfeifengras (*Molinia caerulea*) und in der südlichen Hälfte des Moores kommt die Krähenbeere (*Empetrum nigrum*) zum Teil flächendeckend vor. Aus den unter Wasser stehenden Torfstichlöchern ragen derzeit die Stämme der abgestorbenen Bäume heraus, die sich während der Entwässerungsphase dort angesiedelt hatten. Mittlerweile werden die Wasserflächen sukzessive seitlich von Torfmoosdecken eingenommen. In einigen Bereichen geringerer Torfmächtigkeit sind die alten Torfstiche schon vollständig von einem Schwingrasen aus Torfmoosen von *Sphagnum cuspidatum* oder *Sphagnum fallax* und Wollgras (*Eriophorum angustifolium*) ausgefüllt. Im Westen des Moores befindet sich eine Fläche mit dicht beieinander liegenden kleinen und weniger tiefen Torfstichen. Diese Fläche ist noch relativ baumfrei, lediglich auf den Torfkanten wachsen einige junge Kiefern über die Fläche verteilt. Die Torfbänke weisen sonst eine Vegetationsdecke aus Wollgras und Pfeifengras auf. Eine Wanderung über den hölzernen Bohlenweg rund um das Moor zeigt dies alles sehr deutlich.

Vegetationsentwicklung in aufgelassener Heide

Lokalklima der Heide

Für das Lokalklima der Lüneburger Heide sind Relief, Vegetationsbedeckung und Bodenbeschaffenheit bestimmend, wie wir mehrfach gesehen haben. In der Zeit fast vollständiger Entwaldung schwankten die Temperaturen auf Grund des sandigen Untergrundes stärker als heute, da die grund-

159

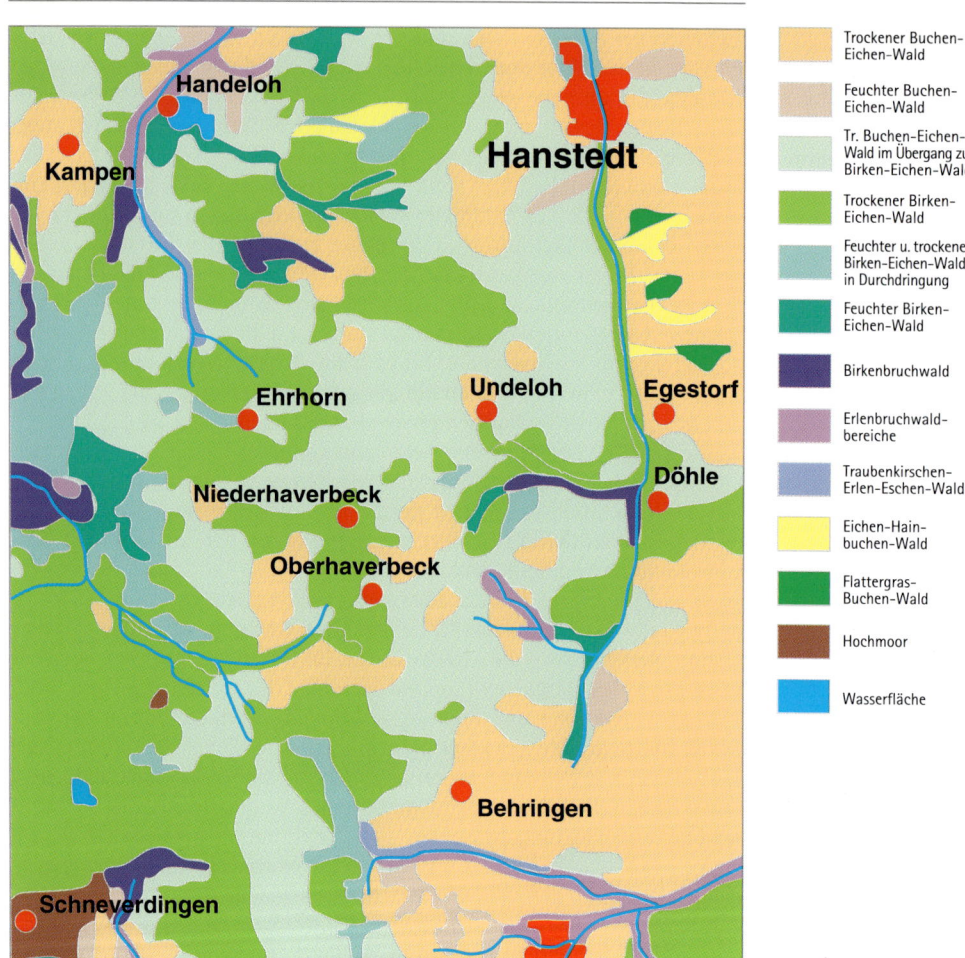

	Trockener Buchen-Eichen-Wald
	Feuchter Buchen-Eichen-Wald
	Tr. Buchen-Eichen-Wald im Übergang zum Birken-Eichen-Wald
	Trockener Birken-Eichen-Wald
	Feuchter u. trockener Birken-Eichen-Wald in Durchdringung
	Feuchter Birken-Eichen-Wald
	Birkenbruchwald
	Erlenbruchwald-bereiche
	Traubenkirschen-Erlen-Eschen-Wald
	Eichen-Hain-buchen-Wald
	Flattergras-Buchen-Wald
	Hochmoor
	Wasserfläche

138 Karte der natürlichen Vegetation des Naturschutzgebietes Lüneburger Heide.

wasserfernen Böden eine geringe Wärmekapazität haben und die Ausstrahlung bei fehlender Waldbedeckung wesentlich größer ist. In den zahlreichen flachen Mulden werden bei windschwachen Strahlungswetterlagen immer noch höhere, nachts dagegen oft niedrigere Temperaturen gemessen als in angrenzenden Hang- und Kuppenlagen, wie es U. Hanstein & K. Sturm (1986) festgestellt haben. Betrachtet man die Situation kleiner, in der Lüneburger Heide häufig vorkommender Bachtäler, so stellt sich zusätzlich ein deutlicher Unterschied zwischen den nord- und den südexponierten Hanglagen heraus.

Bachtäler der Heide

Nord-Süd-Gegensätze

Während die Temperaturschwankungen im Tag-Nacht-Wechsel und an den Südhängen auch im Jahresverlauf sehr hoch sind, fallen sie an den Nordhängen wesentlich geringer aus. Zudem genießt die Vegetation dort längeren Schneeschutz und muss weniger Frosttage überdauern. Insgesamt gesehen, bieten sich an nordexponierten Hängen deshalb etwas ausgeglichenere Bedingungen als in südexponierten Lagen. Dies spiegelt sich in der Pflanzendecke und ist auf der Wanderung zum Wilseder Berg wunderbar zu sehen.

Unter potenzieller natürlicher Vegetation, wie sie Reinhold Tüxen (1956), Ernst Burrichter (1973) sowie Burrichter et al. (1988) definiert haben, versteht man die Vegetation, die sich unter aktuellen Standortverhältnissen

Vielfältige Waldlandschaften

nach dem Aussetzen anthropogener Beeinflussung einstellen würde. Da fast alle Standorte meist irreversibel durch menschliche Eingriffe verändert worden sind, unterscheidet sich die potenzielle natürliche Vegetation deshalb häufig von der ursprünglichen. Dauerhafte Veränderungen, bedingt durch massives Eingreifen ins Vegetationsgeschehen, sind dabei vor allem innerhalb der Böden von Mooren und Gewässern festzustellen. Im Naturschutzgebiet Lüneburger Heide dominiert in diesem Zusammenhang die großflächige Entstehung von Heidepodsolen, die bei der Beurteilung des Standortpotenzials und der Herleitung der potenziellen Vegetation berücksichtigt werden muss.

Die Karte der potenziellen natürlichen Vegetation (Abb. 138) stellt im Wesentlichen drei Vegetationseinheiten heraus, deren Wuchsgebiet von der Verteilung der Böden umrissen wird. Die Böden auf Geschiebelehmen würden vom trockenen Eichen-Buchen-Wald (*Lonicero-Fagetum*) beherrscht, während auf den armen Schmelzwasser- und Flugsanden der trockene Birken-Eichen-Wald *(Betulo-Quercetum)* vorkommen könnte. Auf den reicheren bis mittleren Sanden wären der Buchen-Eichen-Wald sowie der

Die natürlichen Wälder

feuchte und trockene Birken-Eichen-Wald mit Übergängen zwischen bei-

139 Oberhaverbecker Holz 1, Heideauffor-stung 2 und Ehrhorner Dünen 3 im Forstamt Sellhorn.

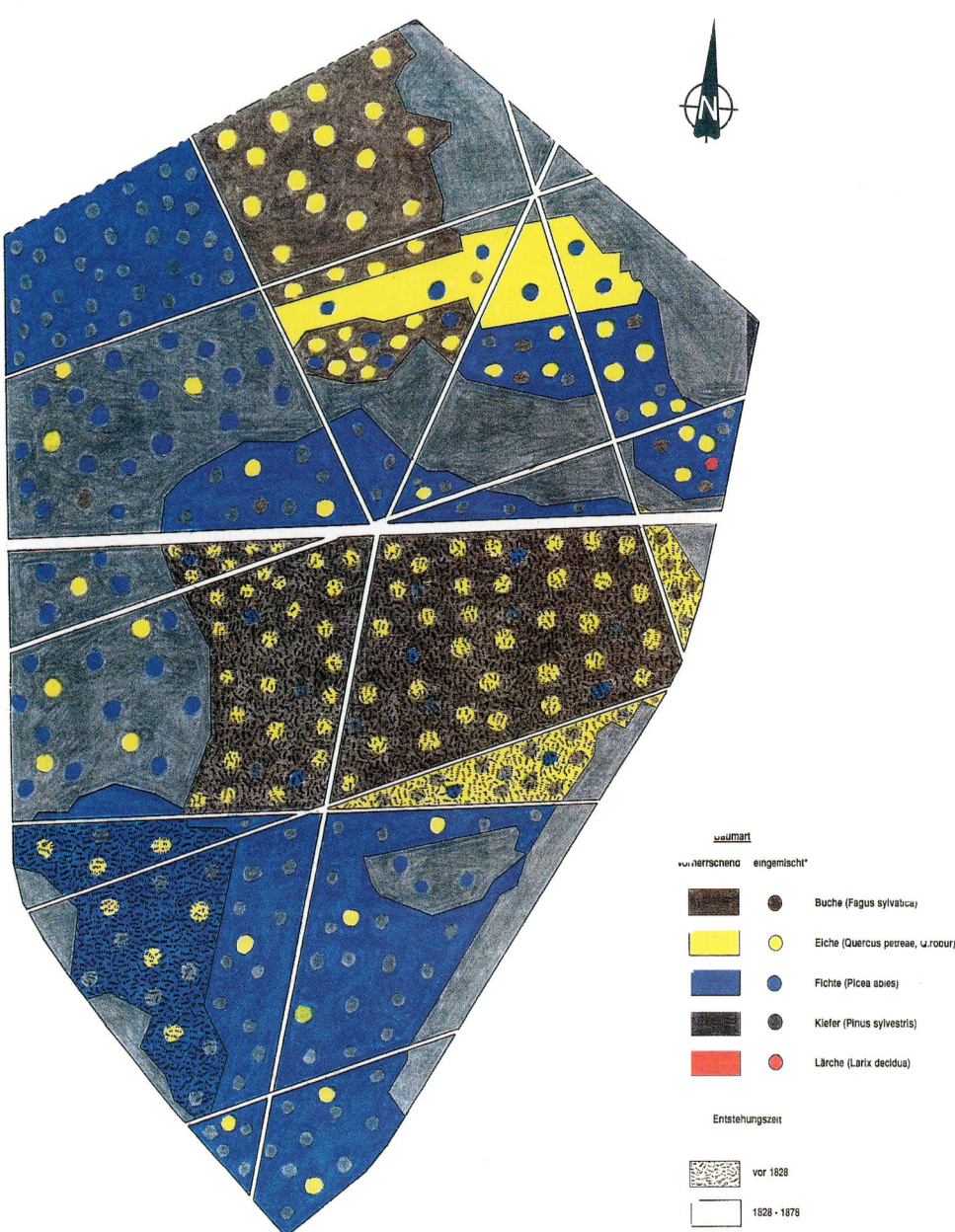

Baumart

vorherrschend   eingemischt*

Buche (Fagus sylvatica)

Eiche (Quercus petreae, Q.robur)

Fichte (Picea abies)

Kiefer (Pinus sylvestris)

Lärche (Larix decidua)

Entstehungszeit

vor 1828

1828 - 1878

140 Oberhaverbecker Holz: Die Bestockungsveränderung seit 1878 (links)
und die Bestockung im Jahre 1992 (rechts). Je mehr Punkte pro Flächeneinheit,
desto höher der Mischungsanteil. Die Farbgebung orientiert sich weit gehend
an der in der Forstwirtschaft üblichen Kennzeichnung.

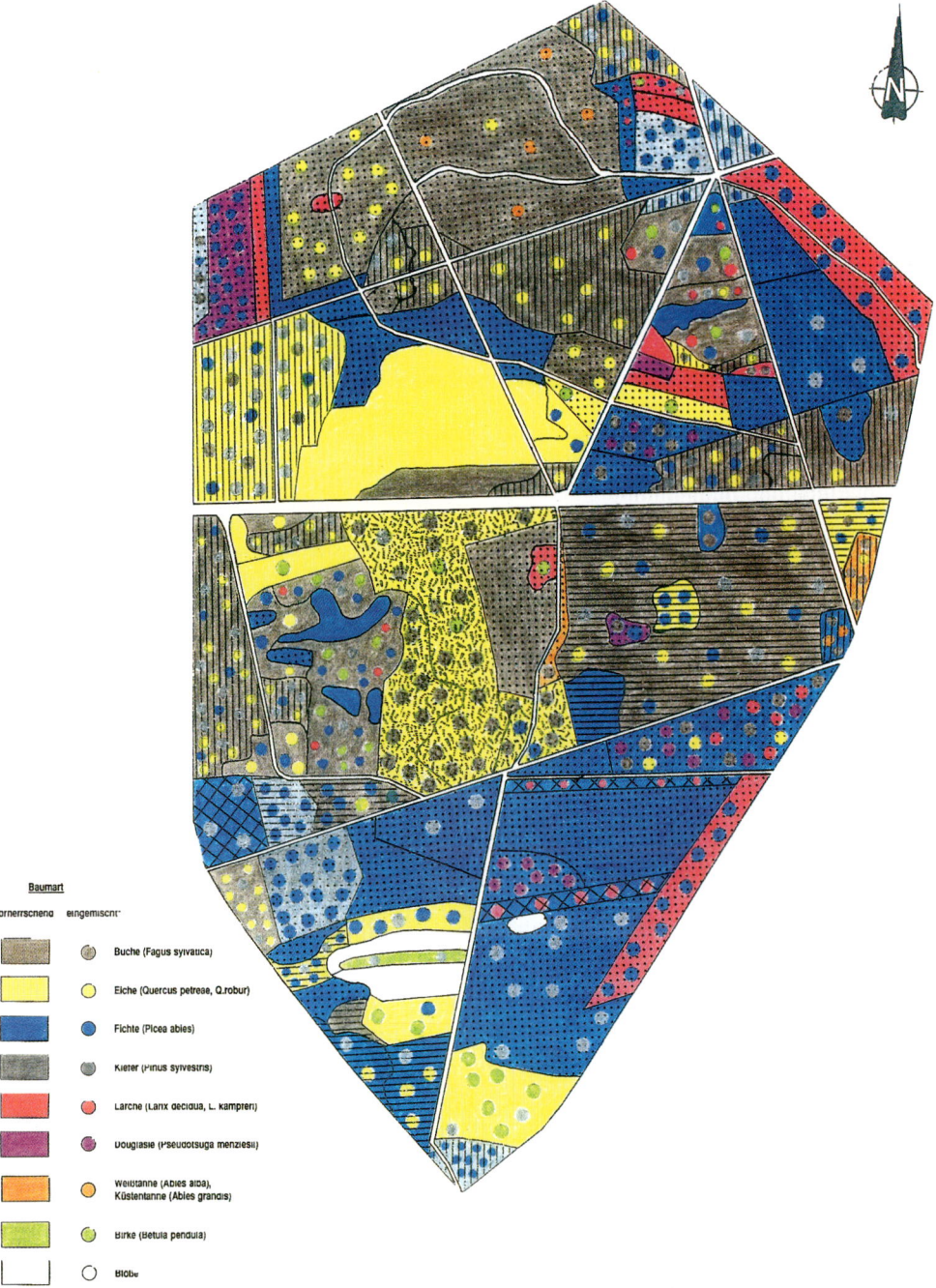

Baumart

vorherrschend   eingemischt

- Buche (Fagus sylvatica)
- Eiche (Quercus petreae, Q.robur)
- Fichte (Picea abies)
- Kiefer (Pinus sylvestris)
- Lärche (Larix decidua, L. kampferi)
- Douglasie (Pseudotsuga menziesii)
- Weißtanne (Abies alba), Küstentanne (Abies grandis)
- Birke (Betula pendula)
- Blöße

den Gesellschaften anzutreffen. In Bach- und Flussniederungen käme der Erlenbruchwald vom Typ des *Carici elongatae-Alnetum* vor; in Auenbereichen wäre es ein Traubenkirschen-Erlen-Eschen-Wald vom Typ des *Pruno-Fraxinetum*. Des weiteren wäre an den Rändern zu Hochmooren oder im Oberlauf mancher Bachtäler sowie auf ärmeren Niedermooren über Sanden ein Birkenbruchwald vom Typ des *Betuletum pubescentis* zu erwarten.

Wälder der Bachniederungen

Königlicher Bannwald Oberhaverbeck

Im Rahmen einer Waldbiotopkartierung für das Forstamt Sellhorn in der Lüneburger Heide differenzierte Gisela Jahn (1986) die Übergänge zwischen den beiden Einheiten Buchen-Eichen-Wald und Eichen-Birken-Wald noch weiter, wobei sie vor allem auf die Bedeutung der Buche einging. Dies war für uns ein Anlass, mit einer Studie zur historischen Waldentwicklung im Forstamt Sellhorn die Rolle der Laub- und Nadelhölzer in den letzten 100 Jahren zu untersuchen. Das hat Holger Tempel (1993) mustergültig durchgeführt.

Historische Waldentwicklung

Eine Fußwanderung von den Parkplätzen in Niederhaverbeck bzw. Oberhaverbeck zum Oberhaverbecker Holz (Punkt 1, Abb. 139), einem ehemals königlich hannoverschen Bannwald, zeigt die Entwicklung und Umwandlung einer alten Fichtenpflanzung in Laubmischwaldbestände mit starker Beteiligung von Eiche und Buche zwischen 1878 und heute (Abb. 140).

Vom Fichtenforst zum Laubwald

Heideaufforstung Niederhaverbeck

Eine Wanderung von Niederhaverbeck westwärts zum Niederhaverbecker Holz („In den Torflöchern") zeigt die Entwicklung nach einer Heideaufforstung, die nach der örtlichen Generalteilung seit 1851 erfolgte (Punkt 2, Abb. 139). Der Aufforstung mit Kiefern ging eine Bodenmeliorierung mit Tiefenumbruch voraus (Abb. 141). Damit wurde einmal die Heidekrautdecke vernichtet, gleichzeitig der Boden aufgelockert und die Ortsteine der mächtigen Heidepodsole wurden durchbrochen. Ungefähr 1865 waren die Aufforstungsmaßnahmen beendet. Durch gezielte Freistellung von natürlich aufgewachsenen Eichen wurde auch hier der natürliche Laubwaldanteil sukzessive erhöht (Abb. 141, 142). Die Buche ist hier allerdings noch nicht aufgekommen.

Laub- und Nadelbäume nach Aufforstungen

Ehrhorner Dünen

Einen Kontrast dazu bieten die Ehrhorner Dünen mit mächtigen alten Buchen (Punkt 3, Abb. 139). Danach hat die Buche einen relativ großen Anteil an der potenziellen natürlichen Vegetation. Sie kommt ferner im Drahtschmielen-Buchen-Wald (*Avenello-flexuosae-Fagetum*) auf den Geschie-

Buche und Fichte

Fichte und Eiche belehmen als dominante Baumart vor. In solchen Beständen hält Gisela Jahn (1986) auch die Fichte (*Picea abies*) für konkurrenzfähig. Auf trockeneren Geschiebelehmen und nährstoffreicheren bis mittleren Sanden gewinnt die Traubeneiche jedoch immer mehr Anteil an der Waldzusammensetzung.

Erst auf den ärmeren Sanden oder auf Geschiebelehmen mit Wasserüberfluss tritt Buchen-Eichen-Wald an Stelle von Buchenwald. Auf noch basen- und nährstoffärmeren Standorten stellen sich Ausbildungsformen des Buchenmischwaldes mit Tendenz zum Birken-Stieleichen-Wald ein. In **Buche, Eiche** diesem Fall tritt die Stieleiche im Waldbild stärker in Erscheinung. Die Bu- **und Kiefer** che kommt jedoch auch noch auf solchen ärmeren Standorten als Mischbaum vor. Der Birken-Stieleichen-Wald schließlich ist die potenzielle natürliche Vegetation auf den häufig podsolierten trockenen Böden der Flug- und Schmelzwassersande. Hier erwartet man auf Grund der schlechten Standortverhältnisse recht offene Bestände, in denen auch die Kiefer (*Pinus sylvestris*) und die Vogelbeere (*Sorbus aucuparia*) aufwachsen können.

Auf Dünen gewinnt die Kiefer noch zusätzliche Konkurrenzkraft, so dass sich hier das Bild in Richtung Kiefern-Birken-Stieleichen-Wald verschieben kann.

Ein besonders konkurrenzfähiger Baum

So erweist sich die Buche, von Mooren abgesehen, überall als konkurrenzfähigauf auf grund- bzw. staunassen Lehm- und Tonböden, auf trockenen und armen Talsanden, sogar auf Dünen mit ausreichender Humusauflage. Man kann feststellen, dass die potenziellen Buchenanteile im pleistozänen Flachland Nordwestdeutschlands überall höher liegen, als es der aktuelle Stand der Flächenverteilung zwischen buchen- und eichendominierten Beständen erwarten lässt. Dabei sind die Folgen ehemaliger Extensivwirtschaft mit Podsolentstehung und sekundären Flugsandbildungen berücksichtigt.

Die Annahme eines höheren potenziellen Buchenanteils wird auch durch Untersuchungen von Fritz Griese (1992) und Christoph Leuschner (1994, 1998) untermauert, worin die Zusammensetzung der Verjüngungsschichten **Sukzessions-** analysiert wurde, die ein Altkiefern-Pionierbestand auf einer Dünenfläche **geschehen** innerhalb des Naturparks Lüneburger Heide aufweist. Das Sukzessionsge- **in Richtung** schehen wird also in Richtung von Eichen- und dann sogar weiter in Rich- **Buchenwald** tung Buchenmischwälder ablaufen (Abb. 143).

An Hand von Strukturanalysen in niedersächsischen Naturwaldreservaten wies von Lochow (1990) zusätzlich nach, dass eine gute Wasserversorgung der maßgebliche Faktor für das Auftreten der Buche ist. Demnach wäre der Baum auch auf entsprechend armen Sandstandorten in Nordwestdeutschland als dominierend zu erwarten. Er wächst auf den Sandböden aber nur, wenn eine Humusauflage vorhanden ist, die er mit seinen **Regosole mit Eichen** Feinwurzeln erreichen kann. Reine Quarzsande, die Regosole und Feucht-

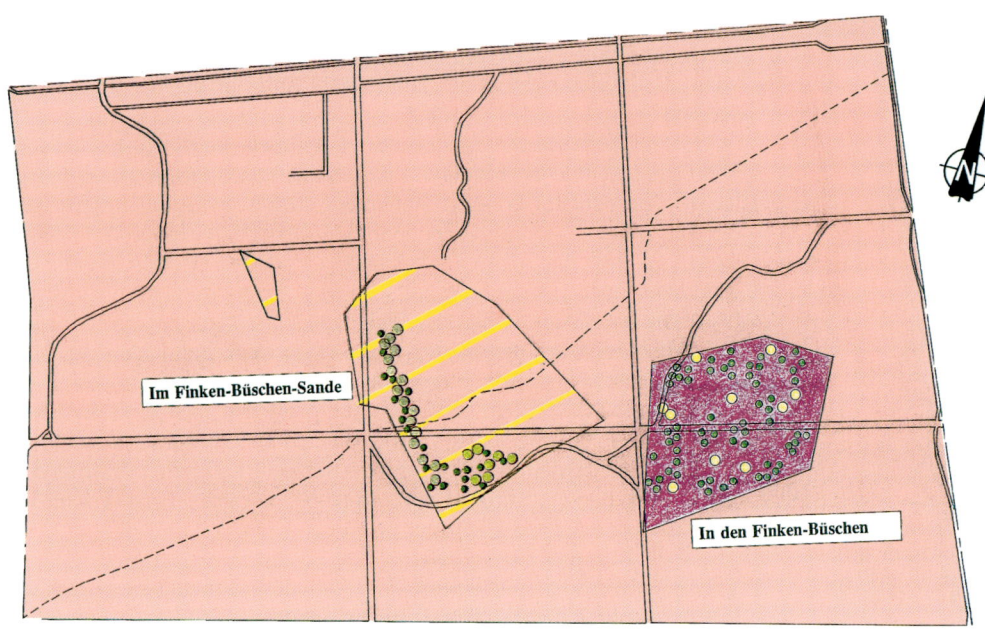

Im Finken-Büschen-Sande

In den Finken-Büschen

Heide

"Bester Heidhiebsboden
mit anmooriger Kruste"

normaler
"Sandheideboden"

stellenweise früher mit
Sand überwehter
"Sandheideboden"

Gehölze

Eichen

Birken

Kiefern

Busch

Baumart

vorherrschend   eingemischt*

Eiche (Quercus petreae, Q.robur)

Fichte (Picea abies)

Kiefer (Pinus sylvestris)

Birke (Betula pendula)

Lärche (Larix kämpferi u. L. decidua)

Roteiche (Quercus rubra)

Douglasie (Pseudotsuga menziesii)

Erle (Alnus glutinosa)

Blöße

Entstehungszeit

1860-1865

1890 - 1920

1922 - 1941

1942 - 1972

seit 1972/73

141 Die Bestockungsentwicklung nach Heideaufforstung seit 1851 (links)
und Bestockung des Gebiets „An den Fuchslöchern" 1992 (rechts).

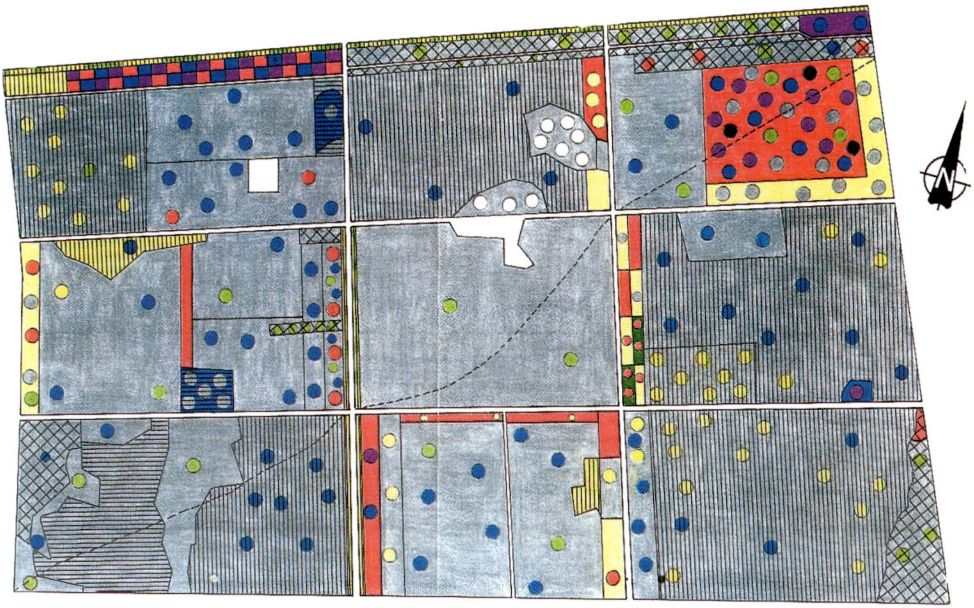
N

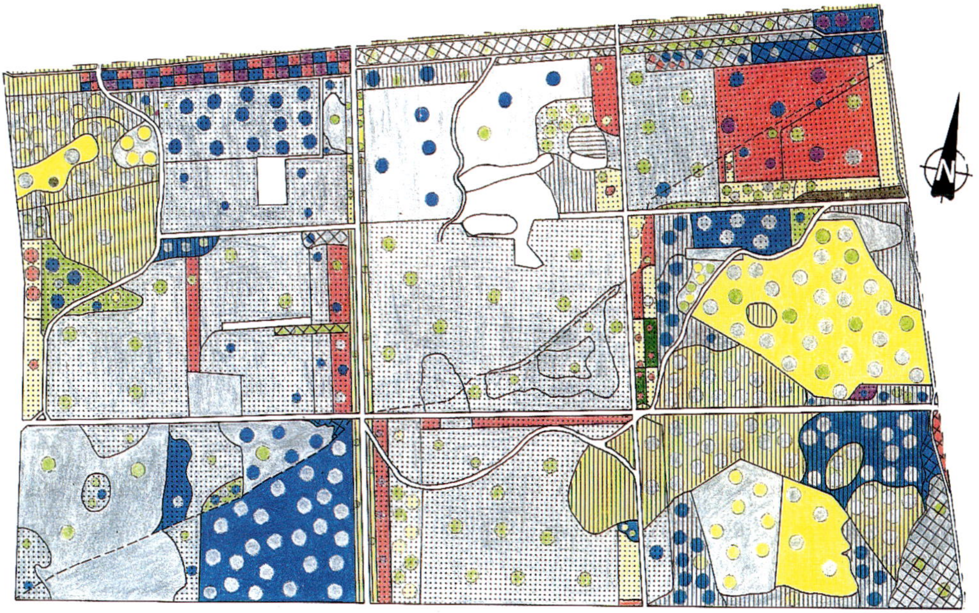
N

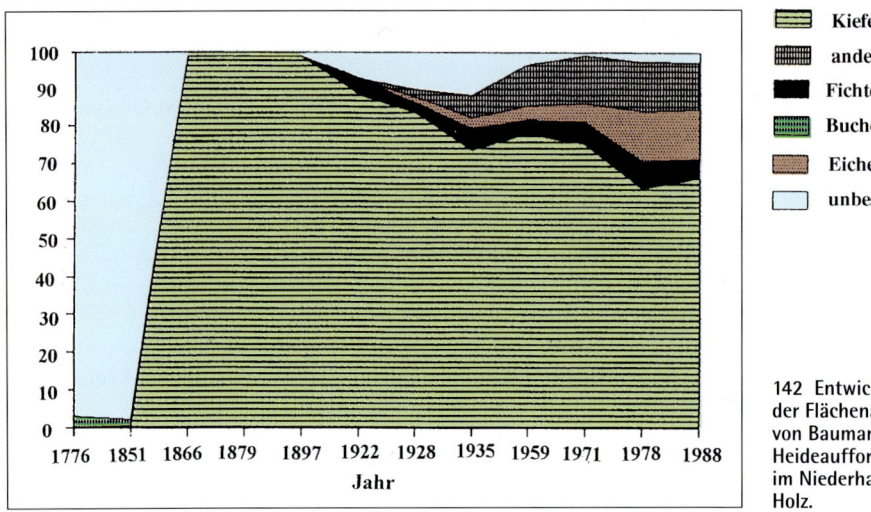

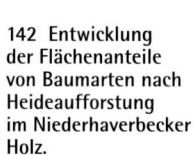

142 Entwicklung der Flächenanteile von Baumarten nach Heideaufforstung im Niederhaverbecker Holz.

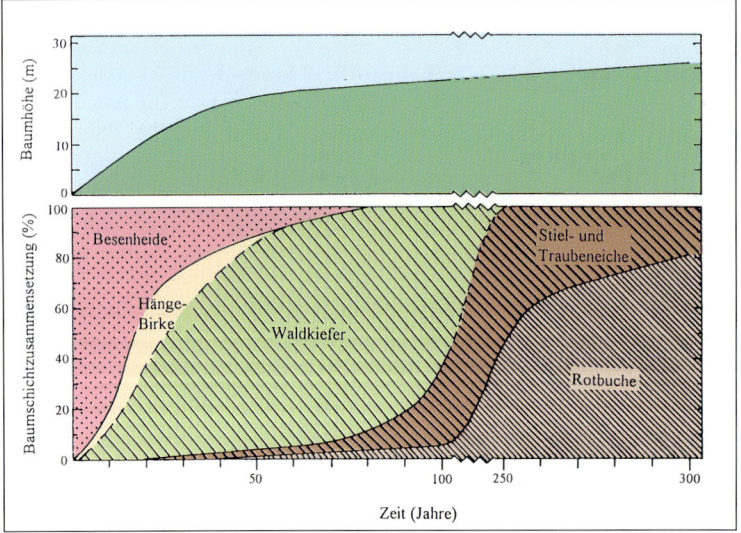

143 Hypothetisches Schema des Verlaufs der Heide–Wald–Sukzession auf armen Sanden der Lüneburger Heide. Die zeitliche Entwicklung vor allem in späten Stadien ist unsicher. Angegeben sind die ungefähre Position und die Dauer der drei Sukzessionsstadien Calluna-Heide, Birken-Kiefern-Pionierwald und Eichen-Buchen-Schlusswald.

böden bleiben Birke, Eiche und Kiefer vorbehalten. Ausschlaggebend für die überragende Konkurrenzkraft der Buche sind demnach weite Standortamplituden, große Schattentoleranz, Langlebigkeit und das Vermögen, stark auszudunkeln. Zunehmende Bedeutung an der potenziellen natürlichen Vegetation muss der Buche auch deshalb zugemessen werden, weil die in Nordwestdeutschland weit verbreitete Grundwasserabsenkung viele staunasse Böden erst für sie besiedelbar macht.

Eine solche anthropogene Buchenausbreitung ist derzeit überall auf der norddeutschen Geest zu beobachten.

Wirkungen von Grundwasserabsenkungen

Höhepunkte der Landschaftsdifferenzierung

Heidepastor
Wilhelm Bode

Wahrscheinlich wären auch die letzten Heideflecken untergegangen, wäre nicht zu Beginn des 20. Jh. die Liebe zu dieser bedrohten Landschaft erwacht. Besonders aktiv setzte sich der erwähnte Heidepastor Wilhelm Bode in Egestorf für ihre Erhaltung ein. Deutschlands erster Naturschutzpark umfasst heute 20 000 ha Wald, Moore und die schönsten Heideflächen.

Der Park ist freilich längst kein touristischer Geheimtipp mehr. Wer zur Blütezeit an Wochenenden im August und September dort ungestörten Naturgenuss sucht, wird sicherlich von überquellenden Parkplätzen, Scharen von Ausflüglern, überfüllten Gasthäusern und dem Rummel an Souvenierständen enttäuscht sein. Hätten die alten Heidedichter das erlebt, sie wären wohl eilends geflüchtet und ihre stimmungsvollen Schilderungen und Lieder wären nie geschrieben worden. Dennoch gibt es sie noch, die alte, stille Heide! An Werktagen, wenn die Touristenströme versiegt sind, und – das wird leider viel zu wenig beachtet – im Frühling und im Herbst.

Der höchste „Berg" der Heide

Eine Wanderung von Wilsede zum nahen Wilseder Berg ist obligatorisch. Mit 169 m ist er die höchste Erhebung der Lüneburger Heide und ein Aussichtspunkt erster Ordnung. Wie auf einer Reliefkarte liegt bei klarem Wetter fast die ganze Nordheide bis hin zu den Türmen von Hamburg und Lüneburg vor dem Betrachter. Hier stand im Jahre 1822 auch der Mathematiker

Carl Friedrich Gauß
am Wilseder Berg

Carl Friedrich Gauß und hat das Land vermessen, dabei den Wilseder Berg als Nullpunkt für sein Koordinatensystem gewählt. Das ist so bedeutend, dass man dort zu seinen Ehren einen Gedenkstein errichtet hat.

Auch weniger Wandertüchtige brauchen auf das Landschaftserlebnis nicht zu verzichten. Schwadronen von Pferdekutschen warten in den Dörfern auf Passagiere.

Biodiversität der Landschaft

Heide- und
Niederungslandschaft
bei Niederhaverbeck

Unterwegs kann man die Heide- und Niederungslandschaft um Niederhaverbeck studieren:
- An ihren Rändern liegen bronzezeitliche Hügelgräber.
- Man passiert Quellbäche mit gestauten Fischteichen; ferner sind oligotrophe, talwärts zunehmend meso- bis eutrophe Fließgewässer als Forellen-Bäche in die Landschaft gebettet.
- Am Südwest-Abhang des Wilseder Berges fließt der Quellbach der Haverbecke. In der Umgebung seines Tales wächst großflächig Ginsterheide (*Genisto-Callunetum*) in verschiedenen Ausbildungen; vorwiegend *Genisto-Callunetum cladonietosum*. Daneben Blaubeer- und Krähenbeerreiche *Vaccinium myrtillus-Empetrum nigrum*-Variante an Nord-

hängen. Borstgrasrasen (*Nardo-Juncetum squarrosi*) und Sauerampfer-Borstgras (*Rumex acetosella-Nardus*) -Rasen in Trockentälern.

Vielfalt am Wege

- An Gewässerrändern gibt es Grauweiden-Gebüsche (*Salicetum auritae-cinereae*) und Grauseggen-Sümpfe (*Carici canescens-Agrostietum ca-ninae*).
- In Stauteichen ist die Zwerg-Igelkolben-Gesellschaft (*Sparganietum mi-nimi*) fragmentarisch ausgebildet; in den Bachauen unterhalb der Teiche wachsen initial ausgebildete Bruchwälder vom Typ des *Carici elongatae-Alnetum.*
- An flachen Talhängen dominieren *Nardo-Galion*-Rasen, das Spitz-Bin-senried (*Juncetum acutiflori*) auf flächenhaften Quellaustritten, *Lolio-Cynosuretum* und *Molinietalia*-Bestände auf extensiven Weideflächen (z. T. nicht mehr genutzt).

Heidedorf Undeloh

Man sollte sich aber nicht nur die Heideflächen und die Wälder ansehen; besonders lohnenswert ist auch die Magdalenenkapelle in Undeloh (Abb. 144), ein gut erhaltenes Beispiel für die hiesigen Kirchen. Im 12. Jh. als Feldsteinkirche angelegt; wurde sie im 17. Jh. in charakteristischer Fach-werkbauweise erweitert. Im Innern befindet sich ein hölzernes Kruzifix aus dem 14. Jh. Auch der frei ste-hende hölzerne Glockenturm ist ty-pisch für die alten Heidekirchen. Die bestens ausgeschilderten Wander-wege führen durch schönste Heide-landschaften – wir sehen alle Phä-

Magdalenenkapelle
mit Campanile

144 Feldsteinkirche von Undeloh mit frei stehendem Glockenturm.

145 Wanderweg bei Wilsede mit Eichen-Birken-Wald, Wachol-derbüschen und Heide-kraut im Spätsommer.

Phänomene der
Heideentwicklung

nomene der Heideentwicklung, verschiedene Typen von *Calluna-*, *Empe-trum-* und *Erica*-Heiden, die Vergrasungen mit Schmiele und mit Pfeifen-gras, wunderschöne Wachholderbestände, Schafställe und Bienenkörbe und alle Phänomene, die in Kapitel 4 über die Heide als Ökosystem be-schrieben sind (Abb. 145). Die Wanderungen führen zunächst zum Wilseder Berg, dann nach Wilsede mit seinen Heidehöfen (Abb. 147), von dort in Richtung Totengrund. Die Rückkehr empfiehlt sich durch die Wacholder-heiden am Stattberg.

Heidschnucken als Landschaftspfleger

Was heißt
„schnucken"?

Was wäre die Heide ohne Heidschnucken? Die von den Bergschafen Kor-sikas und Sardiniens abstammende Rasse ist der natürliche Pfleger dieser Landschaft (Abb. 146). „Schnucken" ist ein mundartlicher Ausdruck für na-schen. Naschwerk der anspruchslosen Tiere ist ein „schöner und lustiger kleiner Busch, mit vielen kleinen braunfarbenen Zweiglein besetzt, die ganz zierlich mit den allerkleinsten Blättchen bekleidet sind". So beschrieb anno 1546 der Botaniker Hieronymus Bock das Heidekraut.

Der Verbiss durch die Schafe kräftigt die Besenheide und hält sie jung. Außerdem haben Waldschösslinge wie Buchen und Eichen keine Chance ih-re tödlichen Schatten auf die lichthungrige *Calluna* zu werfen.

Mit der traditionellen bäuerlichen Wirtschaftsweise verschwanden auch die größeren Schnuckenherden aus der Heide. 1954 zählte man nur noch 1800 Tiere, heute sind es wieder 20 000. Zu einer Herde gehören normaler-weise etwa 350 Mutterschafe, rund 80 Nachzuchttiere und sechs Böcke. Anfang Juli werden die Heidschnu-cken geschoren: Jedes Tier bringt etwa 2 Kilo Wolle, die in Belgien und der Türkei zu Teppichen verar-beitet wird.

146 Heidschnucken.

Heide und Wald sind Heimat zahl-reicher Wild- und Vogelarten, aber der Wanderer hat selten das Glück die Tiere in freier Wildbahn anzutreffen. Es gibt jedoch Einrichtungen, die ihm die Bekanntschaft mit der heimi-schen Fauna ermöglichen, etwa das

„Haus der Natur"
in Döhle

„Haus der Natur" in Döhle. In dieser malerischen reetgedeckten Rauchka-te von 1789 wird in großen Dioramen die Tierwelt der Heide in ihrer typi-schen Umgebung vorgestellt.

Wem der Sinn nach großen Tieren steht, der kommt im Wildpark bei

147 Reetgedecktes Heidebauernhaus in Wilsede.

Nindorf auf seine Kosten. Da gibt es Wisente, Damwild, Elche, Wölfe und Luchse – viele Tierarten, die früher einmal auch in der Wildbahn zu Hause waren. Auch der Vogelpark in Walsrode gilt als überregionaler Publikumsmagnet.

Wildpark Nindorf und Vogelpark Walsrode

Wacholderheide am Totengrund

Der Totengrund gehört zum Naturraum Hohe Heide, dem zentralen Bereich der Lüneburger Heide, die mehr als ein Jahrtausend lang das Landschaftsbild zwischen Harburg und Hannover geprägt hat. Totengrund – der seltsame Name erklärt sich aus dem Brauch, die Verstorbenen von Wilsede auf gesondertem, durch das große Trockental führendem Weg ins benachbarte Bispingen zum Friedhof zu tragen. Man glaubte, dass es Unglück bringe, wenn Tote und Lebende den gleichen Weg benützten. Bezeichnenderweise ist diese Wacholderheide still und dunkel.

Totenbrauch früherer Zeiten

148 Wacholderheide am Totengrund.

Wacholderheiden entstehen, wo die weidenden Heidschnucken die aufkommenden stacheligen Wacholder nicht verbeißen, sodass sich im Laufe der Zeit allmählich dichte Bestände auf den Heideflächen entwickeln (Abb. 148). Da sie die Nutzung der Heide als Weidefläche beeinträchtigen, haben die Hirten sie früher durch Abbrennen oder Abschlagen regelmäßig beseitigt. Die Heideflächen am Totengrund sind noch weit gehend in ursprünglichem Zustand erhalten und vom Verein „Naturschutzpark e.V." gepflegt. Am Wege zwischen Niederhaverbeck und Wilsede steht ein großer, scheinbar älterer Immenstand, der allerdings derzeit nicht mit Körben, sondern mit Kästen bewirtschaftet wird. Da er inmitten einer ausgedehnten, offenen Heidefläche steht, die noch regelmäßig beweidet wird, ist der Zusammenhang zwischen Heidevegetation, Bienenwirtschaft und Schafhaltung hier noch deutlich erkennbar.

Hudewald bei Wilsede

Am Weg zum Totengrund, etwa 800 m südlich von Wilsede, wird auf einer Hügelkuppe noch eine Waldweide genutzt (Hudewald, Hutewald). Es handelt sich um ein Gebiet mit lehmigem Untergrund, das vorwiegend mit Buchen, vereinzelt mit Eichen bestanden ist. Deutlich ist die Nutzung dieser Waldparzellen an den durch Viehverbiss charakteristisch geformten Bäumen erkennbar. Sie haben oberhalb von ca. 1,5 m weit ausladende Kronen gebil-

Landschaft wie im Mittelalter

det. An den Grenzen zu den benachbarten Heideflächen blieben stellenweise Steinwälle erhalten, die darauf hindeuten, dass dieser Wald einst zu den königlichen Forsten gehörte und daher nicht beweidet werden durfte. **Lesesteine am Waldrand** Die Steine sind von den benachbarten, noch 1776 als Ackerland genutzten Flächen aufgelesen und am Waldrand gelagert worden.

Hudewälder sind Relikte traditioneller Landwirtschaftsformen und dokumentieren eine Form der Waldnutzung, die heute kaum noch anzutreffen ist. Die in den vergangenen Jahrhunderten herrschende Futtermittelknappheit – es gab ja noch keinen Kunstdünger – zwang **Relikte alter Waldnutzungen** die Bauern dazu, auch die Wälder beweiden zu lassen. Das Vieh wurde auf so genannten Triftpfaden dorthin getrieben und während der Weidezeiten von Hirten gehütet.

Hudewälder waren bis Mitte 19. Jh. auch in der Lüneburger Heide weit verbreitet. Sobald sie dann nicht mehr viehwirtschaftlich genutzt wurden und eine intensive, geregelte Forstwirtschaft einsetzte, fielen diese Weideareale mit ihrem urig anmutenden Baumbestand nach und nach dem Forstbetrieb zum Opfer. Deshalb blieben nur vereinzelte Hudewälder mit alten Eichen und Buchen erhalten (Abb. 149). Mittlerweile zerfallen sie allmählich und das reichlich anfallende **Pilze auf Totholz** de Totholz bietet vielen Holzpilzen geeigneten Lebensraum. Im Herbst sieht man gelegentlich leuchtend farbige Porlinge am Buchen-Eichenholz (z.B. den sonst sehr seltenen Zinnober-Porling, *Pycnoporus cinnabarinus*, Abb. 150 und den Blauen Saftporling, *Tyromyces caesius*, Abb. 151).

149 Hudewald bei Wilsede.

150 Der Zinnoberschwamm ist leicht an seiner lebhaften Farbe zu erkennen. Der Pilz ist normalerweise einjährig; gelegentlich können aber überwinternde Fruchtkörper im nächsten Jahr weiterwachsen, wie auch Hermann Jahn (1979) in seinem berühmten Buch „Pilze, die am Holz wachsen" betont.

151 Leicht erkennbar: der Blaue Saftporling. Er wächst manchmal an Buchenstämmen, bevorzugt aber Fichtenholz, wo er vom Sommer bis zum Herbst einer der häufigsten saprophytischen Pilze ist.

Einzigartige Fließgewässer

Flüsse und Bäche der Heide

Ziel: Kennenlernen der einzigartigen Heidebäche und –flüsse als ursprünglich silikat-oligotrophe Fließwasserökosysteme (vgl. Biotoptypenbeschreibung bei Pott 1996). Diese für Mitteleuropa so bezeichnenden Fließgewässer besitzen eine eigenständige Pflanzen- und Tierwelt. Dazu kommt ein eigenartiges Umfeld der Talauen, die sich hinsichtlich Genese, natürlicher Vegetation und landwirtschaftlicher Nutzung von anderen Flusslandschaften Norddeutschlands unterscheiden. Es empfehlen sich Exkursionen per Pkw oder Fahrrad an die jeweiligen Flusssysteme. Auf Aller und Böhme sind sogar Kanufahrten möglich, was einzigartige Perspektiven eröffnet.

Route 1: Die Vegetationen eines ursprünglich dystrophen, heute aber eu-

*Ursprünglich oligo-
trophe Sandbäche
und –flüsse*

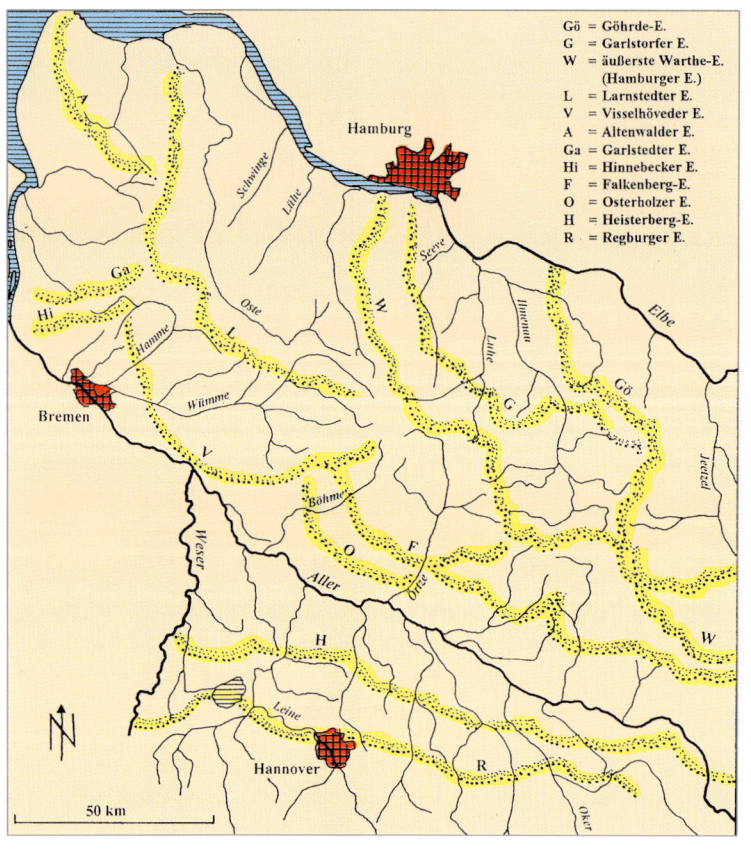

Gö = Göhrde-E.
G = Garlstorfer E.
W = äußerste Warthe-E.
    (Hamburger E.)
L = Larnstedter E.
V = Visselhöveder E.
A = Altenwalder E.
Ga = Garlstedter E.
Hi = Hinnebecker E.
F = Falkenberg-E.
O = Osterholzer E.
H = Heisterberg-E.
R = Regburger E.

152 Fließwassernetz
der Lüneburger Heide
in Abhängigkeit
von den Eisrandlagen.

153 Auf der Terrassenkante der Alleraue liegt die Ortschaft Jeversen an der Aller, ein Beispiel für eine auenorientierte Ansiedlung; das Allertal schließt sich unmittelbar an.

trophierten Fließgewässers, eines Heidebachtales sowie von Wässerwiesen. Von Wietzenbruch westlich Celle nach Wietze und zum Erdölmuseum bei Hornbostel, dann weiter nach Jeversen und über die Aller in Richtung Winsen durch die Dünen.

Karte: Abb. 155

Route 2: Studium der Vegetation eines ursprünglich dystrophen, heute aber eutrophierten Fließgewässers, eines Heidebachtales und von Wässerwiesen.

Karte: Abb. 158

Route 3: Kennenlernen der typischen Vegetation oligotropher Heidegewässer, Heidebach als Lebensraum von Flussperlmuscheln

Gewässernetz und Reliefumkehr

Das Gewässernetz der Lüneburger Heide wird weit gehend noch von den ehemaligen Eisrandlagen bestimmt. In einigen Fällen ist sogar eine Umkehr des Gefälles eingetreten, nachdem das Elbe-Urstromtal im Weichsel-Glazial tief ausgespült wurde und von dorther durch rückschreitende Erosion einige Flüsse, die vorher in die Aller und Weser entwässerten, im Oberlauf angezapft und zur Elbe hin umgeleitet wurden (Abb. 152).

Auenorientierte Ansiedlungen

Die Talauen der Flüsse in der Geest waren stets ebenso begehrt wie gutes Ackerland. Das lässt die Auenorientierung der Siedlungen erkennen, die bei den Orten auf -ingen besonders ausgeprägt ist. Die alten Ortskerne nehmen im Allgemeinen eine Mittellage zwischen feuchter Grünlandniederung der Fluss- und Bachtäler und dem Ackerland ein (Abb. 153, 154); denn in den Talauen konnte man Jungviehweiden anlegen und in den dorfferneren Teilen Heu gewinnen, das als gehaltvolles Winterfutter dringend benötigt wurde. Wegen der Bevölkerungszunahme und nach Aufteilung der Allmendflächen hat man deshalb nach 1830 an vielen kleinen Flüssen und Bächen die Wiesenbewässerung betrieben und die Flächen ausgewei-

175

154 Das Allertal nördlich von Jeversen mit weiten, überschwemmungsgefährdeten Auen, die als Dauergrünland genutzt werden.

tet, um die Heuerträge zu erhöhen. Die Bewässerung erfolgte zum Teil durch Überstauung an den Flüssen, im Aller- und Böhmetal und an den Nebenbächen jedoch durch kunstvoll gebaute Berieselungsanlagen mit dem schon geschilderten Rückenbau.

Überstauung und Berieselung

Route 1: Vielfältige Landschaft im Allertal

Das Allertal folgt alten Verwerfungslinien bzw. einem Grabenbruch, der „Allerlinie", die herzynisch gerichtet ist. In diesem alten Bruchsystem sind zahlreiche Salzstöcke aufgedrungen, z. B. der Kalischacht Hope, 7 km südlich Schwarmstedt. Sie haben die Entstehung von Erdöllagern begünstigt, deshalb liegen verschiedene, zum Teil genutzte Erdölfelder in unserem Gebiet. Das älteste in Europa ist das von Wietze, wo 1858 die erste Bohrung fündig wurde (Abb. 156). Von 1918 bis 1963 wurden dort in einer Schachtanlage Erdölsande bergmännisch gewonnen und heiß ausgewaschen. Folglich blieb die kleine Ortschaft nicht länger Dorf. Industrie- und Städtebau drückten dem „Klein-Texas" ihren Stempel auf. Einige Heidebauern wurden Ölbarone. Fördertürme und große Villen spiegeln noch heute die vergangene Goldgräberstimmung wider aus der Zeit, als Wietze dem Ölrausch erlag. Über 2000 Bohrungen wurden hier niedergebracht und zeitweise wurde fast die gesamte deutsche Erdölproduktion von diesem Ölfeld erbracht. Nach der Stilllegung im Jahre 1963 entstand auf Teilen der alten Betriebsfläche das Deutsche Erdölmuseum.

Ältestes Erdölfeld in Europa

Erdölmuseum

Das hier 20 km breite Allertal ist wahrscheinlich Teil des Breslau-Magdeburg-Bremer Urstromtales, das sich mit über 600 km Länge vor dem warthestadialen Eisrand erstreckte und besonders zur Zeit der sommerlichen

Breslau–Magdeburg–Bremer Urstromtal

Schon in der letzten Eiszeit angelegt

Schneeschmelze gewaltige Wassermassen nach Nordwesten zum Meer führte. Sie lagerten in dem verwilderten Flussbett Talsande ab und unterspülten die Hänge der Geesthochflächen durch Seitenerosion. Während der folgenden Eem-Warmzeit führte der Fluss erheblich weniger Wasser und Sinkstoffe und grub sich über 20 m tief in die lockeren Talsande ein, sodass eine neue, höher liegende Terrasse gebildet wurde, die heute besiedelt wird, wie am Beispiel Jeversen an der Aller schon erläutert wurde (Abb. 153).

Während der Weichseleiszeit kam das Allertal nochmals in die Nähe des Eisrandes und damit in den Periglazialbereich des arktischen Klimas. Wenn es auch nicht von Eisschmelzwassern erreicht wurde – sie flossen im Elbe-Urstromtal ab –, so bewirkten doch die ruckweise Wasserführung während der

Wiederauffüllung des Tales

sommerlichen Auftauperiode und die hohe Sedimentfracht durch Solifluktion im gesamten Einzugsgebiet eine weit gehende Wiederauffüllung des in der Eem-Warmzeit geschaffenen Tales. Zeitweilig wurde sogar die höhere Terrasse überströmt, die deshalb viel weichseleiszeitliches Material enthält.

Flussbett in Ablagerungen der Weichseleiszeit

Die nacheiszeitliche Aller erodierte ihr Bett zwei bis vier Meter tief in die weichseleiszeitlichen Ablagerungen hinein und bildete damit die Niederterrasse aus. Zahlreiche Altwässer – zum Teil abgeschnürte Mäander – und Flutmulden in der Talaue zeugen davon, dass der Fluss häufig seinen Lauf verlegt hat, bevor die Ufer befestigt und Deiche gebaut wurden.

Wo keine Zuflüsse aus dem südlichen Lössgebiet kommen, ist die Alleraue vermoort. Unterhalb der Leinemündung bei Ahlden wurde jedoch bei Hochwasser fruchtbarer Schwemmlöss als Auelehm abgelagert. Durch den Bau von Talsperren im Harz und von Rückhaltebecken an den Nebenflüssen sind Überschwemmungen der Talaue jedoch selten geworden.

155 Das Exkursionsgebiet im Straßennetz.

Die Siedlungen meiden wie überall in diesem Gebiet die Talaue. Sie liegen auf der hochwasserfreien Niederterrasse. Ein weiterer Ansatzpunkt für Siedlungen waren im gesamten Bereich des Urstromtales die flussbegleitenden Dünen, deren Sand im Spätglazial und in der frühen Nacheiszeit aus den trockengefallenen vegetationsarmen Talsandebenen ausgeblasen wurde (Joachim Beug, 1995). Die Verwehungen führten zu flachen Decksandkuppen und hohen Dünen. Letztere, darunter viele Strich- und Parabeldünen, erreichen Höhen bis zu 12 m. Viele von ihnen sind bis in die Heidebauernzeit hinein immer wieder umgelagert worden.

Da nördlich angrenzende Dünenwälle einen Wasserstau bewirkten, konnte sich beispielsweise vor dem Geestrand das weitflächige Ostenholzer Moor entwickeln.

Siedlungen auf der Niederterrasse

Verwehungen führten zu flachen Decksandkuppen und hohen Dünen

Meißendorfer Teiche mit ausgedehnten Röhrichtbeständen

Südlich der Meiße wurden zwischen 1880 und 1900 auf rund 500 ha moorigen Wiesen im Gut Sunder Karpfenteiche angelegt. Diese Meißendorfer Teiche sind heute als Naturschutzstation und Fortbildungsstätte für

Vormals Karpfenteiche, heute Naturschutzstation

156 Weithin sichtbar ist der alte Förderturm im Erdölmuseum Hornbostel, das direkt am Wietzefluss liegt. Am begradigten Gewässer wachsen ausgeprägte Pfeilkrautröhrichte vom Typ des Sagittario-Sparganietum emersi in einer Stillwasserausprägung mit der Teichrose (Nuphar lutea).

157 Naturschutz-Gut „Sunder" an den Meißendorfer Teichen. Der Bund für Naturschutz in Deutschland unterhält hier eine überregional bedeutsame Forschungs- und Bildungsstätte.

Wassersport- und Erholungszentrum

Fragen des Natur- und Umweltschutzes weithin bekannt (Abb. 157). Das Gebiet ist seit 1967 unter dem Namen „Hüttensee-Park" zu einem Wassersport- und Erholungszentrum ausgebaut worden. Die großflächigen Meißendorfer Teiche sind von ausgedehnten Röhrichtbeständen und Groß-Seggenriedern umgeben. Weiße Seerosen (*Nymphaea alba*) und Gelbe Teichrosen (*Nuphar lutea*) bilden stellenweise dichte Schwimmblattdecken auf dem flachen Wasser.

Route 2: Landschaftsnutzung im Böhmetal

Heidefluss Böhme

Die Böhme entspringt dem Pietzmoor und führt deswegen zunächst dystrophes Wasser. Der in die Aller einmündende Südheidefluss besitzt ein vergleichsweise geringes Gefälle. Er fließt in alten, breiten Schmelzwasserrinnen und bildet in ihren Talungen zahlreiche Mäander (Abb. 158).

Flussabwärts ist das Gewässer durch ein relativ großes Nährstoffangebot gekennzeichnet, das zu üppigem Bewuchs und zur Verarmung der Arten beiträgt. Hinzu kommt eine verhältnismäßig hohe Sonneneinstrahlung, da zahlreiche Abschnitte unbewaldet sind.

Limitierende Faktoren für das Pflanzenwachstum ergeben sich hauptsächlich durch die Strömungsgeschwindigkeit, das Substrat und die Trübung

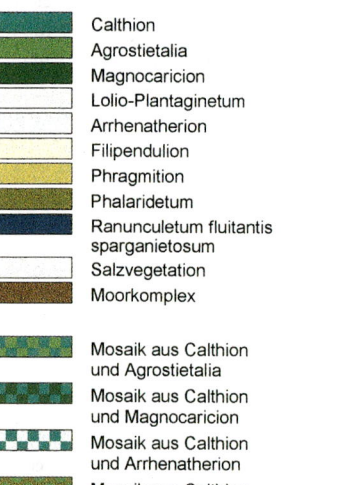

	Calthion			Mosaik aus Magnocaricion, Filipendulion und Phragmition
	Agrostietalia			Mosaik aus Magnocaricion, Calthion und Phragmition
	Magnocaricion			Erlenwald
	Lolio-Plantaginetum			Birkenwald
	Arrhenatherion			Eschenwald
	Filipendulion			Fichtenwald
	Phragmition			Kiefernwald
	Phalaridetum			Mischwald
	Ranunculetum fluitantis sparganietosum			Pappeln
	Salzvegetation			Schlagflur
	Moorkomplex			Campingplatz
				Siedlung
	Mosaik aus Calthion und Agrostietalia			Weg / Straße
	Mosaik aus Calthion und Magnocaricion			Acker
	Mosaik aus Calthion und Arrhenatherion			Steilhang
	Mosaik aus Calthion, Phalaridetum, Agrostietalia und Magnocaricion			

158 Vielfalt der Vegetationskomplexe am Unterlauf der Böhme.

**Strömungsgeschwin-
digkeit, Substrat und
Trübung hemmen
Pflanzenwachstum**

des Wassers, die auf den Huminsäuregehalt und die Eisenkonzentration zurückzuführen ist. Diese leicht sauren Bedingungen gehen dann flussabwärts mit zunehmender Verdünnung aus den Nebengewässern in den neutralen Bereich über und im weiteren Flussverlauf nimmt der pH-Wert leicht basische Eigenschaften an. Solche geringfügig erhöhten pH-Werte können einmal durch eine gesteigerte Phytomassenproduktion entstehen; als weitere Ursache kommen landwirtschaftliche Einflüsse, Einleiter und der Zustrom von Grundwasser mit basischen Eigenschaften in Frage.

Abbildung 159 gibt einen Überblick über die wichtigsten gemessenen Parameter im Jahresmittel. In unbelasteten Gewässern stellen Stickstoff und Phosphate als Eutrophierungsparameter die limitierenden Faktoren für

**Durch Stickstoff-
verbindungen
belastet**

das Pflanzenwachstum dar. Auffällig sind die aktuellen Anstiege von Stickstoffverbindungen; lediglich bei den Phosphaten bleibt die Konzentration im gesamten Flussabschnitt relativ gleich (Abb. 160, 161). Betrachtet man diese Parameter im Vergleich zu unbelasteten Fließgewässern, so wird auch hier deutlich, dass die Böhme nicht als unbelastet gelten kann. Besonders mit dem Zufluss der Bomlitz bei Walsrode wird die Wasserqualität stark beeinträchtigt. Die spiegelt sich auch in der Vegetation wider, die hier fast nur noch aus Einartbeständen des Flutenden Igelkolbens (*Sparganium emersum f. fluitans*) aufgebaut ist und in ihrer Vitalität deutlich geschwächt ist.

Das Wasser der Böhme ist je nach Witterungsverhältnissen unterschiedlich stark getrübt und zeigt eine für diesen Gewässertyp charakteristische einschichtige Vegetation. Sie setzt sich überwiegend aus Arten zusammen, die Schwimmblätter ausbilden oder in Schwaden unmittelbar unter der Wasseroberfläche flottieren. (Abb. 162).

**Wenig Raum für
lichtliebende Pflanzen**

Begünstigt werden außerdem Wasserpflanzen, die mit starken Rhizomen auch unter ungünstigen Lichtverhältnissen austreiben können, z.B. die Teichrose (*Nuphar lutea*), der Flut-Igelkolben (*Sparganium emersum f. fluitans*) und der Wasserstern (*Callitriche platycarpa*). Der Fluthahnenfuß (*Ranun-*

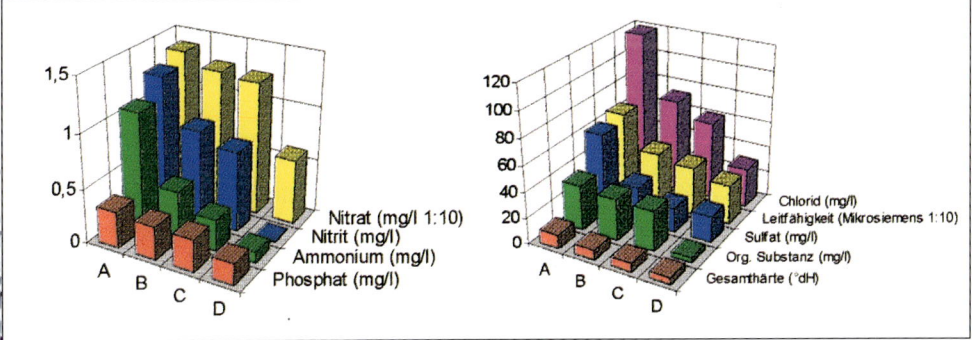

159 Links: Eutrophierungparameter in mg/l als Jahresdurchschnitt von August 1993 bis Juli 1994 im Vergleich zu einem idealtypischen, nicht belasteten Fließgewässer: A Walsrode bis Mündung, B Gesamtflussverlauf, C Quelle bis Walsrode, D Idealtypisches Fließgewässer. Rechts: Vergleich einiger hydrochemischer Daten der Böhme im Jahresmittel von August 1993 bis Juli 1994 zu einem idealtypischen, nicht belasteten Fließgewässer (D).

160 Oberlauf
der Böhme mit breiten
Wiesentälern.

161 Die baumbestandene Böhme, ein
typischer norddeutscher Pleistozänfluss.

162 Klares Wasser erlaubt den Blick auf
das sandige Bett der Böhme.

culus fluitans) und der Igelkolben scheinen in dieser Situation besonders gut zu gedeihen, Arten, die starke Strömung bei relativ geringer Lichtmenge ertragen können. Nur in ufernahen flachen Zonen findet sich besiedelbarer Raum für stärker lichtliebende, niedrigwüchsige und dicht beblätterte Arten des Gewässergrundes wie Wasserpest (*Elodea canadensis*) und Hakenwasserstern (*Callitriche hamulata*).

An Uferböschungen dominiert gelegentlich das Rohrglanzgrasröhricht (*Phalaridetum arundinaceae*). Es ist bei stark wechselnden Grundwasserbeständen besonders konkurrenzkräftig. Unempfindlich gegen Überflutung im Winter und Frühjahr, erreicht es im Sommer durch lange Wurzeln auch noch sehr tiefe Grundwasserstände. Empfindlich ist es gegen Beweidung, Bodenverdichtung und Gülledüngung und wird dann zunehmend durch das Schwadenröhricht (*Glycerietum maximae*) verdrängt. Bei weiterer Düngung tritt die Brennnessel hinzu.

Rohrglanzgrasröhricht an den Uferböschungen

Alte Wässerwiesen im Böhmetal

Weide- und Heugewinnung

Im Einzugsbereich der Böhme findet man häufig kleinräumige Wiesenflächen, die besonders zur Heugewinnung genutzt wurden. Solange weder Rüben noch Kartoffeln oder Silage zur Verfügung standen, wurde das Winterfutter so gesichert. Zusätzlich dienten fast alle Grünflächen im Frühjahr und im Herbst als Weide. Um die Erträge zu steigern wurden zusätzliche Bewässerungswiesen angelegt. Der arbeitsintensive „Lüneburger Rückenbau" für Rieselwiesen war vor allem zwischen 1820 und 1900 weit verbreitet, wurde jedoch mit der Einführung von Landmaschinen und Mineraldünger immer unrentabler, sodass sie nach 1920 aufgegeben wurde.

Lüneburger Rückenbau

Alte Wässerwiesen noch gut erkennbar

Die alten Wässerwiesen sind im Böhmetal unterhalb von Walsrode vor der Einmündung in die Aller an vielen Stellen noch gut erkennbar. Abbildung 163 zeigt einen Flussabschnitt mit seinem derzeitigen Nutzungs- und

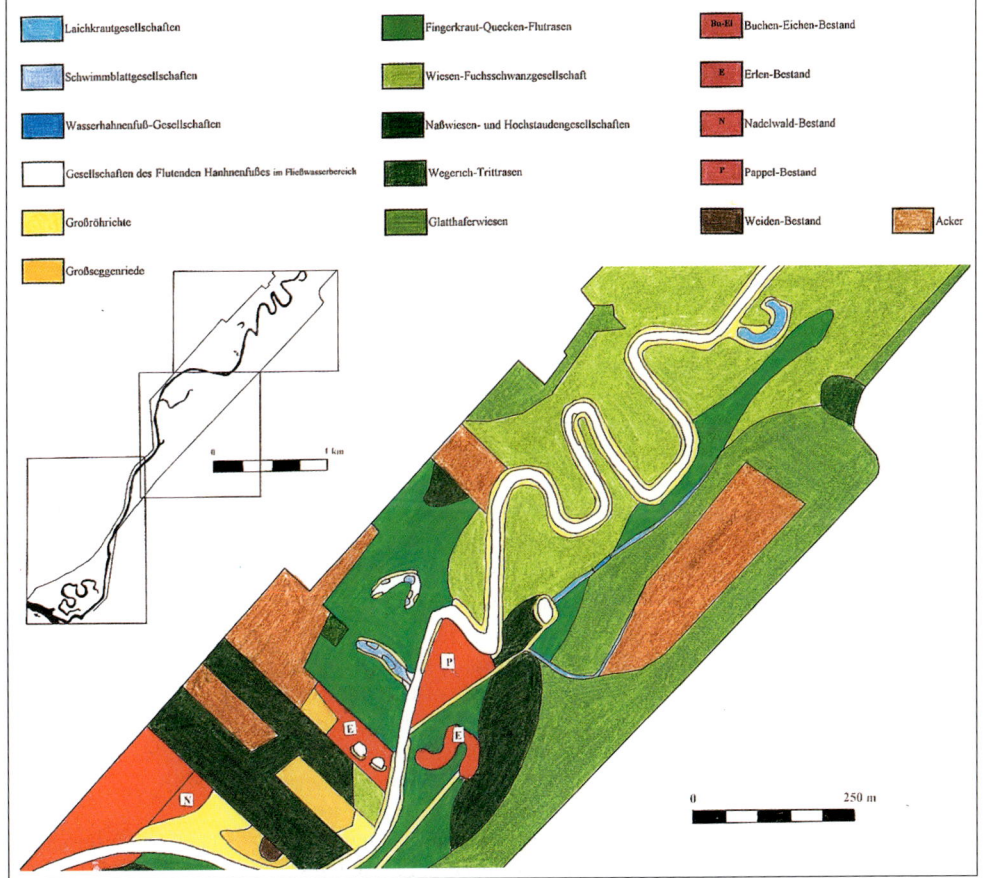

163 Flussabschnitt der unteren Böhme.

164 Nasswiese mit Seggen, Zittergras und Fieberklee.

165 Nasswiese mit dominierender Fadenbinse, einer vielfach durch Grünlanddränage ausgerotteten Pflanzenart.

Vegetationsmosaik, das als typisch angesehen werden kann. Hier kann man die verschiedenen Feucht- und Nasswiesen, die ehemaligen Wässerwiesen mit ihren Vegetationsbeständen immer noch gut studieren. Auf das Grünland soll im Folgenden etwas näher eingegangen werden. Dietmar Abel (1989) und Rita Beermann (1994) haben den Flusslauf der Böhme in ihren Diplomarbeiten vegetationskundlich bearbeitet und viele Abschnitte auf pflanzensoziologischer Basis kartiert; ihre Ergebnisse bilden die Grundlage für unsere Exkursionen (Abb. 163).

Auf Niedermoor siedelnd und in Kontakt zu Feuchtwiesen bestimmt vielfach die Schlanksegge (*Carex gracilis*) den Aspekt der Wiesen, die wegen lang anhaltender Überstauung und hoch anstehendem Grundwasser an manchen Stellen nur sehr extensiv genutzt werden. Andernorts wachsen die Seggenriede kleinflächig oder als schmales Ried ausgebildet im Anschluss an die Röhrichte.

Aspektbestimmend: die Schlanksegge

Als Besonderheit der Böhmewiesen ist eine Reihe mesotraphenter Arten wie Blutauge (*Potentilla palustris*) und Fieberklee (*Menyanthes trifoliata*, Abb. 164) zu erwähnen. Ihre Bestände sind meist flächenmäßig, häufig über Niedermoortorf und bei hoch anstehendem Grundwasser verbreitet. Als Kontaktgesellschaften gibt es meist extensive Wiesen aus dem *Calthion*-Verband der Sumpfdotterblumen-Wiesen, in denen das mittlere Grundwasser nicht ganz so hoch ansteht. Flutrasen in flachen Geländerinnen zeigen weiterhin dichte Bestände des Knickfuchsschwanzes (*Alopecurus geniculatus*), des Straußgrases (*Agrostis stolonifera*) und der Sumpfkresse (*Rorippa sylvestris*); wenn der Flutschwaden (*Glyceria fluitans*) zusammen mit der Sumpfdotterblume (*Caltha palustris*) auftritt, ist dies oft ein Indikator für die alten Wässerwiesen, denn diese Ausbildung von Grünlandpflanzen deutet auf länger überstaute Wiesen hin. Auch die Fuchsschwanz-Wiesen mit *Alopecurus pratensis* sind immer noch durch Flutrasenelemente gekennzeichnet und deuten auf die alten Wirtschaftsweisen hin. Der Wiesenfuchsschwanz war auf den Beetrücken der Rieselwiesen durch die nährstoffreiche Bewässerung oft in Reinbeständen anzutreffen. Dieses Wiesengras verträgt sogar eine leichte Beweidung; es ist ein dankbarer Düngerverwerter

Mesotraphente Arten

Indikatoren für alte Wirtschaftsweisen

(Stickstoff) und gelangt durch seinen frühen, nahezu erdrückenden Wuchs leicht zur Vorherrschaft.

Infolge intensiver Landnutzung dominieren im Böhmetal derzeit alle Typen des gedüngten Grünlandes; vor allem Weideflächen mit Trittvegetation und aufgedüngte Schnittwiesen mit zahlreichen Stickstoffzeigern wie Wiesenkerbel (*Anthriscus sylvestris*), Brennnessel (*Urtica dioica*) und Wiesenampfer (*Rumex obtusifolius*). Als Besonderheit ist hier aber der Feuchtwiesentyp mit der Fadenbinse (*Juncus filiformis*, Abb. 165) zu nennen; diese nur kleinflächig auftretenden, mittlerweile sehr selten gewordenen Binsenwiesen wachsen auf Nassgleyen und Niedermoortorfen in flachen Mulden mit noch anstehendem Grundwasser. Sie können nur sehr extensiv mit zweimaligem Schnitt und geringer Nachweide bewirtschaftet werden. Nach Düngung werden sie vom Honiggras (*Holcus lanatus*) abgelöst. Somit ist das Böhmetal immer noch ein herausragender Lebensraum nicht nur für zahlreiche Wiesenpflanzen, sondern auch für die typischen Wiesenvögel (Abb. 166).

Seltene Feuchtwiesen mit Fadenbinsen

Lebensraum für typische Wiesenvögel

166 Die Böhmewiesen als Brut- und Nahrungshabitat für viele Wiesenvögel; hier ein Kiebitz.

Route 3: Flussperlmuscheln im Luttertal

Ursprung am Südrand der Lössmoräne

Die Lutter, ein rechtsseitiger Nebenbach der Lachte mit einem Einzugsgebiet von 148 km² (Abb. 167), entspringt in 92 m ü. NN am Südrand der

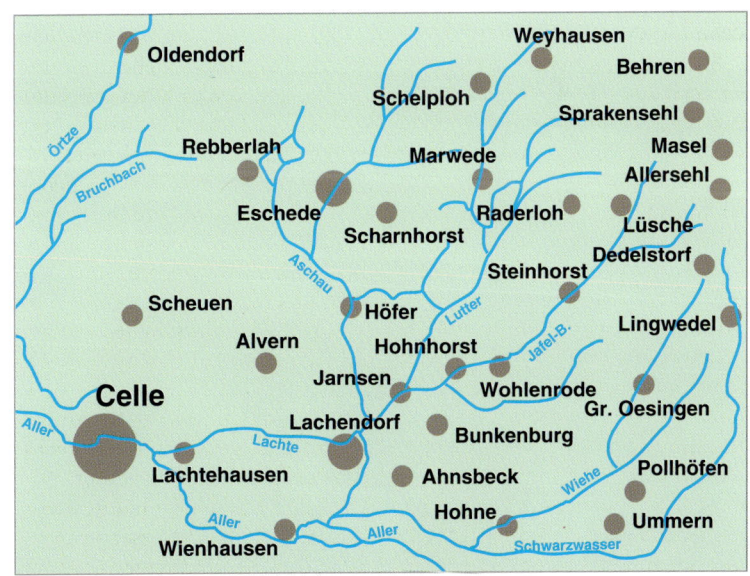

167 Das Flussgebiet der Lutter in der Südheide.

Lössmoräne, einem stark reliefierten Stauch-Endmoränengebiet, das ohne sichtbare Grenze in die Sander der Südheide übergeht. Im Quelleinzugsgebiet überwiegen Podsole über Sanden und Kiesen. Im weiteren Verlauf durchquert der Bach die leicht nach Süden einfallenden Starkshorner Sanderflächen, die überwiegend von Kiefernforsten eingenommen werden, in südwestlicher Richtung. Bei Marwede tritt die Lutter in eine partiell vermoorte Niederung der Escheder Geest ein, ein welliges, überwiegend sandiges Grundmoränenplateau, das ackerbaulich und forstlich genutzt wird. Unterhalb von Luttern bis zur Mündung in die Lachte durchquert der Bach die ebene Fläche der Ahnsbecker Lehmgeest aus Geschiebedecksanden über Grundmoränenmaterial. Neben Podsolen treten wegen des verbreitet hohen Grundwasserstandes Gleye auf, die überwiegend als Grünland genutzt werden. Nach einer Lauflänge von 24,5 km und durchschnittlich 1,6 Prozent Gefälle mündet die Lutter in 50 m ü. NN in die Lachte.

Starkshorner Sanderflächen

Grundmoränenplateau

Wichtig für den Charakter der Lutter sind Kaltstenothermie und O_2-Reichtum, die nach den Untersuchungen von Dominique Remy (1993) für einen Niederungsforellenbach sprechen. Diese Eigenschaften resultieren aus einem weitflächigen Zutritt von kaltem Grundwasser. Fließgewässer aus überwiegend sandigen Einzugsgebieten mit geringen feinklastischen Anteilen sind von Natur aus klar (Abb. 168). Das trifft besonders für die Heideflüsse zu, für die beispielhaft die Lutter vorgestellt werden soll. Beschattete, weit gehend vegetationsarme Flussabschnitte wechseln dabei mit unbeschatteten, stark bewachsenen Zonen ab. Es sind ganz spezielle, mittlerweile äußerst seltene Fließwasser-Pflanzengesellschaften mit Haken-Wasserstern (*Callitriche hamulata*) und Wechselblütigem Tausendblatt (*Myriophyllum alterniflorum*), die eine spezielle, heute stark bedrohte Gesellschaft, die Wasserstern-Tausendblatt-Gesellschaft (*Callitricho hamulatae-Myriophylletum alterniflori*, Abb. 169) aufbauen. Sie ist kennzeich-

Ein typischer Heidefluss

Selten und bedroht: Wasserstern-Tausendblatt-Gesellschaft

168 Die Lutter als typischer oligotropher Sandbach.

nend für die kalkarmen, oligotrophen, sommerkalten Fließgewässer der nordwestdeutschen pleistozänen Sandgebiete, den Forellenbächen des Flachlandes im Wuchsgebiet des Eichen-Birken-Waldes. Auf weite Strecken vom Grundwasser gespeist, sind diese Bäche ganzjährig klar, sofern keine anthropogenen Störungen vorliegen. Auf Grund der relativen Temperaturkonstanz ist die Vegetation im Wasser über-

Ganzjährig klare Bäche

169 Hakenstern-Tausendblatt-Gesellschaft (Callitricho hamulatae-Myriophylletum alterniflori).

wiegend wintergrün, eine Verringerung der Phytomasse ist in der kalten Jahreszeit allerdings festzustellen. Weiterhin wirkt sich die Kombination von Strömungsgeschwindigkeit und Trübung negativ auf das Überwinterungsvermögen der ausgewachsenen Pflanzen aus. Die Empfindlichkeit der Pflanzengesellschaft gegenüber Störungen ist u. a. im geringen Pufferungsvermögen des karbonatarmen Wassers zu suchen. Mit zunehmender Eutrophierung in Kombination mit fehlender Beschattung geht diese Gesellschaft zu Gunsten von Wasserhahnenfuß-Gesellschaften vom Typ des *Callitricho-Ranunculetum penicillati* zurück. Die Physiognomie des *Callitricho hamulatae-Myriophylletum alterniflorae* wird durch die hellgrünen Schwaden von *Myriophyllum alterniflorum* und *Callitriche hamulata* bestimmt, die in der meist turbulenten Strömung flottieren. Da die Bestände nur selten dicht schließen, bleibt der Untergrund zwischen den Schwaden immer sichtbar (Abb. 162).

Kennzeichen oligotropher Bäche mit geringer Strömung

Die Wasserstern-Tausendblattbestände sind kennzeichnend für oligotrophe bis schwach mesotrophe Bäche mit stärkerer Strömung, die karbonatarmes Wasser führen. Es handelt sich um eine stenöke, oligotraphente Pflanzengesellschaft. Die niedrigen Konzentrationen von Nährsalzen, im Durchschnitt liegen 0,05 mg/l Orthophosphat und 2,61 mg/l anorganischer Stickstoff-Verbindungen vor, manifestieren sich auch im geringmächtigen Auftreten von Grünalgen der *Cladophora*-Gruppe.

Steigende Leitfähigkeit bei zunehmender Eutrophierung

Infolge der geringen natürlichen Wasserhärte hat Dominique Remy (1993) in den am wenigsten verschmutzten Bereichen Leitfähigkeitswerte gemessen, die zwischen 131 und 180 µS/cm liegen. Mit zunehmender Eutrophierung erreicht die Leitfähigkeit durchschnittlich 258 µS/cm. Typisch ist das Auftreten von Bereichen mit hohen Strömungsgeschwindigkeiten, die bei normaler Wasserführung zwischen 20 und 90 cm/s liegen. Bei Hochwasser wurden vereinzelt 110 cm/s gemessen.

In der Nacheiszeit eingewandert: Flussperlmuscheln

Hier ist auch der Lebensraum der ansonsten in der Arktis und in den hohen Mittelgebirgslagen verbreiteten Flussperlmuschel (Abb. 170). Ihr Vorkommen in den Heidebächen ist eine Besonderheit und auf Einwanderung während der nacheiszeitlichen Verbindung von Elbe und Aller zurückzuführen. Früher waren Flussperlmuscheln weit verbreitet. Wegen des kostbaren Inhalts, dem sie ihren Namen verdanken, wurden die Tiere immer

170 Die Flussperlmuschel (Margaritifera margaritifera) lebt ausschließlich im elektrolytarmen klaren Wasser.

Wie Flussperlen entstehen

wieder befischt. Nur wenige Muscheln bilden jedoch Perlen aus. Dies geschieht, indem eingeschwemmte Fremdkörper wie Sandkörner mit Perlmutter umkrustiert werden, ein Vorgang von 50 bis 70 Jahren. Die hochspezifischen, stenöken, d.h. mit enger ökologischer Amplitude auf die klaren und sauberen Sandbäche beschränkten Indikatororganismen sind zusätzlich auf Bachforellen als Mitbewohner ihrer Habitate angewiesen, denn die Lebensweise der Flussperlmuschel ist sehr eigenwillig: Das weibliche Tier nimmt mit dem Atem- und Nahrungswasser- strom die vom Männchen ins Wasser abgegebenen Spermien auf und produziert etwa 4 Millionen Eier. In den Sommermonaten gelangen die so genannten Glochidien nach außen und setzen sich in den Kiemen der Bachforellen fest. Im darauf folgenden Frühjahr lässt sich die Jungmuschel abfallen und gräbt sich bis 50 cm tief in den Grund des Baches ein, wo sie etwa zwei Jahre verbleibt. Wenn ihre Schale etwa 1,5 cm lang ist, kommt sie wieder nach oben. Im Alter von etwa 20 Jahren sind die Tiere dann geschlechtsreif. Sie können mehr als 100 Jahre alt werden; folglich müssen ihre Lebensräume als Ganzes langfristig erhalten werden, wie man in der Darstellung gefährdeter Biotoptypen Deutschlands durch Richard Pott (1996) nachsehen kann.

Auf Bachforellen als Mitbewohner angewiesen

In den meisten Bächen der Lüneburger Heide lebten früher Flussperlmuscheln. Sie zu fischen war ein Privileg des Landesfürsten. So ließ 1658 Herzog Christian Ludwig von allen Kanzeln des Landes verkünden, dass Raubfischerei mit jeweils 50 Reichstalern bestraft würde. Als die Tiere in der Zeit von 1641 bis 1709 in sehr großer Zahl vorkamen, wurde das fürstliche Hoheitsrecht gar durch Aufseher überwacht. Im Jahre 1706 lieferten drei vereidigte Perlenfischer 292 unreife und 295 reife Perlen ab. 1768 wurde in der Gerdau, einem der drei Quellbäche der Ilmenau, in der besonders schöne, milchweiße Perlen vorkamen, eine völlig runde, fehlerfreie Perle von 15 Gran gefunden. (Gran – von lateinisch granum, Korn – ist ein altes deutsches Massenmaß für Perlen und Edelsteine, etwa 1/4 Karat entsprechend). Das Amtstagebuch des Amtes Moisburg bezeichnete bereits 1664 den „Heidbek" bei Hollenstedt (Lkr. Harburg) als „rechte Mutter der Perlen".

Fürstliches Privileg

Vereidigte Perlenfischer

Zahlreiche Kunstwerke aus Flussperlen werden in den Heideklöstern aufbewahrt. Die großen Räubereien des 18. Jh. haben jedoch die Bestände in den Bächen fast restlos vernichtet. Heute stehen die äußerst selten gewordenen Tiere unter Naturschutz; die Bestände in der Lutter sind das einzig nennenswerte Vorkommen in der südlichen Lüneburger Heide.

Letzte nennenswerte Bestände in der Lutter

Biodiversität des Eichen-Birken-Buchen-Waldes

Heidemarken und Wälder zwischen Schneverdingen, Munster und der Göhrde

Moränen, Geest, Moor und Heide

Ziel: Landschaftsgliederung und –differenzierung; Kulissenlandschaft der kuppigen Moränen; Wechsel von Moränen und reiner Geest; Ökotope zwischen Moor und Heide; Heide-Hochmoorränder am Pietzmoor; typische Pflanzengesellschaften der Heide

Route: Von Bispingen über Behringen nach Schneverdingen oder über Niederhaverbeck, Oberhaverbeck nach Handeloh und von dort nach Schneverdingen-Heber. 1,5 km südöstlich von Schneverdingen liegen südlich der Straße Heber-Schneverdingen am Pietzmoor die Exkursionspunkte 1, 2, 3, 4 und 5 (Abb. 183). Von Walsrode aus die Heide bei Walsrode (Abb. 184).

Karte: Deutsche Generalkarte 1:200 000, TK 1: 100 000

Einzigartig durch tief greifenden Wandel

Wenige Landstriche mussten, wie wir gesehen haben, tiefer greifende Wandlungen über sich ergehen lassen als die nordwestdeutsche Tiefebene. Mag sie ihren Bewohnern und Besuchern auch ganz alltäglich erscheinen, so gehört sie in Wahrheit zu den einzigartigen Landschaften Deutschlands. Mit unnachahmlicher sprachlicher Brillanz bringen das die unvergessenen Altmeister der Vegetationskunde Reinhold Tüxen (1967) in seiner Abhandlung über die Lüneburger Heide und Heinz Ellenberg (1990) in seinem Buch über Bauernhaus und Landschaft zum Ausdruck. Auf beide wird im Folgenden Bezug genommen. In der Lüneburger Heide wird alles besonders deutlich:

Zwei verschiedene Landschaftsformen

Steinreiche Landschaft mit bewegter Oberfläche

Abhängig davon, ob lehmige Grundmoräne oder reine Sande die Oberfläche bilden, haben sich zwei verschiedene Landschaftsformen entwickelt. Die auf der Moräne erkennt man an der meist bewegten Oberfläche und der Fülle kleiner Steine – die großen Findlinge sind im Lauf der Jahrhunderte in Kirchen und Häusern verbaut, als Denkmäler aufgestellt oder für den Straßenbau zerkleinert worden.

Sie weicht in ihrem Erscheinungsbild nur unwesentlich von weiter südlich gelegenen Landschaften gleicher Höhenlage und ähnlicher Bodenbeschaffenheit, wenn auch anderer Entstehung, ab. Es sind dies die reicheren Landschaften mit den beschriebenen Städten, den Klöstern und den prächtigen Heidedörfern.

Die andere Landschaftsform – meist auf den Sanderflächen gelegen – zeigt dagegen eine Reihe von Eigenschaften, deren Zusammenwirken sie einmalig macht. Die zu Grunde liegenden Sande sind ebenso alt wie arm an Pflanzennährstoffen, denn sie bestehen fast nur aus Quarz (SiO_2) mit nur geringen Silikatanteilen (Feldspäten u. a.) und unterliegen dem Einfluss des subatlantischen subkontinentalen Klimas. Alte, arme, lockere Quarzsande unter solchem Klima gibt es, soweit wir sehen können, sonst nirgends.

Landschaft auf alten, nährstoffarmen Sanden

Eine Landschaft wie ein Mosaik

Die anlehmigen Böden der Moräne und der vom Wind abgesetzten fruchtbaren Flottsande tragen ringsum weite offene Ackerflächen, hier und da noch den natürlichen Buchen- oder Eichenwald oder gepflanzte Kiefern- und Fichtenforsten. Sie zeigen, besonders wenn sie nicht allzu trocken sind, nach dem Pflügen eine eigentümliche Färbung von trübem Braunviolett, das im Wechselspiel mit den grünen Farben des jungen Wintergetreides im Frühling besonders deutlich hervortritt. Diese etwas schollingen Böden sind nie feinsandig. Sie werden mit Roggen und Kartoffeln, auch mit Hafer, Gerste, Weizen und Mais bebaut. Zwischen die Äcker sind stellenweise Viehweiden eingestreut. Ende Mai blüht hier auf Rainen und an offenen Straßen- oder Waldrändern der Besenginster (*Cytisus scoparius*).

Äcker und eingesprengte Weiden

Diese Landschaft gleicht einem eingelegten flachen Mosaik, einer „Intarsie" violettbrauner, von Hecken und Wäldern durchsetzter Ackerböden. Im Sommer sind die weiten Acker-Breiten wie mit Kissen wüchsiger Roggenschläge, Gersten- und Weizenfelder (Abb. 171) bedeckt und durch Kartoffelfelder abgegrenzt.

Flaches Landschaftsmosaik

171 Ackerlandschaft in der Südheide.

172 Zweiständer-
Bauernhof
in Sahrendorf.

Höfe im Schutz von
Eichenkämpen

Zahlreiche Bauernhöfe, reich an Gebäuden, liegen einzeln oder sind zu lockeren Dörfern zusammengefügt. Die berühmten Niedersachsen-Höfe (Abb. 172) stehen im Schutz mächtiger Eichenkämpe und sind durch Landstraßen verbunden, an denen immer noch Reihen von Obstbäumen, Linden oder mächtigen Eichen, selten auch Buchen, wachsen.

Bauernhaus mit „Kübbung"

Diese dünn besiedelte Geest kannte früher neben der Forstwirtschaft vorwiegend Grünland-Nutzung – dagegen spielte Grünland in der Landschaft des Buchen-Eichen-Waldes eine geringere Rolle. Hier hat sich mit dem Zweiständer-Haus unter Eichenkämpen in weiträumig aufgelockertem Verband der Dörfer oder in Einzelhöfen die ältere Form des niedersächsischen Bauernhauses am längsten erhalten. An beide Seiten der Ständerreihen dieser Gebäude lehnt sich neben der breiten Lehmtenne je ein niedriger Viehstall an, die „Kübbung". Diese kleinen Bauten hatten einen kleineren Dachraum und waren mehr auf Viehhaltung mit geringfügiger Ackerwirtschaft eingerichtet als die größeren Vierständer-Häuser (Abb. 147). Wenige der erhalten gebliebenen Zweiständer-Häuser sind noch immer mit Reet (*Phragmites*) oder Stroh gedeckt und ihr Rücken ist mit Heideplaggen

Zeugen bodenstän-
digen Bauerntums

belegt. Sie sind Zeugen der ältesten bodenständigen Bauweise in der Landschaft des Eichen-Birken-Waldes – die denkbar beste Anpassung an die wirtschaftlichen Möglichkeiten der damaligen Zeit.

Kiefern auf armen
Sandböden

Wo keine fruchtbare Moränendecke die Quarzsande überlagert, wo diese armen Sande mit ihrem geringen Silikatanteil also unmittelbar an die Oberfläche kommen, unterscheidet sich das Landschaftsbild, wie erwähnt, grundlegend von dem eben geschilderten: Von einem mit Heide bedeckten

Hügel schweift der Blick über weite Kiefernforsten gleichen Alters. Sie wurden und werden – wie wir bereits gesehen haben – seit etwa 150 Jahren auf den ehemals weiten *Calluna*-Heiden, die das Land überzogen, gepflanzt. Nach Kahlschlägen wird wieder aufgeforstet.

Seit 150 Jahren mit Kiefern geforstet

Geschlossener Kiefernmantel mit Einsprengseln

Die Landschaft der so genannten Heidmarken scheint hier von einem geschlossenen Kiefernmantel bedeckt (Abb. 28, 32). Aber von erhöhter Stelle aus oder wenn man darüber hinweg fliegt oder ein Messtischblatt zur Hand nimmt, dann bemerkt man überall kleine oder größere Lücken: Wiesen oder Weiden auf feuchten Böden von Bach- oder Flusstälern, in trockeneren Lagen bewirtschaftete Äcker oder Reste der ehemaligen Heide. Laubwälder waren immer selten; wo man sie antrifft, sind sie meist klein und jung, jetzt nehmen sie nach gezielten forstlichen Maßnahmen kontinuierlich zu.

Lücken im Kiefernmantel

Auf den kleinen Ackerflächen zwischen den geschlossenen Kiefernforsten und auf den von Birkenreihen begleiteten Wegen (Abb. 173) zeigt sich der hellgraue aschfarbene Sandboden ohne jede Krümelung in reinem Einzelkorn-Gefüge. Hier wachsen an den Rainen neben dem Heidekraut (*Calluna vulgaris*) nur niedrige, schmalblättrige und feinblütige Gräser wie das Rote Straußgras (*Agrostis tenuis*) und der Schafschwingel (*Festuca ovina*). Als Feldfrüchte gedeihen nur Roggen, Kartoffeln und neuerdings auch Mais. Kiefernforste stehen wie Kulissen gestaffelt und lassen nur kleine Blößen offen. Man darf hier nur kleine Flächen als Äcker bewirtschaften,

Feldfrüchte nur auf kleinen Flächen

173 Birkengesäumte Alleen auf der Geest.

sonst würde der Sandboden, der vom Herbst bis in den Frühling lange Zeit wund bleibt, von den vorherrschenden West- und Südwest-, mehr noch von den selteneren trockeneren Ostwinden verweht.

Lupinensaat zum Schutz des Bodens

Nach der Roggenernte werden darum vielfach gelbe Lupinen (*Lupinus luteus*) und andere Zwischenfrüchte angesät, damit der lockere Sand nicht offen liegt und seine Fruchtbarkeit durch die Stickstoff sammelnden Pflanzen gesteigert wird.

174 Englischer Ginster.

Kulissenlandschaft

So entsteht die merkwürdige Kulissenlandschaft, die im Spätherbst und im Winter, besonders in leicht welligem Gelände, an Bilder von Caspar David Friedrich erinnert.

Höhepunkte der Calluna-Heide

Die *Calluna*-Heide (*Genisto-Callunetum*) entfaltet im Jahreslauf zwei Höhepunkte. Der erste entwickelt sich im Frühling, wenn der Englische Ginster (*Genista anglica*), etwas später der Behaarte Ginster (*Genista pilosa*) und das Sand-Fingerkraut (*Potentilla arenaria*) in

175 Sand-Fingerkraut.

hellen gelben Tupfen blühen (Abb. 174, 175). Der andere entfaltet sich im August, wenn das Heidekraut selbst mit den zarten Rosatönen seiner unzähligen winzigen Blüten weite Flächen zum Leuchten und Duften bringt (Abb. 111).

Bäume im ständigen Kampf mit dem Sand

Der verwehte Sand aber bildet Dünen (Abb. 176), die sich im Mittelalter in manchen Gegenden umso weiter ausdehnten, je steinärmer der Sand war. In solchen offenen Flugsandfeldern herrscht ein ständiger Kampf: Der wandernde Sand begräbt einzelne Bäume, während andere, die auf etwas älteren Dünen schon Fuß gefasst hatten, freigeweht werden, so dass sie auf ihren Wurzeln wie auf Stelzen stehen. Den offenen Flugsand aber besiedelt

Silbergrasrasen und Sand-Seggen

immer wieder Silbergras (*Corynephorus canescens*, Abb. 177) und so entstehen offene Rasen mit zunächst nichts anderem als den kleinen unscheinbaren Büscheln des Silbergrases. Manchmal tritt zusätzlich die Sand-Segge (*Carex arenaria*) auf, die Löcher im Pflanzenkleid mit ihren wenige Zentimeter unter der Oberfläche hinkriechenden Wurzelstöcken viele Meter lang „zunäht" (Reinhold Tüxen 1967).

176 Kiefern-
bewachsene Sanddünen
bei Stixe.

Natürlich gealtert, wird die Heide räudig

Wenn die Heide nicht mehr geplaggt noch gebrannt, sondern einfach alt wird, dann stirbt das Heidekraut. Diesen natürlichen Vorgang können Wettereinflüsse (Trockenheit, Schnee) oder Schädlinge (*Lochmaea sutura-lis*) beschleunigen. Dann wirken solche Heiden räudig, weil sich tote graue

Flächen darin ausbreiten (Abb. 180, 181).

Bei nachlassender Sandzufuhr kann sich eine solche Fläche mit weiteren Gräsern besiedeln, mit Hund-Straußgras (*Agrostis canina*), Schafschwingel (*Festuca ovina*) sowie mit einzelnen Rosetten-Kräutern und Moosen (*Polytrichum piliferum*), zuletzt auch mit Flechten (*Cladonia*

177 Flechtenreiche
Silbergrasflur.

178 Cladonia porten-
tosa.

179 Cornicularia
aculeata.

180 Vom Heidehähnchen zerstörte Heide.

181 Heidehähnchen.

Versuche mit Strandhafer

Entwicklung zum Stieleichen– Birken–Wald

spec., Abb. 178, *Cornicularia acule-ata*, Abb.179). Früher wurde manch-mal Strandhafer (*Ammophila are-naria*) auf die Flugsandfelder des Binnenlandes gepflanzt, um den Sand wie auf den Küstendünen zu halten, aber dieses Küstengras ge-

182 Birkenaufwuchs in ungepflegter Heide.

deiht hier nicht recht. Man sieht es aber immer noch an offenen Sandstel-len. Selten kann die Heide zurückkehren, aber eher kommt die Birke auf. Dann folgt die Stieleiche und so führt die ungestörte Entwicklung wieder zum Stieleichen-Birken-Wald, wenn nicht vorher Kiefern gepflanzt werden (Abb. 182).

Auf die Monographie „Naturschutzgebiet Lüneburger Heide. Geschich-te – Ökologie – Naturschutz" (1997) sei an dieser Stelle hingewiesen. Vom „Verein Naturschutzpark e.V." in Zusammenarbeit mit der Alfred-Toepfer-

Akademie für Naturschutz herausgegeben, enthält sie ausführliche Angaben zur vielfältigen Tier- und Pflanzenwelt der Lüneburger Heide.

- Dünenmulde (2) mit Gesellschaftsmosaik von Glockenheide-Gesellschaften sowie den Heideelementen *Erica tetralix*, *Calluna*, *Empetrum nigrum*, ferner Kriechweide (*Salix repens*), Sonnentau (*Drosera rotundifolia*), Sparrige Binse (*Juncus squarrosus*), Torfmoos (*Sphagnum compactum*) und verschiedene Flechten (*Cladonia* div. spec.). – Ferner gibt es Schnabelriede vom Typ des *Rhynchosporetum* mit Weißem und Braunem Schnabelried (*Rhynchospora alba* und *R. fusca*), Wollgras (*Eriophorum angustifolium*) und Sonnentau (*Drosera intermedia*). – Die Böden sind sandig-kiesig; das Grundwasser steht in geringer Tiefe, 30 bis 40 cm unter der Geländeoberfläche, im Winterhalbjahr und in langen Regenzeiten sind die Bestände überstaut; Gleypodsole haben sich dort entwickelt.

- Randzone des Hochmoores (3), ein Gebiet von rund 150 ha Größe, in breiten Randzonen durch Handtorfstich verändert. Unterschiedlich große Torfstiche und stehen gebliebene Torfbänke in großer Zahl, im mittlerem Teil größere nicht abgetorfte Flächen mit naturnaher Hochmoorvegetation. Das Entwässerungssystem ist seit etwa sechs Jahren stillgelegt, die Wiedervernässung eingeleitet. – Trockengefallener Hochmoorrand mit Pfeifengras-Beständen und Birken-Kiefern-Moorwäldern mit Pfeifengras-, *Calluna*- oder *Empetrum*-Bodendecke als Sekundär-Vegetation. – Unterhalb niedriger Torfstichwände sieht man großflächig vernässte, sich regenerierende Abbauflächen mit Wollgras-Torfmoos (*Eriophorum angustifolium-Sphagnum* div. spec.)-Gesellschaften in Schlenken und Tümpeln. Dort Bestände von Moorlilien (*Narthecium ossifragum*) und initiale Hochmoor-Bultgesellschaften vom Typ des *Erico-Sphagnetum magellanici* in verschiedenen Subassoziationen. **Folgen des Torfstichs** **Wiedervernässung eingeleitet** **Regeneration von Abbauflächen**

- Verheilende Torfstiche (4). Infolge Stilllegung des Entwässerungssystems (Sperren der Abflussgräben durch Dämme) sind die meisten Torfstiche mit Wasser gefüllt und verlanden unterschiedlich stark.

- Alte Panzerwüsten (5) der ehemals von britischen Truppen als Übungsraum benutzten 1800 ha Heideflächen im südwestlichen Teil des Naturschutzgebietes. Restlose Zerstörung der Pflanzendecke mit nachfolgender Einebnung der Oberflächenformen durch Erosions- und Deflationsvorgänge. Pionierstadien von Sandrasen mit einjährigen Schmielen (= *Thero-Airion*)-Gesellschaften, vor allem Kleinen Ampfern: *Rumex acetosella*-und *Rumex tenuifolia*-Bestände. **Pionierstadien in Panzerwüsten**

Heiden bei Walsrode

Vereinzelte Heideflächen in der Kulturlandschaft

Kiefern auf Sandern, kleine Naturschutzgebiete

Ziel: Kennenlernen nährstoffarmer Sandergebiete, heute mit Kiefer aufgeforstet, nur noch in kleinsten Naturschutzgebieten Pflanzengesellschaften und Vegetationskomplexe auf trockenen Sandböden mit Silbergrasfluren, flechtenreichen Calluna-Heiden. Biozönologische Aspekte von Heiden als Lebensraum.

Beispiele für Trockenheiden

Route: Von Walsrode zur Raubkammerheide im Truppenübungsgebiet Munster-Nord. Südheidelandschaft bei Munster und Hermannsburg. Am Stadtrand von Munster die kleinen Naturschutzgebiete Dethlinger und zur Kohlenbissener Heide als Beispiele für Trockenheiden.

Karte: Abb. 183

Als Heidmark wird der Teil der Südheide bezeichnet, der das alte Gogericht Fallingbostel umgreift und dessen älteste Gerichtsstätte wahrscheinlich die Burg an der Böhme nordöstlich von Walsrode war.

Von der namengebenden Heide ist fast nichts geblieben. Nur in wenigen Reservaten wie dem Wacholderhain von Tietlingen an der Böhme, in dem das Lönsgrab liegt oder im Autobahn-Dreieck Walsroder Kreuz werden noch Heideflächen erhalten. Ansonsten sind sie aufgeforstet oder zu Ackerland und Weiden geworden. Die Bezeichnung -heide in vielen Wald- und Flurnamen deutet aber noch auf die einst weite Verbreitung hin. Allerdings gab es hier nie so geschlossene Heideflächen wie in der Hohen Heide, vielmehr waren sie hier stets von Kulturinseln durchsetzt, wie es Hans-Hinrich Seedorf (1977) in seinem topographischen Atlas für Niedersachsen beschreibt.

Forst, Ackerland und Weide haben die Heide verdrängt

Ackerfähige Böden gibt es, wo der Geschiebelehm der Grundmoräne an die Oberfläche tritt. Dort lagen Ansatzstellen für Siedlungen, deren Größe sich nach der vorhandenen Nährfläche richtete, also letztlich nach der Ausdehnung des ackerfähigen Landes.

Trockene Sandflächen überließ man, bevor sie aufgeforstet wurden, den Schafen und der Heide. Sie sind in diesem Gebiet kennzeichnend für Endmoränenrücken und Sanderflächen und im Gebiet südlich von Walsrode auch für die dünenbesetzte Talsandebene des Aller-Urstromtales.

183 Exkursionsvorschlag Schneverdingen-Heber.

Die alten Siedlungen liegen aus den geschilderten Gründen auenorientierter Siedlungsnahme am Talrand. Abseits der Täler findet man mehr Einzelhöfe und Weiler, wie sie für die wasserarme Zentrale Heide typisch sind. Teilweise gehen sie auf mittelalterliche Höfe zurück, andere sind häufig erst nach den Allmendteilungen im vorigen Jahrhundert entstanden, wie die Ortsnamen oft noch zu erkennen geben. Die Schneeheide südwestlich von Walsrode, wurde erst 1911 durch Aufsiedlung einer 500 ha großen Lehmheidefläche geschaffen.

Einzelhöfe und Weiler abseits der Täler

Raubkammerheide

Dieser Zentralbereich des Truppenübungsplatzes Munster-Nord ist eine ausgeprägte großflächige Heidelandschaft. Sie kann trotz der Schäden durch den militärischen Übungsbetrieb noch einen hervorragenden Eindruck vom ehemals charakteristischen Landschaftsbild des Naturraumes Lüneburger Heide vermitteln. Die Raubkammerheide liegt auf einer großen Sandfläche am nördlichen Rand des Naturraumes Südheide und grenzt unmittelbar an die Hohe Heide.

Trotz Schäden immer noch charakteristisch

Auch die Heiden am Wulfsberg sind ehemalige Panzerübungsflächen, die inzwischen erfolgreich wieder mit Heiden bestockt werden, wie es vor allem Udo Hanstein et al. (1993), Johannes Prüter (1997) sowie Wolfram Pflug et al. (1997) immer gefordert und vorgeschlagen haben.

Südheide bei Munster

In Richtung Aller schließt sich das Gebiet der Südheide an, das von der Warthe-Vereisung nicht mehr erreicht wurde und deshalb durch die Sande geprägt wird, die von den Gletscherrändern zum Allerurstromtal hin abgeschwemmt wurden. Trockene, heute meist mit Kiefern bestandene Sandplatten wechseln hier mit Geschiebelehmflächen. Dazwischen liegen Hoch- und Niedermoore, die sich in den durch Schmelzwässer ausgewaschenen Vertiefungen entwickelt haben. Dadurch entsteht ein Bild ständigen Wechsels zwischen sumpfigen Niederungen und trockener Geest.

Sumpfige Niederungen neben trockener Geest

Im Gegensatz zur Nordheide und der Hohen Heide mit ihren unruhigen Oberflächenformen wird die Südheide in erster Linie von wenigen ebenen Platten bestimmt, die durchweg Kiefernforste tragen, stellenweise jedoch auch noch Heideflächen aufweisen.

Im Gegensatz zu den genannten Sandhochflächen weist die südliche Bergener Geest auffallend viel Ackerland auf. Die Ursache hierfür sind qualitativ bessere Böden, die durch eine Sandlössauflage bedingt sind (Flottsandinsel). Hier liegen auch mehr Siedlungen, während die trockenen Geesthochflächen nahezu siedlungsleer sind. Man trifft lediglich Einzelhöfe und Weiler an, meist an Bächen und in Senken. Die Kulturlandschaft ist hier eine Parklandschaft mit großen Offenbereichen und kleinen Gehölzresten.

Viel Ackerland auf der Bergener Geest

Senken durch Salzauslaugung Vereinzelt gibt es hier, hervorgerufen durch Salzaufbrüche im Untergrund, Salzauslaugungssenken. Namen wie Sültinger Moor, Salzmoor, Sülze und Altensalzkoth deuten auf Salzvorkommen hin. In Sülze bestand zeitweilig eine Saline (Seedorf 1977).

Eine Besonderheit der Südheide sind Kieselgurlagerstätten, die einzigen nennenswerten Reserven in der Bundesrepublik. Kieselgur (Diatomit) besteht aus den Panzern abgestorbener Kieselalgen (Diatomeen)

184 Die Lage von Dethlinger und Kohlenbissener Heide.

Vielseitiger Rohstoff Kieselgur und ist ein vielseitig verwendbarer Rohstoff, etwa zur Herstellung von Isolierungen, Kosmetika, Wasch-, Putz- und Schleifmitteln. Man benötigt ihn zum Transport hochexplosiver Gemische (Dynamit) sowie zur Herstellung feuerfester Steine und Filter. Die 8 bis 10 m mächtigen Lager wurden während des Holstein- und des Eem-Interglazials in tiefen Becken und Tälern gebildet. An Hand von Jahresschichten ließ sich eine Ablagerung von jährlich 1 bis 2 mm bestimmen. Die Vorkommen bei Unterlüss stehen voll im Abbau, während das Lager bei Hermannsburg-Bonstorf erst vor kurzem erschlossen wurde.

Heidepastor Ludwig Harms Hermannsburg, nach der erwähnten Burg Hermann Billungs aus dem 10. Jh. benannt, war Wirkungsstätte des Heidepastors Ludwig Harms, der 1849 die Hermannsburger Mission gründete, die bis heute in Afrika wirkt.

In die Geesthochflächen sind das Örtzetal und der so genannte Munsterer Sander eingesenkt. Letzteren nehmen die Oerreler Heide und die Schlichternheide ein. Der Sander wurde vor der Haupteisrandlage des Warthestadiums von Nordost als schiefe Ebene aufgeschüttet. Sie läuft spitzwinkelig auf Müden zu, wo sich die Abflussbahnen der Sanderfläche, die Örtze, Kleine Örtze und Schmarbeck, zum Örtzetal vereinigen. In ihm wurden die Eisschmelzwasser über einen 6 km breiten Talboden ins Aller-**Weg der Eisschmelzwasser ins Allertal** Urstromtal geleitet. Auffallend sind einige gut untersuchte Heideflächen im Raum Munster, die kürzlich von Biermann et al. (1994) vor allem auf ihren Reichtum an Moosen und Flechten untersucht wurden. Die Kohlenbissener Heide und die Dethlinger Heide liegen dicht beieinander im Stadtgebiet von Munster und empfehlen sich deshalb für eine Exkursion (Abb. 184).

Dethlinger Heide

Vorherrschende Feuchtwaldgesellschaften Die Dethlinger Heide ist insgesamt 31,44 ha groß, etwa die Hälfte dieser Fläche wird von Heide eingenommen. Der westliche Bereich liegt im Örtzetal, hier herrschen verschiedene Feuchtwaldgesellschaften meso- bis eutro-

185 Dethlinger Heide.

186 Die Cladonia mitis-
Flechtengemeinschaft
mit eingesprenkelten
C. arbuscula und
C. mitis ist an Calluna-
Heiden gebunden.

187 Baeomyces rufus
ist eine Erdkrusten-
flechte auf Sand- und
Rohhumusböden.

pher Standorte vor. Auffällig sind Silbergrasfluren mit bemerkenswertem Vorkommen von *Cetraria ericetorum* und anderen vergleichsweise seltenen Flechtenbeständen (Abb. 185 bis 187).

Kohlenbissener Heide

Mit insgesamt 16,28 ha ist dies die zweitgrößte Heide in Munster. Auffallend groß sind hier die überalterten Gebiete, in denen einerseits die Geschlängelte Schmiele, andererseits das Pfeifengras dominieren. Ein paar sehr kleine, streifenförmige Bereiche in den ansonsten von Gräsern dominierten Abbaustadien weisen jedoch noch Heide mit bemerkenswerter Vitalität und Diversität auf. Hier gibt es zahlreiche Kryptogamenarten, die in den umgebenden Abbaustadien völlig fehlen.

Im südwestlichen Teil der Kohlenbissener Heide existiert ein Gebiet noch relativ junger *Calluna vulgaris*-Heide (Pionier-Aufbauphase). Die Vegeta-

**Überalterte Heide
neben vitalen Be-
reichen**

**Junge Heide
in der Pionierphase**

188 Lebensgemein-
schaft von Birke,
Birkenporling und
Birkenporlingskäfer.
Dieser lebt, wie oben
angedeutet, steno-
phag im Frucht-
körper des Pilzes.

189 Kleiner Feuer-
falter (Chryspophanus
phlaeas).

190 Bläuling (Cyanisis
argiolus).

191a, b Heidespanner
und Raupe (Ematurga
atomaria).

tion ist lückig und auf den offenen Stellen finden sich Flechten-Arten wie *Baeomyces roseus*, *Pycnothelia papillaria* oder *Cladonia fragilissima*. Die alten Birken zeigen gelegentlich Massenaufwuchs des Birkenporlings (*Piptoporus betulinus*), der unverkennbar halbkreis- oder nierenförmig am Holz sitzt (Abb. 188). Die einjährigen Fruchtkörper können an dicken Birkenstämmen bis 30 cm breit und 6 cm dick werden. Im Inneren des Pilzes lebt stenophag der Birkenpilzkäfer (*Triplax rustica*, *Erotylidae*) – ein Anzeichen für Arten- und Lebensraumvielfalt! Dieser Pilz ist der wichtigste wirtsspezifische Parasit an Birken und dringt meist durch Aststummel in den Stamm älterer oder geschwächter Bäume ein. Im Holz entsteht dann sehr intensive Braunfäule, die den Baum schnell absterben lässt.

Birkenporling und Birkenpilzkäfer

Im Sommer sieht man in den Heiden eine Vielzahl von Schmetterlingen, von den Tagfaltern z. B. den Kleinen Feuerfalter und den Bläuling, von den Spannern den farblich vollkommen angepassten Heidespanner mit seiner optimalen Mimikry von Raupe und Imago (Abb. 189 bis191).

Vielfalt von Schmetterlingen

Die Tarntracht von Tieren durch Nachahmung von Gegenständen oder Farbanpassung an die Umgebung schützt vor Fressfeinden. Dabei werden Körper oder einzelne Organe in Form und Farbe der Umgebung angepasst, wodurch das Tier nicht erkannt wird. Solche Mimesen (griech. *mimesis*, Nachahmung) sind in der Natur sehr häufig.

Heidelandschaft nur noch dem Namen nach

Östliche Lüneburger Heide

Ziel: Geschichte, Ausdehnung und Struktur eines königlichen Bannwaldes; die Bedeutung der Göhrdeschlacht.
Route: Abb. 192

Zwischen den Urstromtälern von Aller und Elbe

Die „Ostheide", östlichste Einheit des Landschaftsraums Lüneburger Heide, erstreckt sich über 90 km als flacher Rücken in nordsüdlicher Richtung zwischen den Urstromtälern von Aller und Elbe. Sie umfasst besonders im nördlichen Teil verschiedene Grundmoränengebiete, die von meist bewaldeten Höhenzügen und Endmoränenbögen umschlossen werden. Im südlichen Teil wechseln Moränenplateaus mit älteren Geschiebelehmhochflächen, Talsandflächen und Flottsandgebieten (Abb. 193). Die Hochfläche der Göhrde mit ihren riesigen Buchen und Buchenmischwäldern überragt das ganze Gebiet.

Grundmoränenlandschaft Uelzener Becken

Zwischen den Moränenzügen der Hohen Heide und der Ostheide liegt das Uelzener Becken, eine typische Grundmoränenlandschaft mit vergleichsweise fruchtbaren Ackerböden, denn in seinem nordöstlichen Teil weist dieses Gebiet ausgedehnte lössähnliche Flottsandvorkommen auf.

192 Die Göhrde.

Im Bereich der östlichen Lüneburger Heide wechseln also bewaldete und offenen Flächen sich ab. Das widerspiegelt die Boden- und Reliefverhältnisse in den ausgedehnten Staats- und Klosterforsten, aber auch historisch gefestigte Eigentumsverhältnisse.

Ausgedehnte Staatsforste

Die Göhrde, geschichtsträchig und schön

Die Göhrde, ein landschaftlich und historisch bemerkenswerter Raum, ist mit ihren Staatsforsten und den angrenzenden privaten und genossenschaftlichen Forsten das größte zusammenhängende Waldgebiet im Westen des Hannoverschen Wendlandes. Sie gehörte schon im 12. Jh. zum Lehnsbesitz der Grafschaft, war im 16. Jh. Jagdrevier der Dannenberger Herzöge, ab 1671 der Celler Fürsten, später der Kurfürsten von Hannover. Von 1456 bis 1913 war dieser große Waldbezirk ausschießlich der herrschaftlichen Jagd vorbehalten, wovon wertvolle Altholzbestände zeugen. Im 17. Jh. machte Herzog Georg von Celle die schon vor 1000 Jahren zwischen Sachsen und Wenden umstrittenen reichen Wildgründe zum welfischen Jagdrevier. Er engagierte den renommierten Baumeister Louis Remy de la Fosse für den Bau eines noblen Jagdschlosses (Abb. 194). Dort traf sich Europas Hochadel zu feudalen Jagdgesellschaften, wobei am Rande gelegentlich vielleicht ein wenig Politik gemacht wurde. Der preußische Soldatenkönig Friedrich Wilhelm I. war hier zu Gast, gelegentlich auch die

Größtes Waldgebiet im Wendland

Wertvolle Altholzbestände

193 Die Ostheide bei Bad Bevensen.

hannoversche Kurfürstin Sophie, die den Welfen den englischen Thron ein-brachte. Als die Welfen dann in England regierten, sah die Göhrde immer weniger glanzvolle Reitjagden. Das Schloss verfiel und wurde 1826 abge-rissen.

Königliche, dann kaiserliche Jagden

Den Marstall ließ König Ernst August erst 1835 zum Schloss umbauen. Von nun an waren die Jagden königlich, ab 1871 sogar kaiserlich: Am 30. Oktober 1913 empfing hier Wilhelm II. den österreichischen Thron-folger, Erzherzog Ferdinand. Als an jenem Tag das Signal „Jagd vorbei" erscholl, ahnte wohl niemand, dass es das letzte fürstliche Halali der Göhrde war. Acht Monate später wurde der Erzherzog in Sarajewo ermordet; der Erste Weltkrieg brach aus, der das Ende des alten, vom Adel geprägten Europa brachte.

194 Jagdschloss Göhrde.

Erinnerungen an Napoleon

Eine Schlacht mit Folgen

Ein Jahrhundert zuvor hat Kriegsgeschehen die Göhrde selbst heimge-sucht. Am 16. September 1813 tobte an ihrem Rand eine Schlacht, in der die Truppen Napoleons eine folgenschwere Niederlage erlitten.

Den Befreiungskrieg gegen Napoleon in Norddeutschland hatte letztlich die vernichtende Niederlage der französischen Armee in den russischen Weiten ausgelöst; der Abfall eines preußischen Korps unter General von Yorck, später Yorck von Wartenburg, besiegelt durch die Konvention von Tauroggen, die zu nächtlicher Stunde in der kleinen Mühle von Poscheron vereinbart wurde, beschleunigte diese Entwicklung mit der Folge, dass das Königreich Preußen im März 1813 wieder in den Krieg gegen Frankreich eintrat. Daraufhin erhoben sich die ost- und nordhannöverschen Gebiete, woraufhin die Franzosen die Stadt Hannover und das Gebiet bis zur Aller räumten.

Nach Kämpfen um Hamburg griff das verbündete Korps unter Graf Wallmoden in das Geschehen ein. Ihm stand der französische Marshall Da-voust gegenüber, der etwa 5000 Franzosen und Dänen um Hamburg ver-sammelt hattte. Wallmodens Auftrag bestand darin, die französischen Truppen zu binden und vor allem ihre Vereinigung mit der französischen Hauptarmee zu verhindern, die bei Leipzig stand.

Wallmoden erfuhr durch Späher, dass Marshall Davoust den General Pe-scheuse mit einem Korps nach Magdeburg entsandt hatte um das linke Elb-ufer von den alliierten Streifenkommandos und deren Reiterei zu säubern. Daraufhin überschritt er bei Dömitz die Elbe um Pescheuse anzugreifen. Am **16. März 1813** 16. März 1813 standen sich die Kontrahenten im weiten Forst der Göhrde gegenüber.

Genial geplant, aber nur zum Teil geglückt

Chef des alliierten Stabes war der preußische Oberstleutnant Carl von Clausewitz. Aus patriotischer Gesinnung und Verzweiflung über den Wankelmut seines Königs war er in russische Dienste getreten. Als Verfasser des militärphilosophischen Werkes „Vom Kriege" sollte er weit über die deutschen Sprachgrenzen hinaus Bedeutung erlangen. Sein Angriffsplan sah eine weiträumige Umfassung des französischen Kontingents vor, dafür konnte er über rund 7000 Mann verfügen – Avantgarde, eine russisch-deutsche Legion, eine Kavalleriedivision sowie ein schwedisches Detachement. Der Plan war genial und modern zugleich, doch gelang die praktische Umsetzung mit den Clausewitz unterstellten Truppen nur zum Teil, zum einen wegen langer Anmarschwege in unwegsamem Gelände, zum anderen auf Grund der schwierigen Befehlsübermittlung in unterschiedlichen Sprachen.

Von Clausewitz in russischen Diensten

So war das Gefecht in der Göhrde letztlich siegreich gegenüber den nach Süden und zur Vereinigung mit ihrer Hauptmacht strebenden Franzosen, ein durchschlagender Erfolg indes war es nicht.

Ein Sieg, kein voller Erfolg

Die Vereinigung mit der französischen Hauptarmee wurde immerhin verhindert; ob freilich Pescheuse, wenn er rechtzeitig eingetroffen wäre, den Ausgang der Völkerschlacht bei Leipzig entscheidend hätte beeinflussen können, bleibt Spekulation.

Schicksal einer heldenhaften Patriotin

Die als „Jäger August Renz" verkleidete Eleonore Prohaska, Tochter eines preußischen Feldwebels, ist beispielhaft für die damalige Stimmung in

deutschen Landen. „Schlagt den Franzmann", lautete die Devise! Eine tödliche Kugel traf Eleonore auf dem Schlachtfeld in der Göhrde; sie wurde in Dannenberg begraben. Ein Gedenkstein an das Gefecht und die Gefallenen erinnert an die damaligen Geschehnisse in der Göhrde (Abb. 195).

Patriotisch-kriegerische Stimmung

Die Göhrdeforst wird seit gut 250 Jahren jagdlich und forstwirtschaftlich genutzt – heute durch das Staatliche Forstamt Göhrde – und ist durch die nahezu 500 Jahre alten Eichen im „Beeser Grund" weithin bekannt als Sonderherkunft „Göhrde" für die Nachzucht der Traubeneiche im norddeutschen Tiefland.

Eichen für die Nachzucht

195 Göhrdedenkmal.

Naturräumlichkeit und biologische Vielfalt

Das Hannoversche Wendland

Der Name Hannoversches Wendland weist auf die Wenden zurück, jene slawischen Stämme, die im frühen Mittelalter das Gebiet jenseits der Elbe bewohnten und von dort aus nach Westen vorgedrungen sind. Ihre Landnahme scheint ohne Blutvergießen erfolgt zu sein, jedenfalls sind keine Kämpfe diesseits der Elbe aus jener Zeit schriftlich überliefert.

Spuren slawischer Kultur und Sprache

Die Bezeichnung Wendland kam nach Paul-Friedrich Miest (1981) erst auf, als gelehrte Kreise um 1700 darauf aufmerksam wurden, dass in den dannenbergischen Ämtern noch einige wenige Einwohner die wendische Sprache beherrschten. Geprägt hat den Namen der Pastor Hennig aus Wustrow, der wendische Sprachreste sammelte und ein Wörterbuch zusammenstellte. Von ihm stammt auch die ziemlich genaue Angabe über den **Umfang des Wendlandes**; es deckt sich – bis auf unbedeutende Abweichungen – mit den heutigen Grenzen des Landkreises Lüchow-Dannenberg.

Der Name Wendland verbreitete sich rasch; es galt als kulturelle Besonderheit, Menschen aus einem anderen Volksstamm mit fast erloschener, aufgegebener Sprache unter sich zu wissen, und erst recht gereichte es dem Landesfürsten zur Ehre, über „fremde Völker" zu gebieten. Es bleibt aber rätselhaft, weshalb gerade auf lüneburgisch-hannoverschem Boden die wendische Sprache so lange Bestand hatte, während sie in den östlichen Kolonisationsgebieten doch schon seit dem hohen Mittelalter weit gehend erloschen war. Außer dem Namen Wendland und vielen, unserem Ohr fremd klingenden Orts- und Flurnamen **erinnern an die slawische Vergangenheit** besonders die schon erwähnte Dorfform des Rundlings und vielerlei urkundliche Erwähnungen in Registern an die früheren slawischen Bewohner.

Das Wendland zwischen Elbe, Altmark und Göhrde kann im Allgemeinen mit dem heutigen Landkreis Lüchow-Dannenberg gleichgesetzt werden. Hier hat sich die dräwano-polabische Sprache länger als in den anderen von den Wenden oder Sorben (=Westslawen) besiedelten Gebieten gehalten.

Diese elbslawischen Volksstämme wurden schon in Karolingischer Zeit in der sorbischen Mark zusammengefasst und christianisiert. Sie hielten sich unter Beibehaltung ihrer ethnischen, sprachlichen und kulturellen Eigenheit über viele Jahrhunderte.

Slawische Spuren in Norddeutschland

Hoher Drawehn – Niederer Drawehn

Ziel: Kennenlernen eines klimatisch subkontinental getönten Naturraumes. Rundlinge als Reste slawischer Siedlungsformen und siedlungsgeographisch besondere Typen. Flusslandschaften von Jeetzel, Seege und Elbe mit ihren einzigartigen Naturräumen: Elbufer Drawehn und Jeetzeltal mit typischem Vegetationsinventar.

Route: Von Hitzacker, Dannenberg, Lüchow oder Gartow mit Fahrrad oder Pkw in die einzelnen Gebiete.

Karte: Deutsche Generalkarte 1:200 000, Abb. 197

Für das Wendland ist die Osthannoversche Kiesmoräne besonders markant, die sich von der Elbe bei Hitzacker nach Süden zieht und in der Hohen Mechtin 142 m erreicht (Abb. 196). Sie findet ihre bogenförmige Fortsetzung nach Südosten in den Hellbergen der Altmark und im Fläming. Zur Kiesmoräne gehören die kuppige Landschaft des Drawehn und westlich anschließend die wellige Hochfläche der Göhrde. Als Reste von Grundmoränen treten weiter östlich in Nähe der Elbe die Langendorfer Höhen und der Höhbeck hervor.

Osthannoversche Kiesmoräne, Hellberge, Fläming

196 Drawehn von der Elbmoräne nördlich von Hitzacker aus gesehen.

Urstromtal am Rande des Eises

In der letzten Weichseleiszeit drang das Eis nicht mehr bis ins Hannoversche Wendland vor. Am Eisrand bildete sich ein weites Urstromtal, zeitweilig mit einem Eisstausee im Bereich der heutigen Elbe-Jeetzel-Niederung. Die Elbe traf bei Hitzacker auf die Osthannoversche Kiesmoräne und schuf einen markanten Prallhang mit steilen Abfällen von 30 bis 80 m Höhendifferenz. Von hier und den Moräneninseln weiter oberhalb gewinnt man einen guten Überblick über die weiten Niederungen der Flusslandschaften.

Elbaue von Hochwassern geprägt Die eigentliche Elbaue, vom Hinterland oft kaum getrennt, ist stark von den jährlich langzeitigen Hochwassern geprägt, die vorwiegend sandiges Material ablagern. Die weite Stromlandschaft der Dannenberger und Gartower Elbmarsch ist weithin eben bis schwach gewellt, nur durch Altwässer und Tümpel etwas aufgelockert.

Bedeutung eines alten Namens

Die Moränenlandschaft des Wendlandes, auch als Hohe Geest bezeichnet, steigt nach Osten langsam bis auf Höhen von 100 bis 142 m an und fällt dann in Richtung Jeetzel ziemlich steil zur Niederen Geest ab, die nur noch 20 bis 40 m hoch ist. Eine deutliche Stufe bildet auch der Abstieg der Hohen Geest zur Dümme in Richtung Süden zur so genannten Swienmark. Übertroffen werden diese beiden Randlandschaften aber noch durch den fast linearen, scharfen Abbruch der Hohen Geest zum Elbtal, wo steile Hänge, bis zu 50 m hoch, unmittelbar an die Niederung des Urstromtals herantreten (Abb. 196). Hohe und Niedere Geest zusammen werden schon im Mittelalter Drawehn genannt, was soviel wie Waldland bedeutet. Nachdem sich der Inhalt des Namens im Laufe der Jahrhunderte mehrfach verändert hat, erscheint es heute sinnvoll, auf den alten Bedeutungsumfang zurückzugehen, also die Hohe Geest als Hohen Drawehn, die Niedere Geest als **Hoher Drawehn, Niederer Darwehn** Niederen Drawehn zu bezeichnen (Abb. 197).

Größtenteils östlich der Jeetzel gelegen, am Südrand sich aber auch nach Westen verbreiternd, schließt sich dann die Lüchower Niederung an, die zum Bereich des Urstromtals der Elbe gehört. Sie besteht größtenteils aus Aufschüttungen von Talsand, aus denen inselgleich vereinzelte Grundmoränenreste aufragen. Diese Geestinseln tragen zum Teil eigene alte Namen wie **Öring, Lemgow, Höhbeck** Öring, Lemgow und Höhbeck, wodurch schon früh ihre landschaftliche Besonderheit und ihre Eignung zur Besiedlung zum Ausdruck kommt.

Eine lang gestreckte Grundmoränenlandschaft am Nordrand der Lüchower Niederung um Quickborn, Langendorf und Grippel wird als Langendorfer **Langendorfer Geestinsel** Geestinsel bezeichnet. Außer der eigentlichen Jeetzelniederung gehört noch die südlich anschließende Dumme-Grenzgraben-Niederung, eine vernässte breite Rinne, zu dieser Landschaftseinheit, desgleichen im Osten das große Sandgebiet des Gartower Forstes mit der sehenswerten Nemitzer Heide, einem Naturschutzgebiet mit ausgedehnten *Calluna*-Heiden.

Schließlich hat das Wendland auch noch Anteil an der Mittelelbeniederung, wo sich außer der Geestinsel des Höhbeck zwei Marschgebiete zwischen den Stromlauf und die Talsandrandstufe legen: die Gartower Elbmarsch und die Dannenberger Elbmarsch (Abb. 197).

Gartower und Dannenberger Elbmarsch

Naturpark Elbufer–Drawehn

Im Jahre 1968 wurden die landschaftlich schönsten Teile des Hannoverschen Wendlandes mit allen hier vorkommenden Landschaftstypen wie Endmoränenrücken, Grundmoränenflächen, Flussniederungen, Stromauen Flussmarschen und den dünenbesetzten Talsandflächen als Naturpark ausgewiesen; heute gehören sie zum Nationalpark.

Wir haben bereits gesehen, dass der Drawehn den Grenzbereich und eine Klimascheide bildet zwischen der stärker atlantisch beeinflussten Lüneburger Heide und dem mehr kontinental geprägten Wendland. Hier liegen die Jahresniederschläge unter 600 mm und es gibt mehr Sommer-, aber auch Frosttage im Winter. Pflanzen, die weiter im Westen fehlen, reichen vom Osten her in dieses Gebiet hinein. Die Moränenrücken fallen steil nach Osten, am steilsten jedoch nach Nordosten ab, wo die Elbe nördlich von Hitzacker 50 bis 70 m hohe Prallhänge geschaffen hat. Im Ganzen zeichnet diese Moränen auf engem Raum ein Wechsel von Kuppen, Rücken, Tälern, Kesseln und Schluchten und damit eine große Reliefenergie aus. Man merkt es auf der Fahrt von Hitzacker nach Bleckede an steilen Gefällen der Straßen.

Landschaft von großer Reliefenergie

Sicherlich hat die tief liegende Erosionsbasis der Elbe (10 m ü. NN) wesentlich zur Auflösung der vorwiegend aus Sanden und Kiesen bestehenden Moräne beigetragen, und zwar besonders während der Weichseleiszeit, als hier unter dem Einfluss des Dauerfrost- und Auftaubodens die Trockentäler ausgeformt wurden. Doch ist noch ungeklärt, wie das im Einzelnen geschah und wie die vielen Hohlformen (Kaven) mit frischen Rändern entstanden sind, etwa die Trichter östlich von Thunpadel oder der Maujahn mit seinem kontinental-borealem Hochmoor.

Hohlformen ungeklärter Genese

Auf den trockenen, sandigen Böden herrscht nach den Heideaufforstungen seit dem vorigen Jahrhundert überall Kiefernwald vor. Er geht nach Westen in das große Waldgebiet der Göhrde über. Bäche fehlen in diesem Gebiet. Die Siedlungen auf dem trockenen Moränenrücken tragen meist wendische Namen wie Meudelfitz, Posade, Pudripp, Bellahn und Gamehllen, sie charakterisieren als Zwergsiedlungen die slawische Wohnweise. Der Grundwasserhorizont wird erst unterhalb der 40-m-Höhenlinie angeschnitten, sodass Quellen und damit Grünlandflächen auftreten. Die kleinen, erst in jüngster Zeit etwas erweiterten Dörfer sind wahrscheinlich während der deutschen Ostkolonisation, als um 1150 das benachbarte Dannenberg am wichtigen Jeetzelübergang Grafensitz wurde, zu Rundlingen neu gegrün

Zeugen slawischer Siedlungsform

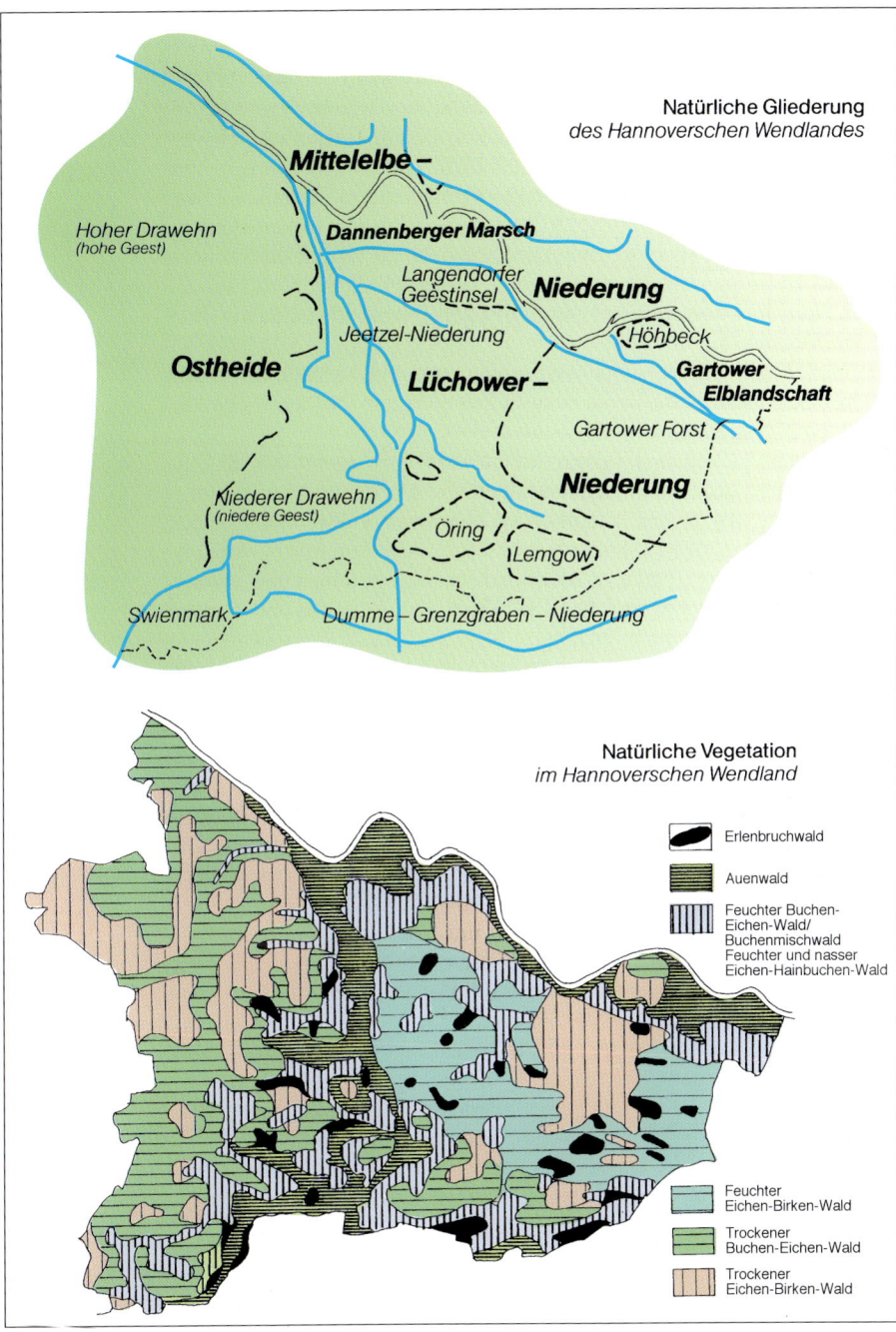

Natürliche Gliederung
des Hannoverschen Wendlandes

Mittelelbe –

Hoher Drawehn
(hohe Geest)

Dannenberger Marsch

Langendorfer
Geestinsel **Niederung**

Jeetzel-Niederung *Höhbeck*

Ostheide **Lüchower –** **Gartower
Elblandschaft**

Gartower Forst

Niederer Drawehn
(niedere Geest) **Niederung**

Öring

Lemgow

Swienmark *Dumme – Grenzgraben – Niederung*

Natürliche Vegetation
im Hannoverschen Wendland

Erlenbruchwald

Auenwald

Feuchter Buchen-
Eichen-Wald/
Buchenmischwald
Feuchter und nasser
Eichen-Hainbuchen-Wald

Feuchter
Eichen-Birken-Wald

Trockener
Buchen-Eichen-Wald

Trockener
Eichen-Birken-Wald

197 Naturräumliche Gliederung des Wendlandes.

det oder umgeformt worden, wobei die slawischen Namen zumeist beibehalten wurden, etwa Karwitz, Thunpadel, Prisser. Einige Rundlinge sind nach Bränden zu Straßendörfern geworden, z. B. Schaafhausen im Jahre 1824.

Weniger dürfte sich der Übergangscharakter des Gebietes in der natürlichen Vegetation bemerkbar gemacht haben, die nur noch in kleinen Resten erhalten ist. Die Moränen bilden Standorte verschiedener Birken- und Buchen-Eichen-Wälder (*Betulo-Quercetum* und *Lonicero-Fagetum*). Etwas lehmigere Böden in Nähe der Niederungen lassen sich dem Eichen-Hainbuchen-Wald (*Stellario-Carpinetum*) zuordnen. Auch die weiten Niederungen selbst waren früher weit gehend bewaldet. Hier wuchsen Erlenbruchwälder (*Carici elongate-Alnetum*) und Traubenkirschen-Erlen-Eschen-Wälder (*Pruno-Fraxinetum*).

Letzte Reste natürlicher Vegetation

In der Elbaue gab es früher Weidengebüsche und -wälder (*Salicetum trindrae, Salicetum albae*) sowie etwas höher gelegene Hartholz-Auenwälder (*Querco-Ulmetum*).

Die Talsandflächen und Dünen waren wohl vorwiegend von Birken-Eichen-Wäldern bedeckt. In nassen Mulden stand Birkenbruchwald (*Betuletum pubescentis*). Dieser Wuchsbereich könnte am ehesten durch einen gewissen Anteil an Kiefer (*Pinus sylvestris*) und das gelegentliche Vorkommen von Sumpfporst (*Ledum palustre)* östliche Züge getragen haben. Auch die wenigen Hochmoore und ähnliche Kleinstmoore zeigen mit lichtem Baumbewuchs kontinentale Anklänge.

Waldfrei waren in der Naturlandschaft wohl nur offenes Wasser und dessen Ränder sowie unmittelbare Uferzonen der Elbe.

Schließlich gab es vielleicht auch vereinzelt am Fluss offene Dünensande, sodass zumindest ein Teil der artenreichen Flora der Sandtrockenrasen bereits leben konnte. Einige Arten dürften auch in lichten Wäldern Fuß gefasst haben. Viele heute charakteristische Pflanzen und Pflanzengesellschaften haben sich aber erst mit Hilfe des Menschen entwickeln können.

Die heutige Vegetation ist deutlich anthropogen beeinflusst

Tour de Natur
Östliches Wendland mit Jeetzel- und Seegeniederung

Wurten,
Hallenhäuser,
Feuchtwiesen,
Wasserpflanzen,
Röhrichte

Ziel: Vegetation und Landschaften einer norddeutschen Flussaue

Route: Pkw- oder Fahrradtour mit Start in Hitzacker, von dort entlang des Elbdeiches nach Wussegel (Flusswurt mit Gasthaus und Storchennest), dann zum Strachauer Rad mit gutem Ausblick auf das Elbtal und schönen niederdeutschen Hallenhäusern auf Wurten, weiter nach Penkefitz (Doppelrundling auf einer Wurt mit vielen Störchen als Ausgangspunkt für Flusswanderungen an den Penkefitzer See und die Taube Elbe (Wasserpflanzen- und Röhrichte), Feuchtwiesen aller Art; weiter über Damnatz mit seiner berühmten Fachwerkkirche von 1617, einem der letzten ländlichen Frühbarockbauten vor dem Dreißigjährigen Krieg über Quickborn und Gusborn (Langendorfer Geestinsel) nach Gorleben und in Richtung Gartow. Auf halber Strecke, 2 km nach der Ortschaft Meetschow, rechts abbiegen zum Laascher Heuweg und in das Postbruch, danach zur Laascher Insel. Weiterfahrt nach Gartow und Schnackenburg. Zurück nach Hitzacker über den Höhbeck.

Karte: Abb. 1, 201 a

Info: Gartow, kleiner Ort im Marschbereich von Elbe und Seege mit Barockschloss der Familie von Bernstorff und bedeutsamer Hofkirche. Gartower Forst mit 5400 Hektar der größte Privatforst Norddeutschlands. Nemitzer Heide wertvolles Heide-Naturschutzgebiet nahe der Ortschaft Trebel, einem Doppelrundling mit alter Feldsteinkirche aus dem 13. Jahrhundert. Schnackenburg ist die kleinste Stadt Niedersachsens (Abb. 24) und kleinste Hafenstadt Deutschlands. Bedeutend ist in diesem Elbidyll die romanische St. Nicolai-Kirche mit unverfälschtem Turm und Langschiff mit barocker Innenausstattung. Im so genannten Fischerhaus gibt es heute ein Museum, das die Geschichte der Stadt im Grenzland aufarbeitet.

Wandel
des Urstromtals
der Elbe

Nachdem das Eis abgeschmolzen war und sich das heutige Gewässernetz gebildet hatte, fiel das breite Urstromtal der damaligen Elbe weit gehend trocken (Abb. 8). Die darin abgelagerten Talsande wurden verweht, sodass Windmulden, Strich-, Parabel- und andere Dünen sowie Flugsanddecken auf den trockenen Talsandflächen nördlich und südlich der Elbe weithin das Landschaftsbild bestimmen konnten. Wo sich auf sterilen Sandböden vor 200 Jahren noch kahle Heideflächen ausdehnten, findet man heute überall Kiefernforste, von deren enormer Ausdehnung die Gartower Tannen mit ihren 5400 ha zeugen.

Tiefer gelegene Teile des Urstromtales sind vermoort. Bedingt durch den nacheiszeitlichen Meeresspiegelanstieg und den damit zusammenhängenden Rückstau der Binnengewässer, breiteten sich besonders seit dem Atlantikum (ab etwa 5500 v.Chr.) in der Lucie, an der Jeetzel und in den anderen

Moore und
Bruchwälder

Niederungen moorbildende Bruchwälder aus, die erst seit dem Mittelalter und zunehmend in jüngster Zeit durch Rodung und Entwässerung zurückgedrängt und in Grünlandflächen umgewandelt worden sind. Doch Reste solcher Bruchwälder, in denen neben Erlen auch Eichen und Eschen häufig sind, findet man noch allenthalben als typische Merkmale des Wendlandes (Abb. 198).

Fischadler, Reiher, Storch und Kranich

Auch in der Elbaue sind durch Eingriffe des Menschen erhebliche Veränderungen eingetreten. So ist die Auelehmablagerung über den Talsanden zu nennen, die durch mittelalterliche Rodungen und Intensivierung des Ackerbaus in den weit südlich liegenden sächsisch-thüringischen Lössbörden ausgelöst wurde. Wegen der großen Fruchtbarkeit der Aue ist die Elbe bereits im 13. Jh. eingedeicht worden. Die üppigen Auenwälder wurden mit Ausnahme weniger Reste beseitigt und die Flächen durchweg in Ackerkultur genommen. **Fruchtbare Elbaue**

Auf dem Hochufer hinter den Deichen oder auf Sandrücken in Talbereichen liegen Reihendörfer, zum Teil Marschhufendörfer oder auch geschlossene Siedlungen. Zahlreiche Flussarme sind abgeschnitten; einige dienen gelegentlich noch der Hochwasserentlastung. Sie bieten als stille Totwasser mit reicher Verlandungsvegetation geeignete Lebensräume für eine vielseitige Tierwelt, unter anderem für Kranich, Storch, Reiher und Fischadler. **Totwasser, Lebensraum vieler Tiere**

Viele Städtchen stammen aus der hochmittelalterlichen Kolonisationsphase, z. B. die alte Zollstelle Schnackenburg – mit knapp 1000 Einwohnern eine der kleinsten Städte der Bundesrepublik (Abb. 24) – oder der Flecken Gartow mit Schloss und weiten Waldungen. Der Höhbeck, durch einen 332 m hohen Richtfunkmast weithin sichtbar (Abb. 25), ist ein hoher Moränenrest im Elbtal, auf dem vielleicht schon Karl der Große am alten Elbübergang nach Lenzen 789 ein Kastell errichten ließ. **Hochmittelalterliche Kolonisation**

Großartige Weite und Einförmigkeit

Im Ganzen bietet das Wendland mit den Flüssen Elbe, Seege und Jeetzel eine Stromlandschaft von großartiger östlicher Weite und Einförmigkeit, welche die eiszeitlichen Schmelzwasser, die Elbe und ihre Nebenflüsse, ein schon kontinental getöntes Klima und der wirtschaftende Mensch geschaffen haben.

Das östliche Wendland ist dem Hohen Drawehn an seinem steilen Ostabfall vorgelagert. Vom Grenzbereich beider Gebiete in 35 bis 55 m ü. NN fällt es allmählich gegen die Jeetzel hin auf 25 bis 20 m ü. NN ab und besteht aus einer flachwelligen Grundmoränenplatte, die durch zahlreiche breite Wiesentäler in einzelne Riedel und Inseln zerschnitten ist. Mehrere kleine Wasserläufe – meist Mühlenbäche genannt – entwässern das Gebiet zur **In Riedel und Inseln zerschnitten**

198 Postbruch mit Wollgrasbeständen in den Nasswiesen.

Auslauf der Geest

Jeetzel hin und haben besonders seinen südlichen Teil stark zerlappt. Da sich die Jeetzel nach Norden zu mit einer verschleppten Mündung immer mehr dem Hohen Drawehn zuwendet, wird die vorgelagerte Niedere Geest immer schmaler und bildet zwischen Hitzacker und Dannenberg einen nur noch wenige hundert Meter breiten Rand, der am Weinberg in Hitzacker schließlich ganz verschwindet.

215

Flusslandschaften mit vielfältiger Vegetation

Die heutigen Flüsse sind in eine etwa 10 km breite, sehr flache von Süden nach Norden schwach geneigte Talsandfläche eingetieft. Die Sande stammen aus der Abschmelzphase der weichselzeitlichen Gletscher in Mecklenburg. Da sich während dieses Eisrückzuges die Abschmelzstellen immer weiter von hier fortbewegten, zeigen die Ablagerungen von unten nach oben zunehmend feineres Material.

Das Elb-Urstromtal

In diesem ehemaligen Winkel des Elb-Urstromtals haben sich immer wieder Seitenarme der Flüsse neue Wege und Rinnen gesucht und dadurch zahlose Tiefenzonen hinterlassen, deren Höhendifferenzen nur wenige Dezimeter betragen. Für Bodenbildung und Vegetation haben diese geringen Unterschiede jedoch eine erhebliche Trennwirkung. Außerdem schafft der rasche Wechsel der Flusssedimente durch die Verlegung der Flussarme ein sehr unterschiedliches Ausgangsmaterial für die Bodenbildung, sodass sich insgesamt eine sehr vielgestaltige natürliche Vegetation herausgebildet hat. Diese Landschaft, eine der geologisch jüngsten des Wendlandes, ist aus Auesedimenten aufgebaut, die der Elbstrom und seine Nebenflüsse abgesetzt und immer wieder umgelagert haben. Die Sedimentation hörte auf, als der Deichbau begann und die Flüsse in ein vergleichsweise enges „Bett" gezwängt wurden. Auesedimente enthalten sandige und lehmige Bestandteile; auf denen sich als natürliche Vegetation Auenwälder herausgebildet haben. Darin kommen neben Eichen und Eschen auch Feldulme und Feldahorn vor.

Deichbau beendet die Sedimentation

Der vorangestellte allgemeine Teil hat das Wesentliche erklärt. Einige interessante Bereiche stehen aber außerdem als Reservate (z. B. Kranich-Brutgebiet, Schwarzstorch-Revier in Elbholz) unter strengem Schutz. Wer das Wendland näher kennen lernen will, sollte hier einmal einen erholsamen Urlaub verbringen!

Streng geschützte Reservate

Die Exkursion führt zu einer Reihe von Punkten, die in unterschiedlicher Reihenfolge angefahren werden können. Kurzfristige Umstellungen wegen Hochwasser oder frühzeitiger Mahd einiger Flächen lassen sich nicht ausschließen.

Jeetzel-Niederung bei Penkefitz

Flussaufwärts oberhalb des kleinen Städtchens Hitzacker weitet sich die Elblandschaft zu einer großen Niederung, deren südlicher Teil von der heute eingedeichten Jeetzel entwässert wird.

In einer weiten Flussschleife der Elbe nach Norden liegt im Bereich Penkefitz-Damnatz ein abwechslungsreiches Tiefland, das zwar teilweise durch Deichbauten etwas beeinträchtigt ist, sich aber mit großen Altwässern und Sumpfgebieten den alten Landschaftscharakter bewahrt hat.

Vom Deich hat man einen guten Überblick über weite Grünlandflächen mit einzelnen Gehölzen, die von offenem Wasser mit dunklen Röhricht-

Vielfältige Flusslandschaft

und Riedzonen sowie reichem Vogelleben unterbrochen werden. Auch die kleinen Bauerndörfer mit ihren roten Häusern unter alten Bäumen passen sich harmonisch ein.

Unsere Exkursion dient vorwiegend dem Studium der Wasser- und Verlandungsvegetation an leicht erreichbarer Stelle eines lang gestreckten Altwassers, der „Tauben Elbe". Die größere Wasserfläche ist schwer zugänglich. Die meisten Gesellschaften lassen sich aber auch randlich erkennen.

Seerosen, Seekannen, Wasserlinsen, Teichbinsen

Als typische Wasser-Schwimmblatt-Gesellschaften des Wendlandes findet man häufig die Seerosen-Gesellschaft (*Myriophyllo-Nupharetum*), hier allerdings nur sehr fragmentarisch und in kleineren Stillgewässern oder geschützten Buchten die Krebsscheren-Gesellschaft (*Stratiotetum aloidis*).

Anderenorts kommt in manchen Jahren auch die in Nordwestdeutschland seltene Seekannengesellschaft mit *Nymphoides peltata* vor, die zur Zeit im Rückgang begriffen ist oder stärker fluktuiert.

In kleinen Tümpeln inmitten der Röhrichte oder zwischen den hohen Röhrichtpflanzen im flachen Wasser gibt es Wasserlinsen-Decken, die hier vorwiegend aus der Dreifurchigen Wasserlinse (*Lemna trisulca*) aufgebaut sind.

Als Verlandungspionier der Uferzonen fallen oft die langen, dunkelgrünen Halme der Teichbinse auf, die man als Initialstadium des *Scirpo-Phragmitetum* auffassen kann. Im tieferen Wasser sind kaum andere Arten beigemengt. In Ufernähe treten weitere Röhrichtpflanzen hinzu, die den Übergang zur breiten Seggenzone nasser, aber nur teilweise unter Wasser stehender Randbereiche bilden.

Laascher Heuweg und Postbruch

Der zweite Exkursionspunkt berührt einige Bereiche der Talsandflächen mit kleinen Dünenrücken, wie sie für den Gartower Forst charakteristisch sind. Unmittelbar südlich der Straße Gorleben-Gartow befinden sich ein

Kleinseggen, Hundsstraußgras, Weiden

kleines, teilweise sumpfiges Wiesengelände mit Kleinseggen-Gesellschaften des *Caricion fuscae* und *Molinietalia*-Feuchtwiesen. Erstere brauchen basenarme Nassböden ohne Düngung und ergeben bei geringer Produktivität nur schlechtes Heu. In Nordwestdeutschland sind sie recht selten geworden (Abb. 198).

Die Wiesen werden offenbar nicht jedes Jahr gemäht. Entsprechend der unterschiedlichen Nässe zeigt sich ein Wechsel der Artenzusammensetzung. In nassen Mulden findet sich der Hundsstraußgras-Rasen (*Carici canescentis-Agrostietum caninae*) bzw. eine Binsenwiese mit der *Juncus acutiflorus*-Gesellschaft.

Am Wegrand stehen Weidengebüsche des *Frangulo-Salicetum cinereae*. Weiter südlich beginnen die großen Kiefernforste im welligen Sandgebiet.

Kraut- und Kryptogamenschicht unter Kiefern

Unter den locker stehenden alten Kiefern wächst eine artenarme Kraut- und Kryptogamenschicht mit Schmiele (*Avenella flexuosa*), Besenheide (*Calluna vulgaris*), Blaubeere (*Vaccinium myrtillus*) sowie verschiedenen

Moosen und Flechten wie *Dicranum scoparium, Hypnum cupressiforme, Pleurozium schreberi, Cladonia spec.* An feuchteren Stellen tritt das Pfeifengras (*Molinia caerulea*) hinzu. Diese Vegetation leitet über zu moorigen Mulden mit dem Sumpfporst (*Ledum palustre*). Wie schon der Name Postbruch (=Porstbruch) andeutet, ist dieser kleine Strauch hier als Seltenheit seit langem bekannt. Seine Hauptverbreitung hat er weiter östlich und nördlich in lichten Kiefernbrüchern. Westlich der Elbe tritt er nur ganz vereinzelt auf.

Rarität Sumpfporst

Auch der Erlenbruchwald von Laasche ist berühmt; er galt jahrelang als Prototyp eines Erlenwaldes in Deutschland, wie es Abbildungen bei Richard Pott (1992 und 1995) noch zeigen. Mittlerweile ist er durch den neu geschaffenen Gartower Baggersee seines eigenen Grundwasserregimes beraubt. Zurück blieb ein ausgetrockneter, stellenweise schon ruderalisierter Erlenwald ohne den obligatorisch hoch anstehenden Grundwasserstand.

Ruderalisierter Erlenwald

Laascher Insel

Unsere ausführlichste Teilexkursion gilt dem Gebiet nordöstlich von Laasche. Das kleine Dorf liegt auf einer Sandinsel, die im Süden von der Talsandfläche durch die Sumpfniederung um den Schwarzen See, im Norden von der Grundmoräneninsel des Höhbeck durch den Laascher See getrennt ist. Beide Feuchtgebiete gehören zur Seege-Niederung. Der lang gestreckte Laascher See, ein ehemaliges Altwasser der Elbe, wird heute von der Seege durchflossen.

Feuchtgebiete der Seege-Niederung

Die ebene bis flachwellige Sandinsel wird wohl seit jeher nur extensiv genutzt. Einige Sandäcker zeigen noch Reste interessanter Unkrautfluren mit Lämmersalat (*Arnoseris minima*), Ruchgras (*Anthoxanthum puelii*), Windhalm (*Apera spica-venti*), Kornblume (*Centaurea cyanus*) und Bauernsenf (*Teesdalia nudicaulis*). Einige Äcker sind vor kurzem oder schon länger aufgegeben. Wo sie nicht mit Kiefern aufgeforstet wurden, haben sich Initialstadien von Sandtrockenrasen gebildet, teilweise noch mit Ackerunkräutern durchsetzt.

Die botanisch wertvollsten Flächen befinden sich südlich des Laascher Sees. Ein Deich trennt das Hochwassergebiet vom wenigen Binnenland. Hier finden sich auf etwa 50 Jahre alten Ackerbrachen verschiedene Phasen der Wiederbesiedlung. Das reicht von der offenen Silbergrasflur des *Spergulo-Corynephoretum* über lückige Sandrasen des *Thero-Airion*-Verbandes (oft mit Sandsegge (*Carex arenaria, C. praecox*) oder Straußgras (*Agrostis stricta*) bis zu dichten Rasen mit *Armeria elongata*. Oberhalb des Laascher Sees stehen vereinzelt die seltene Sandstrohblume (*Helichrysum arenarium*) und der Knorpellattich (*Chondrilla juncea*). Im Hochwasserbereich vollzieht sich eine fast ideale Vegetationsabfolge von Flutrasen bis zu extremen Trockenrasen, vorwiegend bedingt durch allmählichen Anstieg von lehmig-sandigen Randbereichen des Sees zu sandigen Dünenrücken (Abb. 199). Das Gebiet wird über längere Zeit der Vegetationsperiode als Standweide genutzt.

Wiederbesiedelung alter Ackerbrachen

Seit alters extensiv genutzt

199 Die Laascher Insel ist berühmt für ihre bunten Sandtrockenrasen.

Schon in der Karte der Kurhannoverschen Landesaufnahme von 1776 steht als Flurname „Laascher Weide" (Jeckel 1983). Es handelt sich also um ein altes, bis heute relativ extensiv genutztes Gebiet.

Der niedrigste, am längsten überflutete und ganzjährig gut mit Wasser versorgte Bereich entlang des Sees wird von Flutrasen des *Ranunculo-Alopecuretum geniculati* eingenommen. In kleinen Mulden wächst auch das Gnadenkraut (*Gratiola officinalis*). Artenfülle und Vielfalt von Vegetationseinheiten auf kleinem Raum sind charakteristisch für die Gartower Elblandschaft. Sie zeigt damit durch das Zusammentreffen von Auenwald, Talsandinseln, Flussniederungen, Bracks, Seen, Dünen und Mooren eine Landschaftsvielfalt, wie sie in keinem anderen Teilraum des Wendlandes sonst erreicht wird. Zugleich ist sie eine der wenigen Landschaften, die sich über die optische Vielgestaltigkeit hinaus auch ein reiches ökologisches Wirkungsgefüge bewahrt hat, das andernorts selten geworden oder sogar ganz verschwunden ist.

Vielgestaltige Landschaft mit reichem ökologischem Wirkungsgefüge

Reliktlandschaft und einzigartiges Forschungsobjekt

Östliche Verbreitungsgrenze vieler Arten

Der Höhbeck ist eine Geestinsel mit Höhen bis zu 75 m ü. NN, die sich markant aus der sonst weit gehend ebenen Stromlandschaft heraushebt. In Aufbau, Bodenbildung und Vegetation finden sich hier Anklänge an die

219

Geestinseln des Niederen Drawehn, aber werden durch die isolierte Lage im Stromgebiet und seine südlich einfallende Hangneigung abgewandelt. So ist der Höhbeck in zoologischer und botanischer Hinsicht eine Vorpostenlandschaft, in der manche weiter östlich beheimateten wärmeliebenden Arten ihre westliche Verbreitungsgrenze finden, während umgekehrt die atlantisch bestimmten Pflanzen und Tiere hier ihre östlichsten Ausläufer haben.

Diese Besonderheit, verbunden mit dem noch weit gehend naturnahen Zustand der Nachbargebiete, macht die Reliktlandschaft des Höhbecks zu einem einzigartigen, wissenschaftlich hoch bedeutsamen Forschungsobjekt. Die Universität Hamburg hat dies früh erkannt und betreibt in Pevestorf schon viele Jahre eine biologische Station.

Wertvolle Reliktlandschaft als Forschungsobjekt

Auch seine Vor- und Frühgeschichte macht den Höhbeck zu einem historisch besonders interessanten Teilraum des Wendlandes, das auf Grund seiner exponierten Lage immer ein bevorzugtes Siedlungsgebiet war. Sein Name ist durch das karolingische Kastell Hohbuoki weithin bekannt. Bei Pevesdorf am Südrand dieser Landschaft kann man die Randzonen eines Hartholzauenwaldes im Gartower Elbholz besichtigen. Es ist der einzig natürliche Bestand dieser Waldgesellschaft nördlich von Gartow (Kurt Walther, 1973).

Karolingisches Kastell Hohbuoki

Das alte Fischerdorf Vietze dient vielen ehemaligen Elbflusskapitänen als Altersruhesitz, was man an „maritimen Erinnerungen" in den Vorgärten der Häuser erkennt. Hier kann man direkt an die Elbe gehen und das Vegetationsgefüge von Korb- und Silberweidengehölzen (*Salicetum triandro-viminalis*, *Salix alba*-Beständen) mit Flussröhrichten (*Phalaridetum arundinaceae*) und einjähriger flussbegleitender Nitrophytenvegetation studieren. Erwähnenswert sind dabei vor allem die Knöterichgesellschaften mit Flohkraut (*Polygonum aviculare* und *Pulicaria dysenterica*) sowie zahlreiche andere Elemente dieser hochwüchsigen Vegetation, z. B. Rudbeckien (*Rudbeckia div. spec.*) und Zweizahn-Arten (*Bidens div. spec.* etc.). Das betrifft auch die erwähnte Neophytenvegetation mit der Spitzklette (*Xanthium albinum*).

Vegetation unmittelbar am Elbstrom

Von der Hauptstraße in Vietze führen viele kleine Fußwege zum Fluss; diese kann man gut nutzen und gelangt immer an das sandige Elbufer mit den oben beschriebenen einmaligen Vegetationsformationen.

Rundlinge, Straßendörfer und Störche

Prototypen deutscher Siedlungsgeschichte

Rundlinge, Feldsteinkirchen und der „Wendlandhof"

Ziel: Rundlingsdörfer im Wendland
Route: Durch den südlichen Drawehn geht man am besten von Lüchow aus. Eine etwa 45 km lange PKW- oder Radtour ist empfehlenswert. In der Nachbarschaft gibt es zahlreiche Rundlinge, die man mit PKW oder Fahrrad besuchen kann: Es empfiehlt sich die Reihenfolge: Satemin mit der Feldsteinkirche außerhalb Rundling Jabel, Meuchefitz, ein Rundling mit Dorfquelle und sehenswerter Feldsteinkirche, Püggen, Waddewitz, ein Straßendorf mit kleinem Rundling, Kukatz, Zebelin mit Feldsteinkirche aus dem 15. Jh., Göttien, Küsten (ehemaliger Rundling), Lübeln, einer der bekanntesten Rundlinge mit dem Freilichtmuseum „Wendlandhof" und Plate, ein ehemaliger Rundling mit mächtiger, gotischer dreischiffiger Kirche mit wertvoller Innenausstattung aus dem 14. Jh.
Route: Nach freier Wahl per PKW oder Fahrrad
Karte: Abb. 1
Info: Gäste-Information Amtshaus, 29439 Lüchow, Tel. 05841/126249, Fax 126281; Fahrradverleih: Fahrradhaus Triebe, Tarmitzer Straße 51, 29439 Lüchow, Tel. 05841/4384; Mobiler Fahrradverleih: Michael Seelig, OT Kukate, 20496 Waddeweitz, Tel. 05849/468

Sand- und Lehmrücken neben Niederungen

In keinem anderen norddeutschen Gebiet hat sich die eigenartige Form des Runddorfes so gut erhalten wie im Niederen Drawehn und seinen Randbereichen. Die Niedere Geest gliedert sich hier in ackerbaulich genutzte Sand- und Lehmrücken und in durchweg vermoorte Niederungen, die heute Grünland tragen, jedoch noch stellenweise Reste einst ausgedehnter Bruch- und Auenwälder aufweisen. Bewaldet sind auch die trockensten Teile der sandigen Geestrücken, auf denen stellenweise Nachschütt- und Talsande zu Dünen aufgeweht wurden. Diese Wälder – zumeist handelt es sich um Kiefernforste –, sind selten über 100 Jahre alt. Wie überall auf der trockenen Geest, so waren auch hier einst Heideflächen zu finden, in denen bronze- und eisenzeitliche Hügel-, Urnen- und Körpergräber erhalten blieben. Sie sind Zeugen verschiedener Bevölkerungen von den bronzezeitlichen Weidebauern über Germanen und Langobarden bis hin zu den Wenden, die vom 9. bis zum 12. Jh in diesen Raum einwanderten (Abb. 200).

Gräber der Metallzeiten

Dörfer wie Sackgassen

Um den Dorfplatz gruppiert

Die Dörfer nehmen allenthalben eine typische Grenzlage zwischen feuchten Niederungen und dem höher gelegenen Ackerland ein. Doch rei-

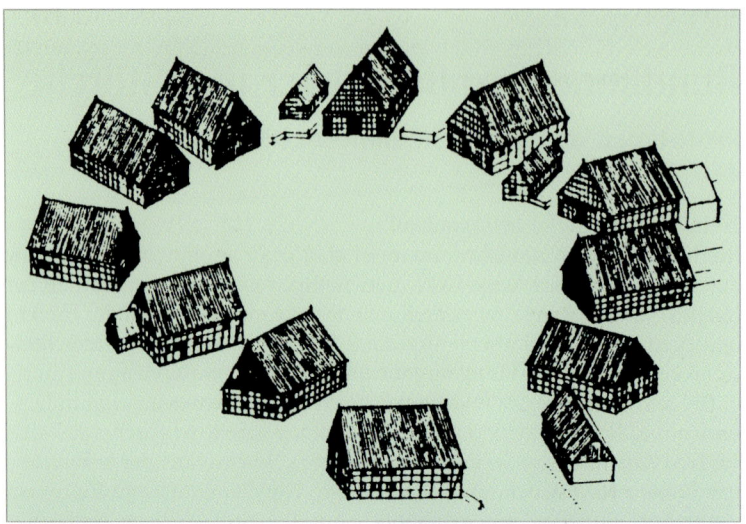

200 Rundling Satemin
mit Storchenest.

hen sich die Althöfe nicht entlang des Auenrandes, wie es sonst üblich ist, sondern sie gruppieren sich hier um einen Dorfplatz zu einem Rundling. In Lübeln, 4 km westlich von Lüchow, stehen 11 alte Drei- und Vierständerhäuser mit ihren holzreichen Fachwerkgiebeln und den großen Toreinfahrten um einen 50 m weiten Dorfanger (Abb. 72, 200), der gleichzeitig Wirtschafts-, Spiel- und Festplatz für alle Dorfbewohner ist. Die Hofgrundstücke verbreitern sich keilförmig vom Platz nach außen zur feuchten Niederung hin, wo man noch Reste des Bruchwaldes antrifft. Das Dorf hatte wie die meisten Rundlinge ursprünglich wohl nur einen Zugang von der Höhe her. Insofern hat es Ähnlichkeit mit einer Sackgasse, deshalb bezeichnen die Geographen solche Siedlungen als Sackdorf oder Sackgassendorf. Wenige dieser Siedlungen haben eine eigene Kirche, da stets mehrere zusammen ein Kirchspiel bilden. Dazu kommt, dass die Gotteshäuser selten am zentralen Platz, sondern im Allgemeinen vor dem Dorf, manchmal sogar auf freiem Feld liegen. Man kann dies an der überaus sehenswerten Renaissance-Gutskapelle von Breese bei Jameln nördlich von Lüchow, an der wuchtigen Feldsteinkirche von Woltersdorf westlich von Lüchow und besonders eindrucksvoll an der Hohen Kirche studieren. Letztere liegt inmitten der Feldmark der zwölf Dörfer des Lemgow südöstlich Lüchow. Ihre um-

Mehrere Dörfer, ein Kirchspiel

**Eine Dorfkirche
für 700 Menschen**

laufende Empore ist zweigeschossig und bietet bis zu 700 Personen Platz. Als Beispiele für Kirchen direkt vor dem Ort seien die Dörfer Zeetze, Bülitz, Luckau, Satemin und Zebelin genannt.

Objekte der Siedlungsforschung

Die eigenartige geschlossene Form der Dörfer hat schon früh die Siedlungsforschung auf das Wendland gelenkt. Rundlinge sind jedoch nicht im ganzen ehemaligen Wendengebiet verbreitet, sondern lediglich in einem Grenzgürtel am Rande des damaligen deutschen Altsiedellandes. Er erstreckt sich von Mecklenburg über das Wendland und Ostniedersachsen durch Thüringen bis ins Erzgebirge.

**Allmählich ent-
standen oder plan-
mäßig angelegt?**

Die geschlossene Rundlingsform hat sich in der Regel erst durch Hofteilungen und Nachsiedlung von Kätnern, die hier Kossater heißen, aus halbbogen- oder hufeisenförmigen Anlagen entwickelt. In anderen Gebieten kamen auch Nachsiedlungen von Bauern vor.

Der Auffassung von einer allmählichen Ausbildung der Rundlingsform – bedingt durch wirtschaftliche Veränderungen, besonders durch Zunahme des Ackerbaus, der die landwirtschaftliche Tragfähigkeit bedeutend erhöhte – steht die Meinung gegenüber, dass es sich um reine Plansiedlungen handelt. Sie sollen bei der deutschen Ostkolonisation unter Heinrich dem Löwen, der auch Lüchow zum Grafensitz machte, entstanden sein, als hier in der ersten Kolonisationsphase zwischen 1150 und 1200 nichtchristliche Slawen unter deutschen Lokatoren im Waldgebiet (Drawehn ist die wendische Bezeichnung für Wald) angesiedelt wurden. Als man aber im weiteren Verlauf der Kolonisation größere Dörfer anstrebte, eignete sich dafür die auf etwa 10 Hofstellen beschränkte Rundlingsform nicht. Man wählte Zeilen- oder Straßendörfer, wie sie im Öring östlich der Jeetzel anzutreffen sind. Sie ließen sich beliebig ausweiten und tragen zumeist deutsche Namen wie Dangenstorf, Rebenstorf, Woltersdorf oder Blütlingen.

Im 20. Jh. setzte im Rundlingsgebiet ein Zentralisations- und Abwanderungsprozess ein, der seit Jahren die Zahl der landwirtschaftlichen Betriebe rapide sinken lässt und den Verfall von Höfen eingeleitet hat. Durch die Lenkung des Fremdenverkehrs in den Drawehn hofft man wenigstens einen Teil der Rundlinge vor zu großer Umgestaltung retten zu können.

Strategie, Zoll und Gelehrsamkeit

Die Stadt Hitzacker an der Elbe, durch den Endmoränensporn des Drawehn und die Jeetzelmündung in strategisch wichtiger Position gelegen, war mit der Burg auf dem Weinberg zur Zeit Heinrichs des Löwen ein wichtiger Stützpunkt, danach einträgliche Zollstelle und im 17. Jh. Residenz eines gelehrten Herzogs. Dieser barocke Duodezfürst, August der Jüngere, hat in Hitzacker den Grundstock für die berühmte Wolfenbütteler Bibliothek

**Geschichts-
trächtiges Zentrum
des Tourismus**

gelegt. Auch Bernhard Varenius, der Begründer der Allgemeinen Geographie, wurde hier 1622 geboren. Thiedericus de Hidesaker, ein Ministeriale Heinrichs des Löwen, hat die Stadt 1162 erstmals erwähnt. Daher hat sie ihren Namen. Das aus drei Siedlungskernen erwachsene Hitzacker erhielt 1258 Stadrechte. Seit 1260 förderte ein Elbzoll die wirtschaftliche Entwicklung der Stadt. Heute ist Hitzacker der bedeutendste Fremdenverkehrsort im Gebiet des Naturparks, bekannt durch seine sommerlichen Musiktage, ein archäologisches Zentrum und vor allem seine Aussichtspunkte auf den Elbhöhen. Sehenswert ist ferner die evangelische Kirche St. Johannes, ein barocker Saalbau mit Kanzelaltar. Das Stadtbild besticht durch zahlreiche Fachwerkhäuser.

Vom Weinberg lassen sich sowohl die Jeetzelniederung als auch das Elbtal überblicken und nach Osten reicht der Blick weit nach Mecklenburg hinein. Deshalb zog dieser Eckpfeiler, mit dem der Elbsteilhang endet und sich mit dem von Südwesten kommenden Höhenzug des Drawehn trifft, immer wieder die Herrschenden an. So konnte auf dem Weinberg eine mehrperiodige Burganalage aus dem 7. bis 15. Jh. nachgewiesen werden. Archäologische Forschungen ergaben, dass einfache Befestigungen des 7. Jh. nach Zerfall oder Zerstörung immer wieder ausgebaut wurden. Spätestens seit dem 11. Jh. hatte die Burg zentrale Funktionen im Grenzraum zu den Slawen. Wohl deshalb wird sich Heinrich der Löwe in der Mitte des 12. Jh. die Anlage wegen ihrer Lage und Bedeutung selbst vorbehalten haben. Nach seinem Sturz ging sie 1229 an die Herzöge von Sachsen-Lauenburg. 99 Rebstöcke sind noch heute Symbol des einstmals hier betriebenen Weinbaus.

Der nördlichste Weinberg

Reminiszenzen an einstigen Weinbau

Einzigartig ist das Archäologische Zentrum Hitzacker mit einem Freilichtmuseum, das in seinem Kern zwei bereits rekonstruierte bronzezeitliche Langhäuser präsentiert. Unter dem Motto „Lebendige Archäologie" gibt es regelmäßig Veranstaltungen, bei denen urzeitliche Geräte und Verfahren nachgestellt und für die Besucher anschaulich dargestellt werden (April bis Oktober Mi bis Fr 10–16, So Fei 11–17 Uhr, Mai bis September Mi bis Fr 10–18 Uhr).

Lebendige Archäologie

Nationalpark Elbtal

Der Strom und seine Nebenflüsse

Von Hochwasser geprägte Elbaue

Trotz Buhnen- und Deichbau konnte sich die Elbe im Vergleich mit den meisten anderen Strömen Mitteleuropas deutlich mehr von ihrem ursprünglichen Charakter bewahren. Ihre Hochwasser und die ihrer Nebenflüsse prägen immer noch den Lebensraum einer breiten Talaue vor allem im rechtselbischen Gebiet. Bei hohem Wasserstand kommt es in den Niederungen der einmündenden Löcknitz sowie der Sude und ihren Zuflüssen Krainke, Rögnitz und Schaale zu einem Rückstau, der sich bis 25 km elbaufwärts auswirkt. Das hat sicherlich seit jeher auch Auswirkungen auf die

Lebensraum für Watvögel, Fische und Amphibien

Artenzusammensetzung der Auen-, besonders der Hartholzauenwälder. Auch hinter den Deichen tritt nun hoch gedrücktes Grundwasser als „Qualmwasser" an die Oberfläche. Weiträumig überflutetes Grünland bestimmt jetzt das Landschaftsbild (Abb. 201).

Zwischen den Deichen erreicht der Strom bis zu 2 km Breite. Höhe und Dauer der Hochwasser sind von der Schneeschmelze und den Niederschlägen im Einzugsgebiet des Stromes abhängig. Überflutungen, die auch im Sommer auftreten können, sind von Bedeutung für den Gesamtlebensraum: Flach überschwemmte Bereiche sind wichtige Kinderstuben für Fi-

201 Elbtal.

sche und Amphibien und nach Rückgang des Wassers bieten Schlickabla-
gerungen reiche Nahrungsquellen für Watvögel.

Den Hochwassern ist zu verdanken, dass viele Flächen im Elbetal weniger intensiv genutzt werden konnten als andernorts. Zusätzlich begünstig-
te die Abgeschiedenheit an der ehemaligen deutsch-deutschen Grenze eine
relativ ungestörte Entwicklung von Flora und Fauna. Heute werden 8200 ha
Grünland im Nationalpark sowie 2274 ha im Rahmen der naturschutzge-
rechten Grünlandbewirtschaftung staatlich gefördert.

Vom Grenzland zum Nationalpark

Von Eis und Wasser geformt

Etwa 230 000 Jahre ist es her, da schoben sich von Norden her die Gletscher der vorletzten Eiszeit ins mittlere Elbetal. Das Eis brachte aus Skandinavien unvorstellbare Gesteinsmassen heran. Als die Saalekaltzeit vor etwa
120 000 Jahren endete, hinterließ sie eine hügelige Endmoränenlandschaft.
Zeugen jener Zeit sind rechts der Elbe noch der Rüterberg und der Vierwald
bei Boizenburg.

Gesteinsmassen aus Skandinavien

Vor etwa 115 000 Jahren begann, wie eingangs schon beschrieben, die
Weichselkaltzeit. Obwohl ihre Gletscher nicht mehr bis in unsere Gegend
vorstießen, prägte sie die Elbregion entscheidend; denn gewaltige Schmelz-
wasserströme formten die Endmoränenlandschaft um. Sie spülten ganze
Hügel fort und lagerten riesige Mengen Sand und Schutt im Stromtal ab.

Landschaftsprägende Weichseleiszeit

Vor etwa 12 000 Jahren ging die Weichselkaltzeit bekanntlich zu Ende.
Langsam eroberten Moose und Flechten das Land, aber viel Sandboden
blieb noch lange vegetationsfrei. Stürme bliesen die Talsande zu hohen Dü-
nenzügen auf oder ließen flachere Flugsandfelder entstehen. In diese Sand-
massen hat sich der Elbstrom eingegraben, einer der Hauptflüsse Mitteleuropas und nach dem Rhein mit 1165 km der längste und verkehrsreichste
Fluss Deutschlands. Der Streckenführung des saaleeiszeitlichen Urstromtals
folgend, berührt die Elbe hier im mittleren Elbtal die eiszeitlichen Grund-
moränenplatten der Altmark, der Prignitz und der Lüneburger Heide.

Stürme formten Dünen und Flugsandfelder

Schon immer war dieser Fluss die Lebensader der Region. Seit dem 12. Jh.
sind durch Schifffahrt, Handel und bäuerliche Erschließung weite Teile des
Flussgebietes nachgewiesen. Den Warenverkehr behinderten jedoch im
Mittelalter zahlreiche Zollschranken, die erst ab 1871 völlig entfielen. In
Karolingischer Zeit war der Fluss Ostgrenze des Reiches. Heinrich I. drang
928 als Erster über die Elbe nach Brandenburg und Meißen vor. Mit Beginn
der deutschen Ostsiedlung um 1150 wurde die Elbe erstmals in ihrer gesamten Länge ostwärts überschritten.

Lebensader und Grenze

Mit dem Hochwasser leben

Die Elbe zwischen Bleckede und Dömitz

Ziel: Lebens- und Kulturraum des mittleren Elbstromes

Moorhufensiedlung und Marschhufensiedlung

Route 1: Start von Bleckede in die Elbmarsch zur Moorhufensiedlung Bleckeder Moor. Von dort Rundfahrt mit PKW- oder Fahrrad über die Marschhufensiedlung Garlstorf, die vermutlich auf Wurten im 12. Jh. angelegt wurde. Weiter zum Marschhufendorf Wendewisch (wendische Viehweide), das schon 1373 urkundlich erwähnt wird. Von dort nach Vitico und Heisterbusch, einem Naturschutzgebiet mit Resten von Hartholzauen.

Flusswurten und von Qualmwasser gespeiste Bracks

Route 2: Elbmarsch im Amt Neuhaus: Start in Neu-Bleckede (PKW-Elbefähre Bleckede-Neubleckede. Flusswurten in Neu-Wendischthun mit alten reetgedeckten Großbauernhöfen und schönen Hallenhäusern; von dort nach Neubarge: Bracks als Gewässer, die als Folge von Deichdurchbrüchen entstanden und mit Qualmwasser gespeist sind; weiter zum besterhaltenen Moorhufendorf Konau (Abb. 78). Das idyllische und reiche Elbbauerndorf mit einer Reihe großer Höfe liegt direkt am Deich und wird von zahlreichen

202 a Das Elbtal.

202 b Hitzacker vom Weinberg aus gesehen.

Storchennestern geschmückt. Weiterfahrt zum Marschhufendorf Strachau, wo es schöne Hartholzauen gibt, die weidewirtschaftlich genutzt werden. Mit der Elbfähre (nur Personen- und Fahrräder) zurück nach Hitzacker (Abb. 202 b) oder (mit dem PKW) nach Bleckede bzw. über die Dömitzer Brücke.

Karte: Abb. 202 a
Info: Verkehrsverein Bleckede, 21354 Bleckede, Tel. 05852/97722; Amt Neuhaus, Rathaus 19273 Neuhaus, Tel. 03841/7047.

Im frühen Mittelalter begannen unsere Vorfahren das Elbetal nach ihren Bedürfnissen zu formen. Damals kristallisierte sich die Kulturlandschaft heraus, die wir heute vorfinden.

Die nach der Weichselkaltzeit entstandenen Wälder wurde großenteils abgeholzt, um Flächen für landwirtschaftliche Nutzung zu schaffen, zu heizen, Häuser und Schiffe zu bauen. Die Rodungen veränderten den Wasserhaushalt der Region. Von den entwaldeten Flächen flossen die Niederschläge schneller ab und nahmen mehr Boden mit als jemals zuvor. Das vom Wasser transportierte Material wurde im Flusstal der Elbe als Sand, Schluff und Ton abgelagert oder an den Talrändern zu Dünen aufgeweht. **Folgenreiche Rodungen**

Bereits im 13. Jh. wurde mit dem Deichbau begonnen, um Siedlungen und Felder in den Überschwemmungsbereichen der Flusslandschaft zu **Deiche und wasserbauliche Anlagen**

Elb-Buhnen

schützen. Seitdem entstanden an der Elbe und in den Rückstaugebieten ihrer Nebenflüsse umfangreiche wasserbauliche Anlagen. Mitte des 19. Jh. wurde die Elbe durch Buhnen endgültig in ihr festes Bett gezwungen. Nun prägen über 120 km Deich wesentlich das Landschaftsbild des Naturparks und verhindern eine großflächige Überflutung der ursprünglichen Aue.

Gegen Überflutungen gefeit

Was Wurten oder Warften sind, wissen Küstenbewohner der südlichen Nordseeküste sehr genau (Abb. 203). Es handelt sich um die Siedlungsform der bäuerlichen Marschbewohner seit ungefähr der Zeitenwende bis ins 12. Jh. Diese künstlichen Erdhügel in der dem Meer ausgesetzten Marsch wurden aus Mistlagen und zäher Klei-Erde aufgebaut; sie trugen und tragen vielfach noch heute auf ihrem höchsten Platz das stroh- oder tonpfannengedeckte Haus für Mensch und Vieh.

Wurten aus Mist und Kleierde aufgeschichtet

Sowohl die Marschenwurt an der Nordseeküste als auch die Flusswurt in den Elbauen sind als technische Bauwerke auf die besonderen Energien zugeschnitten, die in ihrer Umwelt herrschen. Beide nutzen künstliche Erdhügel, die Häuser und Stallungen tragen, und sind so gegen mehrere Meter auflaufende Überflutungen ihres Siedlungsraumes geschützt. Beide haben auch dafür Sorge getragen, dass sie während und nach der Überflutung durch Pumpen im Grundwasser genügend Frischwasser für Mensch und Vieh zur Verfügung haben.

Den Energien der Umgebung angepasst

Vor dem Hintergrund der durch intensive Forschung gut bekannten Marschenwurten seien im Folgenden die Flusswurten in ihrer besonderen Ausprägung geschildert, wie das Wilhelm Schäfer (1980) für vergleichbare Anlagen in den Oberrheinauen gemacht hat.

Die Stromauen, die sich längs der Elbe hinziehen, sind 4 bis 8 km breit. Sie gehören ihrer Entstehung nach zum Strom, sind sein Hochwasserbett und werden gegen das Land von einer im Allgemeinen deutlichen durch

Das Umfeld der Flusswurten

203 Flusswurt im Amt Neuhaus.

Erosion entstandenen Terrassenkante begrenzt. In diesem tief liegenden Bereich ist immer mit Überflutungen durch den Strom zu rechnen; jedes menschliche Bauwerk muss dort von vornherein, wenn es auf Dauer existieren soll, irgendwie gegen Überflutungen gewappnet sein. Hochwasserereignisse sind dort kein Unglücksfall, sondern liegen in der Natur der Sache. Dörfer in der Elbtalaue respektieren daher schon in ihrer Anlage diese Naturgegebenheit und liegen häufig auf dem Rand der Terrasse, zwar nahe am Strom, jedoch sicher vor seinem Ausgriff. **Hochwasser sind eine natürliche Erscheinung**

Im Spätherbst und vor allem im Frühjahr bringen die Mittelgebirge dem Elbtal von Süden her durch Regenfälle und Schneeschmelzen Hochwasser. Die seltenen Sommerhochwasser pflegen dagegen kurze Ereignisse von mehreren Tagen Dauer zu sein, die durch Überschwemmungen oft noch lange nachwirken, wie man es mancherorts im Sommer 1997 beobachten konnte. Während das Niedrigwasser der Elbe kaum das befestigte und buhnenbewehrte Bett überschreitet, lässt eine starke Hochwasserwelle den Strom weithin über die Ufer in die Aue treten.

Schutzbauten von kulturhistorischer Bedeutung

Heute werden an der Elbe keine Flusswurten mehr gebaut, obwohl sie auf Grund der immer wieder eintretenden Hochwasser nötig wären. Man verlässt sich auf den weiter zurückliegenden Hauptdeich. Die historischen Bauten sollten deshalb als hydro-strategische Anlagen den besonderen Schutz der Denkmalpflege genießen. Auch wenn die Wurten, zumal die vom Ende des 19. Jh., keinen kunsthistorischen Wert darstellen, haben sie sehr wohl eine kulturhistorische Bedeutung. **Schutzwürdige hydrostrategische Anlagen**

Die Mensch und Vieh tragende Wurt (Abb. 203) mit Wohnhaus und Stallungen liegt so hoch über der Auenoberfläche, wie die häufigen Hochwasser des Stromes auflaufen. Gegen höchste Fluten, wie sie alle 100 Jahre einmal auftreten, nützen die Wurten allerdings nicht; denn sie liegen im Allgemeinen nur 1,8 bis 2 m über der Auenebene. Steht die Wurt am Hauptstrom, so erhält sie bei Hochwasser die volle Energie des Flusses. Das Wurtenprofil bezieht sich darauf, dass die Strömung immer aus der gleichen Richtung von flussaufwärts her angreift. Es zeigt mit der steilen Böschung, die mit Steinquadern gepflastert ist, gegen die Strömung; auf der Rückseite liegt die flachere, nicht gepflasterte Wagen-Auffahrt. Der ebene Hof zwischen den Gebäuden ist grob gepflastert. Wohnhaus, Stallung, Scheune und Nebengebäude sind oft getrennt. **Gegen die Strömung gebaut**

Der Wurt wirklich gefährlich sind die mit Eisgang verbundenen Winterfluten. Süßwassereis ist im Gegensatz zu dem des Meeres klirrend hart und splittert, wenn es zerbricht. Die mit der Strömung treibenden Eisschollen sind deshalb oft sehr lang und einen halben Meter dick. Ihre Scherwirkung ist beträchtlich. Diese treibenden oder geschobenen Schollen müssen – wo der Wald fehlt – durch mehrere Reihen von Pappeln flussaufwärts vor der Wurt abgefangen und nach Möglichkeit zerteilt werden. **Gefahr durch Winterflut mit Eisgang**

Grundlegender Unterschied zwischen Fluss- und Küstenwurt

Flusswurten wurden erbaut und waren fertig. Darin unterscheiden sie sich ganz wesentlich von den Küstenwurten in der Marsch, die im Laufe der Jahrhunderte immer wieder erhöht werden mussten, und zwar in dem Rhythmus, in dem die Marsch außerhalb des Deichs, der sie aufsaßen, durch das säkuläre Steigen des Meeresspiegels bei Sturmflut überspült wurde. Ihr Inneres enthält folglich mehrere Siedlungsoberflächen übereinander. Demgegenüber stehen die Wurten in der Elbaue zwar auf geologisch jungem Grund; aber weil sich die Höhe der Elbhochwasser im Laufe von Jahrhunderten nicht ändert und die Aue als Ganzes sich in den kurzen Zeiten menschlicher Besiedlung nicht senkt, kann die einmal aufgeworfene Wurt bewohnt werden, solange sie existiert. Naturgemäß birgt ihr Inneres keine ehemaligen Kulturschichten.

Krebsscherengewässer und Auwälder

Unser Flussabschnitt (Abb. 204 bis 206) ist nach der naturräumlichen Gliederung Deutschlands ein Teil der Unteren Mittelelbe-Niederung, die sich von der Einmündung der Stepnitz bei Wittenberge bis zur Grenze der Gezeitenwirkung bei Geesthacht erstreckt. Das Elbetal am Gartower Elbholz und bei Pevestorf sowie das untere Seegetal bei Brünkendorf Laasche und

Markanter Ausschnitt einer naturräumlichen Einheit

Meetschow sind ein charakteristischer Ausschnitt aus dieser naturräumlichen Einheit, in der große Flächen von natürlicher Vegetation bedeckt sind. Typische Teile dieser Flusslandschaft sind die breite Elbaue, die stromabwärts von der hohen Moränenplatte des Höhbeck begrenzt wird, Talsand-

204 Elbe-Seegetal bei Gartow.

terrassen, die sich seitlich an die Aue anschließen, und die Seegeniederung, die mit dem Elbtal in enger Verbindung steht und besonders durch den Rückstau der Elbehochwasser betroffen wird.

Die Elbaue ist reich an natürlichen, aus Sand und Lehm in kleinflächigem Wechsel aufgebauten Geländeformen. Im Gegensatz beispielsweise zum Wesertal, das in seinem mittleren Teil eine fast geschlossene Auenlehmdecke trägt, ist der Sandanteil in diesem Elbabschnitt beträchtlich. Im Relief kommt dies durch die Häufigkeit sandiger Uferdünen, lang gestreckter Sandhügel und ebener Sandflächen zum Ausdruck. Es gibt aber auch hoch liegende Lehmdecken, schlickige Mulden und überschlickte Sandflächen. Durch die Anlage von Deichen, die noch kaum begradigt sind, wurden in den Gewässern der Deichbuchten und des deichnahen Binnenlandes eigentümliche Lebensräume geschaffen.

Die Elbaue, reich an Lebensräumen

Es gehört nach Kurt Walther (1957, 1973) zur Eigenart dieser Landschaft, dass die Auswirkungen der natürlichen Kraft des Wassers bei den Überflutungen stärker sind als die Einflüsse des Menschen. Die fast alljährlich wiederkehrenden Hochwasser wirken auf Boden und Vegetation besonders durch:

Stärker als der Mensch ist hier das Wasser

- lang dauernde Überflutung und Überstauung des Außendeichlandes,
- Abschwemmung und Auskolkung des Auebodens,
- Übersandung und Beschlickung der Uferflächen,
- Rückstau des Wassers der Nebenflüsse,
- Hinausdrängen des Qualmwassers auf tief liegende Stellen des Hinterlandes, besonders des Innendeichgebietes.

Weser und Ems, die anderen nordwestdeutschen Ströme, kennen diese Erscheinungen ebenfalls. An der Elbe sind sie jedoch wegen der größeren Wassermenge deutlicher ausgeprägt. Bei den beiden westlichen Strömen

205 Krebsscherengewässer.

206 Elbholz.

erfolgt außerdem die Überschwemmung normalerweise im Winter oder zeitigen Frühjahr vor der Vegetationsentwicklung, sodass sich die anschließend einsetzenden landwirtschaftlichen Maßnahmen ungestört auswirken können. Dagegen fallen die häufigen Frühjahrs- und Frühsommerhoch-**Hochwasser** wasser der Elbe in die Vegetationszeit. Sie beeinflussen Zusammensetzung, **in der Vegetationszeit** Qualität und Quantität des Grünlandaufwuchses viel stärker als die Winterhochwasser und stören die Bewirtschaftung empfindlich.

Der überragende Einfluss der natürlichen Kräfte des Überflutungswassers und ein hoher Anteil wenig ergiebiger Sandflächen sind die Gründe für eine häufig nur extensive Bewirtschaftung. So gehört das Gebiet zu den wenigen noch naturnahen Lebensräumen, die es noch gibt, und bedarf ei-**Urtümliche** nes besonderen Schutzes. Urtümliche Biotope mit eigenartigen Pflanzen-**Biotope erfordern** gesellschaften und seltenen Tier- und Pflanzenarten sind hier erhalten ge-**besonderen Schutz** blieben. Besonders die Feuchtbiotope der zahlreichen Bracks, Altwässer der Talauen sowie die Trockenbiotope der Flussdünen und Talsandterrassen sind hier zu nennen.

Die Feuchtbiotope sind Nahrungs-, Rast- und Brutstätte vieler Vogelarten, die Wasserflächen dienen Amphibien und einer reichhaltigen Fauna von Wirbellosen als Laichplatz. Die Trockenbiotope geben Insekten fressenden Säugetieren Lebensraum, z. B. der Zwergspitzmaus, auch brüten hier seltene Vogelarten wie der Flussregenpfeifer, schließlich kommen auch zahlreiche Insektenarten vor.

Besondere Beachtung verdient das Gartower Elbholz, der größte Auen-**Gartower Elbholz:** waldbestand des linksseitigen mittleren Elbtales. Hier ist die natürliche **natürliche Schluss-** Schlussgesellschaft der Elbaue, der Eichen-Ulmen-Wald, erhalten geblie-**gesellschaft der Aue** ben. Das Gebiet ist als Brutbiotop seltener Vögel wie Schwarzstorch und Kranich sowie als Lebensraum kontinentaler Insektenarten von Bedeutung.

So wird ersichtlich, dass die Vielfalt der Pflanzen- und Tierwelt in naturnahen Biotopen dieses Flusstal zu einem ausgezeichneten Studienobjekt der wissenschaftlichen Biologie macht. Diese Vielfalt ist auch die Ursache für den landschaftlichen Reiz, der Natur- und Heimatfreunde anzieht.

Die Welt dicht am Fluss

Ein Kapitel Natur- und Kulturgeschichte

Ziel 1: Kennenlernen charakteristischer Pflanzengesellschaften der Elbtalaue; der Fluss als Lebensraum

Route 1 PKW- oder Fahrradexkursion von Dömitz aus. Von der Dömitzer Brücke, sie bietet einen herrlichen Blick über die Talaue der Elbe, geht es rechtselbisch nach Rüterberg mit ebenfalls schönem Blick über das Elbtal. Die Einwohner, bis 1989 innerhalb der Sperrzone von der Außenwelt abgeschnitten, gründeten nach dem Fall der DDR die „Dorfrepublik Rüterberg". Von dort nach Wehningen mit riesigen Krebsscherenvorkommen und verlandeten Bracks in den Elbaltarmen. Zutritt an das Flussufer. Weiterfahrt nach Gosewerder und Laake zu herrlichen Gewässerlandschaften mit Auenwaldresten.

Elbtalaue, Krebs-scherenvorkommen, Bracks, Gewässer-landschaften

Karte: Abb. 202

Sehenswert in der Nachbarschaft: Marschhufendorf Stachau mit mächtigen, reichen Elbbauernkulturen und jahrhundertealten Eichen im Deichvorland an der Elbe. – Naturschutzgebiet bei Wilkenstorf: Auenwaldreste mit Kranichen, Weißstörchen, Seeadlern, Fischadlern, Eisvögeln und den seltenen Trauerseeschwalben.

Elbbauernkulturen und ein Vogelparadies

Info: Amt Lenzen/Elbe, Kellerstraße 4, 19307 Lenzen, Tel. 038792/7241 – Amt Dömitz, Torstraße 2, 19303 Dömitz, Tel. 038758/22043

Ziel 2: Studieren von Flussdünen und ihrer Dynamik als Lebensraum.

Route 2: Mit PKW oder Fahrrad von Dömitz nach Klein-Schmölen, von dort nordwärts nach Rüterberg und weiter über Tripkau (Dünenlandschaft) zum Naturdenkmal Stixer Wanderdüne, die leider nur noch auf festen Wegen betreten werden darf.

Stixer Wanderdüne

Karte: Abb. 201 a

Info: Amt Neuhaus, Rathaus, Am Markt 4, 19273 Neuhaus, Tel. 038841/7047, Mobiler Fahrradverleih Michael Seelig, 29496 Waddeweitz, Tel. 05849/468

Ein Dorado der Gewässerlandschaften

Alljährlich wiederholt sich im Elbtal der für Talauen sehr charakteristische Vorgang, dass die durch Überflutungen aufgefüllten Tümpel und Altwasser von der Vegetation der höheren Wasser- und Sumpfpflanzen mehr und mehr in Besitz genommen werden. Für die räumliche Verteilung der Wasservegetation ist der Gehalt an Schweb- und Sinkstoffen von Bedeutung, der vom Flussufer zum Talrand bzw. Deichfuß hin zunimmt. So bilden sich in den Gewässern in Deichnähe, besonders in den Tümpeln der Deich-

Alljährlich gleiche Vegetationsentwicklung nach Über-flutung

buchten, Schwimmdecken der nährstoffliebenden Teichlinsen-Gesellschaft (*Spirodeletum polyrhizae*), während in den Bracks der flussnahen Strömungszone nur lockere Bestände der Kleinen Wasserlinse *(Lemna minor)* vorkommen.

Pflanzen-
gesellschaften
im deichnahen
Binnenland

Auf den Wasserflächen des deichnahen Binnenlandes entwickelt sich die anspruchslose Dreifurchenlinsen-Gesellschaft (*Lemnetum trisulcae*). Ihre Wuchsorte werden vom nährstoffreichen Überflutungswasser nicht erreicht. Auch die höher organisierten Wasserpflanzengesellschaften, die Seerosen-Gesellschaft (*Myriophyllo-Nupharetum luteae*) und im Staubereich der Seege die Krebsscheren-Gesellschaft (*Stratiotetum aloidis*), sind meist in Deichnähe zu finden.

Für die Sumpfvegetation ist die Dauer der Überflutung, Überstauung und Durchfeuchtung entscheidend, und zwar dauert im Allgemeinen vom Flussufer zum Talrand die Wasserphase länger und in der wasserfreien Phase trocknet der Boden mit Entfernung vom Flussufer weniger stark aus. Ausgesprochen amphibische Gesellschaften wie die Wasserfenchel-Sumpfkressen-Gesellschaft (*Oenantho-Rorippetum amphibiae*) und die Wasserfeder-Gesellschaft (*Hottonietum palustris*) gedeihen noch in Flussnähe. Das selten austrocknende Teichsimsen-Röhricht (*Scirpetum palustris*) und das Wasserschwaden-Röhricht (*Glycerietum maximae*) bevorzugen Altwässer und Gewässer am Talrand. Fast überall ist eine Vegetationszonierung erkennbar, wobei Wasserstand und Durchlüftung des Bodens begrenzende Faktoren sind. An das Wasserschwaden-Röhricht schließt sich nach oben das Schlankseggen-Ried (*Caricetum gracilis*) bzw. das Sumpfseggen-Ried (*Carex acutiformis*-Gesellschaft) an, dann folgt das Rohrglanzgras-Ried (*Phalaridetum arundinaceae*), schließlich das Fuchsseggen-Ried (*Caricetum vulpinae*). Unmittelbar am Flussufer sind bei stark schwankendem Wasserstand und durch den Schiffsverkehr verstärktem Wellenschlag Stillwasser liebende Röhrichte und Riedvegetation fragmentarisch entwickelt. Nur Schilfrohrbestände vermögen sich zu halten, wenn sie nicht vom Weidevieh aufgefressen werden. Auf den armen Nassböden hinter den Deichen werden Röhrichte und Riedgesellschaften teilweise durch Kleinseggenrasen (*Juncetum filiformis*) ersetzt.

Besiedelung
der vegetationslosen
Elbufer

Die trockenfallenden vegetationslosen Uferflächen der Elbe werden zuerst dort besiedelt, wo an Spülsäumen Nährstoffe und Samen angeschwemmt worden sind. Hier entstehen in schlammigen Mulden die Schlammkraut-Gesellschaft (*Cypero-Limoselletum*) und an Muldenrändern die Spitzkletten-Gesellschaft (*Xanthio-Chenopodietum rubri*). Auf dem Boden vieler im Sommer wasserfrei gewordener Bracks macht sich die Wasserpfeffer-Gesellschaft (*Polygono-Bidentetum tripartitae*) breit. An sandigen Tümpelufern wächst die Knorpelkraut-Gesellschaft (*Illecebretum verticillati*). Wo die Hochwasser im sandigen Vorland die Vegetationsdecke geöffnet und Treibsel abgesetzt haben, entwickelt sich die Frühseggen-Schnittlauch-Flur (*Allio-Caricetum praecocis*). Auf grundfeuchten, sandigen Spülsäumen trifft man die Ehrenpreis-Helmkraut–Gesellschaft (*Veronico-Scutellarietum hastifoliae*).

Stellenweise häuft der Fluss den Ufersand zu Dünen auf, die durch die Filzpestwurz-Gesellschaft (*Saponario-Petasitetum spurii*) befestigt werden. Auf sandigen Vorlandhügeln und auf Dünen im Talsandgebiet, wo der Sand vom Wind bewegt wird, hat sich die Frühlingspark-Silbergras-Flur (*Spergulo-Corynephoretum canescentis*) eingestellt.

Filzpestwurz befestigt Dünen

Die Spülsäume am Flussufer und die Ränder der Außendeichbracks sind auch der Keimplatz des Korb- und Mandelweiden-Gebüschs (*Salicetum triandro-viminalis*), das häufig mit der Schleiergesellschaft des *Cuscuto-Calystegietum* bedeckt ist. An den Gewässern hinter den Deichen, in denen sich das Drängewasser sammelt, wächst das Schlankseggen-Grauweiden-Gebüsch (*Carici-Salicetum cinereae*).

Wo das Wasser in der Talaue keinen beherrschenden Einfluss ausübte, standen vor der Urbarmachung Wälder. Reste davon sind der Pappel-Silberweiden- (*Salicetum albae*) und der Eichen-Ulmen-Wald (*Querco-Ulmetum*). Nach deren Rodung wurde weithin Grünland angelegt. So wachsen an Stelle feuchter Eichen-Ulmen-Wälder Sumpfplatterbsen-Wiesen (*Poae-Lathyretum palustris*) und Brenndolden-Wiesen (*Cnidio-Violetum persicifoliae*), anstelle frischer Eichen-Ulmen-Wälder Straußampfer-Margeriten-Wiesen (*Chrysanthemo-Rumicetum thyrsiflori*) und an Stelle trockener Eichen-Ulmen-Wälder Rosen-Schlehen-Gebüsche (*Rosa canina-Prunus spinosa-*Ges.) und Frühseggen-Gras-Nelken-Rasen (*Armerietum elongatae*).

Waldreste der Talaue

Eine Düne verliert ihr Gesicht

Im Licht der Nachmittagssonne zieht die Wanderdüne bei Klein Schmölen schon von weitem den Blick auf sich. Immerhin erhebt sie sich fast 30 m über das Niveau der Talaue und erreicht 2 km Länge. Wo sie vegetations-

Zur Ruhe gekommen

207 Klein Schmöler Dünen.

frei ist, verlagert noch jeder kräftige Wind den Sand, aber insgesamt wandert sie nicht mehr (Abb. 207 bis 209). Dennoch ist sie die größte Binnenland-Wanderdüne Europas!

Die mangelnde mechanische Schädigung durch den Tritt fördert derzeit vor allem auf der Stixer Düne, nachdem sie eingezäunt wurde, primären Algenaufwuchs auf dem nackten Sand, danach folgen *Polytrichum*-Moose und Silbergrasfluren, welche die Düne schnell fixieren und den Kiefernausschlag ermöglichen. So wird die Dünenlandschaft bald mit Kiefern bestockt sein und ihren offenen Charakter verlieren! Eindrucksvoll ist in diesem Zusammenhang der Vergleich mit den noch offenen Dünen von Klein-Schmölen.

Kiefern erobern die Stixer Düne

208 **Klein Schmöler Dünen.**

Ein ganz besonderer Lebensraum

Im Frühjahr legt die Düne von Klein-Schmölen ein duftendes Blütenkleid an. Dabei dominieren das Weiß des Hornkrauts und das Rosa des Reiherschnabels. Im Juni und Juli beherrschen dann das satte Gelb des Mauerpfeffers und das Purpur von Sandthymian (*Thymus pulegioides*) und Kartäusernelke (*Dianthus carthusianorum*) die offenen Dünenflanken.

Südlich der Wanderdüne schlängelt sich die Löcknitz durch das Land. Zum Fluss hin, wo der Einfluss von Qualmwasser und periodischen Überschwemmungen zunimmt, herrschen Großseggenriede und Röhrichte vor.

Extreme landschaftliche Gegensätze

209 **Klein Schmöler Dünen.**

In Ufernähe verzahnen sie sich mit einer Weichholzaue. Ähnlich extreme landschaftliche Gegensätze sind am Bollenberg nahe Boitzenburg zu finden.

Hier werden Einflüsse sowohl des kontinentalen als auch des maritimen Klimas wirksam. Diese Besonderheit und die sehr unterschiedlichen Bodenverhältnisse bedingen eine faszinierend reichhaltige Pflanzenwelt und folglich auch einen großen Reichtum an Insekten- und Vogelarten.

Kontinentale und maritime Klimaeinflüsse

Im Bereich der offenen Dünen und der angrenzenden Dünen-Kiefern-Wälder sind unter anderem der Wendehals, der Pirol, die Heidelerche und das Braunkehlchen anzutreffen. Die Flussniederung bietet beispielsweise Bekassinen, Rohrdommeln, Kranichen und Knäkenten einen geeigneten Lebensraum. Im Geäst der Weidenbüsche am Löcknitzufer baut die Beutelmeise ihr Kugelnest und der Eisvogel schießt als „blauer Edelstein" über die Wasseroberfläche.

Italienische Festungsbaukunst an der Elbe

Das 750-jährige Dömitz lädt zum Verweilen ein, ein neogotischer Kirchenbau und Fachwerkhäuser des 19. Jh. prägen das Gesicht der Altstadt. Ihren besonderen Charakter verleiht der Stadt an der Elbe jedoch eine pentagonale Flachlandfestung. Auf der Ruine einer frühmittelalterlichen Burg wurde diese Anlage auf Befehl Herzogs Johann Albrechts von Mecklenburg in den Jahren 1559 bis 1565 errichtet (Abb. 210). Einmalig ist ihre Grundform eines gleichmäßigen Fünfecks. Ihre Aufgabe waren: Sicherung der Südwestgrenze Mecklenburgs, Kontrolle der Elbübergänge, Sicherung der Zolleinnahmen im Dömitzer Hafen. 1894 wurde die Festung als militärische Anlage aufgelöst.

Als Fünfeck angelegt: Festung Dömitz

210 Festung Dömitz.

Dieser Backsteinbau ist in Norddeutschland die einzige vollständig erhaltene Festungsanlage des 16. Jh. nach italienischer Festungsbaukunst (Scharnweber, 1995). Vom Turm eröffnet sich ein herrlicher Blick in drei Bundesländer. Das Kommandantenhaus beherbergt auf fünf Etagen eine umfangreiche und anschauliche Ausstellung zur Stadt- und Festungsgeschichte, zu Elbschiffahrt und Volkskunde des Südwesten Mecklenburgs. Dazu kommen eine beeindruckende Turmgalerie mit wechselnden Ausstellungen und, wohl die Hauptattraktion, das Fritz-Reuter-Museum in der Gedenkhalle.

Blick in drei Bundesländer

Fritz Reuter in Dömitz

Der niederdeutsche Dichter und Schriftsteller verbrachte nämlich auf der Festung Dömitz von 1839 bis Mitte 1840 die letzte Zeit seiner Festungshaft. 1810 in Stavenhagen in Mecklenburg-Schwerin als Sohn des dortigen Bürgermeisters geboren, studierte Reuter in Rostock und Jena die Rechte und wurde wegen „burschenschaftlicher Umtriebe" nach dreijähriger Untersuchungshaft 1836 zum Tode verurteilt. Die „Begnadigung" bestand in der Verurteilung zu 30 Jahren Festungshaft. 1840 – inzwischen hatte man ihn auf die Festungen Silberberg, Glogau, Magdeburg, Graudenz und schließlich Dömitz verbracht – kam er durch eine allgemeine Amnestie frei. Er erlangte eine Anstellung als Wirtschaftsgehilfe auf einem Gut, wodurch er im Verlauf von zehn Jahren aufs Engste mit dem bäuerlichen Leben vertraut wurde. Erst mit 43 Jahren trat er, inzwischen Privatlehrer in Treptow an der Tollense, als Autor hervor.

Festungshaft wegen „burschenschaftlicher Umtriebe"

1859 erscheint nach „Hanne Nüte" das Zeitbild „Ut de Franzosentid", Reuters erstes Hauptwerk. 1862 folgte dann „Ut mine Festungstid". Schon damals bewunderte die Kritik, dass er die Geschichte seiner Leiden als Häftling „mit versöhnendem Humor" geschrieben habe. Neben Klaus Groth und dessen Liedern und Balladen habe er den großen, aus Ernst und Scherz gemischten plattdeutschen Roman geschaffen; keiner habe Vergleichbares vermocht. Zum Klassiker wurde Reuters „Ut mine Stromtid", wobei man wissen muss, dass „Strom" den landwirtschaftlichen Gehilfen bezeichnet, der Reuter vormals war. Dieses Panorama mecklenburgischen Lebens hat die Gestalt des „Entspekter Bräsig" fast unsterblich gemacht.

Reuters Werke: versöhnlich, humorvoll

Der Dömitzer Hafen, an der Einmündung der Elbe-Müritz-Wasserstrasse in die Elbe gelegen, war bis 1945 ein bedeutender Anlegepunkt zwischen Magdeburg und Hamburg. Heute dient er Sportbooten und einem Wasser-Wander-Zentrum. Fahrgastschiffe befahren abwechselnd die Elbe und die Elde.

Bedeutungsverlust des Hafens

Die Reste einer 1873 erbauten Eisenbahnbrücke, des ersten festen Übergangs bei Dömitz über die Elbe, und die 1992 wieder fertig gestellte Autobrücke sind eindrucksvolle Bauwerke der Region.

Schiene und Straße

Was Steine erzählen können

Geologisches Freilichtmuseum Bleckede-Breetze

Ziel: Kennenlernen nordischer Geschiebe und eines speziellen Aufschlusses des Holstein-Interglazials
Ort: Findlingsgarten Bleckede-Breetze, dort Stopps im Findlingsgarten und der Tongrube (Abb. 211)
Karte: TK 25 Bleckede Nr. 2730

Auf Anregung von Prof. Dr. K. D. Meyer vom Niedersächsischen Landesamt für Bodenforschung (Hannover) haben das Staatliche Forstamt und die Stadt Bleckede eine Sammlung örtlich angefallener Findlinge zusammengestellt, die im so genannten Findlingsgarten besichtigt werden kann. Einem kleinen Prospekt von K. D. Meyer (1992) sind folgende Angaben entnommen:

Neben den Findlingsgärten von Hagenburg am Steinhuder Meer, dem Rosengarten bei Harburg, dem Westerberg bei Stade und dem von P. Laging eingerichteten Schul-Steingarten in Scharnebeck ist es eine der wenigen derartigen Anlagen in Niedersachsen. Sie trägt den örtlichen Gegebenheiten und Fundmöglichkeiten Rechnung und dient in erster Linie dem Schutz

Findlingsgarten

**Schutz
gefährdeter Steine**

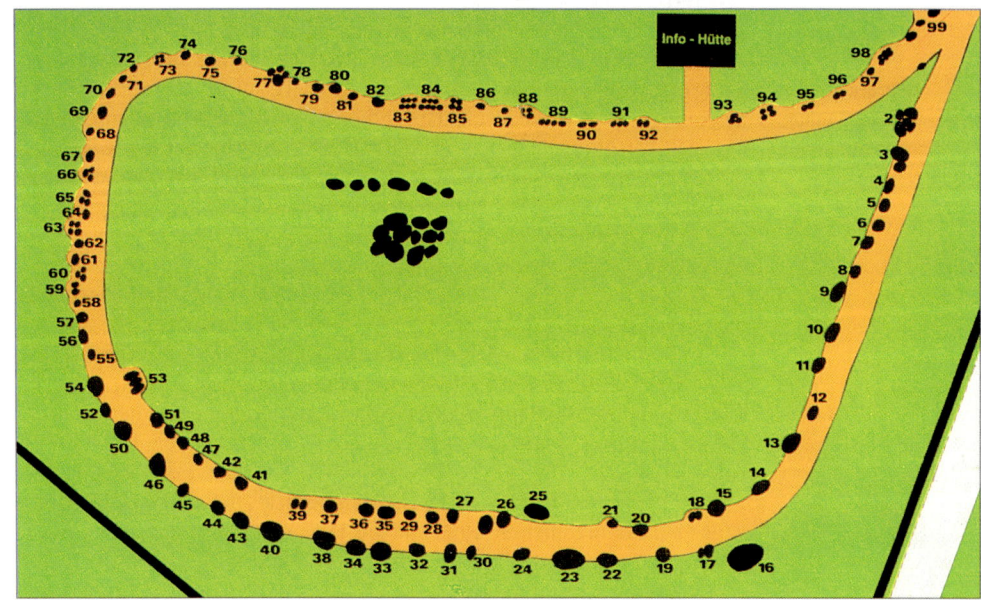

211 Breetze-Bleckede: Nummerierung der aufgestellten Findlinge.

der gefährdeten und besonders wert-
vollen oder seltenen Exemplare. Die
Steine stammen großenteils aus
Kiesgruben der näheren Umgebung,
darunter sind beachtliche, um 10 t
schwere Brocken (Abb. 211, 212).

Wenn Steine reden könnten

**Porphyre,
Sandsteine und
ein postsilurisches
Konglomerat**

Erwähnenswert sind einige Porphyre, die auf den ersten Blick zwar
unscheinbar wirken, aber für ihre Gesteinsart repektable Ausmaße zeigen,
ferner einige große Sandsteine sowie ein großes postsilurisches Konglomerat. Die Ausstellung ist nach den Hauptgesteinsarten gegliedert: Tiefenge-
steine (Plutonite), Umwandlungsgesteine (Metamorphite), Ergussgesteine
(Vulkanite) und Sedimentgesteine. Auf dem Rundgang durchschreitet man
die gesamte Erdgeschichte; Formationen, die keine Geschiebe lieferten,
sind durch einheimische Gesteine ersetzt worden (z. B. Karbon, Perm, Trias-
Jura). So ist die ganze Anlage in Form einer geologischen Uhr gestaltet. In
einem überdachten Stand zeigen eine „Zeitspirale" sowie Tafeln zu Trans-
portwegen und Lage der Findlinge die Zusammenhänge auf.

212 Findlingsgarten Bleckede-Breetze.

Ein geologisches Kleinod

Stopp 1: Kurzbeschreibung der aufgestellten Findlinge aus der Region. Leider sind die angebrachten Beschilderungen vielfach dem Vandalismus zum
Opfer gefallen.

Tiefengesteine (Plutonite)

1	Roter Växjö-Granit mit Gletscherschliff, 9750 kg (Småland, Süd-schweden)
2	Aland-Rapakiwi, durch zentimetergroße rundliche Feldspäte mit millimeterdicker, hell verwitternder Rinde porphyrisch erscheinen-der Granit, 1,6 Mrd. Jahre (Aland-Inseln, Finnland)
3	Aland-Granit, wie 2, jedoch ohne Feldspat-Einsprenglinge
4–6	Porphyrische Granite mit großen Feldspat-Einsprenglingen
7–9	Grobkörnige Granite mit kranzförmiger Anordnung der Quarze um die Feldspat-Kristalle (Finnland)
10–14	Småland-Granite, ca. 1,97 Mrd. Jahre (Südschweden)
15	Pilgrimstad-Granit mit großen hellgrauen Feldspäten, 1,75 Mrd. Jahre (Nordschweden)
16	Granit, 13 t
17	Kristinehamn-Granit, 2 Teilstücke, „Kernsprung", (Südschweden)
18	Bohuslän-(Mikroklin-)Granit (Westschweden)

**Wanderung durch
die Erdgeschichte**

19	Granit, Feldspat-Adern durch Windschliff herauspräpariert	**Aus dem Erdinneren:**
20	Bornholm-Granit	**Urgestein**
21	Filipstad-Granit (Südschweden)	
22	Grauer Växjö-Granit (Südschweden)	
23	Granit mit Fremdgesteinsschollen	
24	Granit, rot	
25–29	Pegmatite, Fundort Schieringen	
30	Grauer Växjö-Granit (Südschweden)	
31–32	Granite	
33–34	Granite mit Fremdgesteinsschollen	
35	Quarzgabbro	
36	Leukogabbro	
37	Gabbro	

Umwandlungsgesteine (Metamorphite)

38	Gneis mit Gletscherschliff und Parabelrissen	**Durch**
39	Gneis, zwei Teilstücke, mit Windschliff	**Hitzeeinwirkung**
40	Gneisgranit mit Gletscherschliff	**entstanden**
41–42	Granatgneise	
43–45	Bändergneis mit Falten	
46	Gneis mit Falten	
47–48	Augengneise	
49	Bändergneis	
50	Gneis mit Ader	
51	Bändergneis	
52	Gneis mit Fremdgesteinsschollen	
53	Gneis, in Scheiben zerfallen	
54	Meta-Gabbronorit	
55–57	Amphibolite	

Ergussgesteine (Vulkanite)

58	Aland-Rapakiwi-Quarzporphyr (Aland-Inseln)	**Gesteine aus vulkani-**
59	Aland-Quarzporphyr	**scher Tätigkeit**
60	Roter Ostsee-Quarzporphyr (Ostsee, nordöstlich von Stockholm)	
61	Brauner Ostsee-Quarzporphyr (Ostsee, südöstlich von Stockholm)	
62	Småland-Quarzporphyr, ca. 1,97 Mrd. Jahre (Südschweden)	
63	Småland-Quarzporphyr (Südschweden)	
64–65	Hälleflintag (Südschweden)	
66	Bredvads-Porphyr (Dalarna, Mittelschweden)	
67	Kirre-Diabas (Kinnekulle, Südschweden)	
68	Diabas-Porphyrit	
69	Asby-Diabas	
70	Diabas, turmalinisiert	
71	Diabas-Mandelstein, feinkörnig, mit Gletscherschliff	
72	Diabas	
73	Schonen-Basalt, 140 bis 170 Mio. Jahre (Südschweden)	

Sedimentgestein

Aus dem Erdaltertum

74   Quarzit mit Quarzadern, Präkambrium

75   Serizit-Quarzit, Präkambrium, mit Turmalinader

76   Quarzite, Präkambrium

77   Dalarna-Sandstein, Jung-Präkambrium, 1,3 Mrd. Jahre (Mittelschweden bis Bottnischer Meerbusen)

78   Sandstein, quarzitisch

79   Kalmarsund-Sandstein, Eokambrium, 580 Mio. Jahre (Südschweden)

80   Sandstein, Kambrium, 570 Mio. Jahre, mit Parabelrissen (Südschweden)

81   Sandstein, Kambrium, mit Windschliff

82   Sandstein, Kambrium, mit Lebensspuren

83   Scolithos-Sandstein, Kambrium, mit Wurmröhren

84   Kalkstein, Ordovizium, 500 Mio. Jahre (Südschweden-Ostsee)

85   Kalkstein, Silur, 430 Mio. Jahre (Südschweden-Ostsee)

86   Postsilurisches Konglomerat

87   Old Red-Sandstein, Devon, 400 Mio. Jahre (östliches Baltikum)

88   Dolomit, Devon, 400 Mio. Jahre (östliches Baltikum)

89   Grauwacke, Unterkarbon, 350 Mio. Jahre (Steinbruch Wildemann, Harz)

90   Anhydrit (Gips), Zechstein (Perm), 270 Mio. Jahre (Lüneburger „Kalkberg")

91   Buntsandstein, Trias, 250 Mio. Jahre, Driftblöcke in elsterzeitlichen Weserschottern (Negenborn, Hannover)

92   Kalkstein Malm, Oberjura, 130 Mio. Jahre (Süntel)

93   Feuerstein, Maastricht, Oberkreide, 70 Mio. Jahre (südliche Ostsee)

Gestein aus dem Tertiär

94   Feuerstein, Paläozän, Alt-Tertiär, 60 Mio. Jahre (südliche Ostsee)

95   Aschgraues Paläozän-Gestein, Alt-Tertiär, 60 Mio. Jahre (südliche Ostsee)

96   Eozän-Kieselgestein, Lokalgeschiebe, Tertiär, 50 Mio. Jahre

97   Sandstein mit Fossilien, „Sternberger Gestein", Lokalgeschiebe, Oligozän, Alt-Tertiär, 25 Mio. Jahre (Mecklenburg)

98   Sandstein und Geoden, Lokalgeschiebe, Miozän (Jung-Tertiär), 20 Mio. Jahre

Naturbeton und andere Bausteine

99   „Naturbeton", 200 000 Jahre, kalkverkittete kiesige Schmelzwasser-Sande

100   Halle'scher Porphyr, Perm, Uferschutz-Baustein

101   Gespaltene und bearbeitete Findlinge

Verschlepptes Material, bearbeitete Findlinge

Die letzten Exponate sollen zeigen, dass manche in unserer Landschaft liegenden Gesteine keine Findlinge, sondern verschlepptes Material sind. Die bearbeiteten Findlinge sollen an das Schicksal vieler zu Bauzwecken etc. verwendeter Findlinge erinnern.

Stopp 2: Alte Ziegeleitongrube Breetze: Holstein-Interglazial ZK 25 Bleckede, Nr. 2730. Schwer zugänglicher alter Grubenrand entlang eines ehemaligen Tongrubengewässers. Der Wald erobert derzeit die Grubenhänge zurück.

Das Holstein-Interglazialvorkommen von Breetze bei Bleckede ist einzigartig für die gesamte Region. Nach Meyer (1983) zeigt es wunderbar die Landschafts- und Vegetationsentwicklung jener Warmzeit vor der Saale-Vereisung, also die Periode zwischen Elster- und Saaleeiszeit an:

Landschafts- und Vegetationsentwicklung des Holstein-Interglazial

- Am Ende der Elster-Vereisung gab es Ablagerungen feinkörniger Schmelzwassersedimente (Beckensand und Staubeckenton = Lauenburger Ton) in vorher aufgeschürften Hohlformen vor dem abschmelzenden Eis.
- In der darauf folgenden Holstein-Warmzeit (Elster-Saale-Interglazial) kam es zur Auffüllung des Sees mit Seekreide, unterem Ton und Diatomeen-(Kieselgur-)Mudde. Konservierter Blütenstaub in den Seesedimenten zeigt die damalige Entwicklung der Vegetation von einer kühlen Birken-Kiefern-Zeit im Ton bis zum Klimaoptimum mit Erle, Eiche, Hasel, Eibe, Ulme und Linde in der Diatomeen-Mudde (Abb. 213).
- Nach dem Klima-Optimum in der späteren Holstein-Warmzeit erfolgte ein Einbruch des Meeres und es kam zur Ablagerung eines marin-brackischen Tones (Abb. 213) mit Vorherrschen von Kiefer und Fichte.
- Überschüttung mit Schmelzwassersand vom herannahenden Gletscher der Saale-Vereisung und Aufstauchung durch denselben.

Aus der Holstein-Warmzeit sind Ablagerungen in Form der erwähnten Kieselgurlager von vielen Stellen der Lüneburger Heide bekannt. Erle und Kiefer waren die wichtigsten Waldbildner jener Zeit in Norddeutschland, dahinter traten die Elemente des Eichenmischwaldes – etwa Hainbuche (*Carpinus*) oder Tanne (*Abies*) – deutlich zurück. Einige Arten wie Flügelnuss (*Pterocarya*) oder die Hickorynuss (*Carya*), die seit dem Tertiär hier heimisch waren, kamen letztmalig vor und starben dann in Europa aus. Jahresschichten, die in Kieselgur ausgebildet waren, ermöglichen es als Dauer der Holstein-Warmzeit 15 000 bis 10 000 Jahre zu berechnen, wie es L. Benda und K. D. Meyer (1974) hier am Locus classicus zeigen konnten.

Waldbäume der Holstein-Warmzeit

Im Holstein-Interglazial (245 000 bis 230 000 Jahre vor heute) verlief die Klimaentwicklung ähnlich wie im Holozän. Mit der Wiedererwärmung kehrte die Vegetation zurück, Abtrag und Transport von Mineralboden kamen weit gehend zum Erliegen, stattdessen wurden in Altwässern, Seen oder abflusslosen Hohlformen, es handelt sich vielfach um bis dahin unverfüllte Abschnitte elsterzeitlicher Rinnen, organogene Weichschichten gebildet (Torf, Mudde, Kalkmergel, Kieselgur).

Klimaentwicklung wie im Holozän

Der nach Abtauen der elsterzeitlichen Gletscher weltweit wieder ansteigende Meeresspiegel führte zu einer Ingression auch über fjordartig sich tief in das Inland erstreckende alte Rinnensysteme. Dies ist besonders im Gebiet der Unterelbe der Fall, wobei offensichtlich nicht der gesamte heutige Talbereich überflutet wurde, sondern nur die meist quer dazu angeordneten, tieferen Rinnenabschnitte. Insgesamt kann man sich die damali-

Weltweit ansteigender Meeresspiegel

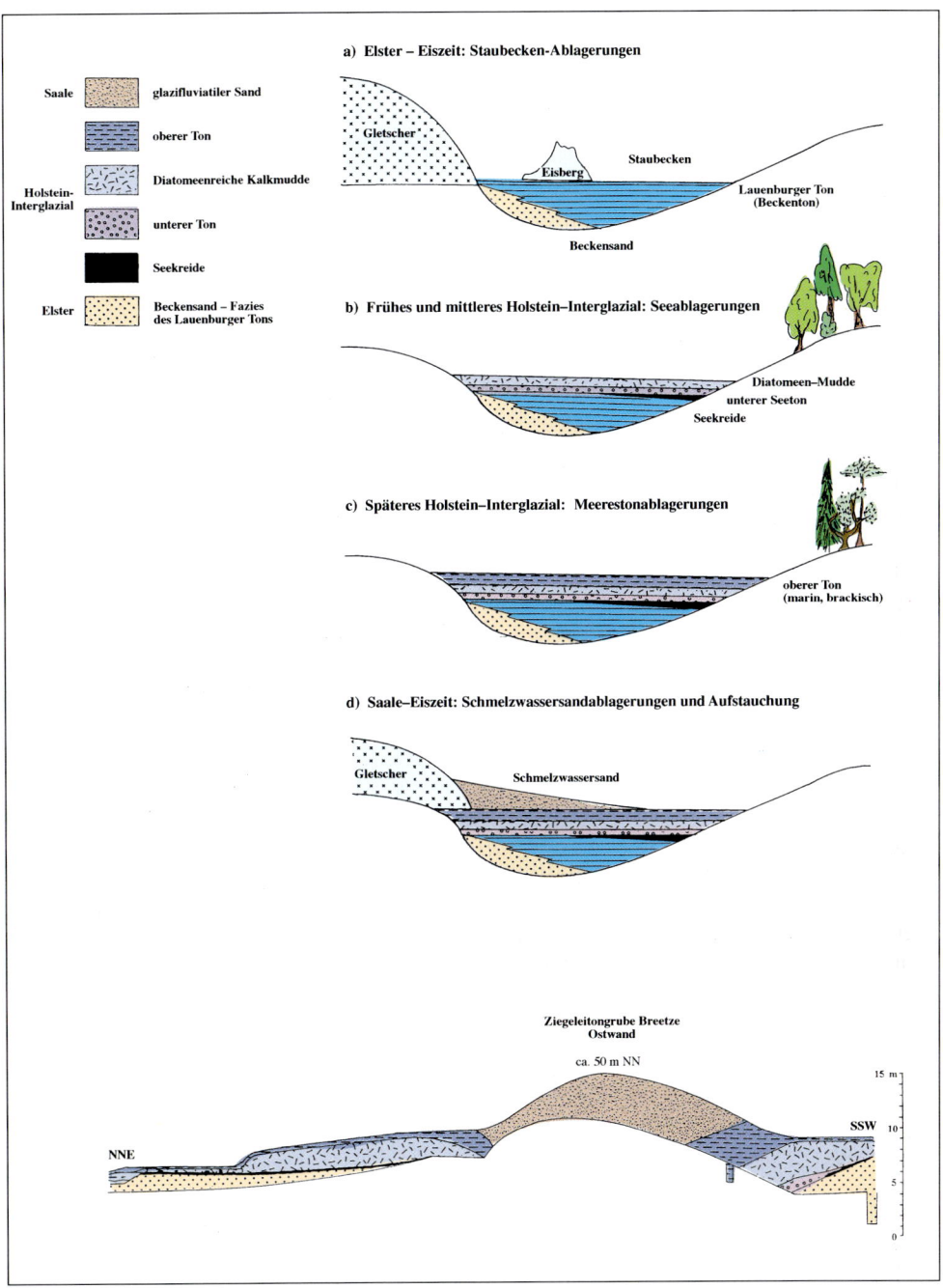

Saale
- glazifluviatiler Sand
- oberer Ton

Holstein-Interglazial
- Diatomeenreiche Kalkmudde
- unterer Ton
- Seekreide

Elster
- Beckensand – Fazies des Lauenburger Tons

a) Elster – Eiszeit: Staubecken-Ablagerungen

Gletscher

Eisberg

Staubecken

Lauenburger Ton (Beckenton)

Beckensand

b) Frühes und mittleres Holstein–Interglazial: Seeablagerungen

Diatomeen–Mudde
unterer Seeton
Seekreide

c) Späteres Holstein–Interglazial: Meerestonablagerungen

oberer Ton (marin, brackisch)

d) Saale–Eiszeit: Schmelzwassersandablagerungen und Aufstauchung

Gletscher

Schmelzwassersand

Ziegeleitongrube Breetze
Ostwand

ca. 50 m NN

15 m

SSW

10

NNE

5

0

213 Staubeckenablagerungen und Aufstauchungen der Interglazialschichten bei Breetze.

ge Landschaft wohl ähnlich wie die um den Limfjord in Jütland vorstellen: stark gebuchtet und mit vielen Seitenarmen und Inseln. Während sich im westlichen Schleswig-Holstein in tieferen Bereichen der Meereseinbruch schon zu Beginn der Holsteinwarmzeit nachweisen lässt, ist dies hier im Binnenland viel später der Fall, und zwar erst während oder sogar nach dem Klimaoptimum. Das liegt wohl daran, dass sich das Meer wegen des stark gegliederten Reliefs nur mühsam Bahn schaffen konnte.

Dem Limfjord vergleichbar

Infolge späterer regionaler Absenkung liegen ungestörte marine Schichten des Holstein-Interglazials im Elbe-Gebiet nie höher als bis 10 m u. NN. Nur wo sie durch Stauchwirkungen des Inlandeises hochgepresst wurden, können sie in Tagesaufschlüssen sichtbar werden. In Niedersachsen ist dies nur noch hier in Breetze der Fall.

Tagesaufschluss mariner Schichten des Holstein-Interglazials

Im Aufschluss liegt die Oberkante der marinen Schichten heute bei ca. 45 m ü. NN, was einer Hebung um mindestens 50 m entspricht. Sie sind bei der Aufstauchung glücklicherweise nicht wie in vielen anderen Fällen verfaltet oder ausgewalzt worden, sondern im Verband geblieben und nur sehr schwach verformt.

Die Tongruben der ehemaligen Ziegelei Breetze liegen am Rand der pleistozänen Hochflächen zur Elbeniederung. Abgebaut wurde lange Zeit hauptsächlich der spätelsterzeitliche Lauenburger Ton, über dem lokal auch

Ziegelei Breetze

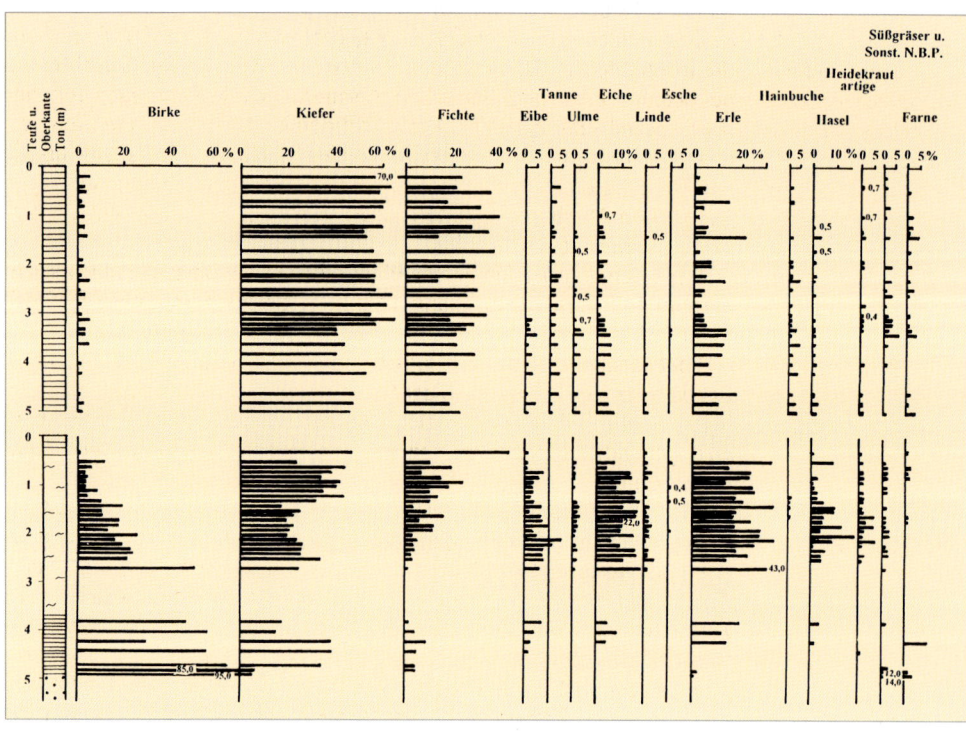

214 Pollendiagramm aus dem Holstein-Interglazial von Breetze.

215 Limnische und marine Schichten des Holstein-Interglazials unter deutlich zeitlichen glazialfluviatilen Sanden in der alten Ziegeltongrube Breetze bei Bleckede.

Schichten des Holstein-Interglazials erhalten sind, die L. Benda und K. D. Meyer 1973 beschrieben haben (Abb. 213–215).

Das muldenförmig gelagerte, in sich aber ungestörte Profil wird von drenthezeitlichen glazifluviatilen Sanden überschichtet. Die Schichtenfolge beginnt über glazilimnischen Ablagerungen (Lauenburger Ton und „Beckensand") mit einem ca. 1 m mächtigen limnischen „unteren Ton", der an seiner Basis eine 10 cm starke Seekreide führt. Darüber folgt eine bis 3 m mächtige diatomeenreiche Kalkmudde, die im Wärmeoptimum abgelagert wurde. Den Abschluss des Interglazials bildet ein ca. 4 m mächtiger brackisch-mariner „oberer Ton".

Schichtenfolge von glazialimnischen Ablagerungen bis brackisch-marinem Ton

Der Übergangsbereich zwischen den beiden diatomeenkundlich scharf getrennten Fazieseinheiten kann nicht erfasst werden; er könnte der Erosion des transgredierenden Holstein-Meeres zum Opfer gefallen sein.

Pollenanalytische Zuordnung

Pollenanalytisch (Abb. 214) lässt sich das bearbeitete Profil nach Leopold Benda trotz zum Teil nur mäßiger Pollenerhaltung eindeutig dem Holstein-Interglazial zuordnen. Hierbei zeigt der limnisch geprägte tiefere Abschnitt weit gehende Übereinstimmung mit der bekannten waldgeschichtlichen Entwicklung.

Holstein-Interglazial

Die Pollenführung des höheren, marin beeinflussten Abschnitts lässt sich dagegen nur in groben Zügen mit umfangreicheren Holstein-Pollendiagrammen vergleichen, da hier offensichtlich Umlagerungen und Verdriftungen von Pollenexinen, möglicherweise auch lokale Beeinflussungen und Zersetzungsauslese zu Gunsten von Kiefer (*Pinus*) und Fichte (*Picea*), die tatsächliche vegetationsgeschichtliche Entwicklung verfälscht haben.

Nachweis einer Meerestransgression

Trotzdem lässt die Auswertung der Diatomeen- und Pollenflora erkennen, dass die Transgression des Holstein-Meeres erst zu Beginn der „Hainbuchen-Tannen-Zeit" oder kurz davor eingesetzt hat. Dieser Befund

247

ermöglicht eine zeitliche Korrelation mit benachbarten Holstein-Interglazialen (L. Benda & E. Michael 1966). Abbildung 214 zeigt schematisch die Entwicklung des Interglazials von Breetze.

Beobachtungen eines Hofmedicus

Aus historischem Interesse mag hier noch erwähnt werden, dass das Interglazial von Bleckede anscheinend eines der ersten beschriebenen Interglazialvorkommen ist. 1769 berichtete der „Hofmedicus und Mitglied der königl. Landwirtschaftsgesellschaft" Johannes Taube über seine Reise durch Ost-Niedersachsen in seinem Buch „Beiträge zur Naturkunde des Herzogthums Lüneburg": „Bleckede ist ein artiger Ort, von ungefähr 150 Wohnungen, mit geräumigen Gassen, woran viele ganz gut erbaute Häuser stehen. Auf dem Wege nach Lüneburg, etwa eine halbe Stunde von da an dem Brezer Berge wird eine weißgelbe Köller-Farbe gegraben, *Tripela Wallerii*, welche bei der Reuterei für die beste gehalten wird. Nicht weit davon finden sich auch Lagen von guter Umber-Erde, *Creta umbrica Wallerii*. In deren Nähe, ist eine viel fettere, welche sehr gut zur Walker-Erde *Argilla crustacea Wallerii* zu gebrauchen stände. Hier endiget sich die Heide und man siehet überall einen fetten und fruchtbaren Boden."

Dem Hofmedicus, dessen naturhistorischer Reisebericht in jeder Hinsicht lesenswert ist, sind also die verschiedenen Erdschichten bei Breetze aufgefallen. Sicher hätte es ihn verwundert, dass das Vorkommen mehr als 200 Jahre nach seiner Reise wieder entdeckt und detailliert beschrieben wurde.

Für uns bedeutet das Vorkommen heute ein nicht nur für Niedersachsen einzigartiges geologisches Naturdenkmal. Es dokumentiert den letzten größeren Meeresvorstoß, der auch Norddeutschland betroffen hat – als Teil eines weltweit ablaufenden Ereignisses, wie es K. D. Meyer formuliert. Darüber hinaus sind Interglazialvorkommen Archive der Vegetations- und Klimaentwicklung, sie zeigen komplette Zyklen – vom Beginn einer Wiedererwärmung über das Klimaoptimum bis zum Ende der Warmzeit, unbeeinflusst durch menschliches Handeln. Sie sind also Modelle auch für unsere heutige Warmzeit und erlauben Rückschlüsse auf dieselbe – nicht zuletzt auf die Länge oder besser gesagt die Kürze derselben und sie lassen manche „Global change"-Diskussionen in einem anderen Licht erscheinen.

Frühe Beschreibung eines Interglazialvorkommens

Lesenswerter Reisebericht

Modelle für heutige Warmzeit

Glossar

Abiotische Umweltfaktoren Wirkfaktoren der unbelebten Natur auf Organismen, z.B. Klima, Relief, Boden, Licht, Wasser und chemische Faktoren.

Acidophyt Den Säuregehalt ihres Lebensraumes ertragende und anzeigende Pflanzen. Die aktive Acidität wird von der Konzentration der Wasserstoffionen (H^+-Ionen) in der Bodenlösung oder im Gewässer bestimmt (pH-Wert < 5).

Alleröd Abschnitt des Spätglazials mit einer ersten schwachen Wärmeschwankung um 11000 bis 11224 vor heute.

Anhydrit Mineral der chemischen Zusammensetzung CaSO4, rhombischbipyramidal, farblos-durchsichtig, häufig in Steinsalzlagerstätten, geht durch Wasseraufnahme in Gips über.

Atlantikum Klimaphase des Postglazials. Während dieser auch als Mittlere Wärmezeit bezeichneten Klimaphase (ca. 6000 bis 3200 v. Chr.) treten in Mitteleuropa erstmals laubabwerfende Bäume auf.

Atlantisches Florenelement Pflanzenarten in Europa. Das Klima ihres Verbreitungsgebiets, das sich küstennah von Mittelnorwegen bis nach Portugal erstreckt, ist durch milde Winter und kühle, feuchte Sommer gekennzeichnet.

Biodiversität Mannigfaltigkeit und Variabilität von Lebewesen und den ökologischen Strukturen, in die sie eingebunden sind.

Bioindikatoren Organismen, deren Vorkommen oder Fehlen Rückschlüsse auf bestimmte Standorteigenschaften erlauben, folglich auch zur Erfassung von Schadstoffen geeignet sind. Während sensitive Bioindikatoren sehr empfindlich und mit deutlichen Symptomen (z. B. Nekrosen, Chlorosen, Wachstumsanomalien) auf Umweltbelastungen reagieren, reichern akkumulierende Bioindikatoren Schadstoffe in ihrem Körper an, sodass sie analytisch erfassbar werden.

Biomonitoring Indikatororganismen (Bioindikatoren) werden in ihren natürlichen Lebensräumen beobachtet oder in einem bestimmten Raum ausgesetzt um den Zustand der Umwelt zu überwachen und zu analysieren (zum Beispiel werden Flechten zur Luftüberwachung eingesetzt).

Biotop Der Raum einer Lebensgemeinschaft von bestimmter Mindestgröße und einheitlicher, deutlich gegen die Umgebung abgrenzbarer Beschaffenheit.

Biotopkomplexe Charakteristische, oft wiederkehrende Kombinationen von Biotopen entlang eines bestimmten ökologischen Faktorengradienten (natürlich oder anthropo-zoogen) ebenso wie die Mosaike von Biotopen (z.B. Bult-Schlenken-Vegetationskomplexe der Hochmoore, Trockenrasen-Vegetationskomplexe, Hudewald-Vegetationskomplexe sowie Zonationskomplexe von Verlandungssukzessionen der Gewässer).

Biotopstrukturen Biotopelemente, die typische Biotopqualitäten darstellen und ggf. in mehreren Biotopen enthalten sein können (z.B. Schichtung in Wäldern: Baum-, Strauch-, Streuschicht, Totholz, markante Einzelbäume).

Boracit Farbloses oder grünbräunlich durchsichtiges Mineral aus Kalisalzen mit der chemischen Zusammensetzung [Mg3 Cl B7 O13] und einer Dichte von 2,95 g/cm3.

Boreal Auch als Frühe Wärmezeit bezeichneter Klimaabschnitt des Postglazials (7000 bis 6000 v.Chr.) Diese Epoche mit Massenausbreitung von Kiefer und Hasel in Europa leitet zur Entwicklung der Eichenmischwälder über (Atlantikum).

Boreales Florenelement Dem nördlichen, kalt gemäßigten, meist kontinentalen Klima zugehörige Pflanzenart (Nadelwaldgürtel der Nordkontinente südlich der arktischen Tundra).

Bölling-Interstadial Abschnitt des Spätglazials mit erster starker Wärmeschwankung und aufkommenden Gehölzen um 10750 bis 10350 v.Chr.

Brörup-Interstadial Klimaschwankung im Frühstadium der Weichselvereisung.

Braided River Spätglaziales Flusssystem in den ehemals vergletscherten Gebieten Europas mit starker Geröll-führung und irregulärem Fließverhalten über Permafrostboden.

Deflation Die ausblasende und abhebende Tätigkeit des Windes, auch als äolische Erosion bezeichnet.

Diapir Größerer, pilz-, kuppel- oder blasenförmiger Gesteins- oder Magmenkörper, der auf Grund seiner geringeren Dichte oder größeren Plastizität überlagernde Gesteinsschichten durchbrochen hat und bis an die Erdoberfläche oder nahe darunter aufgestiegen ist. Der Vorgang wird als Diapirismus bezeichnet.

Dryaszeit Während dieser arktisch getönten Klimaperiode (ca. 12000 bis 9300 vor heute) beherrschten Spalierpflanzen die Tundren. Namengebendes Leitfossil ist die Silberwurz (Dryas octopetala).

Dy Unterwasserboden mit Torfschlamm, meist auf Hochmooren.

Dystrophe Gewässer Sehr nährstoffarme Hochmoorgewässer, Kolke oder Heideweiher mit Dy als Substrat.

Eem-Warmzeit Warmzeit von geringer Dauer zwischen Saale- und Weichselvereisung (125 000 bis 113 000 vor heute). Während dieser letzten bedeutenden Warmzeit des Quartärs waren in Mitteleuropa Laubwälder verbreitet.

Eutrophe Gewässer Nährstoffreiche, ausreichend mit Phosphaten und Nitraten für die Primärproduktion von Pflanzen versorgte Gewässer, die deshalb durch ausgeprägte Verlandung gekennzeichnet sind. Gegensatz: oligotrophe Gewässer.

Eutrophierung Prozess der Nährstoffanreicherung in der Landschaft, besonders gut an natürlich nährstoffarmen Ökosystemen zu beobachten.

Fluvioglazial Bezeichnung für Formen und Sedimente, die von Schmelzwässern des Gletschereises geformt bzw. abgelagert wurden.

Glaziale Errata Wissenschaftliche Bezeichnung für Findlinge.

Glaziale Serien Geländebildungen und -formen, die im Umland der Binnenvergletscherungen entstanden sind. Der Begriff umfasst die Abfolge geomorphologischer Prozesse im Bereich eines Gletschereisrandes (Moränen), seines Vorlandes (Sander) und der vom Schmelzwasser ausgehenden Urstromtäler.

Gley Bodenklasse der grundwasserbeeinflussten Böden. Man unterscheidet Gley, Nassgley, Anmoorgley und Moorgley mit jeweils typischen Bodenhorizonten, wobei ihr Grundwasserspiegel nur ganz kurzfristig höher als etwa 40 cm. unter Flur aufsteigen kann. Unter feuchten Bedingungen folgt ein nur periodisch durchlüfteter und deshalb durch oxidiertes Eisen rotfleckiger Grundwassersaumhorizont. Bei konstantem Grundwasserstand kann sich dickes verfestigtes Raseneisenerz bilden.

Hallstattzeit Vorgeschichtliche Epoche der beginnenden Eisenzeit von 700 bis 450 v.Chr., nach einem Gräberfeld oberhalb von Hallstatt im Salzkammergut benannt.

Haustorium Pflanzliches, ein- oder mehrzelliges Saugorgan zur Ernährung von Schmarotzerpflanzen (z.B. Hopfenseide auf speziellen Wirtspflanzen), dient auch dem pflanzlichen Embryo zum Ausnutzen des Nährgewebes im Samen.

Herning-Stadium Klimaschwankung während der Weichseleiszeit, nach der Lokalität Herning in Mitteljütland/Dänemark benannt.

Kryoturbation von Bodenmaterial durch den Wechsel von Gefrieren und Wiederauftauen. Die Änderung der Volumen hat Hebungs- und Sackungsvorgänge zur Folge.

Meristem Bildungsgewebe von Pflanzen mit stark teilungsfähigen Zellen. Es dient der Produktion von Somazellen (griech. *soma*, Körper), kommt vor allem an Spross und Wurzel vor und ist wichtig für das Wachstum und die Regeneration von Gewebe.

Nunatakker Vom Eskimowort Nunatak abgeleitete Bezeichnung für einen Felsen oder Berg, der aus Gletschern oder Inlandeismassen herausragt.

Odderade-Interstadial und **Oerel-Interstadial** Klimaschwankungen während der Weichseleiszeit.

Pangäa (griech. *gaia*, Erde), großer einheitlich zusammenhängender Urkontinent in der Zeit vor der Juraepoche.

Periglazial Kennzeichnung der Räume, Erscheinungen, Zustände und Vorgänge im Umkreis von Gletschern oder von Inlandeis. Heute auf Hochgebirge und subpolare Gebiete beschränkt, erstreckte sich das Periglazialgebiet räumlich und zeitlich so weit, als der Einfluss des Eises reichte. Begleiterscheinungen waren Kryoturbation, Solifluktion, Löss- und Binnendünenverwehung u.a..

Phloem (griech. *phlóos*, Bast, Rinde), der Siebteil von Leitbündeln, d.h. Leitbahnen in pflanzlichen Geweben.

Pleistozän Ältere Abteilung der Erdneuzeit, des Quartärs, im Wesentlichen das quartäre Eiszeitalter umfassende Periode.

Qualmwasser Grundwasser, das in Niederungen durch Wasser von außen hochgedrückt wird und zu Tage tritt.

Rotliegendes Nach den rot gefärbten Sedimenten (Sande, Tone) benannte untere Abteilung des Perm von 280 bis 240 Millionen Jahren vor heute, besonders typisch in Mitteleuropa ausgebildet. Das Klima wechselte während dieser Epochen von feucht-warm nach arid, Ausscheidung von Gips- und Steinsalzen war die Folge.

Salinarbecken Sedimentationsraum für lösliche Gesteine wie Steinsalz, Anhydrit und Gips. Man unterscheidet Flachschelf- und Tiefschelfsalinare hinsichtlich des Salzgehaltes im Meerwasser oder in Binnenseen trockener Gebiete.

Schalkholz-Interstadiale Kaltphase der Weichseleiszeit.

Solifluktion Bodenfließen, Erdfließen.

Subarktikum In drei Abschnitte unterteilte Epoche des Spätglazials: Ältere Tundrenzeit (12 000 bis 11 000 v. Chr.), allerödzeitliche Erwärmung (11 000 bis 8 800 v.Chr.) und Jüngere Tundrenzeit (8 800 bis 8 300 v.Chr.)

Subrosion Unterirdische Auslaugung und Lösung (von lat. *rodere*, nagen, zehren) von Salzen oder Gips durch das Grundwasser mit folgendem Einbrechen oder Nachsinken der Deckschichten an der Erdoberfläche, wo sich Senken oder Dolinen bilden.

Steinsohle Durch Anreicherung von Steinen und Geröllen entstandene fossilierte Gesteinslagen, in Profilen als Gesteinsbänder und Grobsedimente

erkennbar, infolge Deflation von Feinsedimenten während der Eiszeiten entstanden.

stenök Begriff für enge ökologische Reaktionsbreite: Pflanzen und Tiere reagieren unterschiedlich empfindlich gegenüber Umweltschwankungen und kommen daher nur in bestimmten Biozönosen oder Biotopen vor (Gegensatz: euryök).

Substrat Fachsprachliche Bezeichnung für Grundlage, Basis. Biologie: Nährboden oder -medium. Chemie: Träger von bestimmten physikalischen, chemischen oder biologischen Eigenschaften. Geowissenschaften: Ausgangsmaterial, Untergrund.

Symbionten Artverschiedene Organismen, die zu gegenseitigem Nutzen und in gegenseitiger Abhängigkeit auf Grund evolutionärer Anpassung miteinander leben.

Syrosem Ein Rohbodentyp auf Sand und Gips.

Trophie Begriff zur Beschreibung des Ernährungszustandes von Ökosystemen. Als Trophiegrad wird das Maß der Nährstoffversorgung und damit die Produktivität eines Ökosystems bezeichnet. Eutrophe Ökosysteme sind reichlich, oligotrophe dagegen knapp versorgt.

Vikariierende Arten Nahe verwandte Arten (Pflanzen und Tiere), die wegen unterschiedlicher ökologischer oder physiologischer Anpassungen nicht am gleichen Standort gemeinsam vorkommen können.

Zechstein Obere Abteilung des Perm von 240 bis 225 Millionen Jahre vor heute Sie schloss sich an das Rotliegende an und war überwiegend durch marine Sedimentation gekennzeichnet. Vor allem Kali- und Steinsalze wurden abgelagert.

Zeigerorganismen Tierische oder pflanzliche Organismen, deren Fehlen oder Vorkommen auf bestimmte Umweltfaktoren schließen lässt. Flechten sind z.B. Bioindikatoren für Luftverunreinigungen.

Zönose Bezeichnung für die Lebensgemeinschaften von Pflanzen, Mikroorganismen und Tieren (Phytozönose, Zoozönose). Organismen, die ausschließlich oder nahezu ausschließlich einer bestimmten Biozönose angehören, werden als Zönobionten bezeichnet.

Literaturverzeichnis

ABEL, D. (1989): Pflanzensoziologische Untersuchungen und Vegetationskartierung im unteren Böhmetal, Lüneburger Heide.- Unveröff. Diplomarbeit,144 S., Hannover.

APPUHN, H. (1968): Kloster Wienhausen, Führer Wienhausen 1968.

APPUHN, H. (1986): Chronik des Klosters Wienhausen, Führer Celle 1986.

BARKMAN, J. J. (1990): Ecological differences between *Calluna vulgaris*- and *Empetrum*-dominated dry heath communities in Drenthe, The Netherlands.- Acta Bot. Neerl. 39 (1): 75–92. Amsterdam.

BECKER, K. (1995): Paläoökologische Untersuchungen in Kleinmooren zur Vegetations- und Siedlungsgeschichte der zentralen Lüneburger Heide. Diss. Inst. f. Geobot. Univ. Hannover.

BEERMANN, R. (1994): Pflanzensoziologische und hydrochemische Untersuchungen im mittleren Böhmetal zwischen Soltau und Walsrode.- Unveröff. Diplomarbeit, 100 S. + Kartenband, Hannover.

BEHRE, K.-E. (1976): Beginn und Form der Plaggenwirtschaft in Nordwestdeutschland nach pollenanalytischen Untersuchungen in Ostfriesland.- Neue Ausgrabungen u. Forsch. in Niedersachsen 10, 197–224. Hildesheim.

BEHRE, K.-E. & D. KUCAN (1986): Die Reflektion archäologisch bekannter Siedlungen in Pollendiagrammen verschiedener Entfernung.- Beispiele aus der Siedlungskammer Flögeln, Nordwestdeutschland. In: BEHRE, K.-E. (ed.): Anthropogenic Indicators in Pollen Diagrams, 95–114, Rotterdam, Boston.

BEHRE, K.-E. & U. LADE (1986): Eine Folge von Eem und 4 Weichsel-Interstadialen in Oerel/Niedersachsen und ihr Vegetationsablauf.- Eiszeitalter und Gegenwart, 36, 11–36. Hannover.

BENDA, L. & E. MICHAEL (1966): Ein neues Vorkommen von marinem Holstein-Interglazial bei Lüneburg.- Mitt. Geol. Inst. Universität Hannover 3: 20–45. Hannover

BENDA, L. & K.-D. MEYER (1973): Das Holstein-Interglazial von Breetze bei Bleckede/Elbe.- Geol. Jb. (A) 9: 21–40. Hannover.

BENZLER, J.-H. & K.-D. MEYER (1989): Die Entstehung der Lüneburger Elbmarsch.- In: PUFFAHRT, O.: 100 Jahre Artlenburger Deichverband 1889–1989: 16–18. Lüneburg.

BEUG, J. (1995): Die Vegetation nordwestdeutscher Auengewässer – pflanzensoziologische und standortkundliche Untersuchungen im Ems-, Aller- und Leinetal.- Abhandl. Westf. Museum f. Naturkunde 57, 2/3, 106 S., Münster.

BIERMANN, R., BREDER, C., DANIELS, F., KIFFE, K. & S. PAUS (1994): Heideflächen im Raum Munster, Lüneburger Heide: eine floristisch-pflanzensoziologische Erfassung als Grundlage für Pflege- und Optimierungsmaßnahmen.- Ber. Naturhist. Ges. 136, 103–159. Hannover.

BOECK, U. (1991): Der Dom in Bardowick.- Große Baudenkmäler, H. 280. 9. Aufl., 16 S., Deutscher Kunstverlag München, Berlin.

BORGGREVE, B. (1875): Heide und Wald.- Berlin.

BROSIUS, D. (1984): Geschichtlicher Überblick.- Landschaften Niedersachsens und ihre Probleme 3: Die Lüneburger Heide, S. 35 –53, Hannover.

BUCHWALD, K. (1984): Zum Schutze des Gesellschaftsinventars vorindustriell geprägter Kulturlandschaften in Industriestaaten – Fallstudie Naturschutzgebiet Lüneburger Heide.- Phytocoenologia 12, (2/3), S. 395–432, Stuttgart/ Braunschweig.

BURRICHTER, E. (1969): Das Zwillbrocker Venn, Westmünsterland, in moor- und vegetationskundlicher Sicht.- Abhandl. Landesmus. f. Naturkde 31, 1: 1–60, Münster.

BURRICHTER, E. (1973): Die potentielle natürliche Vegetation in der Westfälischen Bucht.- Siedlung und Landschaft in Westfalen 8: 58 S., Münster.

BURRICHTER, E., POTT, R. & FURCH, H. (1988): Die potentielle natürliche Vegetation.- Geograph. landeskdl. Atlas v. Westf., Lief 3, Doppelbl: Text- u. Kartenteil, 42 S., Münster.

BURRICHTER, E., J. HÜPPE & R. POTT (1993): Agrarwirtschaftlich bedingte Vegetationsbereicherung und -verarmung in historischer Sicht.- Phytocoenologia 23: 427–447, Berlin, Stuttgart.

CASPERS, G., JORDAN, H., MERKT, J., MEYER, K.-D., MÜLLER, H. & H. STREIF (1995): Niedersachsen.- In: L. BENDA (Hrsg.): Das Quartär Deutschlands. 408 S., Verlag Borntraeger, Berlin, Stuttgart.

CORDES, H. et al. (Hrsg): Naturschutzgebiet Lüneburger Heide. Geschichte – Ökologie – Naturschutz. 367 S., Verlag H. M. Hauschild, Bremen.

DANIELS, F. J. A., BIERMANN, R. & BREDER, CH. (1993): Über Kryptogamen-Synusien in Vegetationskomplexen binnenländischer Heidelandschaften.- Ber. Reinhold-Tüxen-Ges. 5: 199–219. Hannover.

DEHIO, G. (1977): Handbuch der deutschen Kunstdenkmäler. Bremen/Niedersachsen.- 1059 S., Deutscher Kunstverlag, München, Berlin.

DIERSCHKE, H. (1969): Natürliche und naturnahe Vegetation in den Tälern der Böhme und Fintau in der Lüneburger Heide.- Mitt. Flor. soz. Arbeitsgem. N. F. 14, S. 377–397, Todenmarn/Rinteln.

DIERSCHKE, H. (1986): Botanische Exkursion ins hannoversche Wendland.- Tuexenia 6, 431–444, Göttingen.

DIERSSEN, B. & K. (1974): Der Sand- und Moorbirkenaufwuchs in nordwestdeutschen *Calluna vulgaris*- und *Erica*-Heiden, ein Naturschutzproblem.- Natur und Heimat 34 (1): 19–26.

DÖRFLFR, W. (1989): Pollenanalytische Untersuchungen zur

Vegetations- und Siedlungsgeschichte im Süden des Landkreises Cuxhaven, Niedersachsen.- Probl. d. Küstenforsch. im südlichen Nordseegebiet 17, 1–75, Hildesheim.

DRIESNER, T. (1988): Geologie des Kalkbergs: In: Der Kalkberg in Lüneburg. Hrsg: BUND Kreisgruppe Lüneburg 5–6. Lüneburg.

DÜRRE, W. & W. GAUGER (1976): Neue paläolithische Funde aus dem Landkreis Lüchow-Dannenberg.- Nachrichten aus Niedersachsens Urgeschichte 45: 307–312. Hildesheim.

DUVE, C. (1970): Damals in der Heide.- Naturschutz und Naturparke 58, 7–11.

ELLENBERG, H. (1990): Bauernhaus und Landschaft in ökologischer und historischer Sicht.- 558 S., Verlag E. Ulmer. Stuttgart.

ERLER, G. & L. KLIMEK (1995): Soltau-Fallingbostel. Neue Einblicke in eine alte Kulturlandschaft der Lüneburger Heide.- 120 S., Verlag J. Groenmann, Walsrode.

FIRBAS, F. (1949): Spät- und nacheiszeitliche Waldgeschichte Mitteleuropas nördlich der Alpen.- 1. Aufl., 480 S., Jena.

FREUND, H. (1992): Pollenanalytische Untersuchungen zur Vegetations- und Siedlungsentwicklung im westlichen Weserbergland.-Abh. West. Museum f. Naturkunde, 56. Jg. H.1, 91 S., Münster.

FRIEDRICH, E. A. (1987): Niedersachsen – Schatzkammer der Natur, 255 S., Landbuch-Verlag, Hannover.

FRIEDRICH, E. A. (1998): Wenn Steine reden könnten. Band IV., 200 S., Landbuch-Verlag, Hannover.

GAGEL; C. (1911): Beiträge zur Kenntnis des Untergrundes von Lüneburg.- Jb. preuß. geol. L.-Anst. 30 (1): 165–255. Berlin.

GAUGER, W. (1969): Geschiebesammeln und -forschen im Landkreis Lüneburg.- Jahresh. naturwiss. Verein Fürstentum Lüneburg 31: 21–26. Lüneburg.

GIMINGHAM, C. H., CHAPMAN, S. B. & N. R. WEBB (1979): European heathlands – In R. L. SPECHT (ed.): Heathlands and related shrublands. Ecosystems of the world 9A, 365–413. Elsevier Publ. Comp. Amsterdam.

GOLOMBEK, E. B. (1980): Pollenanalytische Untersuchungen zur spät- und postglazialen Vegetationsgeschichte im Drömling (Ostniedersachsen).- Ber. naturhist. Ges. Hannover 123, S. 79–157, Hannover.

GRAUPNER, A. (1982): Raseneisenstein in Niedersachsen – Entstehung, Vorkommen, Zusammensetzung, Verwendung.- Kommissionsverlag Göttinger Tageblatt, Göttingen.

GRIESE, F. (1992): Über die natürliche Wiederbewaldung von Heideflächen im niedersächsischen Tiefland.- Ber. nordwestdeut. Forstver. 1991, S. 38–49. Hannover.

HANSTEIN, U. & STURM, K. (1986): Waldbiotopkartierung im Forstamt Sellhorn – Naturschutzgebiet Lüneburger Heide.- Aus dem Walde 40, 197 S., Hannover.

HANSTEIN, U., JÜTTNER, E., LÜTKEPOHL, M., PFLUG W., PREISING, E. & TÖNNIESSEN, J. (1993): Zur zuküftigen Entwicklung der Panzerwüste im Naturschutzgebiet Lüneburger Heide.- Unveröff. Mskr.

HARDT, M. (1991): Hannoversches Wendland – Eine Grenzregion im frühen und hohen Mittelalter.- Beiträge zur Archäologie und Geschichte Nordostniedersachsens. Heft 8. Lüchow.

HB-BILDATLAS (1994): Lüneburger Heide mit Altem Land.- 3. Aufl., 98 S., HB-Verlag, Hamburg.

HESMER, H. (1932): Nachweis des natürlichen Vorkommens der Fichte in der südlichen Lüneburger Heide. – Forstarchiv 8, (I/2), 39–45, Hannover.

HESMER, H. & SCHROEDER, F. G. (1963): Waldzusammensetzung und Waldbehandlung im Niedersächsischen Tiefland westlich der Weser und in der Münsterschen Bucht bis zum Ende des 18. Jahrhunderts.- Dechaniana-Beihefte 11, 304 S., Bonn.

HINZE, C., H. JERZ, B. MENKE, H. STAUDE (1989): Geogenetische Definitionen quartärer Lockergesteine für die Geologische Karte 1:25 000 (GK 25).- Geol. Jahrb. A 112, 243 S., Hannover.

HÖFLE, H. C. (1974): Die Geologie des Elbe-Weser-Winkels.- Führer zu vor- und frühgeschichtlichen Denkmälern 29, 30–41, Mainz.

HÖFLE, H. C. (1979): Klassifikation von Grundmoränen in Niedersachsen.- Verh. d. Naturwiss. Ver. i. Hamburg N. F. 23, 81–91, Hamburg.

HÖFLE, H.-C. (1985): Geol. Karte von Niedersachsen 1:25.000 Erl. Blatt 2726 Hanstedt – 107 S., Hannover.

HÖFLE, H.-C. (1991): Über die interne Struktur und die stratigraphische Stellung mehrerer Endmoränenwälle im Bereich der Nordheide bis östlich Lüneburg.- Geol. Jb. (A) 126: 151–169. Hannover.

HÖFLE; H. C. & U. LADE (1983): The stratigraphic position of the Lamstedter Moraine within the Younger Drenthe substage (Middle Saalian). In: EHLERS, J. (Hrsg.): Glacial deposits in North-West Europe.- 343–346, Rotterdam.

HORST, K. (1964): Klima und Bodenfaktoren in Zwergstrauch- und Waldgesellschaften des Naturschutzparkes Lüneburger Heide.- Naturschutz und Landschaftspflege in Nds., H. 2, Hannover.

HORST, K. (1988): Die Pflanzenwelt des Kalkbergs. In: Der Kalkberg von Lüneburg. Hrsg: BUND-Kreisgruppe Lüneburg 14–23. Lüneburg.

HORST, K., DIERSCHKE, H. u. PREISING, E. (1983): Exkursionsführer zur Jahrestagung der Floristisch-soziologischen Arbeitstagung 24.-26.6.1983 in Lüneburg (nicht veröffentlichtes Manuskript).

HORST, K. & R. KLÖTZER (1988): Böden und Bodenentwicklung am Kalkberg in Lüneburg. Hrsg: BUND-Kreisgruppe Lüneburg 10–14. Lüneburg.

HÜPPE, J. (1993): Entwicklung der Tieflands-Heidegesellschaften Mitteleuropas in geobotanisch-vegetationsgeschichtlicher Sicht.- Ber. der Reinh.-Tüxen-Ges. 3, S. 49–77. Hannover.

HÜPPE, J. (1995): Zur Problematik der Verjüngung des Wacholders (*Juniperus communis*) unter dem Einfluß von Wildkaninchen in Hudegebieten pleistozäner Sandlandschaften.- Zeitschr. f. Ökologie und Naturschutz 4, 1–8. Jena.

HÜPPE, J. (1996): Zur Entstehung der Heiden in der Bronzezeit.- Die Kunde, Zeitschr. für Ur- und Frühgeschichte, N. F. 47, 13–20, Hannover.

JAHN, H. (1979): Pilze, die an Holz wachsen.- 268 S., Busse-Verlag. Herford.

JAHN, G. (1985): Zum Nadelbaumanteil an der potentiellen natürlichen Vegetation der Lüneburger Heide. – Tuexenia 5, 377–389, Göttingen.

JAHN, G. (1986): Die natürliche Vegetation.- In: HANSTEIN, U. & STURM, K.: Waldbiotopkartierung im Forstamt Sellhorn – Naturschutzgebiet Lüneburger Heide.- Aus dem Walde 40, 18–31, Hannover.

JARITZ, W. (1972): Eine Übersichtskarte der Tiefenlage der Salzstöcke in Nordwestdeutschland.- Geol. Jb. 90: 241–244. Hannover.

JECKEL, G. (1983): Syntaxonomische Gliederung, Verbreitung und Lebensbedingungen nordwestdeutscher Sandtrockenrasen *(Sedo-Sclerathethea).*- Phytocoenologia 12: 10–153, Stuttgart.

JORDAN, K. (1980): Heinrich der Löwe – eine Biographie. München.

KAHLKE, H. D. (1994): Die Eiszeit.- 3. Aufl., 192 S., Urania-Verlag, Leipzig, Jena, Berlin.

KELM, H. -J. & STURM, K. (1988): Waldgeschichte und Waldnaturschutz im Regierungsbezirk Lüneburg – Grundlagen und Ziele.- Jb. Naturwiss. Verein Fürstentum Lüneburg 38, 47–82, Lüneburg.

KERSTEN, K. (1964): Urgeschichte des Naturschutzparkes Wilsede.- Archäologische Landesaufnahme in Niedersachsen 1, 68 S., Hildesheim.

KLEPZIG, G. (1966): Affären und Histörchen um ein Herzogschloss.- Merian. Die Lüneburger Heide 5, 19. 51–54. Hamburg.

KLUGMANN, U. (Red.) (1980): Naturpark Elbufer-Drawehn.- HB-Naturmagazin draußen 9. Norderstedt. 98 S.

KOBERNUSS, J. F. (1995): Lüneburger Heide. Begleiter durch Kultur und Landschaft.- 96 S., Lüneburger Fremdenverkehrsverband Lüneburg.

KRAMM, E. (1978): Pollenanalytische Hochmooruntersuchungen zur Floren- und Siedlungsgeschichte zwischen Ems und Hase.- Abhandl. Landesmus. Naturkde. Münster 40, 4, 49 S., Münster.

KREMSER, W. (1972): Die Aufforstung der niedersächsischen Heidegebiete aus kulturhistorischer und kulturgeographischer Sicht.- Rotenburger Schriften 36, 7–47, Rotenburg/Wümme.

KRÖNER, A. (Hrsg.): Handbuch der Historischen Stätten Deutschlands. 2. Bd. Niedersachsen und Bremen von Kurt BRÜNING & Heinrich SCHMIDT, 4. Aufl. 602 S., Alfred Kröner Verlag Stuttgart.

KUES, J. & K. H. OELKERS (1996): Die Böden in Niedersachsen. Potentiale, Empfindlichkeiten und Schutz.- Nieders. Akademie der Geowiss. Heft 11, 18–34. Hannover.

KÜSTER, H. (1993): Die Entstehung von Vegetationsgrenzen zwischen dem östlichen und westlichen Mitteleuropa

während des Postglazials. In: LANG, A. et al. (Hrsg.): Kulturen zwischen Ost und West. Das Verhältnis in vor- und frühgeschichtlicher Zeit und sein Einfluß auf Werden und Wandel des Kulturraumes Mitteleuropa.- Akademie-Verlag, 473–492. Berlin.

KÜSTER, H. (1995): Geschichte der Landschaft in Europa.- Verlag C. H. Beck. München.

KÜSTER, H. (1996): Auswirkungen von Klimaschwankungen und menschlicher Landschaftsnutzung auf die Arealverschiebung von Pflanzen und die Ausbildung mitteleuropäischer Wälder.- Forstwiss. Centralblatt 115, 301–320. Hamburg.

LAMSCHUS, C. (1989): Auf den Spuren des Salzes in Lüneburg.- Schriftenreihe „Die Sülte" des Förderkreises Industriedenkmal Saline Lüneburg. 2. Aufl. 35 S., Lüneburg.

LAUER, H. A. (1979): Archäologische Wanderungen in Ostniedersachsen.- 197 S., Göttingen.

LEIER, A. & U. GEHNER (1992): Lüneburger Heide – Land zwischen Aller, Elbe und Weser.- 95 S., Christians-Verlag, Hamburg.

LEUSCHNER, C. (1994): Walddynamik in der Lüneburger Heide: Ursachen, Mechanismen und die Rolle der Ressourcen.- Habilitationsschrift, Mskr. 368 S., Göttingen.

LEUSCHNER, C. (1998): Mechanismen der Konkurrenzüberlegenheit der Rotbuche.- Berichte der Reinh. Tx. Ges. 10, S. 5–19. Hannover.

LEUSCHNER, C., IMMENROTH, J. (1994): Landschaftsveränderungen in der Lüneburger Heide 1970–1985. Dokumentation und Bilanzierung auf der Grundlage historischer Karten.- Arch. f. Natursch. & Landschaftsforsch. 33, 85–139.

LIEDTKE, H. (1981): Die nordischen Vereisungen in Mitteleuropa.- Forschung zur Landeskunde, Bd. 204, 307 S., Trier.

LINDE, R. (1920): Die Lüneburger Heide.- Monographien zur Erdkunde, Bd. 18, 5. Aufl., 50 S., Verlag v. Velhagen & Klasing, Bielefeld, Leipzig.

LOCHOW, A. von (1990): Die Buche in den Waldgesellschaften Nordwestdeutschlands. Ergebnisse aus Strukturanalysen in den niedersächsischen Naturwaldreservaten.- Natur u. Landschaft 65, (6), S. 319–325, Köln.

LÜTKEPOHL, M. & A. STUBBE (1997): Feuergeschichte in nordwestdeutschen *Calluna*-Heiden unter besonderer Berücksichtigung des Naturschutzgebietes Lüneburger Heide.- NNA-Berichte 10, 5, 105–114. Schneverdingen.

LÜTTIG, G. (1988): Neues zur Geologie um Wilseder Berg und Totengrund (Niedersachsen, Lüneburger Heide).- Verh. naturwiss. Ver. Hamburg (NF) 30. S. 489–504, Hamburg.

LÜTTIG, G. (1992): Erhorn im Naturschutzgebiet Lüneburger Heide – ein Blick ins Buch der Erdgeschichte.- Naturschutz u. Naturparke 147, 26–32.

LUX, H. (1983): Das Naturschutzgebiet der Lüneburger Heide.- 76 S., Verlag d. Vereins Naturschutzpark e.V., Stuttgart, Hamburg.

MAIER, K. (1997): Kloster Wienhausen. Geschichte, Architektur und Bildende Kunst. Ein Überblick.- 7. Aufl.,

40 S., Wienhausen.

MAKOWSKI, H. (1983): Lüneburg und die Heide.- Jb. Naturwiss. Verein Fürstentum Lüneburg. 36, S. 11–24, Lüneburg.

MELBER, A. (1989): Der Heideblattkäfer (*Lochmaea suturalis*) in nordwestdeutschen *Calluna vulgaris*-Heiden.- Inform. d. Naturschutz Niedersachs. 9 (6): 101–124. Hannover.

MELBER, A. & J. PRÜTER (1997): Zu den Auswirkungen eines kontrollierten Winterfeuers auf die Wirbellosen-Fauna einer *Calluna*-Sandheide.- NNA-Berichte 10, 5, 115–118. Schneverdingen.

MEYER, K. D. (1965): Das Quartärprofil am Steilufer der Elbe bei Lauenburg.- Eiszeitalter und Gegenwart 16: 47–60. Öhringen/Württ.

MEYER, K. D. (1983): Zur Anlage der Urstromtäler in Niedersachsen.- Zeitschr. f. Geomorphologie N. F. 27, 147–160. Berlin.

MEYER, K. D. (1983): Geologische Naturdenkmale im Landkreis Lüneburg.- Jb. Naturw. Verein Fürstentum Lüneburg 36: 179–196. Lüneburg.

MEYER, K. D. (1987): Ein Helsinkit-Geschiebe von Volkstorf.- Geschiebekde. akt. 3 (3): 69–71. Hamburg.

MEYER, K. D. (1994): Exkursionsführer zur Quartärgeologie des nordöstlichen Niedersachsen.- Geschiebekunde aktuell, Sonderheft 4, 34 S., Hamburg.

MEYER, K. D. (1997): Schutzwürdige Zeugnisse der Eiszeiten in Niedersachsen.- Schriftenreihe der Deutschen Geol. Ges. 5, 98–99. Hannover.

MEYER, K. J. (1974): Pollenanalytische Untersuchungen und Jahresschichtenzählungen an der holstein-zeitlichen Kieselgur von Hetendorf.- Geol. Jahrb. A 21, 87–105. Hannover.

MIEST, P.-F. & W. PAASCHE (1981): Hannoversches Wendland.- Schriftenreihe der Nieders. Landeszentrale für politische Bildung, Folge 1, 87 S., Hannover.

MÜLLER, H. (1974): Pollenanalytische Untersuchungen und Jahresschichtenzählung an der Holsteinzeitlichen Kieselgur von Bispingen/Luhe.- Geol. Jahrb. A 21, 149–169. Hannover.

MÜLLER, H. (1986): Altquartäre Sedimente im Deckgebirge des Salzstockes Gorleben.- Z. dt. geol. Ges. 137: 85–95. Hannover.

MÜLLER, J. & G. ROSENTHAL (1989): Mechanismen der Dominanzentwicklung in Pflanzenbeständen und ihre Bedeutung für die Sukzessionslenkung.- Verh. Ges. f. Ökol. 19 (1): 135. Göttingen.

MÜLLER, J., SCHILLING, J., SCHNEIDER, K. (1985): Vegetationsveränderungen in flechtenreichen Sandheiden und Möglichkeiten der Erhaltung – dargestellt am Beispiel des „Schneeflechtenstandortes" der Lüneburger Heide.- Jb. Naturw. Verein Fürstentum Lüneburg 37, 269–288.

NIEDERSÄCHSISCHE AKADEMIE DER GEOWISSENSCHAFTEN (1992): Salz in Niedersachsen.- Veröffentlichungen der Akademie H. 8, 57 S., Hannover.

NIEDERSÄCHSISCHES LANDESAMT FÜR BODENFORSCHUNG (NLFB) (1997): Die Böden in Niedersachsen. Teil I: Bodeneigenschaften, Bodennutzung und Bodenschutz.- 127 S., Hannover.

NIEDERSÄCHSISCHES LANDESVERWALTUNGSAMT, LANDESVERMESSUNG: Naturschutzgebiet Lüneburger Heide, Topographische Karte mit Wanderwegen, 1:50.000.

O'CONNELL, M. (1986): Pollenanalytische Untersuchungen zur Vegetations- und Siedlungsgeschichte aus dem Lengener Moor, Friesland (Niedersachsen).- Probl. d. Küstenforsch. im südlichen Nordseegebiet 16, 171–193, Hildesheim.

OLBRICHT, K. (1909): Grundlinien einer Landeskunde der Lüneburger Heide.- Forschungen zur deutschen Landes- und Volkskunde 18 (6): 151 S., Stuttgart.

OVERBECK, F. (1950): Die Moore Niedersachsens.- Geol. u. Lagerst. Nds. A I, 3, 112 S., Bremen.

OVERBECK, F. (1952): Das große Moor bei Gifhorn im Wechsel hygrokliner und xerokliner Phasen der nordwestdeutschen Hochmoorentwicklung.- Nieders. Amt f. Landesplanung u. Statistik, Reihe A I, 41, 1–63, Oldenburg.

OVERBECK, F. (1975): Botanisch-Geologische Moorkunde unter besonderer Berücksichtigung der Moore Nordwestdeutschlands als Quellen zur Vegetations-, Klima- und Siedlungsgeschichte.- Neumünster.

OVERBECK, F. & SCHMITZ, H. (1931): Zur Geschichte der Moore, Marschen und Wälder Nordwestdeutschlands. I. Das Gebiet von der Niederweser bis zur unteren Ems.- Mitt. d. Provinzialst. f. Naturdenkmalpfl. 3, 1–179, Hannover.

PAASCHE, W. et al. (1977): Das Hannoversche Wendland. Beiträge zur Beschreibung des Landkreises Lüchow-Dannenberg.- 2. erg. Aufl. Selbstverlag Landkreis Lüchow-Dannenberg. Lüchow. 232 S.

PELTZER, H. (1975): Untersuchungen zur Entwicklung des Landschaftsbildes im Naturpark Lüneburger Heide (Erläuterungen zum Entwurf einer Karte der Landnutzung um 1850).- Inst. f. Landschaftspflege u. Naturschutz Universität Hannover, 69 S. (als Mskr. vervielfältigt).

PETERS, W. (1862): Die Heideflächen Norddeutschlands.- 150 S. Verlag Carl Meyer, Hannover.

PFADENHAUER, J. (1993): Ökologische Grundlagen für Nutzung, Pflege und Entwicklung von Heidevegetation.- Ber. Reinh.-Tüxen-Ges. 5, 221–235.

PFADENHAUER, J. (1997): Vegetationsökologie – ein Scriptum.- 2. Aufl., 448 S., IHW-Verlag, Eching.

PLANITZ, H. (1997): Die deutsche Stadt im Mittelalter. Von der Römerzeit bis zu den Zunftkämpfen.- 50 S., VMA-Verlag, Wiesbaden.

POTT, R. (1982): Das Naturschutzgebiet „Hiddeser Bent – Donoper Teich" in vegetationsgeschichtlicher und pflanzensoziologischer Sicht.- Abh. Westf. Mus. f. Naturk. 44, (3), 108 S., Münster.

POTT, R. (1988): Entstehung von Vegetationstypen und Pflanzengesellschaften unter dem Einfluß des Menschen.- Düsseldorfer Geobot. Kolloq. 5, 27–54, Düsseldorf.

POTT, R. (1990): Grundzüge der Typologie, Genese und Ökologie von Fließgewässern Nordwestdeutschlands.- Natur und Landschaftskde. 26, 25–32 und 64–87. Hamm.

POTT, R. (1992): Nacheiszeitliche Entwicklung des Buchenareals und der mitteleuropäischen Buchenwaldgesellschaften.- NZ NRW-Seminarberichte 12, 6–18, Recklinghausen.

POTT, R. (1992): Entwicklung der Kulturlandschaft unter dem Einfluß des Menschen.- Zeitschrift der Universität Hannover 19, 1, 3–48. Hannover

POTT, R. (1995): Die Pflanzengesellschaften Deutschlands.- 2. Aufl. 622 S., Ulmer Verlag, Stuttgart.

POTT, R. (1996): Biotoptypen. Schützenswerte Lebensräume Deutschlands und angrenzender Regionen, 448 S., Verlag Eugen Ulmer, Stuttgart.

POTT, R. & J. HÜPPE (1991): Die Hudelandschaften Nordwestdeutschlands. - 313 S., Abhandl. Westf. Museum f. Naturkunde H.1/2, 58. Jahrgang, Münster.

PREISING, E. (1955): Das *Callunetum-Genistetum* Nordwestdeutschlands und seine Stellung innerhalb der Heiden Mitteleuropas.- Mitt. Flor. soz. Arbeitsgem. 5, 259–261.

PRÜTER, J. (1997): Lüneburger Heide. Wo Moor und Heide blühen.- In: BIBELRIETHER, H. (Hrsg.): Naturland – Freizeitführer, Nationalparke und Naturlandschaften. 368 S., Kosmos-Verlag.

RAVENS, J. P. (1969): Vom Bardengau zum Landkreis Lüneburg.- Lüneburg.

REICHMANN, Ch. (1992): Der ländliche Hausbau in Niederdeutschland zur Zeit der Salischen Kaiser. In: Horst Wolfgang BÖHME (Hrsg.): Siedlungen und Landesausbau zur Salier-Zeit. Teil 1: In den nördlichen Landschaften des Reiches.- Römisch-Germanisches Zentralmuseum. Forschungsinstitut für Vor- und Frühgeschichte. Monographien Bd. 27, 277–298. Jan Thorbecke-Verlag, Sigmaringen.

REINECKE, W. (1977): Geschichte der Stadt Lüneburg.- 2 Bde. Neudruck Lüneburg 1977.

REINS, E. (1970): Die Weiler und Einzelhöfe im Naturschutzpark Lüneburger Heide.- 52 S., Winsen (Luhe).

REMY, D. (1993): Pflanzensoziologische und standortkundliche Untersuchungen an Flußgewässern Nordwestdeutschlands.- Abhandl. Westf. Museum f. Naturkunde 55, 3, 118 S., Münster.

ROSENTHAL, G., J. MÜLLER & H. Cordes (1985): Vegetations- und standortkundliche Untersuchungen zur Sukzession auf feuchtem Grünland. – Verh. d. Ges. f. Ökol. 13: 235–242. Göttingen.

SCHÄFER, W. (1980): Die „Wurten" in den Oberrheinauen.- Natur und Museum 110 (4), 93–100. Frankfurt.

SCHARNWEBER, J. (1995): Festung Dömitz im 1000-jährigen Mecklenburg – eine illustrierte Chronik.- 135 S., Verlagsgesellschaft Köhring, Lüchow.

SCHMIEGLITZ-OTTEN, J. (1994): Kurfürstentum und Königreich Hannover.- Museumsführer. Hrsg. Bomann-Museum Celle, Faltblatt 6 S., 4. Aufl. Celle.

SCHNATH, G. (1969): Die Personalunion zwischen Großbri-

tannien und Hannover 1714–1837. In: Lüneburger Blätter, Hrsg. G. KÖRNER et al. 19/20, 19 S. Lüneburg.

SCHNEIDER, H. & K. RUMPHORST (1992): Salzbergbau und Hohlraumnutzung. In: NIEDERSÄCHS. AKADEMIE DER GEOWISSENSCHAFTEN: Salz in Niedersachsen, H. 8, 25–32. Hannover.

SCHWAAR, J. (1988): Nacheiszeitliche Waldentwicklung in der Lüneburger Heide.- Jahrb. d. Naturwiss. Vereins f. d. Fürstentum Lüneburg 38, 25–46, Lüneburg.

SEEDORF (1977): Topographischer Atlas von Niedersachsen und Bremen.- Niedersächsisches Landesverwaltungsamt – Landesvermessung. 289 S. Karl Wachholtz Verlag, Neumünster.

SEEDORF, H. H. & MEYER, H.-H. (1992): Landeskunde Niedersachsen. Natur- und Kulturgeschichte eines Bundeslandes I. Historische Grundlagen und naturräumliche Ausstattung.- 517 S., Neumünster.

SELLE, W. (1936): Die nacheiszeitliche Wald- und Moorentwicklung im südöstlichen Randgebiet der Lüneburger Heide.- Jb. d. Preuß. Geol. Landesanstalt 56, 371–421, Berlin.

SMED, P. u. EHLERS, J. (1994): Steine aus dem Norden. Geschiebe als Zeugen der Eiszeit in Norddeutschland, Bornträger Verlag, 2. Aufl., 193 S., Berlin/Stuttgart.

STEUBING, L. (1993): Der Eintrag von Schad- und Nährstoffen und deren Wirkung auf die Vergrasung der Heide.- Ber. Reinhold-Tüxen-Ges. 5: 113–134. Hannover.

STEUBING, L., K. BUCHWALD (1989): Analyse der Artenverschiebungen in der Sand-Ginsterheide des Naturschutzgebietes Lüneburger Heide.- Natur und Landschaft 64, 100–105.

STODTE, G. (1970/71): Der Landschaftsplan für das Naturschutzgebiet „Lüneburger Heide" als Entwicklungsmodell und Entscheidungsrichtlinie.- Jahresh. Naturw. Verein Fürstentum Lüneburg, 32, 41–56.

STOLLER, J. (1912): Spuren des diluvialen Menschen in der Lüneburger Heide.- Jb. preuß. geol. L.-Anst. 30 (II): 433–450. Berlin.

STUIVER, M., E. H. KRA (1986): Calibration issue.- Radiocarbon 28, 2B, New Haven/Conn.

TEMPEL, H. (1993): Die Waldentwicklung in der Zentralen Lüneburger Heide in den letzten 250 Jahren – dargestellt am Beispiel des Staatsforstes Sellhorn.- Unveröff. Diplomarbeit 116 S., Univ. Hannover.

TOEPFER, A. (1971): Die Birkenplage und ihre Bekämpfung.- Naturschutz und Naturparke 61: 56–57. Hamburg.

TÜXEN, J. (1984): Hochmoore in der Heide.- Naturschutz u. Naturparke 2 (113), 35–40, Hamburg.

TÜXEN, R. (1956): Die heutige potentielle natürliche Vegetation als Gegenstand der Vegetationskartierung.- Angew. Pflanzensoz. 13, 5–42. Stolzenau.

TÜXEN, R. (1962): Der Maujahn. Skizze der Pflanzengesellschaften eines wendländischen Moores.- Veröff. Geobot. Inst. Rübel 37: 267–302. Zürich.

TÜXEN, R. (1967): Die Lüneburger Heide.- Rotenburger Schriften 26, 52 S. Rotenburg/Wümme.

TÜXEN, R. & W. LOHMEYER (1957): Bericht über die Exkursion der Floristisch-Soziologischen Arbeitsgemeinschaft in der Umgebung von Lüchow und Dannenberg am 11./12. August 1956.- Mitt. flor.-soz. Arbeitsgem. N. F. 6/7: 392–395. Stolzenau/Weser.

VÖLKSEN, G. (1984): Die Lüneburger Heide – Entstehung und Wandel einer Kulturlandschaft.- Akt. Themen z. Nds. Landeskunde, H. 3, Göttingen.

VÖLKSEN, G. (1984): Landschaftsentwicklung der Lüneburger Heide – Entstehung und Wandel einer alten Kulturlandschaft.- Landschaften Niedersachsens und ihre Probleme 3: Die Lüneburger Heide, S. 5–33. Hannover.

WACHTER, B. (Hg.) (1986): Hannoversches Wendland. Führer zu archäologischen Denkmälern in Deutschland. 242 S., Stuttgart (Theiss).

WAGNER, H. (1937): Die Lüneburger Heide. Landschaft und Wandel im Wechsel der Zeit.- 110 S., Verlag G. Stalling, Oldenburg.

WALTHER, K. (1957): Vegetationskarten deutscher Flußtäler: Mittlere Elbe bei Damnatz 1:5000.- Stolzenau/Weser.

WALTHER, K. (1973): Zur Vegetation der Flußniederungen um den Höhbeck.- Jh. Heimatkdl. Arbeitskr. Lüchow-Dannenberg 4: 31–38. Lüchow.

WENGEL, T. (1995): Lüneburger Heide. Neumanns Landschaftsführer. 160 S., Neumann-Verlag. Radebeul.

WILHELM, P. (1980): Die Bildteppiche. 2. Aufl., 48 S., Wienhausen.

WILMANNS, O. (1993): Ericaceen-Zwergsträucher als Schlüsselarten.- Ber. d. Reinh.-Tüxen-Ges. 5, 91–112. Hannover.

WOLDSTEDT, P. (1954): Das Eiszeitalter. I. Die allgemeinen Erscheinungen des Eiszeitalters. 2. Aufl., 374 S., Stuttgart.

WOLDSTEDT, P. u. DUPHORN, K. (1974): Norddeutschland und angrenzende Gebiete im Eiszeitalter, Stuttgart.

Bildnachweis

Nummern 2 nach Meyer 1994; 3, 5 Nieders. Akademie für Geowissenschaften 1992; 6 nach Woldstedt & Duphorn 1974; 7 nach Woldstedt 1954, Liedtke 1981, K. D. Meyer 1984; 8 nach H. J. Otto, aus Horst et al. 1983; 12 K. D. Meyer; 13 K.D. Meyer; 15 aus Smed & Ehlers 1994; 16 nach H. H. Seedorf 1977; 18 Nieders. Landesbildstelle Hannover; 19 J. Merkt 1986; 21 aus Pott 1990; 24 Landesbildstelle Niedersachsen, Hannover; 26 nach Woldstedt 1954; 27, 31 nach Kathrin Becker 1995; Seite 34 aus Seedorf 1977; 36 Joachim Hüppe 1985; 37 aus Fachbereich Bodenkunde des Nieders. Landesamtes für Bodenforschung 1997; 38 Ernst Burrichter; 55–59, 61, 62 Brunhild Gries; 63 Rainer Rudolph; 64 Brundhild Gries; 69 nach Kersten 1964; Seite 84 aus J. Schmieglitz-Otten, 1994; 87, 87 a Martin Speier; Seite 97 aus J. Schmieglitz-Otten 1994; 94 aus T. Driesner 1988; 107 Martin Speier; 108 nach Joachim Hüppe 1993; 109, 110 nach Gerd Völksen 1984; 111, 112, 113 Ernst Burrichter; 114 nach Kathrin Becker 1995; 115 nach Joachim Hüppe 1993; 116 nach Becker 1995; 117 nach Peltzer 1975; 118 erweitert nach Gimingham et. al. 1979, Pott & Hüppe 1991, Pfadenhauer 1997; 119 E. Burrichter; 121, 124 nach R. Pott & J. Hüppe 1991; Seite 145 aus Otti Wilmanns 1993; 126 Joachim Hüppe; 129 verändert nach Gerd Völksen 1984; 137, 138 nach K. Becker 1995; 140, 141, 142 nach H. Tempel 1993; 143 nach Chr. Leuschner 1994; 144-147 E. Burrichter; 152 nach H. H. Seedorf 1977 und G. Lüttig 1988; 158 nach R. Beermann 1994; 163 nach D. Abel 1989; 166 B. Gries; 167 nach D. Remy 1993; 170 K. Wächtler; 172 E. Burrichter; 180, 181 A. Melber; 184 nach Biermann et al. 1994; 189, 190, 191 H. Weigt; 213, 214 nach L. Benda & K.D. Meyer 1972. Alle vorstehend nicht genannten Abbildungen stammen vom Verfasser.